Avantage Supply Chain

Éditions d'Organisation
1, rue Thénard
75240 Paris cedex 05

Consultez notre site :
www.editions-organisation.com

L'édition originale de cet ouvrage est parue aux États-Unis sous le titre
Strategic Supply Chain Management, chez McGraw-Hill.
© The McGraw-Hill Companies, 2005

© Éditions d'Organisation, 2005

ISBN : 2-7081-3346-2

SHOSHANAH COHEN
JOSEPH ROUSSEL

Avantage Supply Chain

*Les 5 leviers pour faire de votre Supply Chain
un atout compétitif*

Préface d'Antoine Bouvier, président exécutif d'EADS Astrium

Traduit de l'anglais par Anne Daron-Berthelon

**Éditions
d'Organisation**

Nous dédions ce livre à nos familles : à Collin, Meredith et Riley Cohen, et à Jana, Robert et Claire Roussel. Merci pour votre soutien durant ces longs mois de travail. Nous n'aurions jamais pu consacrer autant de temps et d'énergie à la rédaction de cet ouvrage sans votre compréhension et votre esprit d'équipe.

Sommaire

Préface

La première responsabilité du dirigeant est de mobiliser les énergies, les talents, les ressources au service d'une vision et d'objectifs partagés. Certes, il doit d'abord mobiliser les énergies, les talents et les ressources internes à l'entreprise. Mais, dans un contexte de compétition globale et d'accélération de l'innovation, cela ne suffit plus, et depuis longtemps. L'entreprise doit avoir l'objectif permanent de mobiliser également ses clients et ses fournisseurs. Ce qui signifie bien plus qu'être à l'écoute des premiers, bien négocier avec les seconds et optimiser sa chaîne logistique. L'objectif est d'une autre nature : il s'agit de structurer, de faire vivre sur le long terme, une relation de partenariat stratégique où chaque partie trouve son intérêt.

L'industrie aéronautique et spatiale européenne a très tôt compris les enjeux de ce qu'on n'appelait pas encore la « supply chain ». Dès les années 1960, le développement d'une « communauté » d'équipementiers et de sous-traitants solides industriellement, investissant lourdement dans la R&D, a été encouragé par les grands maîtres d'œuvre et avionneurs. Les relations traditionnelles client/fournisseur ont alors progressivement évolué vers de véritables partenariats stratégiques.

Le début des années 1990 a marqué un tournant majeur : les maîtres d'œuvre ont transféré à ceux qu'on appelle encore les équipementiers – bien que ce terme soit devenu beaucoup trop restrictif – le développement de sous-systèmes complets (avionique, carburant, conditionnement d'air, trains d'atterrissage…). Ce fut une mutation profonde du modèle économique et opérationnel. Des approches novatrices ont été mises en place : plans de R&D communs, « concurrent engineering », plateaux colocalisés pour le développement des nouveaux programmes, partage des coûts de développement et du risque commercial. Les clients eux-mêmes ont été associés de plus en plus directement aux avant-projets, au développement de nouveaux programmes, au support en service.

Un avion comme l'Airbus A380 est le fruit d'une approche conjointe et structurée des clients de lancement, de l'avionneur et de ses partenaires. L'industrie aéronautique et spatiale européenne a réussi – mieux, je crois, que ses concurrents – à mobiliser les ressources et les talents à la fois de ses fournisseurs et de ses clients, développant une approche globale et novatrice, en aval et en amont, de la « supply chain ». C'est, avec la culture d'excellence technique et l'esprit de conquête, une des clés de son succès extraordinaire, de la Caravelle à l'Airbus A380.

Tout au long de ces années, les meilleures pratiques ont évolué, sont devenues plus complexes, plus sophistiquées. Un des enjeux majeurs a été d'associer l'ensemble des métiers de l'entreprise (bureaux d'études, production, qualité, logistique, support client) à la gestion stratégique de la « supply chain », qui ne doit être ni l'affaire de quelques spécialistes ni la responsabilité des seules directions achats.

Une approche stratégique de la « supply chain » ne s'improvise donc pas. L'ouvrage de Shoshanah Cohen et de Joseph Roussel combine analyse conceptuelle, cas réels et recommandations pratiques. Il sera d'une grande utilité à tous ceux qui considèrent, à juste titre, qu'une gestion stratégique de la « supply chain » constitue pour l'entreprise un avantage concurrentiel déterminant.

ANTOINE BOUVIER
Président exécutif d'EADS Astrium

Ancien élève de l'École polytechnique et de l'École nationale d'administration, Antoine Bouvier a débuté sa carrière comme auditeur à la Cour des comptes. Il rejoint, en 1990, la division « Avions » d'Aérospatiale à Toulouse, où il occupe plusieurs postes opérationnels, en particulier sur le programme d'avions régionaux ATR : directeur industriel, directeur du centre opérationnel, puis président d'ATR.
Avant de rejoindre EADS Astrium (filiale satellite du groupe EADS depuis 2002), il était responsable des programmes d'hélicoptères commerciaux d'Eurocopter.

Introduction

À bien des égards, ce livre aurait dû être écrit il y a déjà bien longtemps. Cela fait dix ans qu'au sein de PRTM nous pensons à la rédaction d'un tel ouvrage, mais nous n'aurions pu que spéculer sur l'évolution de la gestion de la supply chain et son avenir en tant que discipline de gestion majeure. Nous aurions sans doute sous-estimé l'influence des technologies de l'information et ignoré certaines des meilleures pratiques émergentes. Ce livre est le fruit de quinze ans de recherche, de benchmarkings et de missions clients réalisées par PRTM, auxquelles s'ajoute un niveau d'expérience égal chez ses auteurs, Shoshanah Cohen (basée à Mountain View, Californie) et Joseph Roussel (basé à Paris, France), tous deux directeurs associés de PRTM.

Cet ouvrage a pour objet de présenter aux lecteurs l'état actuel de la théorie et des pratiques de gestion de la supply chain. Il s'appuie sur l'expérience et les connaissances acquises au cours des projets que nous avons réalisés ensemble avec plus de 600 entreprises clientes. Nous décrivons également plusieurs programmes de transformation de supply chain menés dans de grandes entreprises et au département américain de la Défense (la plus vaste supply chain au monde). Enfin, nous proposons notre vision sur les futurs défis qui accompagneront le développement de supply chains plus compétitives et tournées vers les clients.

Ce livre concerne le présent et l'avenir. Nous vous proposons dans cette introduction un bref résumé historique expliquant comment la gestion de la supply chain est devenue la principale discipline de gestion de la fin des années 1990 et pourquoi elle suscite des investissements considérables en systèmes ERP (Enterprise Resource Planning) et APS (Advanced Planning and Scheduling) dans la plupart des grands groupes internationaux.

Les origines de la gestion de la supply chain dans l'industrie remontent à la fin du XIXe siècle. Le texte ci-dessous est extrait d'*Industries of Scotland*, de Bremner (1869) :

> Les Gartsherrie Ironworks sont les plus grandes [usines sidérurgiques] d'Écosse [...] Elles consomment plus de 1 000 tonnes de charbon par jour. Et, pour montrer que l'emplacement du site a été

soigneusement choisi, il est intéressant de noter que les 19/20e du charbon nécessaire proviennent des mines situées à un demi-mile des fourneaux. Un puits est creusé à côté des fourneaux… Le charbon extrait de ce puits est convoyé jusqu'aux fourneaux *via* un plan incliné sur lequel il descend automatiquement. La plupart de la terre de fer provenait autrefois de mines voisines, mais il faut aujourd'hui l'acheminer sur des distances de deux à vingt miles. Les mines sont reliées aux usines par un réseau de voies ferrées […]

L'établissement est également relié aux grands réseaux ferroviaires du pays et dispose d'équipements supplémentaires pour le transport sur un bras du Monklands Canal, qui passe au milieu des usines.

[…] Une grande partie du fer produit est expédié par le canal.

Les seize fourneaux sont installés sur deux rangées, de part et d'autre du canal […] Un approvisionnement constant en charbon et en terre de fer permet aux usines de ne conserver qu'un stock réduit. Les trains de minerais sont traités avec une régularité infaillible et leurs chargements sont déposés de la manière la plus pratique pour être utilisés immédiatement.

Cette description d'infrastructure de supply chain intégrée de l'Écosse victorienne nous apprend que la logistique intégrée amont et aval, la gestion de stock et la livraison au point de consommation sont des pratiques de supply chain appliquées depuis plus de 150 ans. L'exemple de Ford Motor Companies est sans doute plus connu. Tout le monde a entendu parler des innovations d'Henry Ford en matière de fabrication et des gains de productivité obtenus sur les lignes de montage de la Ford T. Mais plus rares sont ceux qui savent comment a été développée la supply chain qui accompagnait ces lignes de montage.

La « division du travail », approche utilisée par Ford pour fabriquer ses modèles T, a généré un besoin en ingénieurs industriels et en planificateurs d'approvisionnements afin de garantir la livraison des matières requises à la ligne de production, dans les quantités et au moment voulus. Elle a renforcé l'efficacité de la production de masse grâce à la création d'une nouvelle discipline de gestion : l'approvisionnement et la livraison des pièces directement à la ligne de montage.

Womack, Jones et Ross l'expliquent dans *The Machine That Changed The World* (1991) :

Quand il a ouvert Highland Park, Henry Ford procédait encore comme un assembleur. Il achetait ses moteurs et ses châssis aux frères Dodge, puis y ajoutait toute une quantité d'articles de divers fournisseurs pour créer un véhicule complet.

En 1915, Ford avait réuni toutes ces fonctions en interne et était sur le point de réaliser une intégration verticale [...] Il voulait construire toute la voiture au même endroit et la vendre dans le monde entier. Mais les systèmes de transport de l'époque ne permettaient pas d'acheminer de grandes quantités de voitures finies sans les endommager : le procédé coûtait cher et présentait de nombreux risques de dommages sur les véhicules [...] En 1926, les voitures Ford étaient assemblées dans plus de 36 villes des États-Unis et dans 19 autres pays.

Répondre efficacement à une demande mondiale de produits technologiquement avancés, c'est l'une des motivations qui ont fait de la gestion de la supply chain une discipline de gestion majeure. Pendant les cinquante années où la production de masse est restée la principale caractéristique du paysage industriel (de 1920 à 1970), la recherche de qualité, de maîtrise des approvisionnements et d'efficacité de la main-d'œuvre ont dominé la notion de gestion.

C'est à ce stade du développement de l'industrie mondiale que PRTM est entré en scène, en 1976. À nos débuts, nous avons principalement travaillé dans le secteur des technologies émergentes afin de résoudre les problèmes de production de masse, d'innovation rapide et de mondialisation. Les difficultés rencontrées par nos clients ont obligé nos consultants à utiliser et intégrer de nombreuses disciplines de gestion de l'époque. Par exemple, nous avons rapidement compris qu'une application intégrée de techniques telles que l'approche MRPII, la fabrication « juste-à-temps » (JIT, Just-In-Time), le système kanban, le contrôle statistique des processus, la gestion de la qualité totale et la gestion des processus pouvaient produire de meilleurs résultats. Au milieu des années 1980, PRTM a animé des séminaires pour l'American Electronics Association et, dans la partie « Stratégie d'opérations », nous avons alors présenté une série de processus intégrés transversaux que nous avons appelée *Supply Chain Management*.

En 1986, nous avons réalisé une enquête sur les stratégies mondiales de fabrication auprès d'une centaine de grands constructeurs high-tech (cette étude, baptisée *The emergence of the globally integrated corporation*, a été réactualisée en 1989-1990). Les résultats ont mis en évidence un mouvement vers une intégration économique entre les principaux marchés. Ils soulignaient également l'importance, en termes de compétitivité, de ce que nous considérons aujourd'hui comme les grands processus de supply chain.

En 1988, George Stalk Jr. a publié un article visionnaire, intitulé « Time – The next source of competitive advantage », dans la *Harvard Business Review*. L'article de G. Stalk ajoute une dimension temporelle aux dimensions de coût et de qualité de la gestion des processus. Et c'est ainsi qu'en 1989 les bases conceptuelles et empiriques d'une gestion de la supply chain compétitive, tournée vers les clients et transversale, étaient en place.

L'ensemble de ces divers axes de réflexion ont été repris dans le cadre d'un important projet client réalisé par PRTM. De 1989 à 1990, Rick Hoole, directeur associé chez PRTM, a examiné avec Fred Hewitt, de Xerox Corporation, quels avantages Xerox pourrait tirer d'une gestion globale, transversale et intégrée de ses processus. L'équipe de projet PRTM-Xerox conclut qu'il fallait gérer quatre grands processus de supply chain : *planifier, approvisionner, fabriquer* et *livrer*. Xerox créa alors une équipe de projet chargée de convertir les conclusions de l'étude en résultats. Ses efforts se traduisirent par un gain de 2 % du chiffre d'affaires au cours des années suivantes.

Digital Equipment Corporation (DEC) a également été l'un des premiers à considérer la gestion de la supply chain comme une discipline-clé. En 1991, DEC s'est associé à PRTM pour lancer la première d'une série de benchmarkings de la « performance de supply chain intégrée », sponsorisée par IBM, DEC, Xerox, Lotus Development Corporation et NCR. Pour que cette étude ne devienne pas une simple liste d'indicateurs fonctionnels, PRTM chercha à créer une nouvelle série d'indicateurs de supply chain, véritablement transversaux. Les indicateurs de *coût total de gestion de la supply chain* et de *cycles de rotation des liquidités*, qui sont aujourd'hui utilisés par de nombreuses entreprises, sont donc nés il y a tout juste quatorze ans.

Disposant d'une définition des processus (*planifier, approvisionner, fabriquer, livrer*) et d'analyses comparatives de la performance, PRTM a pu introduire une nouvelle approche de gestion des opérations mondiales – une approche qui apportait des améliorations significatives mais nécessitait une transformation importante des entreprises.

En 1994, les premiers utilisateurs de cette nouvelle approche, ainsi que les sponsors et les participants des premières études de benchmarking, se sont joints à nous et à trois grandes institutions d'enseignement supérieur (MIT, Stanford University, Pennsylvania State University) pour former le Supply-Chain Consortium. Ce consortium avait pour mission d'encourager la mise en œuvre et l'intégration de la supply chain dans tous les secteurs. Les premiers travaux du consortium visaient quatre objectifs :

- établir une définition commune de la supply chain,
- définir un jeu commun d'indicateurs de performance de la supply chain,
- adopter un cadre de travail pour présenter et appliquer les indicateurs de supply chain,
- promouvoir le partage des meilleures pratiques de supply chain et des méthodes de mise en œuvre.

Sous l'égide de PRTM, le consortium a créé les indicateurs qui ont défini le modèle SCOR® (Supply-Chain Operations Reference-model), développé deux années plus tard, et maintenant utilisé par les entreprises du monde entier, grâce au Supply-Chain Council.

Ce travail de pionniers en gestion de la supply chain ne se limitait pas aux États-Unis. En janvier 1992, l'abolition des frontières commerciales à l'intérieur de la Communauté européenne a poussé beaucoup d'entreprises à envisager la création d'opérations de fabrication et de distribution européennes intégrées. Elles souhaitaient ainsi remplacer les stratégies nationales utilisées depuis l'arrivée de Ford Motor Company en Europe, dans les années 1920. Avec les indicateurs et structures de gestion de la supply chain émergentes, PRTM a aidé de nombreux clients à refondre leurs activités européennes suivant la vision transversale *planifier, approvisionner, fabriquer* et *livrer*.

Pitney Bowes a été l'une des premières sociétés européennes à utiliser la méthodologie de supply chain intégrée. À l'époque, le processus de fabrication et de configuration de l'entreprise était complexe, coûtait très cher et engendrait des délais d'exécution des commandes extrêmement longs. En 1992, il n'existait pas de système ERP. En fait, comme la plupart des entreprises en Europe, Pitney Bowes avait hérité de modèles propres à chaque pays, ce qui avait créé de véritables îlots d'informations pour les commandes clients et des stocks locaux dans chaque pays. Pour arriver à une intégration transversale englobant toutes ses divisions et lui permettant d'utiliser la vitesse d'exécution comme avantage concurrentiel, Pitney Bowes développa une solution « technologique » pour un programme pilote d'appareils d'affranchissement postal destinés au marché allemand. La solution consistait à installer un télécopieur dans l'atelier de fabrication situé en Angleterre pour y recevoir une copie des commandes. Ce système permettait de configurer à la commande les modèles spécifiques à chaque pays, ce qui réduisit de plusieurs semaines les délais d'exécution des commandes, fit disparaître le stock de produits finis et élimina les activités de customisation dans les entrepôts locaux.

En 1994, PRTM a également travaillé avec ICL Computers et Siemens Nixdorf Ltd. au Royaume-Uni pour définir leurs futures architectures de supply chain intégrée à l'aide des processus *planifier, approvisionner, fabriquer* et *livrer*. Dans les deux projets, nous avons choisi une méthode de conception de processus descendante (top-down), en appliquant une modélisation des données logiques sur quatre niveaux. Cette modélisation est par la suite devenue un des éléments de la « boîte à outils » supply chain de PRTM.

En 1995, il est évident qu'il n'existait aucun standard permettant à nos clients d'évaluer objectivement la fonctionnalité des nouveaux systèmes ERP. En collaboration avec la société d'analyse de progiciels AMR et des entreprises sélectionnées parmi nos clients respectifs, nous avons donc commencé à développer un modèle de référence pour les processus de supply chain. Nombre de nos clients ont participé à cette définition, en apportant des informations et en affinant les résultats des travaux de développement des différentes équipes de travail. C'est ainsi que le modèle SCOR® a été présenté à une centaine d'entreprises majeures à Boston en novembre 1996. Cet événement a donné lieu à la

création du Supply-Chain Council (SCC), une association indépendante à but non lucratif officiellement inaugurée au printemps 1997. La
propriété du modèle SCOR® a ensuite été transférée au SCC, qui est
chargé de contribuer à son développement par la recherche, l'utilisation
et la formation. Le SCC compte aujourd'hui plus de 800 membres à
travers le monde.

Depuis 1997, la gestion de la supply chain est devenue l'un des principaux défis auxquels sont confrontées les entreprises. Les huit dernières années ont été des années de développement, de convergence et
d'adoption des meilleures pratiques de supply chain. À l'heure où
beaucoup d'entreprises pensaient avoir réglé leurs problèmes majeurs
de supply chain grâce à la mise en place de systèmes ERP et APS, elles
doivent maintenant faire face aux défis représentés par les grandes disciplines de gestion de la supply chain. Contrairement à ce qui se passait
au début des années 1990, les responsables ont aujourd'hui à leur disposition de nombreux outils pour les aider à gérer leur supply chain :
systèmes d'information intégrés, analyses comparatives approfondies,
un modèle SCOR® arrivé à maturité et une importante communauté
de spécialistes. Le défi à relever au cours des dix prochaines années sera
le suivant : s'appuyer sur les principes fondateurs de la gestion de la
supply chain et faire progresser cette discipline.

Ce livre est tourné vers l'avenir et classe les meilleures pratiques
émergentes d'aujourd'hui en *cinq grandes disciplines* :

1.   Considérez votre supply chain comme un atout stratégique.

2.   Développez une architecture de processus transversale.

3.   Définissez une organisation conçue pour la performance.

4.   Créez le bon modèle de collaboration.

5.   Utilisez les indicateurs comme outils de pilotage de la performance.

Cette classification permet de présenter certaines des pratiques
émergentes qui seront probablement déterminantes pour la compétitivité future. Nous en décrivons ici brièvement quelques-unes, qui seront
revues plus en détail à la fin de chaque discipline.

Dans la discipline n° 1, la supply chain est présentée comme un
atout stratégique. Quelques grandes entreprises commencent à adopter
cette approche, mais c'est encore pour beaucoup d'autres un défi à

relever. Dans la plupart des entreprises, il n'existe ni formalisation, ni communication concernant la stratégie de supply chain. Et lorsqu'il est demandé aux responsables supply chain de créer une stratégie, ils avouent souvent ne pas savoir comment s'y prendre pour l'écrire ou la faire valider par leur hiérarchie. Le choix de l'axe stratégique est au cœur du problème : la stratégie est-elle axée sur les coûts, l'innovation, la qualité ou le service ? Où se trouvent les modèles d'optimisation mathématique, les bases de connaissances, les schémas décisionnels, les décideurs ? Sans réponse à ces questions, comment le responsable de la supply chain peut-il identifier clairement les axes concurrentiels de son entreprise et développer une stratégie capable de les soutenir ? Quand nous avons demandé à des équipes de direction de trouver un compromis entre niveaux de stock et niveaux de service, elles ont eu beaucoup de mal à le faire. Alors imaginez ce que cela peut représenter quand il s'agit de choisir le principal axe stratégique...

Après l'élaboration et la documentation d'une stratégie, l'étape suivante consiste à assurer la cohérence entre la stratégie de supply chain, la stratégie produit et la stratégie marketing et ventes. Quand ces trois éléments sont synchronisés, l'entreprise peut espérer augmenter ses revenus pendant le cycle de vie du produit, mieux répondre à la demande de ses clients et réduire ses coûts. Pour ce faire, elle doit savoir s'adapter : une qualité nécessaire non seulement en raison de l'évolution des clients ou des concurrents mais aussi parce qu'il faut intégrer les différentes stratégies en interne.

Dans la discipline n° 2, « Développez une architecture de processus transversale », nous reconnaissons que beaucoup d'entreprises se sont efforcées d'adopter ce que les auteurs appellent le « critère de simplicité ». C'est particulièrement vrai pour les entreprises qui ont un long passé industriel et qui sont présentes dans le monde entier, car elles ont dû simplifier leurs processus pour rester compétitives.

S'agissant des défis futurs, on constate que la multiplication des produits et services est un facteur de coût et d'inefficacité dans beaucoup d'entreprises. Pourtant, elles n'ont mis en place aucun processus de gestion continue pour contenir le phénomène. Peut-être l'absence de stratégie intégrée empêche-t-elle de gérer cette prolifération.

Quelles sont les compétences nécessaires pour gérer la supply chain de demain ? Dans la discipline n° 3, les auteurs proposent des cadres de travail et des exemples concernant la troisième discipline, « Définissez une organisation conçue pour la performance ». Il s'agit d'un défi considérable pour les fonctions de supply chain et de ressources humaines, car les entreprises ne s'y attaquent sérieusement que depuis quelques années. Il y a encore peu de temps, la conception d'une organisation de supply chain consistait simplement à rassembler plusieurs fonctions opérationnelles disparates sous une responsabilité et une direction uniques. Bon nombre d'entreprises ont créé une organisation de supply chain au moins élémentaire et l'ont vue se mettre en place et mûrir, mais il reste encore beaucoup à faire pour développer l'organisation du futur. Comment savoir quelles compétences nouvelles seront nécessaires pour mettre en place et gérer les supply chains infiniment plus complexes et plus changeantes de demain ? Comment les acquérir et les développer ? Que devrez-vous externaliser sans pour autant atrophier vos compétences-clés ? Autant de questions essentielles auxquelles répond la discipline n° 3.

Dans la quatrième discipline, « Créez le bon modèle de collaboration », les auteurs attirent l'attention du lecteur sur le fait que les pratiques émergentes de collaboration de supply chain ne sont pas toujours à la hauteur de leurs promesses. Cela n'est-il pas dû à des promesses impossibles à tenir ? Ou est-ce à cause d'une incapacité à bâtir un processus de gestion ? À moins que les partenaires ne soient pas suffisamment réalistes quant aux hypothèses économiques qui les poussent à collaborer ? Le meilleur point de départ serait peut-être de demander à toutes les personnes (à l'intérieur comme à l'extérieur de l'entreprise) qui dirigent ou travaillent en collaboration avec des partenaires de lire la discipline n° 4 et d'évaluer ensuite en toute honnêteté l'état de leur partenariat.

Votre supply chain est-elle performante ? Qui peut le dire ? La cinquième discipline, « Utilisez les indicateurs comme outils de pilotage de la performance », montre l'efficacité des indicateurs en tant qu'outils de gestion. Loin d'être une simple suite de chiffres, des indicateurs soigneusement choisis fournissent des informations sur la santé de chacun des grands processus de supply chain et mettent en évidence les problèmes que l'entreprise doit régler. Tout aussi importante, une bonne méthode de gestion de la performance génère des comportements en accord avec la stratégie globale de l'entreprise.

Dans la discipline n° 5, les auteurs expliquent comment choisir les indicateurs qui engendreront la performance voulue et comment établir des objectifs valables. Ils soulignent notamment l'importance de l'équi-libre : la nécessité d'observer la performance du point de vue interne et du point de vue des clients, mais aussi celle d'utiliser des indicateurs financiers et non financiers, fonctionnels et transversaux, ainsi que des indicateurs permettant d'évaluer l'innovation et l'amélioration constante à l'intérieur de la supply chain.

Lorsqu'il faut gérer des supply chains au jour le jour, parmi d'autres défis opérationnels liés à la réalisation des objectifs trimestriels et annuels, aux cycles économiques industriels et aux changements de priorités au niveau de la direction, il est difficile d'imaginer ce que sera sa supply chain dans quelques années. Nous pensons que ce livre aidera le lecteur à s'échapper et à rêver un peu. Il lui fera comprendre qu'il se présentera toujours d'autres opportunités et d'autres challenges, quelles qu'aient été ses réalisations passées.

La gestion transversale de la supply chain ne se limite pas à la logistique. Il s'agit également de développer un savoir-faire qui garantira votre compétitivité future et contribuera très largement à l'augmentation de vos revenus et à la réduction de vos coûts.

GORDON STEWART et MIKE AGHAJANIAN
Directeurs généraux PRTM

Remerciements

Depuis sa création en 1976, PRTM a placé les *opérations*, domaine peu médiatisé, sur le devant de la scène. Comme le remarque l'un des directeurs interviewés dans l'étude de cas General Motors, le personnel des opérations est en effet la « clé de voûte » de toute l'organisation.

Nous espérons avoir capté dans ces pages une partie de l'esprit de corps propre à la gestion de la supply chain, notamment grâce aux sept organisations qui ont accepté de participer aux études de cas : Eli Lilly, Autoliv, Avon, Owens Corning, le département américain de la Défense, General Motors et Seagate Technology. Nous remercions toutes les personnes que nous avons interviewées pour leur spontanéité, leur passion pour leur travail et leur désir de partager leurs connaissances et leur expérience. Nous avons choisi ces organisations parce qu'elles comprennent le rôle stratégique de la supply chain dans leur activité et se sont engagées dans une transformation de grande ampleur pour profiter davantage de leurs investissements en supply chain, mieux rentabiliser l'amélioration des processus et des technologies et mettre en place une supply chain transversale.

L'élaboration et la réalisation de cet ouvrage n'auraient pu être faites sans l'excellent travail du département marketing et communication de PRTM. Nous tenons à remercier tout particulièrement Victoria Cooper, directrice communication corporate (1996-2004), qui a su diriger de main de maître ce projet. Nous devons beaucoup au travail des rédactrices Martha Craumer et Sherrie Good et à leur assistante Bridget Brace, qui ont su nous guider dans la clarification de nos réflexions. Nous remercions aussi Erik Schubert, directeur artistique, qui a réalisé tous les diagrammes présentés dans cet ouvrage.

Les études de cas ont pu être réalisées grâce aux relations des directeurs suivants : Shoshanah Cohen et Jan Paul Zonnenberg, pour Lilly ; Bob Pethick, pour Autoliv et GM ; Brian Gibbs, pour Avon ; Amram Shapiro et Steve Pillsbury, pour Owens Corning ; Jeff Berg et Mike Finley, pour le département américain de la Défense ; Mike Anthony, pour Seagate Technology. Nous remercions également Jennifer Parkhurst pour sa participation à l'étude de cas Lilly.

Merci aussi aux analystes PRTM Pranay Agarwal, Paul Ibarra, Amanda Jenkins, Chris Barrett, Neil Kansari et Andrew Yiu pour leurs recherches préliminaires sur les points forts et l'historique de ces entreprises et de quelques autres dans le domaine de la gestion de supply chain. Nous remercions également les rédacteurs indépendants Michael Cohen et Michael Lecky, pour leur participation aux études de cas Autoliv et département américain de la Défense.

Ce projet n'aurait jamais pu aboutir sans le parrainage de Craig Divino, ex-directeur associé PRTM, parti depuis peu à la retraite, qui a travaillé pendant 25 ans chez PRTM et a participé à de nombreuses missions de supply chain auprès d'entreprises européennes et américaines. Nous devons également beaucoup à Gordon Stewart, directeur général de PRTM pour la région Atlantique, qui a retracé dans l'Introduction l'historique du leadership de PRTM en gestion de la supply chain.

De nombreuses personnes des différents bureaux de PRTM à travers le monde ont participé à la création des cinq disciplines décrites dans cet ouvrage :

- Pour la discipline qui concerne la stratégie, nous remercions Tom Godward, Bob Moncrieff, Craig Divino, Jim Welch et Brad Householder.

- Pour la discipline qui concerne les processus, nous remercions Didier Givert, Jakub Wawszczak, Craig Divino, Torsten Becker, Hans Kuehn et Brad Householder, qui nous ont fourni des informations importantes sur la définition des cinq processus *planifier, approvisionner, fabriquer, livrer* et *gérer les retours* et la manière dont ils fonctionnent ensemble pour former une supply chain transversale. Nous remercions également Paul Cantrell, qui a recherché les exemples présentés dans ce chapitre, et Peter Vickers, qui a fourni des informations importantes sur les quatre critères d'architecture.

- Pour la discipline qui concerne l'organisation, nous remercions Kate Fickle, Gordon Stewart, Bob Moncrieff et en particulier Craig Kerr, qui a fourni le cadre de travail pour l'évolution de l'organisation de supply chain.

- Pour la discipline qui concerne la collaboration, nous remercions Steve Palagyi, Gordon Stewart et Tony Paolini.

- Pour la discipline qui concerne les indicateurs de performance, nous remercions Gary Galensky, Robert Chwalik et Rick Hoole pour leurs recherches relatives aux exemples mentionnés dans le chapitre.

- Pour la feuille de route, nous remercions Didier Givert, Craig Divino, Craig Kerr, Jakub Wawszczak, Harald Geimer et Brad Householder, pour leur participation à notre réflexion.

Les capacités de benchmarking sont un des points forts de PRTM. Nous effectuons des analyses comparatives de la performance dans le secteur technologique depuis le milieu des années 1980. Et ces dernières années, nous les avons étendues à d'autres secteurs, tel celui de la grande distribution. Nous n'aurions pas pu tenir nos promesses « de résultats et de conseil factuel » sans l'aide constante de notre filiale de benchmarking, The Performance Measurement Group, LLC, dirigée par Michelle Roloff. Elle a contribué et porté un œil particulièrement attentif aux disciplines concernant les processus et les indicateurs de performance. Nous n'aurions pas pu disposer de toutes les données et analyses présentées dans cet ouvrage sans les compétences de Julie Cesati, analyste senior pour les études de supply chain chez PMG, et l'aide de Neil Kansari, analyste chez PRTM.

Pour terminer nous souhaitons remercier pour la version française le travail de notre traductrice Anne Daron. Et, au sein de PRTM, Stéphane Crosnier et Sabine de Leissègues, qui ont apporté un œil neuf et attentif pour la validation des textes en français.

Nous remercions également monsieur Antoine Bouvier, président exécutif d'EADS Astrium, qui nous a accordé le temps nécessaire pour nous apporter sa vision sur la supply chain exposée dans la préface. Nous remercions également Jean-Philippe Guillaume, journaliste de renom dans le monde du Supply Chain Management. Enfin, merci à Guillaume de Lacoste Lareymondie, notre éditeur aux Éditions d'Organisation, qui a cru en notre projet et a su nous guider tout au long de sa réalisation.

Un livre de cette envergure n'aurait jamais pu voir le jour sans les années d'expérience accumulées par PRTM. Nous avons réalisé auprès de nos clients plus de 600 missions de supply chain qui nous ont aidés à comprendre l'état de l'art, les pratiques émergentes et ce que la supply chain de prochaine génération devrait nous apporter en termes de technologies et de processus. Nous remercions toutes les entreprises avec lesquelles nous avons eu le privilège de travailler.

Étude de cas Eli Lilly

La gestion de la supply chain pour supporter le cycle de vie des produits

Les sociétés pharmaceutiques doivent savoir faire deux choses : tout d'abord inventer des médicaments, puis assurer leur disponibilité. Lorsqu'un nouveau produit arrive à sortir des « méandres » du processus de développement – un processus extrêmement long et coûteux – la règle numéro un est de ne jamais être en rupture de stock. Et c'est là qu'intervient la supply chain.

Eli Lilly est l'une des plus grandes sociétés pharmaceutiques au monde, avec 11 milliards de dollars de chiffre d'affaires. Cette entreprise, basée à Indianapolis (États-Unis), commercialise ses produits dans 159 pays et emploie 43 000 personnes. Elle conçoit des médicaments destinés au traitement de différentes pathologies, parmi lesquelles la dépression, la schizophrénie, le cancer ou l'ostéoporose.

Lilly se veut à la pointe de l'innovation et dépense chaque année près de 19 % de son chiffre d'affaires en recherche et développement (soit 2 milliards de dollars). Étant donné les risques et les énormes dépenses que représentent la recherche, le développement et les tests des médicaments, le chiffre d'affaires des entreprises de ce secteur repose souvent sur le succès d'un ou deux produits phares. L'expiration des brevets de ces produits peut donc avoir d'importantes conséquences financières.

> Lilly dépense près de 19 % de son chiffre d'affaires annuel en recherche et développement.

Lilly en a fait la triste expérience en 2000, quand un juge a décidé que le brevet de son produit phare, l'antidépresseur Prozac (qui représentait près de 20 % de ses ventes), expirerait en 2001, c'est-à-dire trois ans avant la date initialement prévue. En six mois, les concurrents fournisseurs de produits génériques ont absorbé plus de la moitié des ventes de ce médicament.

Lilly avait cependant anticipé cette éventualité en intensifiant ses efforts de recherche et développement dès la fin des années 1990. Aujourd'hui, l'entreprise est reconnue comme ayant le plus riche portefeuille R&D, avec des produits à tous les stades de développement. Lilly prévoit notamment de lancer de deux à quatre nouveaux produits par an et de doubler son chiffre d'affaires au cours des prochaines années.

Afin de gérer cette croissance et de s'adapter aux nouvelles technologies de fabrication, le géant pharmaceutique multipliera quasiment par deux le nombre des sites de fabrication de sa supply chain en intégrant davantage de sous-traitants. Sa stratégie de référencement consistera à alimenter chaque marché depuis plusieurs sites de fabrication, afin d'accroître la flexibilité et la fiabilité et optimiser les investissements.

> Pour gérer sa croissance, Lilly double le nombre des sites de fabrication en intégrant davantage de sous-traitants.

Ken Thomas, directeur de la stratégie de fabrication et des projets de supply chain, explique : « Avec trois fois plus de produits, deux fois plus de sites de fabrication et un système d'approvisionnement beaucoup plus complexe, le vrai défi pour nous en matière de supply chain est simplement de gérer l'incroyable complexité de l'activité. »

Le coût des ventes manquées sur des médicaments qui sauvent la vie

Les entreprises pharmaceutiques ont une approche bien particulière en matière de supply chain. Quand la vie des gens est en jeu, la notion de « stock trop important » n'a aucun sens. Dans beaucoup de secteurs, le coût des biens vendus est élevé par rapport à leur prix, ce qui génère des marges brutes relativement faibles. Les entreprises ont de ce fait tendance à concentrer leurs efforts sur la maîtrise des coûts de supply chain, en réduisant les niveaux de stock et en renforçant l'efficacité. Le fait de manquer quelques ventes a parfois moins d'importance que la gestion globale des niveaux de stock. Dans le domaine pharmaceutique, c'est différent : la vie et la santé des gens dépendent d'un approvisionnement constant en médicaments. Mettre leur vie en danger à cause d'une rupture de stock de médicament est tout simplement inacceptable. Manquer des ventes est aussi une mauvaise affaire financière. Le coût des produits vendus est peu élevé par rapport à leur prix global, les marges sont donc relativement importantes – le chiffre généré par quelques produits phares est la seule source financière alimentant la recherche et le développement. En quelques mois, un nouveau médicament vedette peut générer des millions de dollars de chiffre d'affaires, jusqu'à 10 millions de dollars par mois dans les meilleures périodes. La moindre rupture d'approvisionnement, aussi brève soit-elle, est donc considérée comme catastrophique. C'est pourquoi les efforts de gestion de la supply chain de Lilly visent d'abord à ne jamais manquer une seule vente. L'optimisation du niveau de stock ne vient qu'après.

Cela ne veut pas dire que les niveaux de stock n'ont pas d'importance. Les produits périmés coûtent cher, de même que gaspiller la capacité de production pour des produits peu demandés ou peu rentables. Pour les opérations de supply chain de Lilly, il est donc indispensable de prévoir correctement la demande et de bien la gérer. À cet effet et compte tenu de ses projets de croissance significative, l'entreprise gère sa supply chain de manière globale. Stephan Bancel, directeur général de la stratégie de fabrication et de la supply chain au niveau mondial, et responsable de la distribution aux États-Unis, explique : « Si nous voulons développer l'entreprise, nous n'avons pas le choix : nous devons mettre en place des processus globaux standardisés. »

Des processus standardisés dans le monde entier

Au cours des années 1980 et 1990, chaque site planifiait et ordonnançait ses propres opérations en s'efforçant d'optimiser les résultats locaux. Cette approche ne tenait pas compte du supplément d'efficacité et de productivité que pouvait engendrer une supply chain globale – surtout si l'entreprise se développait et devenait plus complexe. En 1997, Lilly a donc commencé à se doter de moyens pour gérer la supply chain mondiale à l'aide de processus, d'indicateurs et de terminologies communs à tous les pays. Elle a regroupé toutes ces approches dans son programme OSSCE (Operational Standard Supply Chain Excellence), qui permet d'évaluer par exemple le respect des normes dans les filiales et les usines. Grâce à cette approche standardisée, les activités requises pour transformer les matières premières en produits finis vendus aux clients sont planifiées et ordonnancées de la même manière dans le monde entier.

Lilly a en outre mis en place une série de réseaux de fabrication (groupes d'usines utilisant des procédés et équipements spécifiquement adaptés à différents types de produits tels que les produits secs, lyophilisés et injectables). Ainsi, le développement des processus liés au lancement d'un nouveau produit reste le même d'un produit à l'autre. Chaque nouveau médicament développé s'appuie sur un environnement bien défini et réutilisable.

> Chaque nouveau médicament développé s'appuie sur un environnement bien défini et réutilisable.

Cette approche génère chaque année des millions de dollars d'économies, tout en renforçant la productivité et l'efficacité. Elle améliore également la sécurité puisque les sites similaires peuvent se substituer les uns aux autres en cas de problème.

Les processus communs contribuent par ailleurs à l'amélioration des prévisions sur la demande – un élément essentiel de la stratégie de Lilly visant à ne jamais manquer une vente. Le centre mondial de gestion de la demande fait le lien entre les ventes, le marketing et la fabrication dans le monde entier. Il est chargé des outils et processus de prévision et veille à ce que les 159 départements marketing de l'entreprise fournissent des prévisions exactes à la fabrication. Toutes les usines utilisent le système de planification mondiale basé sur une solution de l'éditeur Manugistics.

Les concurrents peuvent prévoir la demande de manière précise dans une région ou un pays particulier, mais Lilly a su mettre en place un système de prévisions précises au niveau mondial. Globalement, l'entreprise prévoit la demande avec une exactitude de 76 % (90 % pour les États-Unis). Quel est son secret ? Allison Leer, responsable de la gestion de la demande mondiale, remarque : « Nous disposons dans ce domaine de personnes extrêmement douées et expérimentées qui font ce travail depuis des années. » Au savoir-faire du groupe s'ajoutent des processus bien documentés, de bons supports de formation et des pratiques qui permettent de capitaliser sur l'expérience de l'entreprise. La vigilance est elle aussi très importante. L'exactitude des prévisions est mesurée chaque mois. En cas de prévision erronée ou incomplète sur un marché donné, quelqu'un se charge d'en déterminer la cause.

Lancer de nouveaux produits

Au cours des dernières années, Stephan Bancel a dirigé un projet visant à déterminer dans quelle mesure la gestion de la supply chain contribue à la réussite de l'entreprise. Comme il l'explique, il faut se concentrer d'abord sur la conception puis sur l'exécution des opérations de supply chain. En concevant la supply chain pendant et non après le développement des produits, l'entreprise peut tenir compte des exigences en matière de réglementation. Elle peut équilibrer le risque d'échec clinique avec la vitesse de commercialisation et disposer d'un approvisionnement solide et réactif après le lancement.

L'autre point majeur concerne l'optimisation de la supply chain. Lilly a décidé d'optimiser la valeur ajoutée des étapes de fabrication en sélectionnant le meilleur mix produits pour ses réseaux. Elle étudie ainsi les possibilités de sous-traitance de la fabrication chaque fois que cela peut améliorer son chiffre d'affaires.

Selon Stephan Bancel, les premières activités de gestion de la supply chain interviennent bien avant le lancement d'un nouveau produit : à peu près quatre ans avant. Environ un an avant de soumettre un nouveau produit à l'approbation de la Food and Drug Administration (FDA), Lilly désigne un directeur de lancement qui est chargé du dossier. Ce responsable a pour mission d'optimiser les marges à long terme au cours des premiers jours critiques du lancement, en définissant un calendrier mondial et un plan intégré décrivant tous les aspects du lancement (flux de produits, approbation de l'étiquetage, formation des commerciaux).

Pendant ce temps, l'équipe de gestion de la supply chain commence à planifier les opérations autour du nouveau produit en déterminant par exemple où et quand le fabriquer et comment le faire parvenir aux grossistes et aux détaillants – en considérant à la fois le succès à long terme de ce produit et l'optimisation de la fabrication et de la distribution. Le directeur de lancement intègre les plans de fabrication et de supply chain puis les synchronise avec ceux définis par les départements marketing, ventes, cliniques et réglementations.

Malgré toutes ces dispositions, un lancement de produit garde toujours un certain niveau de risque. Lilly tient systématiquement compte des prévisions les plus optimistes, mais lorsqu'un médicament remporte un succès beaucoup plus important que prévu, l'entreprise doit faire preuve de beaucoup d'imagination pour accroître la capacité de fabrication ou s'organiser différemment. Par exemple, quand la demande de Cialis (un produit traitant les problèmes d'érection) a dépassé ses prévisions les plus optimistes en Europe, Lilly a décidé de retarder la commercialisation du produit dans certains pays afin de garantir un approvisionnement suffisant dans les pays où il était déjà sur le marché.

Optimiser la capacité

Un groupe au niveau corporate assure une gestion globale de la supply chain dans toute l'entreprise. Il travaille avec les sites locaux pour optimiser la capacité globale et l'affectation des stocks en déterminant quels produits seront fabriqués où et pour quels marchés. Cela signifie qu'il faut fréquemment modifier les approvisionnements à court terme dans un cadre défini par la Strategic Facilities Planning Team (équipe de planification des sites stratégiques), qui, de son côté, prend les décisions de long terme en ce qui concerne les approvisionnements et la capacité de production. Étant donné que la création de capacité supplémentaire demande de deux à cinq ans, Lilly doit exploiter le plus efficacement possible la capacité dont elle dispose à un moment donné.

Grâce à ses processus de fabrication standardisés, l'entreprise peut optimiser l'utilisation de sa capacité en transférant le travail d'une usine à l'autre. Si l'usine espagnole fabrique par exemple un produit particulier à 90 % de sa capacité tandis que les usines d'Indianapolis et du Royaume-Uni ne tournent qu'à 60 %, Lilly peut répartir une partie de cette charge dans les autres usines du réseau de fabrication.

Retirer une charge de travail à certaines usines peut déplaire aux directeurs de ces établissements puisqu'ils sont en partie évalués par rapport à leurs niveaux de production. Cependant, le groupe de supply chain s'efforce constamment de faire comprendre à ces personnes que ces changements de production sont réalisés pour le bien de l'entreprise. « Nous réunissons chaque mois la direction de nos usines afin d'examiner et d'approuver les décisions qui peuvent profiter à l'ensemble de l'entreprise, même si elles peuvent provoquer une variance négative dans une usine, explique Jon Rucker, directeur de supply chain. Il s'agit de trouver un consensus. Toutes les usines participeront à l'optimisation de la capacité globale au cours des deux à cinq prochaines années. »

Changement d'organisation

En plus des aspects fabrication, le groupe central de supply chain prend aussi des décisions concernant l'activité globale de l'entreprise. Du seul point de vue de la fabrication, par exemple, il peut paraître judicieux d'arrêter la production d'un médicament ancien faisant désormais partie du domaine public : il utilise en effet une capacité précieuse qui pourrait être affectée à la fabrication de produits plus rentables. Du point de vue commercial, en revanche, ce produit ancien peut être une partie indissociable d'un éventail thérapeutique complet sur laquelle comptent les patients. Certains produits ont donc plus de valeur qu'il n'apparaît dans les résultats. Et, pour accéder à ce degré de connaissance, l'entreprise doit voir au-delà de la fonction de fabrication.

À la fin des années 1990, Lilly a créé une structure d'équipes produit mondiales afin de réduire les délais de commercialisation. Il s'agit d'équipes transversales (fonctions de développement, médicales, cliniques, marketing et réglementations) dédiées à un produit. Chaque équipe définit un plan intégré et mondial pour la totalité du cycle de vie du produit, y compris les nouvelles indications, l'élargissement de la gamme et les programmes marketing. Un coordinateur supply chain assurant la liaison entre l'équipe produit et la supply chain traduit ce plan en tactiques et en objectifs de supply chain. Les unités de fabrication, qui sont disséminées dans le monde entier, reçoivent ainsi des objectifs très clairs en parfaite adéquation avec la stratégie marketing mondiale de l'entreprise pour le produit en question.

> Un coordinateur supply chain assure la liaison entre l'équipe produit et la supply chain.

Lilly met également en place un système lui permettant de gérer la fabrication à l'échelon mondial et non plus par régions ou localement. Il n'y a pas si longtemps, l'entreprise créait des plans d'approvisionnement de type MRP (Material Requirements Planning) à court terme dans chaque usine et essayait de faire coïncider ses plans à l'aide des modèles de supply chain définis pour les différents produits. Après avoir rencontré un certain nombre de difficultés pour lesquelles cette approche s'est révélée clairement insuffisante, Lilly a compris que le seul moyen de les surmonter consistait à optimiser le réseau formé par ces sites plutôt que chaque site individuellement, et les familles de produits plutôt que chaque produit. Pour ce faire, l'entreprise a mis en œuvre un processus et un modèle de planification mondiale des opérations et des ventes

© Éditions d'Organisation

(GS&OP – Global Sales and Operations Planning) qui crée un plan à long terme pour chaque réseau de fabrication. Une fois approuvé, le plan fournit des informations au processus GS&OP propre au site.

Chaque site concilie ce plan de réseau mondial à long terme avec les besoins d'approvisionnement et la demande locale à court terme. L'objectif est d'optimiser la capacité et le stock à travers tout le réseau d'usines et les supply chains, tout en garantissant un approvisionnement continu en médicaments. Lilly est convaincu que le processus GS&OP est le seul moyen d'y arriver.

Il est évidemment plus facile de gérer des opérations mondiales complexes à l'aide de systèmes d'information intégrés. Au cours des années 1980 et 1990, les filiales locales et régionales de Lilly utilisaient de nombreux systèmes informatiques différents. Aujourd'hui, l'entreprise déploie un système ERP mondial dans tous ses sites de fabrication et dans la majorité de ses bureaux commerciaux. Les responsables auront ainsi accès aux plans de production, aux prévisions de ventes, aux niveaux de stock et à l'utilisation de la capacité dans toute l'entreprise. Mais, jusqu'à déploiement complet du système, la collecte des données de performance nécessaires pour gérer globalement la supply chain représentera un travail considérable.

Sur sa lancée, Lilly devrait continuer d'améliorer la gestion de sa supply chain pour s'adapter à la conjoncture. Ces quatre dernières années, sa gestion de la supply chain a connu trois formes d'organisation différentes : une évolution constante pour adapter la structure organisationnelle aux besoins. L'entreprise pense que ces réalignements permanents sont le secret d'une gestion de la supply chain réussie dans le secteur pharmaceutique.

Considérez votre supply chain comme un atout stratégique

Comme beaucoup d'entreprises, peut-être ne songez-vous à modifier votre supply chain que lorsque quelque chose ne fonctionne plus (stocks trop importants, clients se plaignant de la médiocrité de votre service ou retard d'un fournisseur pour une livraison critique). Ou peut-être avez-vous constaté après une analyse d'étalonnage concurrentiel (benchmarking) que votre performance de supply chain était inférieure à celle des autres acteurs du marché.

Si vous ne pensez à modifier votre supply chain que lorsque survient un problème, il est très peu probable que vous la considériez comme un atout stratégique capable de donner à votre entreprise un avantage concurrentiel. Dans ce cas, vous risquez fort d'être devancé par ceux qui utilisent leur supply chain comme une arme stratégique. Des sociétés telles que Dell, Amazon, Shell Chemical et Airbus réécrivent les règles de la concurrence sur leurs marchés et obligent leurs concurrents à faire du rattrapage.

Des entreprises leaders telles que Wal-Mart et Dell ont compris que la supply chain pouvait être un facteur de différenciation stratégique. Elles cherchent constamment de nouveaux moyens de créer de la valeur ajoutée et de repousser les limites de la performance. Elles revoient sans cesse leur supply chain pour garder une longueur d'avance sur leurs concurrents. Car elles savent que conserver leur avantage concurrentiel est leur sésame sur les marchés de demain.

Dans le monde des ordinateurs personnels (PC), Michael Dell est considéré comme un visionnaire. C'est lui qui, en quelques années, a fait de sa société un leader sur son marché. Pour cela, il a introduit dans le secteur informatique des innovations telles que la vente directe au consommateur et la fabrication à la commande. À vrai dire, Michael

Dell est un pionnier de la gestion de supply chain. Les PC ont simplement été le moyen qu'il a utilisé pour introduire son idée d'une supply chain stratégique : vendre en direct, produire à la commande et livrer en direct. Sam Walton, fondateur de Wal-Mart, est lui aussi un visionnaire. Le partenariat légendaire de Wal-Mart avec Procter & Gamble pour le réapprovisionnement automatique des stocks a montré ce que pouvait rapporter l'intégration avec les fournisseurs-clés. Pour réduire les inefficacités et les coûts, Wal-Mart a cessé d'acheter à des distributeurs et s'est directement adressé aux fabricants pour de nombreuses marchandises. Conjuguée à d'autres efforts de rationalisation de sa supply chain, cette initiative a permis à Wal-Mart de maintenir des « prix toujours bas » – stratégie grâce à laquelle l'entreprise est devenue le numéro un mondial de la grande distribution.

Les cinq principaux éléments de configuration

La gestion stratégique de supply chain ne consiste pas à introduire des innovations pour le simple fait d'innover. Il s'agit de créer une configuration qui fera progresser vos objectifs stratégiques. Pour exploiter pleinement votre supply chain, vous devez maîtriser cinq éléments de configuration essentiels :

- la stratégie des opérations,
- la stratégie d'externalisation,
- la stratégie de distribution,
- la stratégie de service client,
- la stratégie des actifs.

Vos décisions concernant ces éléments et la façon dont vous les articulerez les uns avec les autres vont déterminer la stratégie globale de votre supply chain. Jusqu'à présent, les entreprises avaient tendance à traiter ces éléments de manière informelle ou à prendre des décisions isolées – souvent dans le cadre d'une stratégie fonctionnelle relative aux ventes, aux achats ou à la fabrication. Dans les entreprises qui voient dans leur supply chain un atout stratégique, ces éléments sont au contraire considérés comme interdépendants, faisant partie d'un ensemble intégré. Examinons chacun d'entre eux plus en détail.

La stratégie des opérations

Lorsque vous décidez comment produire des produits et des services, vous déterminez la stratégie de vos opérations. Allez-vous fabriquer sur stock, fabriquer à la commande, concevoir à la commande ou combiner les trois approches ? Allez-vous externaliser la fabrication ? Appliquer une stratégie de fabrication offshore à bas prix ? Réaliser la configuration finale en

> La gestion stratégique de la supply chain ne consiste pas à introduire des innovations pour le simple fait d'innover. Il s'agit de créer une configuration de supply chain qui fera progresser vos objectifs stratégiques.

dehors du centre de production, à proximité du client ? Autant de décisions importantes qui influencent et modèlent la supply chain et vos investissements. Votre stratégie des opérations détermine en effet vos besoins en ressources humaines, le mode de fonctionnement de vos usines, de vos entrepôts et de vos services de gestion des commandes, ainsi que le support attendu de vos processus et systèmes d'information.

- *Fabrication sur stock*. Il s'agit de la stratégie idéale pour les produits standardisés vendus en grandes quantités. La production de lots plus importants permet de maintenir de faibles coûts de fabrication et le fait d'avoir ces produits en stock permet de répondre rapidement à la demande des clients.

- *Fabrication à la commande*. Cette stratégie s'applique à des produits customisés ou peu demandés. Les entreprises qui l'utilisent fabriquent des produits finis uniquement après réception d'une commande. Cela permet de ne conserver qu'un stock réduit et de proposer de nombreuses options différentes.

- *Configuration à la commande*. Il s'agit d'une stratégie hybride où le fabricant fabrique d'abord toute la partie générique d'un produit, pour le finaliser après réception d'une commande. Cette stratégie convient aux produits proposés en de multiples versions, lorsque vous souhaitez limiter le stock de produits finis et livrer plus rapidement qu'avec une « fabrication à la commande ».

• *Conception à la commande.* Très proche de la fabrication à la commande, cette stratégie s'adresse aux entreprises qui conçoivent et fabriquent des produits et des services sur mesure pour chaque client.

Un changement de stratégie des opérations est souvent au cœur d'une initiative d'amélioration des performances (voir Figures 1.1 et 1.2). Plusieurs de nos clients producteurs de biens de grande consommation, par exemple, ont constaté qu'en remplaçant la fabrication sur stock par la configuration à la commande, ils augmentaient les niveaux de service tout en réduisant leurs stocks. Auparavant, ces entreprises fabriquaient et livraient leurs produits directement sur le marché final. Du fait de la petite taille des lots et de la multiplicité des variantes nécessaires (une dans chaque langue, par exemple), les produits étaient dédiés à un marché donné très tôt dans le processus de fabrication.

Figure 1.1 Les différentes stratégies d'opérations

Stratégie	Quand choisir cette stratégie	Avantages
Fabrication sur stock	Pour les produits standardisés vendus en grands volumes	Faibles coûts de production ; réponse rapide à la demande client
Configuration à la commande	Pour les produits à nombreuses variantes	Customisation ; stock réduit ; meilleurs niveaux de service
Fabrication à la commande	Pour les produits customisés ou à faible rotation	Faible niveau de stock ; important choix d'options pour le client ; planification simplifiée
Conception à la commande	Pour les produits complexes répondant à des spécifications uniques	Permet de répondre à des besoins spécifiques d'un client

Figure 1.2 Stratégies des opérations par secteur

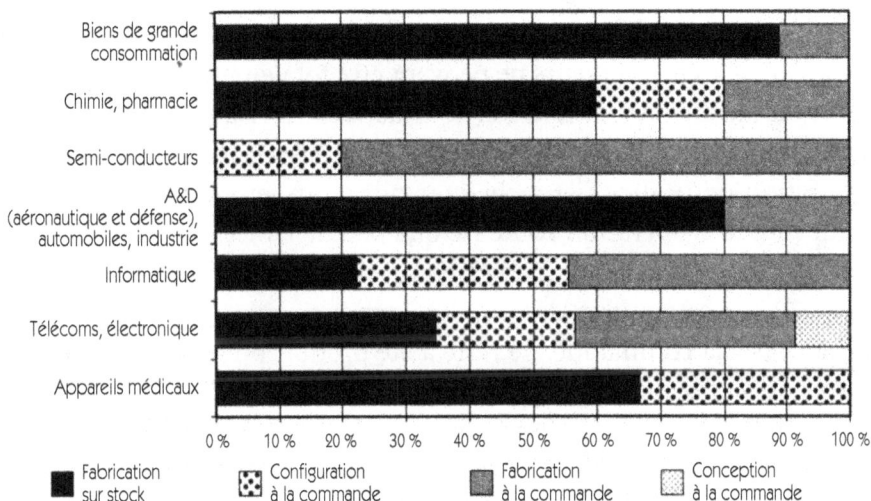

© 2004 – The Performance Measurement Group, LLC.

Nous avons travaillé avec ces entreprises pour mettre en œuvre des stratégies mixtes de fabrication sur stock et configuration à la commande. Les produits banalisés étaient fabriqués et stockés dans un point de distribution central. Au fur et à mesure qu'arrivaient les commandes des différents marchés, les produits étaient configurés et expédiés. La disponibilité monta en flèche et les stocks diminuèrent, en partie grâce au stock centralisé mais également grâce à une forte simplification de la planification de supply chain, étant donné que la planification des approvisionnements et de la fabrication pouvait se focaliser sur des produits génériques au lieu des centaines de variantes linguistiques qui existaient auparavant.

Peut-être aurez-vous avantage à choisir des stratégies d'opérations différentes selon les produits et les segments de marché. Pendant longtemps, les constructeurs automobiles ont appliqué une stratégie de fabrication sur stock mais certains – notamment les constructeurs européens de véhicules haut de gamme – utilisent très souvent les stratégies de fabrication et de configuration à la commande, une approche que nous avons baptisée « Dell on wheels » [1]. La fabrication à la commande a cependant ses limites, comme le découvrent les constructeurs automobiles. Proposer des voitures de tourisme fabriquées à la commande tout en maintenant des délais de livraison compétitifs relève littéralement de l'exploit, du fait des millions de configurations possibles. Si les fournisseurs ne peuvent être totalement intégrés dans la supply chain de fabrication à la commande, les risques en matière de stock sont très importants. De plus, la modification du processus de fabrication pour attribuer à chaque voiture un jeu de caractéristiques unique est une opération coûteuse que peu de fabricants (OEM – Original Equipment Manufacturer) osent entreprendre. En 2002, seulement 20 % des voitures de tourisme vendues aux États-Unis ont été fabriquées à la commande. Le reste a été produit pour être stocké, puis vendu par le réseau de distribution. En Europe, le pourcentage est plus élevé. En Allemagne, par exemple, près de 60 % des voitures haut de gamme de BMW, Audi, Porsche et Mercedes ont été fabriquées à la commande.

De même que les autres éléments de configuration de la supply chain, la stratégie des opérations est dynamique. Le cycle de vie des produits est un facteur essentiel. Selon la variation de la demande des produits, les entreprises peuvent passer de la fabrication sur stock à la fabrication à la commande pour réduire les risques de stock, tout en garantissant la disponibilité à un prix compétitif. Le nombre de variantes d'un produit est un autre facteur important. Il n'est pas rare que 80 % des expéditions en volume concernent à peine 20 % (oui, encore la loi Pareto) de vos références ou configurations possibles. Dans ce contexte, une stratégie hybride alliant fabrication sur stock et fabrication à la commande est parfois préférable.

La stratégie de distribution

La stratégie de distribution détermine le circuit de vente de vos produits et services jusqu'aux acheteurs ou utilisateurs finaux. Elle répond à des questions concernant les méthodes de vente choisies, à savoir la vente indirecte, *via* des distributeurs ou des détaillants, ou la vente directe aux clients, via Internet ou votre propre force commerciale. À cet égard, vos décisions dépendront des segments de marché et des régions que vous visez. Étant donné que les marges bénéficiaires varient en fonction du mode de distribution, il vous faut choisir le mode le plus performant et déterminer des règles définissant les priorités des différents canaux de vente en cas de pénurie ou de forte demande.

Les leaders de marché utilisent des stratégies de distribution efficaces leur permettant de dégager des gains considérables. Les exemples de Dell, avec son modèle de vente directe, et de Wal-Mart, avec son modèle d'hypermarché, montrent bien que les choix en matière de distribution peuvent se traduire en avantage concurrentiel. Le réseau de revendeurs à valeur ajoutée (VAR) de l'éditeur informatique Novell, l'un des meilleurs et premiers exemples de distribution high-tech, a contribué au décollage de l'entreprise au moment où celle-ci devait surmonter de graves problèmes technologiques. Quant aux réseaux de revendeurs de Microsoft, ils proposent toutes sortes de services allant du leasing à la formation, en passant par le support client.

Examinons l'industrie de l'eau en bouteille, qui représente plusieurs milliards de dollars, et ses deux principaux marchés : l'eau de source et l'eau purifiée. Alors que l'eau de source doit être mise en bouteille sur place, l'eau purifiée peut l'être près de n'importe quelle source d'eau municipale, par l'intermédiaire d'une entreprise locale. Cette industrie utilise trois méthodes de distribution différentes pour servir ses trois principaux segments de consommateurs : les grossistes classiques pour approvisionner les détaillants, les machines automatiques où les consommateurs peuvent acheter leurs bouteilles, et les agents de service qui installent, entretiennent et réapprovisionnent des fontaines d'eau sur site pour particuliers et utilisateurs en entreprise. À chaque segment correspondent des processus, des actifs et des systèmes de distribution différents ainsi que des relations fournisseurs et des niveaux de performance spécifiques.

Imaginons que vous vous lancez dans l'industrie de l'eau en bouteille. Que décidez-vous : vendre votre produit *via* des grossistes déjà en relation avec les détaillants les plus importants ou le distribuer directement à ces détaillants ? Si vous choisissez de passer par un réseau de distribution, intégrez-vous vos systèmes de gestion des commandes et de gestion des stocks avec les systèmes des distributeurs ? Si oui, jusqu'à quel point et aux frais de qui ? Préférez-vous avoir un stock dédié pour tous les distributeurs ou uniquement pour ceux que vous considérez comme des partenaires stratégiques ? Ces décisions déterminent la performance en termes de coûts et de niveau d'actifs de votre entreprise et doivent entrer dans le cadre de votre stratégie de distribution globale, au même titre que les décisions concernant les tarifs, les règles de rémunération des vendeurs, les promotions et autres conditions commerciales.

La stratégie d'externalisation

Les décisions d'externalisation s'appuient sur l'analyse du savoir-faire et des compétences existantes. Dans quel domaine votre entreprise excelle-t-elle vraiment ? Quels domaines de compétences sont ou peuvent devenir des facteurs de différenciation stratégiques ? Ce sont ces activités que vous devez conserver en interne et améliorer. Réservez l'externalisation à des activités de faible importance stratégique ou à des activités pour lesquelles un tiers peut fournir un résultat supérieur, plus rapide ou moins coûteux.

> Réservez l'externalisation à des activités de faible importance stratégique ou à des activités pour lesquelles un tiers peut fournir un résultat supérieur, plus rapide ou moins coûteux.

L'externalisation permet aux entreprises d'augmenter ou de réduire rapidement leur niveau de production, de créer de nouveaux produits ou de se repositionner sur le marché – et ce, en profitant du savoir-faire et de la capacité d'autres entreprises. Dans le contexte actuel de mondialisation, cette flexibilité et cette agilité accrues peuvent faire une énorme différence. Mais l'externalisation permet surtout aux entreprises de concentrer leurs efforts sur leur cœur de métier et d'améliorer leur positionnement compétitif.

Cependant, avant de vous lancer, veillez à bien étudier les risques et les ramifications stratégiques de vos décisions d'externalisation. L'introduction de nouveaux produits, la gestion des niveaux de stock et la gestion de la configuration d'une supply chain sont autant d'activités stratégiques qui ne peuvent être confiées à un tiers. Veillez également à étudier d'autres questions-clés qui détermineront votre décision. La maîtrise des savoir-faire externalisés doit-elle être aussi maintenue en interne ? Lesquelles de vos compétences actuelles doivent être renforcées ? Aurez-vous besoin de nouveaux outils ou de nouvelles compétences, comme la capacité de gérer un stock à travers une supply chain étendue ?

En vous demandant uniquement « s'il est possible de réaliser telle ou telle opération à moindre coût », il est peu probable que vous parveniez à une solution qui appuie votre stratégie d'entreprise.

Les partenaires extérieurs peuvent présenter trois avantages potentiels :

- *Les économies d'échelle.* Les fournisseurs tiers offrent souvent des services moins chers car ils disposent d'une clientèle très vaste qui permet de maintenir un taux d'utilisation très élevé et un coût à l'unité très faible. Les partenaires peuvent également aider les entreprises à augmenter rapidement leur niveau de production, sans que celles-ci aient pour autant à investir dans de nouvelles capacités industrielles.

- *La couverture géographique.* Pour les entreprises qui désirent accéder à de nouveaux marchés ou de nouvelles régions, les partenaires peuvent être un moyen de pénétrer des marchés où la création de moyens internes serait trop coûteuse par rapport au volume d'activité actuel.

- *Les moyens technologiques.* Les partenaires d'externalisation maîtrisent parfois la technologie d'un processus ou d'un produit qui exigerait un investissement trop important en interne.

En dépit de tous ces avantages, l'externalisation n'est pas toujours la solution idéale. Avant de vous adresser à des fournisseurs extérieurs, veillez à examiner les quatre éléments suivants.

1. *Votre source de différenciation* : étudiez comment votre entreprise se différencie. Qu'est-ce qui vous donne un avantage concurrentiel ? N'externalisez pas votre technologie de produit ou de processus si elle est une source de différenciation. Observons par exemple le cas de l'un des fabricants de montres les plus célèbres au monde. La Manufacture des montres Rolex SA, dont la marque Rolex est mondialement connue, produit les composants de ses montres, mais aussi les machines,

N'externalisez pas
votre technologie
de produit ou
de processus si elle
est une source
de différenciation.

les outils et les fournitures utilisés dans la fabrication des mouvements et autres produits [2]. La fabrication est un élément à part entière des exigences de haute qualité qui ont fait la renommée mondiale de ce fabricant.

Néanmoins, pour beaucoup d'entreprises, la fabrication n'est pas stratégique. Cisco, Compaq et IBM confient la majorité de leur production à des sous-traitants électroniques tels que Flextronics, Solectron et Celestica. La plupart des marchés font appel à des prestataires logistiques pour le transport, les dédouanements, l'entreposage et d'autres services à valeur ajoutée tels que le conditionnement final, les tests des configurations, le chargement de logiciels et l'installation sur site.

2. *Votre volume d'activité* : comparez votre capacité interne à vos besoins. Si votre activité est à saturation (et que vous ne projetez pas d'augmenter la production), il est peu probable que l'externalisation vous permette de réduire vos coûts. Pour des entreprises de plus petite taille, en revanche, travailler avec un partenaire peut être la meilleure solution. L'externalisation de la fabrication pour abaisser le coût fixe total est une pratique courante sur beaucoup de marchés.

C'est le cas de Tellabs, constructeur américain d'équipements de communication. Outre la réduction des coûts de fabrication, l'externalisation de sa production profite également à ses performances d'approvisionnement, de conception, de réparation et de pénétration du marché. Par le biais d'accords externes et de l'intégration de méthodologies internes, Tellabs profite des catalogues de composants de ses partenaires de fabrication, collabore aux travaux de conception et exploite aussi la capacité de ses partenaires à gérer les réparateurs pour son propre réseau de service client. De plus, Tellabs a conclu des accords qui permettent de déplacer les activités de production et de réparation en fonction de ses objectifs de croissance de parts de marché.

3. *Le caractère unique de vos activités* : avez-vous des processus ou des caractéristiques produits particuliers qu'un tiers aurait du mal à reproduire ? Si c'est le cas, une externalisation ne vous apportera pas grand-chose : vos exigences spécifiques ne sont pas compatibles avec les

économies d'échelle habituellement recherchées par un prestataire externe. Wal-Mart, par exemple, a développé un système logistique hautement customisé qui gère les flux de stocks entrants depuis ses centres de distribution jusqu'aux étagères de ses points de vente au détail. Propriétaire de l'un des systèmes d'entreposage les plus importants au monde, Wal-Mart n'a rien à gagner – et tout à perdre – en externalisant cet aspect de ses activités.

4. *Votre poids sur le marché* : analysez le rapport de forces entre vous et vos prestataires. Beaucoup de prestataires de production, de distribution et de gestion de commandes clients sont déjà plus importants que leurs clients. Et cette importance grandira au fil des regroupements futurs. Obtiendrez-vous les services dont vous avez besoin à un prix compétitif si votre volume d'activité n'est pas suffisamment important ?

Pour choisir le meilleur prestataire supply chain, ne vous arrêtez pas aux critères techniques et observez le contexte dans son ensemble. Considérez votre contribution à la stratégie et la taille globale du prestataire. Cela vous amènera peut-être à prendre d'autres décisions quant aux prestataires choisis et à la répartition des volumes entre eux, voire à remettre en question le projet d'externalisation.

La stratégie de service client

La stratégie de service client est elle aussi un élément de configuration essentiel. Elle repose sur la valeur relative de chaque compte (chiffre d'affaires et rentabilité) et la connaissance des attentes réelles de vos clients. Ces deux données font partie intégrante de votre stratégie de service client car elles vous aident à hiérarchiser et à ajuster vos capacités.

Toute votre clientèle doit-elle bénéficier d'une livraison le jour même ou devez-vous moduler les niveaux de service en fonction de l'importance des clients ? Les produits doivent-ils tous avoir la même disponibilité ou certains clients doivent-ils être livrés en priorité ? Si votre entreprise n'examine pas sa stratégie de service, vous risquez de fournir un niveau de service plus coûteux que celui exigé par vos clients – ou de rater d'importantes opportunités.

Les clients ne justifient pas tous le même niveau de service mais il est indispensable de savoir lesquels sont les plus précieux. Par exemple, un fournisseur de services Internet (ISP) envisageait de relever systématiquement le niveau de son service client suite à des réclamations concernant la lenteur de la résolution des problèmes informatiques. Nous lui avons proposé une approche plus stratégique consistant à calculer les niveaux de service en fonction de la valeur du client pour l'entreprise. En analysant le potentiel de revenu de chaque segment client et la valeur potentielle de chaque segment, l'entreprise a découvert que seuls 5 % de ses clients étaient « à fort potentiel ».

La principale demande du segment « à fort potentiel » était une résolution rapide des problèmes. L'entreprise créa pour eux une équipe de gestion des comptes-clés composée de techniciens hautement qualifiés et d'un responsable de compte dédié. Concernant les 95 % de clients restants, les problèmes de service furent transférés à un centre de service plus économique et indépendant qui utilisait des voies de résolution spécifiques suivant la complexité technique du problème.

Résultat : le délai de résolution des problèmes des clients prioritaires a diminué de manière spectaculaire, avec un pourcentage de problèmes résolus au premier appel passant de moins de 5 % à 80 %. En règle générale, les problèmes de service sont résolus le jour même, y compris pour les clients les moins prioritaires. D'autre part, la nouvelle organisation a permis de réduire de 30 % les coûts du support client.

Plus important, les nouveaux niveaux de service ont permis à l'entreprise d'améliorer sa compétitivité sur son marché – un marché constitué de plus en plus par des clients sophistiqués et plus exigeants en matière de service [3].

La conclusion que l'on peut en tirer est la suivante : adapter votre stratégie de service client afin d'obtenir le meilleur rapport coût/service par segment de clients peut rapporter beaucoup, en particulier si vous définissez votre supply chain pour en faire un levier stratégique.

La stratégie des actifs

Le dernier élément de la configuration de votre supply chain regroupe les décisions concernant les actifs de votre entreprise : les usines, entrepôts, équipements de production, services de gestion des commandes et centres de service qui constituent la « cheville ouvrière » de votre activité. L'emplacement, la taille et la mission de ces actifs ont un impact majeur sur la performance de la supply chain.

La plupart des entreprises choisissent l'un des trois modèles indiqués ci-après en s'appuyant sur des facteurs tels que la taille de l'entreprise, les besoins en service client, les avantages fiscaux, la base de fournisseurs, les règles de contenu locales et le coût de main-d'œuvre.

- *Modèle mondial.* Une ligne de produits donnés est fabriquée à un endroit donné pour l'ensemble du marché mondial. Ce modèle est notamment choisi pour rapprocher la production de la R&D, pour contrôler les coûts de fabrication unitaires s'il s'agit de produits à forte intensité capitalistique ou pour disposer de compétences en production hautement spécialisées.

- *Modèle régional.* Les produits sont principalement fabriqués dans la région où ils sont vendus, même s'il peut exister des flux entre différentes régions suivant une spécialisation des centres de production. Le choix de ce modèle est souvent influencé par des facteurs tels que les niveaux de service client, le montant des taxes d'importation et la nécessité d'adapter les produits à des spécificités régionales et nationales.

- *Modèle national.* Les produits sont principalement fabriqués dans le pays de vente. Ce modèle convient tout particulièrement aux marchandises dont le coût de transport est prohibitif. D'autres facteurs entrent également en ligne de compte : les taxes et tarifs douaniers ou un marché dont l'accès est réservé aux produits fabriqués sur le territoire national.

En raison de la concurrence sur les prix, beaucoup d'entreprises fabriquent dans les pays où la main-d'œuvre est bon marché afin de réduire les coûts unitaires de production. Dans ce cas, les coûts de fabrication, les taux d'imposition des sociétés, les primes à l'exportation, la présence de fournisseurs-clés, la possibilité d'importer sans payer de taxes, l'infrastructure et la main-d'œuvre sont des facteurs déterminants. Les coûts à l'unité sont certes importants mais les responsables de supply chain savent qu'il est essentiel de tenir compte de la flexibilité et du coût total de supply chain lorsqu'ils positionnent leurs actifs, en particulier lorsque les produits concernés font l'objet d'une demande extrêmement variable et ont des cycles de vie très courts.

La Chine est devenue un centre de production bon marché privilégié par les sociétés électroniques, du fait de la présence de fournisseurs de composants et de sous-traitants électroniques ainsi que pour la qualité de ses infrastructures (routes, électricité, etc.). Or, bien que le montage électronique ne dure qu'un ou deux jours, l'expédition des marchandises par bateau de la Chine vers l'Europe demande trois semaines. Si on ajoute à cela le temps nécessaire pour que les marchandises arrivent aux centres de distribution régionaux ou nationaux, le cycle d'exécution total peut atteindre les six semaines. Sur un marché d'une extrême volatilité, ces délais très longs risquent de provoquer un décalage entre les stocks et la demande – précisément le problème que Michael Dell a éliminé de sa supply chain.

Pour réduire ce risque, les entreprises ont plusieurs possibilités. L'une consiste à accroître la flexibilité de la production pour réactualiser la planification de supply chain chaque semaine et non plus chaque mois, afin de mieux répondre aux évolutions de la demande. Une autre approche – la différenciation retardée – consiste à créer des produits banalisés dans des centres de production à bas coût puis à réaliser la configuration finale et le conditionnement dans un centre de distribution plus proche du client. Il existe encore une autre méthode qui consiste à déplacer le centre de production à faible coût à proximité du marché cible. Ainsi, de nombreuses entreprises alimentant le marché européen ont déplacé leurs unités de production chinoises dans des pays d'Europe centrale tels que la Roumanie ou la Hongrie. Cela leur permet de réduire à la fois les coûts de fabrication et les niveaux de stock en transit.

Le cycle de vie des produits est également un élément déterminant pour beaucoup de décisions concernant le positionnement des actifs. Sur les marchés où les évolutions sont très rapides, par exemple le secteur de l'électronique grand public, les entreprises peuvent dans un premier temps adopter un modèle mondial (pendant le décollage d'un nouveau produit) afin de tester le processus de fabrication ou rester à proximité de la R&D, puis passer à un modèle régional pour améliorer le service client. À la fin du cycle de vie du produit, le modèle mondial redevient une solution préférable pour répondre à la demande à moindre coût et disposer d'un stock minimum.

Les quatre critères d'une bonne stratégie de supply chain

Les éléments de configuration (stratégie des opérations, stratégie de distribution, stratégie d'externalisation, stratégie de service client et stratégie des actifs) constituent les briques de construction de votre stratégie de supply chain. Cependant, pour faire progresser vos objectifs stratégiques et réellement dégager un avantage concurrentiel, ces éléments et les décisions qui s'y rapportent doivent être :

- synchronisés avec votre stratégie d'entreprise,
- synchronisés avec les besoins de vos clients,
- synchronisés avec votre position de force (votre influence),
- adaptables, car un avantage concurrentiel est toujours temporaire et le marché évolue.

Ces quatre critères peuvent sembler élémentaires mais peu d'entreprises les utilisent systématiquement. En effet, le développement et la gestion d'une stratégie de supply chain restent encore une pratique peu répandue. Bon nombre des clients que nous avons rencontrés au fil des années n'utilisaient qu'un processus rudimentaire, ce qui montre bien que ces concepts sont méconnus ou difficiles à mettre en œuvre. Examinons-les un par un.

Synchronisation avec la stratégie d'entreprise

Votre stratégie de supply chain doit directement supporter et faire progresser votre stratégie d'entreprise. Nous pensons qu'une stratégie d'entreprise efficace commence par une *Core Strategic Vision* (vision stratégique) (voir Figure 1.3) qui permet de délimiter votre activité : ce que vous êtes, ce que vous ferez, et, ce qui est tout aussi important, ce que vous *n'êtes pas* et ce que vous *ne ferez pas*.

Cette vision stratégique permet de répondre clairement à différentes questions : quels sont vos objectifs stratégiques globaux ? Quelle valeur ajoutée apportez-vous à vos clients ? Comment votre entreprise se différencie-t-elle sur le marché ? Si votre stratégie et votre configuration de supply chain ne reposent pas sur les réponses à ces questions-clés, votre supply chain fonctionnera dans le vide.

Figure 1.3 Core Strategic Vision (vision stratégique)

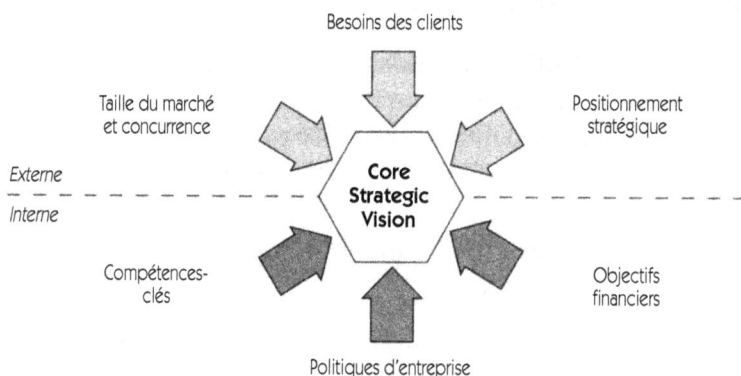

Voici un exemple, parmi beaucoup d'autres. Nous avons travaillé avec un constructeur électronique qui avait dépensé des millions pour améliorer ses délais de production et d'exécution des commandes. En termes de livraison à la date promise, les résultats étaient excellents. Restait un seul problème : la rapidité des livraisons n'était plus un facteur déterminant d'accroissement des profits. La concurrence s'étant développée, les clients demandaient et obtenaient des prix plus bas. De plus, le déclin de certains des principaux marchés de l'entreprise entraînait une baisse des recettes et réduisait considérablement le retour sur actifs. Le président comprit alors qu'il fallait atteindre un seuil de rentabilité inférieur, mais les opérations de supply chain restèrent focalisées sur une priorité d'hier : l'excellence de la livraison.

Pourquoi ce décalage ? En réalité, la nouvelle vision commerciale du dirigeant de l'entreprise n'avait pas été traduite en nouveaux objectifs pour la supply chain. Bien que le business plan mît en évidence la baisse du volume et des prix et son impact sur les bénéfices, ses répercussions sur les activités de supply chain n'avaient pas été prises en compte. Ce n'est que lorsque l'entreprise commença à perdre de l'argent qu'elle procéda à une réorganisation majeure de sa supply chain, réorganisation qui entraîna des fermetures d'usines, des regroupements d'établissements et l'externalisation de la production.

Convertir une stratégie d'entreprise en un plan d'action efficace exige une bonne communication et une grande discipline. Le tableau de la Figure 1.4 présente une vue globale des quatre instruments de compétitivité des entreprises (innovation, coût, service et qualité), également appelés *axes stratégiques*. Il montre également comment la supply chain peut contribuer à la performance selon le choix d'axe stratégique.

Certains aspects de l'innovation, du coût, du service et de la qualité interviennent dans la stratégie de quasiment toutes les entreprises. Mais des sociétés leaders concentrent leur stratégie sur un seul d'entre eux : leur axe stratégique pour conquérir un marché donné. Du point de vue de la supply chain, chaque axe stratégique requiert une structure, des processus, des systèmes d'information et des compétences distincts.

Concurrence sur le coût

Les entreprises qui choisissent ce mode de concurrence proposent des prix bas pour attirer des acheteurs qui ne veulent pas beaucoup dépenser ou pour maintenir leurs parts de marché. Cette stratégie exige des opérations intégrées extrêmement efficaces et la supply chain joue un rôle capital pour maintenir au plus bas les coûts du produit et de la logistique. Cette supply chain privilégie les indicateurs d'efficacité tels que l'utilisation des actifs, les jours de stock, le coût des produits et le coût total de la supply chain. La standardisation des produits et des processus est essentielle, de même que la maîtrise des stocks et de la qualité des produits et des fournisseurs.

Figure 1.4 Part de la supply chain dans la stratégie d'entreprise

Stratégie principale	Source d'avantage	Axe stratégique	Principaux éléments de supply chain contribuant à la stratégie
Innovation	Marque et technologie uniques	Des produits séduisants et innovants	Time-to-market et time-to-volume
Coût	Opérations à moindre coût	Le prix le plus bas dans la catégorie du produit	Infrastructure efficace et peu coûteuse
Service	Service incomparable	Un service conçu pour répondre aux besoins spécifiques du client	Conçu spécialement pour le client
Qualité	Produits les plus sûrs et les plus fiables	Des produits sur lesquels vous pouvez compter	Fiabilité des processus de supply chain et contrôle qualité

Hewlett-Packard (HP) a longtemps appliqué une stratégie axée sur l'innovation, jusqu'à ce qu'un nouveau concurrent vienne bouleverser la dynamique du marché. En 1997, Lexmark surprit HP et tous les autres constructeurs d'imprimantes en lançant une imprimante à moins de 100 dollars. Au milieu de l'année 1999, Lexmark avait doublé sa part de marché. HP entama alors un ambitieux programme baptisé « Big Bang » visant à réduire considérablement les coûts de ses produits en adoptant une nouvelle conception et en modifiant la supply chain. Dans quel but ? Celui de concurrencer directement Lexmark au niveau des prix. Le programme « Big Bang » a été un grand succès. En 2002, HP avait regagné ses parts de marché [4].

De faibles coûts, c'est bien, mais pas quand c'est au détriment du service, de l'innovation ou de la qualité et que ces derniers représentent un élément-clé de la stratégie d'entreprise. Reprenons l'exemple de la production offshore à faible coût mentionnée précédemment. La plupart des fabricants de vêtements externalisent leur production dans le Sud-Est asiatique où les sous-traitants insistent pour avoir des calendriers de production fixes afin de minimiser leurs coûts. Cette approche, qui consiste à baisser les coûts de production le plus possible, réduit également la flexibilité et risque de pénaliser les marges du détaillant. En effet, si un style ne marche pas très bien alors qu'un autre suscite une très forte demande, les détaillants peuvent difficilement modifier les volumes et les mix. Et si le magasin a trop de produits qui ne plaisent pas, il se retrouve avec un stock au rabais qui grignote ses marges. Trop souvent, lors de l'évaluation des choix en matière de stratégie de supply chain, l'impact sur les revenus manqués et la réduction des marges provoqués par un décalage entre la stratégie de supply chain et la stratégie d'entreprise n'est pas pris en compte.

Zara, le détaillant qui appartient au géant du textile espagnol Inditex, a choisi un modèle très différent. Il se positionne comme une boutique de designer destinée au consommateur branché mais soucieux de ne pas trop dépenser. Pour appliquer sa stratégie, il fabrique près de 50 % de ses vêtements en interne (une exception sur ce marché). En dépit de coûts de production de 15 % à 20 % supérieurs à ceux de ses concurrents, Zara compense largement cet inconvénient en utilisant sa supply chain pour garantir que ses produits en magasin correspondent exactement à ce qu'attendent les clients [5].

© Éditions d'Organisation

Concurrence sur l'innovation

Les entreprises dont la principale stratégie est l'innovation concentrent leurs efforts sur le développement de produits de référence, autrement dit des « incontournables » qui sont exigés par le consommateur. Leurs produits étant les leaders dans leur catégorie, ces entreprises peuvent appliquer des prix plus élevés : c'est l'avantage de l'innovateur. Des sociétés telles que Sony, Nike et L'Oréal semblent constamment prendre le pouls du consommateur et savent très vite commercialiser les nouveautés que les acheteurs attendent. Elles tirent aussi leur force d'un marketing et d'un développement produit d'une remarquable efficacité.

> Les entreprises dont la principale stratégie est l'innovation concentrent leurs efforts sur le développement de produits de référence, autrement dit des « incontournables » qui sont exigés par le consommateur.

Comment la supply chain peut-elle aider une entreprise qui mise sur l'innovation pour devancer ses concurrents ? S'agissant des nouveaux produits et services, le créneau à saisir (avant que les concurrents les plus rapides commencent à grignoter des parts de marché) est parfois très étroit. Les entreprises innovantes savent parfaitement quel avantage il y a à arriver les premières sur un marché. C'est pourquoi le processus NPI (New Product Introduction – introduction de nouveaux produits) est si important. En permettant une commercialisation plus rapide des nouveaux produits, la supply chain peut faire monter en flèche les recettes et les bénéfices. Une entreprise dont la principale stratégie est l'innovation doit donc impérativement intégrer la supply chain avec sa *chaîne de conception* (toutes les parties, à l'intérieur comme à l'extérieur de l'entreprise, qui contribuent à la définition et à la conception d'un nouveau produit ou service).

Pour autant, le time-to-market (TTM) n'est pas le seul enjeu. Le time-to-volume (temps nécessaire pour arriver à une capacité de production suffisante) est lui aussi capital. Plus l'entreprise peut augmenter rapidement sa production pour répondre à la demande, plus les bénéfices sont importants et moins les concurrents pourront la rattraper. Susciter une forte demande pour ensuite être incapable d'y répondre est l'une des pires choses qui puissent arriver à un innovateur. En obtenant un time-to-volume très court, l'entreprise dispose d'une arme d'une redoutable efficacité.

L'intégration supply chain-chaîne de conception [6] est indispensable. Elle permet en effet de lancer les nouveaux produits de manière rapide et régulière. Passer du développement produit à la production en volume en maintenant le niveau de qualité voulu requiert une excellente gestion des processus, des actifs, des produits et des informations. L'intégration de ces deux chaînes garantit également que dès l'instant où la demande augmente, toute la supply chain est prête : les fournisseurs peuvent répondre à vos besoins, les informations concernant le nouveau produit dans les systèmes de gestion des commandes sont à jour et les réseaux de distribution et équipes de services sont formés.

Reprenons l'exemple de Zara. Alors que la majorité du marché axe sa supply chain sur l'obtention de prix de revient le plus bas possible, la supply chain de Zara est axée sur l'innovation. Les concepteurs et les planificateurs utilisent les informations provenant des points de vente pour ajuster leurs plans de fabrication et leurs créations, afin de se concentrer sur les produits faisant l'objet de la plus forte demande. Cela se traduit par des TTM beaucoup plus courts, des ventes plus importantes et des démarques moins nombreuses [7]. De 2001 à 2002, alors que toutes les boutiques de mode se débattaient pour atteindre leur seuil de rentabilité, Zara enregistrait une croissance constante à deux chiffres et des bénéfices avant intérêts et impôts (EBIT) confortables passant de 18,1 % à 18,5 % [8]. En combinant l'innovation et la maîtrise des coûts, Zara a créé une supply chain axée sur le NPI, qui génère des résultats spectaculaires pour l'entreprise et ses actionnaires.

Concurrence sur la qualité

Les entreprises qui misent sur la qualité sont réputées pour le caractère exceptionnel de leurs produits et services ainsi que pour une performance constante et fiable. Il s'agit généralement de produits connus tels que les automobiles Lexus, les appareils électroménagers Maytag ou les jus de fruits Tropicana. Le développement du produit joue évidemment un rôle essentiel pour la qualité, mais les processus de supply chain tels que la fabrication, les achats, l'assurance qualité et la *gestion des retours* sont tout aussi importants. Et lorsqu'il s'agit de produits fragiles ou périssables, le transport et le stockage ont également un rôle capital.

L'un des principaux attributs de supply chain relatifs à la qualité est la *traçabilité* : la possibilité de remonter du produit jusqu'à son origine, exigence croissante dans beaucoup d'industries. Les inquiétudes concernant la sécurité alimentaire et l'explosion du marché des produits biologiques montrent que le consommateur veut avoir la possibilité de « tracer » un produit de son assiette jusqu'à la ferme. Sur le marché américain du pneumatique, par exemple, la traçabilité jusqu'au point de production des pneus est une obligation. De plus, les contrefaçons apparaissent dans des secteurs de plus en plus nombreux tels que le luxe, les loisirs et les produits pharmaceutiques. Pour écarter ce risque, les fabricants utilisent de plus en plus des étiquetages spéciaux, comme l'identification radiofréquence (RFID), afin de repérer les produits originaux et de contrôler les flux de marchandises à destination du consommateur.

> *L'un des principaux attributs de supply chain relatifs à la qualité est la traçabilité : la possibilité de remonter du produit jusqu'à son origine, exigence croissante dans beaucoup d'industries.*

L'exemple des Barlean's Organic Oils montre comment une stratégie de supply chain peut s'appuyer sur la qualité pour contribuer à la stratégie de l'entreprise. Barlean's est une entreprise familiale qui pèse 22 millions de dollars et qui vend des compléments alimentaires. Son produit vedette, une huile de graines de lin, bat la concurrence à 20 contre 1. À l'origine de ce succès : la fraîcheur de son produit. L'huile de Barlean's porte en effet une date d'expiration de quatre mois, alors que les autres huiles ont parfois une date de fabrication déjà vieille de cinq mois avant même d'arriver en magasin. Ce sont les processus de production et de distribution de Barlean's qui lui donnent son avantage. Les techniques de fabrication classiques exposent les graines de lin à la chaleur, à la lumière, à l'air et à la surpression, tous éléments néfastes à la qualité. Or, Barlean's a mis au point un processus de fabrication qui protège les graines contre ces éléments. Il ne presse jamais l'huile avant d'avoir reçu une commande : c'est la méthode « pression à la commande ». D'autre part, Barlean's livre ses commandes par courrier express pour que les produits arrivent plus vite et plus frais. C'est un choix plus coûteux, certes, mais il correspond à la stratégie de qualité de l'entreprise. Sur le marché des compléments alimentaires, où les acteurs sont très nombreux (surtout aux États-Unis), Barlean's utilise la supply chain pour tenir ses promesses en matière de qualité et ses ventes progressent de 40 % chaque année depuis 1999 [9].

Concurrence sur le service

Les entreprises qui misent sur le service adaptent leurs offres aux besoins spécifiques de leurs clients et sont réputées pour la qualité exceptionnelle de leur service. Elles personnalisent leurs produits et services afin de fidéliser leurs clients et d'assurer des commandes récurrentes. Pour exceller dans un service, tous les systèmes d'information et tous les processus touchant les clients (saisie des commandes, exécution des commandes et facturation) doivent être rapides, cohérents et fonctionner parfaitement. La possibilité d'intégrer les systèmes et processus internes avec ceux des clients-clés est un atout majeur.

Nos études révèlent que les entreprises les plus performantes en matière de *livraison* (celles qui disposent de processus d'exécution de commandes exceptionnels) sont 20 % plus rentables que la moyenne et que leur chiffre d'affaires augmente de 25 % plus vite [10]. Pourquoi un meilleur service génère-t-il des gains financiers aussi importants ? À la base, les entreprises dotées de processus de service client supérieurs évitent les coûts liés à la gestion des urgences et des exceptions auxquelles les autres entreprises sont confrontées.

À un niveau plus stratégique, les entreprises qui excellent en service client ont la possibilité de segmenter leur clientèle. Elles savent faire le lien entre le coût du service et la rentabilité du client et peuvent calculer le coût d'une offre de services personnalisés. Elles évitent donc de proposer des services personnalisés à des clients qui ne répondent pas à des critères commerciaux très stricts. Elles ont aussi tendance à concentrer leurs efforts sur les segments les plus rentables d'un marché et à bâtir de solides relations avec leurs clients prioritaires, ce qui se traduit par des clients fidèles et la baisse des coûts de fidélisation – tout cela se répercutant sur la performance financière.

C'est exactement le cas de Shell Chemicals. Cette entreprise propose aux fabricants une solution de gestion des stocks baptisée SIMON (Supplier Inventory Management Order Network) qui simplifie les achats et réduit en même temps les coûts de la supply chain. Avec le système de réapprovisionnement automatique de Shell, les clients ne passent plus commande, ne connaissent plus de rupture de stock et n'ont plus besoin de créer un stock de sécurité. Au contraire, leurs systèmes sont intégrés avec ceux de Shell afin de pouvoir échanger des informations. Les données sur la consommation, les niveaux de stock et les besoins prévisionnels sont enregistrées chaque soir sur le site du client puis transférées à Shell. Lorsque les chiffres arrivent à un seuil donné, Shell génère une commande de réapprovisionnement pour le client, prépare le bon de transport et assure le suivi de l'expédition jusqu'à la livraison. Le système fonctionne sans facture. Chaque mois, le client paie électroniquement un montant calculé à partir des chiffres de consommation échangés par les deux parties.

La solution de Shell facilite la vie de tout le monde. En supprimant les coûts administratifs pour les clients ainsi que les stocks de sécurité dus à l'incertitude des prévisions, cette solution réduit le volume total des stocks dans la supply chain et en simplifie grandement la gestion. Et Shell en dégage un autre avantage : en échange de ce service et parce que la solution ne peut fonctionner si les stocks de différents fournisseurs sont mélangés dans les mêmes réservoirs, les clients acceptent d'utiliser Shell comme fournisseur exclusif pour tous les produits gérés par le système SIMON. En offrant un service à valeur ajoutée et en intégrant ses systèmes informatiques avec ceux de ses clients, Shell tisse des liens très étroits avec sa clientèle : un avantage stratégique très fort qui repose sur la supply chain [11].

Les meilleures entreprises savent qu'elles ne peuvent pas tout faire pour tout le monde. Elles déterminent comment elles se différencieront puis définissent leur supply chain afin d'être le plus performantes possible dans l'axe stratégique choisi. Ce ciblage très précis les distingue de leurs concurrents et les aide à créer un avantage concurrentiel.

La supply chain soutient tous les types de stratégies d'entreprise. Sa synchronisation avec votre stratégie est donc une priorité. Mais n'oubliez pas que la stratégie est un exercice d'équilibre. Aucun responsable des coûts ne peut ignorer le service client et aucun innovateur ne peut ignorer les prix plafonds d'un marché. Les responsables de la performance de supply chain savent qu'il faut trouver des compromis entre niveaux de service, délais de livraison, actifs et coûts, puis prendre les décisions qui conviennent le mieux à leur mission stratégique globale. En choisissant où concentrer ses efforts et en obtenant une performance de supply chain optimale sur ces axes-clés, une entreprise peut se démarquer de la concurrence.

Synchronisation avec les besoins des clients

Pour ses huiles organiques, Barlean's a choisi de se différencier par la fraîcheur de ses produits. Shell Chemicals a réalisé l'avantage que pouvait représenter un nouveau concept de réapprovisionnement. Zara a compris les dynamiques du marché de la mode bon marché. Chacune de ces entreprises a identifié des solutions qui ont généré un avantage concurrentiel et a modelé sa supply chain en conséquence.

Savez-vous vraiment ce que veulent vos clients ? Existe-t-il des opportunités que vous n'exploitez pas, tout simplement parce que vous n'arrivez pas à les visualiser ? Répondre à ces questions n'est pas toujours facile. Les clients ne veulent pas toujours ce que nous croyons qu'ils veulent, ne sont pas toujours conscients de leurs besoins ou ne savent pas les exprimer. Pour aider nos clients à vraiment écouter leurs propres clients et comprendre leur environnement, nous utilisons une méthodologie baptisée *Voice of the customer* (la voix du client). Elle nous aide à révéler et convertir des besoins en demandes de nouveaux produits et services qui profitent des capacités existantes de la supply chain ou mettent en lumière les modifications que vous devez apporter pour exploiter de nouvelles opportunités [12].

Aligner la supply chain sur les besoins des clients signifie également que vous devez identifier les exigences spécifiques des différents segments de marché. Comme nous le verrons plus loin, l'activité de pneumatiques pour voitures de tourisme de Michelin s'adresse à deux segments : les constructeurs automobiles et les acheteurs des véhicules, avec des produits respectivement de première monte et de remplacement. Les constructeurs sont beaucoup plus exigeants et demandent que leurs pneus soient livrés directement aux lignes de montage à la date prévue, car le moindre retard peut pénaliser les calendriers de production. Outre le fait qu'ils sont plus exigeants, les constructeurs automobiles ne génèrent que des marges minimes par rapport à celles issues du marché du remplacement. Vous seriez donc enclin à donner la priorité au marché du remplacement, n'est-ce pas ? Eh bien, surtout pas. En cas de pénurie, les fabricants de pneus tels que Michelin placent toujours les constructeurs devant les clients « remplacement », car le fait d'équiper une voiture neuve de pneus d'une marque donnée peut pousser son nouveau propriétaire à acheter les mêmes pneus lorsqu'il doit les remplacer et aussi parce que les contrats avec les constructeurs comportent de très fortes pénalités.

Si vous êtes fabricant de pneus, vous devez vous plier aux règles des constructeurs automobiles. Si la fiabilité et la ponctualité sont deux exigences-clés du client, comme elles le sont pour les fabricants de pneumatiques tels que Michelin, alors vous devez donner la priorité à l'amélioration constante de toutes vos activités de supply chain permettant d'atteindre ces objectifs de performance – ou en payer le prix avec des stocks de produits finis très importants.

Si les clients n'obtiennent pas ce qu'ils veulent, vous les perdez. Alors, si vous ne savez pas ce qu'ils veulent, interrogez-les. Ou utilisez la méthodologie *Voice of the customer* pour le savoir. Et sollicitez-les régulièrement afin de bien connaître l'évolution de leurs besoins.

Plusieurs segments, plusieurs supply chains ?

Pour certaines entreprises, la solution la plus efficace consiste à utiliser une supply chain avec un seul jeu d'actifs physiques, de processus et de systèmes d'information, même si elle doit couvrir plusieurs produits, fournisseurs et clients différents. Une entreprise dont les opérations présentent une grande flexibilité peut « concevoir n'importe où et fabriquer n'importe où », de sorte que les allocations de produits aux centres industriels sont définies suivant la capacité disponible, le coût des produits et les marchés cibles.

D'autres entreprises, en revanche, estiment qu'elles peuvent mieux servir leurs marchés en ayant recours à plusieurs supply chains.

Pourquoi ? Parce que des produits, segments de marché et régions différents nécessitent parfois des approches très disparates. Ou parce que les différentes divisions d'un même groupe veulent disposer de leurs propres supply chains afin d'avoir le contrôle nécessaire pour atteindre leurs objectifs spécifiques.

Vouloir gérer des exigences disparates dans une seule supply chain présente certains risques, parmi lesquels une complexité accrue, l'augmentation des coûts ou l'impossibilité de gérer les processus, organisations et systèmes d'information. Mais en utilisant les pratiques appropriées, l'entreprise peut atténuer ces risques et en dégager des avantages considérables en adaptant les étapes-clés de la supply chain aux besoins de chacune de ses divisions (ou lignes produit).

La filiale européenne de Seiko Epson Corporation (Epson) illustre parfaitement cette approche. Epson est l'un des leaders du marché mondial des imprimantes et produits d'imagerie à destination des professionnels et du grand public, une place qu'il doit à une technologie solide, à la notoriété de sa marque et à sa réputation de qualité. Or, derrière ce leadership se cache une offre de produits qui fait appel à une très grande diversité de technologies. Il s'agit en effet d'imprimantes jet d'encre, de scanners, de produits laser, de cartouches de toner et d'encre, d'imprimantes pour les points de vente, de projecteurs à cristaux liquides, pour ne citer que ces quelques exemples.

La partie invisible de la supply chain (back-end) de ces différentes lignes de produits et divisions est souvent constituée de supply chains globales distinctes faisant appel à leurs propres fournisseurs, usines et circuits logistiques. À l'inverse, la partie visible par le client (front-end), c'est-à-dire tous les processus qui le touchent directement, tels que la gestion des commandes et la distribution, est commune. Cette approche hybride permet à Epson d'optimiser la partie « back-end » de sa supply chain et de renforcer considérablement l'efficacité des processus de production de ses différents produits. Elle garantit également que ses clients s'adressent tous à un seul interlocuteur (« un seul Epson ») et puissent facilement faire affaire avec Epson, quel que soit l'assortiment de produits qu'ils souhaitent acheter. Selon Ramon Ollé, président-directeur général d'Epson Europe, ce modèle permet d'améliorer l'efficacité globale d'un bout à l'autre de la supply chain, tout en faisant progresser le taux de satisfaction de la clientèle.

Un autre exemple : celui de l'activité pneumatiques pour voitures de tourisme de Michelin. Ce constructeur à forte concentration capitalistique utilise les mêmes usines pour ses différents segments de marché (première monte pour les constructeurs et remplacement) afin d'optimiser l'utilisation de ses capacités, avec un seul processus de planification pour toute la production. Mais dès lors que les pneus quittent l'usine, tout est différent – de la planification de la demande à la saisie des commandes, en passant par l'expédition, la facturation et l'entreposage. L'entreprise utilise en effet deux supply chains distinctes pour mieux répondre aux besoins de deux segments de marché différents. S'agissant des constructeurs automobiles, Michelin livre ses pneus directement aux centres de montage qui les positionnent sur leurs lignes de montage. À l'inverse, pour le marché de remplacement, les pneus sont livrés aux distributeurs et aux revendeurs (centres de réparation automobile, concessionnaires et autres détaillants) où la livraison à la date promise est moins critique puisque la plupart disposent de stocks.

Les entreprises regroupant des activités de vente de produits neufs et de service après-vente utilisent souvent des supply chains différentes. Hormis la gestion d'activités telles que les retours, les réparations et la révision, la supply chain d'un service après-vente doit répondre à des besoins de service client très variés. Bien que les ventes de produits neufs et le service après-vente soient généralement organisés dans deux entités distinctes, tous deux utilisent souvent les mêmes centres de production afin de profiter des économies d'échelle. Pourtant, les processus touchant directement le client, tels que la planification de la demande, la saisie des commandes et la facturation, sont adaptés à chacun des deux marchés.

Si votre entreprise regroupe plusieurs divisions, identifiez les ressources partagées les plus critiques, puis prenez cela comme point de départ. Pour le marché des voitures de tourisme de Michelin, il s'agit de l'achat de matières premières et de la capacité industrielle, pour lesquels l'entreprise a structuré une supply chain commune. Si vous pouvez tout standardiser dans une unique supply chain et éviter les immobilisations supplémentaires et les variations de processus et de systèmes, faites-le.

Si des activités similaires sont assurées à l'aide de processus et d'établissements différents qui ont pour origine des acquisitions ou des entités géographiques historiquement indépendantes, vérifiez si ces redondances sont encore nécessaires. Dans beaucoup d'industries, la convergence des besoins des clients et l'émergence de prestataires de services logistiques mondiaux et régionaux ont ouvert la voie à des supply chains plus simples et standardisées. Veillez à profiter de toutes les synergies possibles.

En règle générale, s'il vous est possible de répondre aux besoins de vos clients les plus rentables pour un niveau de service acceptable et un coût raisonnable avec une unique supply chain, faites-le. Si les priorités de performance telles que le coût, les délais et la livraison des différents segments et produits sont vraiment contradictoires ou que le contrôle des opérations l'exige, vous pouvez envisager la mise en place de supply chains partiellement ou totalement distinctes.

Synchronisation avec votre position de force

Une bonne stratégie de supply chain repose sur une appréciation réaliste de votre force et de votre influence par rapport à celles de vos clients et fournisseurs. Pourquoi est-ce si important ? Le rapport de forces détermine ce qui peut être fait en termes de reconfiguration de la supply chain pour atteindre vos objectifs stratégiques.

Le fait est que, dans le domaine de la supply chain, la majorité des innovateurs dont vous entendez parler occupent une place de choix : il s'agit de grandes entreprises qui ont un poids très important sur le marché. Mais tout le monde n'est pas Wal-Mart, capable d'engager des bras de fer avec ses fournisseurs pour éliminer les inefficacités. Lorsqu'il s'agit d'opérer une modification fondamentale de votre supply chain étendue, il vous faut connaître votre force et votre influence réelles.

> Une bonne stratégie de supply chain repose sur une appréciation réaliste de votre force et de votre influence par rapport à celles de vos clients et fournisseurs.

© Éditions d'Organisation

Le volume d'activité est un critère très important. Les grandes entreprises peuvent profiter de leur volume de vente pour acheter moins cher à leurs fournisseurs, accroître l'utilisation de leurs actifs et réduire tous leurs coûts, des systèmes d'information au transport. Chose tout aussi importante, elles peuvent imposer aux fournisseurs et aux clients leurs propres règles et processus. Dans le secteur automobile, n'importe quel fournisseur qui interrompt la production parce qu'il n'a pas pu livrer à la date promise s'expose à des pénalités correspondant parfois au manque à gagner généré par l'arrêt de la ligne de montage. C'est écrit noir sur blanc dans le contrat du fournisseur. Mais il est évident que toutes les entreprises ne peuvent pas procéder de manière aussi musclée. Cela dépend de l'importance de leur volume d'activité.

Les entreprises qui ont un volume d'activité important peuvent contrôler de manière très précise leur supply chain et la structurer de sorte qu'elle serve leurs propres objectifs stratégiques. Lorsqu'une entreprise est plus importante que ses fournisseurs et ses clients et que ces derniers ont davantage besoin d'elle que l'inverse, c'est cette entreprise qui dicte ses règles. C'est une question de rapport de forces. Beaucoup d'entreprises sous-estiment leur propre force parce qu'elles réfléchissent à l'échelon mondial, au lieu de resserrer leur périmètre au niveau d'un pays ou d'un segment de marché. Toutes les entreprises, y compris les plus petites, peuvent trouver un moyen de travailler de manière stratégique avec certains fournisseurs et clients pour en dégager un avantage concurrentiel. Le tout est de segmenter, de concentrer et de consolider.

Si vous n'êtes pas une priorité pour vos fournisseurs et que vous n'obtenez pas le service et la collaboration souhaités, repensez vos relations avec eux. Envisagez de changer le rapport de forces en vous concentrant sur quelques fournisseurs à qui vous donnerez la possibilité de se développer en échange d'une plus grande collaboration avec vous, afin de réduire les coûts, de renforcer l'efficacité et d'améliorer la performance globale.

La marque peut elle aussi donner un certain poids à l'entreprise, en particulier sur les marchés grand public. Si vos produits sont très prisés par les consommateurs, vous aurez plus de poids face aux détaillants et autres partenaires du réseau de distribution. Pensez aux sacs Louis Vuitton ou aux montres Rolex. Le manque de disponibilité ne fait que renforcer le prestige de la marque. Le service client, la rapidité des livraisons ou la réduction des coûts de supply chain peuvent sembler peu importants pour ceux qui vendent les plus grandes marques. Les amateurs de ces produits ont appris à attendre et sont prêts à payer très cher.

Veillez à bien connaître votre « poids » avant d'essayer de faire jouer les rapports de forces de votre supply chain. Même les plus grandes marques de biens de consommation, celles dont les produits dominent un segment de marché, modifient leur logistique physique pour satisfaire les demandes de détaillants-clés. Les fabricants qui occupent la deuxième place (la moins enviable) sur les étagères des détaillants doivent généralement aller encore plus loin pour contribuer à l'efficacité logistique de leurs comptes-clés, par exemple en modifiant le conditionnement de leurs produits ou en proposant une très haute flexibilité des approvisionnements. La vérité est que les fournisseurs de produits de marques de second plan n'ont pas la même liberté de fonctionnement que les leaders. Les modifications apportées à leur supply chain doivent satisfaire aux exigences de la grande distribution, même si c'est au détriment de leur performance de stock ou du coût.

Lorsque vous développez votre stratégie de supply chain, prenez le temps d'évaluer la situation. Quel est le vrai poids de votre marque, du réseau de distribution ou de vos fournisseurs ? Avez-vous besoin de vos canaux de vente plus qu'ils n'ont besoin de vous ? Qu'en est-il de vos fournisseurs ? Qui est le plus fort ? Si vous êtes fournisseur dans une industrie avec beaucoup de fournisseurs et peu d'acheteurs, comme dans le secteur automobile, votre force est peut-être limitée. Et ce sera la même chose si vous êtes acheteur parmi beaucoup d'autres, sur un marché où les fournisseurs sont peu nombreux (si vous achetez des composants électroniques spécifiques, par exemple).

Comme le montrent tous ces exemples, la maîtrise de la supply chain est une possibilité. Cependant, pour la plupart des entreprises, la collaboration est un choix plus judicieux. Alors, analysez votre place dans la supply chain. Étudiez comment revoir vos interactions afin de réduire les coûts, améliorer la productivité, accroître la satisfaction ou générer davantage de valeur. Étant donné que la collaboration n'est jamais simple, sélectionnez soigneusement vos cibles. Concentrez-vous sur des clients ou des fournisseurs-clés et repérez les opportunités où la collaboration aura un réel impact stratégique (voir discipline n° 4).

Adaptez-vous

Les changements sont inévitables. Les marchés se transforment, les stratégies d'entreprise évoluent et de nouvelles technologies apparaissent. Si vous n'y prenez pas garde, votre supply chain sera très vite obsolète. Votre stratégie de supply chain, au même titre que votre stratégie d'entreprise, doit s'adapter.

> Votre stratégie de supply chain, au même titre que votre stratégie d'entreprise, doit s'adapter.

Bien que le changement soit permanent, la fréquence des évolutions majeures varie d'un secteur à l'autre. Sur le marché des PC, les entreprises opèrent une modification majeure de leur supply chain tous les trois à cinq ans, afin de continuer à baisser leurs coûts et à accélérer l'introduction de nouveaux produits. Elles ont adopté de nouvelles stratégies d'opérations telles que la fabrication à la commande, la production de produits banalisés ou la revente des produits finis achetés. Elles ouvrent aussi leurs propres magasins, vendent directement *via* Internet et explorent en permanence de nouveaux canaux.

Dans d'autres secteurs, tel celui de l'aéronautique, les transformations majeures de la supply chain ont des conséquences importantes et sont moins fréquentes (environ tous les dix ans). Examinons par exemple les stratégies de supply chain de Boeing et d'Airbus. Les partenaires d'Airbus fournissent des sous-ensembles finis directement aux lignes de montage de Toulouse, où moins de 500 employés réalisent le montage final [13]. Le modèle de production d'Airbus représente moins d'investissements, répartit les risques de développement et profite du savoir-faire de nombreux partenaires.

Aujourd'hui, Boeing est en constante transformation. L'entreprise améliore considérablement son efficacité en réduisant le nombre de ses fournisseurs et travaille en interne et avec ses fournisseurs pour mettre en place des techniques de fabrication optimisée. Parallèlement, elle inclut davantage dans son activité des partenaires fournisseurs qui partagent les risques et fait d'importantes avancées dans l'intégration à grande échelle des systèmes.

Compte tenu des changements majeurs intervenus dans l'industrie aéronautique au cours des années 1990 et au début des années 2000 (faillites, fusions et acquisitions), ainsi que du développement impressionnant des compagnies aériennes à bas prix (low-cost), il est probable que les stratégies de supply chain des principaux constructeurs d'avions de ligne commerciaux continueront d'évoluer pour répondre aux demandes de solutions économiques et générer une croissance rentable.

La durée de vie de votre supply chain dépend de facteurs internes et externes qui peuvent rendre nécessaire une reconfiguration. Il s'agit des facteurs suivants :

- *Une nouvelle technologie qui transforme la dynamique de votre industrie.* Internet, par exemple, crée un lien direct avec les clients, ce qui permet à des entreprises telles qu'Amazon de vendre en direct et d'éliminer les intermédiaires.

- *Un changement dans votre périmètre d'activité.* Si votre entreprise propose de nouveaux produits ou services, vise de nouveaux marchés ou s'étend géographiquement, vous devrez peut-être accroître vos capacités de fabrication, revoir votre réseau de distribution physique, développer de nouveaux canaux de vente, trouver de nouveaux fournisseurs et repenser votre stratégie de supply chain dans son ensemble.

- *Un changement d'axe stratégique.* Peut-être faites-vous face à un nouveau concurrent proposant une offre plus intéressante ou devez-vous changer le type de service que vous proposez pour accroître votre part de marché ou pénétrer un nouveau marché exigeant des livraisons plus rapides, davantage de flexibilité ou une qualité supérieure. Toute modification majeure de votre axe stratégique doit entraîner un réexamen de la stratégie et des éléments de supply chain.

- *La nécessité d'intégrer une nouvelle acquisition.* Les fusions et acquisitions impliquent souvent la reconfiguration de la supply chain. Vous devrez examiner où il serait bon d'éliminer les redondances, de conserver des opérations séparées ou de les intégrer.

La courbe de croissance de l'entreprise peut elle aussi avoir des répercussions considérables. Votre volume de vente est-il en progression ou en régression ? Votre secteur est-il en expansion ou en déclin ?

Une organisation et des processus définis pour gérer et soutenir une entreprise qui se développe ne conviennent plus en cas de resserrement des budgets, lorsque l'accent est mis sur le contrôle des coûts. Dans un cas comme dans l'autre, votre entreprise devra peut-être revoir ses besoins en fournisseurs et le dimensionnement de ses actifs.

Examinons l'exemple de Nokia. En 1995 et 1996, Nokia Mobile Phones a traversé une période de crise. Fin 1995, les bénéfices enregistrés étaient très inférieurs aux objectifs et, début 1996, l'entreprise fonctionnait à perte et ne contrôlait plus des coûts qui montaient en flèche. La situation du marché n'était pas brillante, elle non plus, avec des ventes en baisse et une érosion continue du prix des terminaux. Pekka Ala-Pietala, président de Nokia, annonça alors que l'entreprise devait recentrer ses efforts sur la rentabilité et non plus sur la part de marché. Elle devait notamment revoir son offre de produits avec un œil critique et prendre des mesures concernant certains points de la supply chain, parmi lesquels la qualité des produits, les prévisions et la productivité de la fabrication. Comme le découvrit Nokia, produire 100 000 téléphones mobiles par mois et en produire 100 000 par jour, ce n'est pas la même chose. C'est ce qu'expliqua Pertti Korhonen, vice-président de la logistique mondiale à cette époque : « Nous n'étions pas prêts à passer à une production de haut volume. Nous nous sommes très vite retrouvés en surstock et avec des problèmes de qualité chez des fournisseurs-clés. »

Nokia contourna le problème en mettant en place de nouvelles disciplines de supply chain en Europe, en Asie et aux États-Unis, ce qui incluait des améliorations au plan de la productivité et de la qualité de fabrication, du développement des fournisseurs, de la planification de supply chain et de l'intégration. Les résultats furent impressionnants. Le stock, par exemple, passa de 154 à 68 jours en neuf mois, ce qui permit de dégager 450 millions de dollars de trésorerie. Ensemble, toutes ces mesures ont remis l'entreprise sur les rails et lui ont permis de renouer avec une croissance rentable. Le savoir-faire en matière de supply chain a été développé et maintenu afin de poser les bases de la croissance future. Aujourd'hui, la supply chain de Nokia est reconnue sur son marché comme un exemple à suivre en matière de compétitivité [14].

Cisco présente un autre exemple intéressant. En mai 2001, Cisco surprit tout le monde en annonçant 2,2 milliards de dollars de provi-

sion pour dépréciations de stock [15]. Vedette du secteur des équipements de réseaux enregistrant une très forte croissance, l'entreprise
s'était forgée une réputation de champion de la gestion de supply chain.
Cisco faisait appel à des sous-traitants pour la production, la gestion
des matières, l'entreposage et les services de transport, ce qui lui permettait de se concentrer sur ses deux axes de stratégie – l'innovation et
la croissance rapide – sans accroissement des immobilisations. En 2001,
alors que tout le secteur des équipements de réseaux enregistrait une
chute sans précédent de la demande, rares étaient ceux qui pensaient
que Cisco souffrirait autant que les autres acteurs du marché. Or,
l'entreprise avait construit une supply chain mondiale d'une grande
complexité, à laquelle manquait une solide planification entre Cisco et
ses partenaires. Cela conduisit à des redondances de planification
basées sur des approximations et l'impossibilité de déceler et de réagir
rapidement aux évolutions de la demande, ce qui créa un surstock à
travers toute la supply chain.

Afin de minimiser l'impact des futurs cycles de « boom-bust », Cisco
s'est tourné vers un réseau de collaboration privé basé sur Internet et
baptisé eHub. Aujourd'hui, Cisco dispose d'un environnement inno-
vant partagé avec ses principaux fournisseurs, distributeurs et sous-
traitants [16]. L'entreprise espère ainsi construire l'un des réseaux de
supply chain les plus efficaces du marché.

Compte tenu du dynamisme des industries, des entreprises et des
cycles de vie de produits, la création et la mise en place d'une stratégie
de supply chain ne sont pas des opérations annuelles ou bisannuelles,
mais une orchestration constante de décisions et d'actions. Chaque
jour apparaissent de nouvelles opportunités et menaces. Si vous ne
savez pas vous adapter à ces nouvelles réalités, vous risquez fort de disparaître. Sachez aussi que les plus grandes innovations en matière de
supply chain peuvent être copiées. Même si vous êtes le premier à sortir
du lot, votre avance diminuera avec le temps. Alors, soyez vigilant, et
cherchez toujours de nouveaux moyens pour améliorer et différencier
votre performance de supply chain.

Comme le montre la Figure 1.1, la stratégie de supply chain est composée de multiples facettes interdépendantes et de centaines de décisions, grandes et petites. Michael Porter, grand maître de la stratégie et
auteur du livre *Competitive Advantage*, décrit la notion de *fit* (*pertinence*)

© Éditions d'Organisation

– lorsqu'un groupe d'activités supporte une stratégie choisie. Une activité isolée peut toujours être copiée, mais, ensemble, vos activités forment un *système* qu'il est quasiment impossible de reproduire [17]. Cela est vrai également pour votre stratégie de supply chain. Ensemble, les choix que vous faites créent une supply chain qui vous est propre – et que les autres auront bien du mal à imiter. Et c'est là une source d'avantage concurrentiel.

Quelle stratégie de supply chain pour demain ?

Les architectures de supply chain actuelles sont principalement conçues pour permettre une réduction des coûts en se concentrant sur les processus qui ne touchent pas directement le client (les achats, la fabrication et la distribution physique). Elles permettent d'obtenir des supply chains efficaces, mais qui, bien souvent, ne contribuent pas véritablement à la stratégie globale de l'entreprise.

Les stratégies de supply chain de la prochaine génération favoriseront l'amélioration constante de la productivité mais aideront également l'entreprise à atteindre ses objectifs stratégiques de résultats, en veillant tout particulièrement aux besoins des clients. À l'avenir, il sera important d'identifier les objectifs suivants : de nouveaux services comme sources de rémunération, le time-to-market, le time-to-volume et les besoins spécifiques de chaque segment de marché.

À l'avenir, la stratégie de supply chain considérera naturellement la supply chain comme un élément d'une architecture globale pour l'entreprise étendue, avec des objectifs de performance qui englobent les fournisseurs, les clients et les partenaires. Les changements que nous attendons sont présentés dans le tableau de la Figure 1.5.

Figure 1.5 Caractéristiques de la stratégie de supply chain de la prochaine génération

Thème	Pratiques actuelles	Pratiques futures
Périmètre de la stratégie de supply chain	Les efforts sont concentrés sur l'organisation interne	Le périmètre est étendu aux principaux clients et fournisseurs
Contenu de la stratégie de supply chain	Les efforts sont concentrés sur l'excellence fonctionnelle, en mettant l'accent sur des indicateurs fonctionnels tels que le coût de fabrication unitaire et la variance des prix d'achat	Les stratégies fonctionnelles sont intégrées dans la stratégie de supply chain globale afin d'améliorer la performance de l'entreprise dans des domaines tels que la gestion des coûts de supply chain, les délais d'exécution des commandes, les livraisons à la date demandée et les jours de stock
Contribution de la supply chain à la stratégie globale de l'entreprise	Les stratégies de supply chain sont concentrées sur ses capacités (planification, achats, fabrication, livraison et retours) et objectifs de performance propres	Les capacités et les objectifs de performance de la supply chain sont synchronisés avec les stratégies du marketing et ventes, de la technologie, du service et du développement produit
Segmentation de la supply chain	Un modèle de supply chain (un ensemble de capacités de supply chain et d'objectifs de performance) prédomine, avec d'autres approches appliquées à titre exceptionnel	Plusieurs modèles de supply chain sont développés et optimisés, suivant la segmentation des fournisseurs et des clients
Extension interentreprises	Les relations externes avec les clients et les fournisseurs sont gérées à l'aide des rôles, processus et indicateurs existants	La gestion efficace des relations externes est développée comme une compétence explicite et assurée à l'aide de nouveaux rôles, processus et indicateurs

Autoliv

Accélérer (sa supply chain) sans crainte : rien de plus normal quand on fabrique des airbags...

Des acquisitions et une croissance rapide ont permis à Autoliv de conquérir un tiers du marché mondial des airbags. Mais la supply chain de l'entreprise a failli céder sous la pression exercée sur les prix par ses clients, conjuguée au ralentissement économique de la fin des années 1990.

Autoliv, entreprise suédoise basée à Stockholm, est le numéro un mondial des systèmes de sécurité pour l'industrie automobile. Présent dans 30 pays, Autoliv conçoit et fabrique des airbags, des ceintures de sécurité, des systèmes électroniques de sécurité, des sièges avec protection contre les chocs cervicaux, ainsi que d'autres systèmes et composants relatifs à la sécurité automobile. Autoliv emploie 35 000 personnes et réalise un chiffre d'affaires annuel de plus de 4 milliards de dollars.

L'actuelle structure d'Autoliv est née en 1997 de la fusion de l'entreprise suédoise Autoliv AB, alors leader européen de la sécurité automobile, avec l'Américain Morton ASP, le plus grand constructeur d'airbags pour l'Asie et l'Amérique du Nord. Le cheval de bataille d'Autoliv est l'innovation. De la ceinture de sécurité, dont il a été l'un des pionniers dans les années 1950, au premier airbag, qui empêche le conducteur de glisser sous le tableau de bord en cas de choc frontal, commercialisé en 2002, Autoliv est à l'origine de la plupart des grandes innovations en matière de sécurité automobile.

Dans les années 1990, la sécurité est devenue un argument de vente très important aux yeux des acheteurs. Les divisions qui constituent aujourd'hui la société Autoliv se sont alors considérablement développées. D'abord soutenus par les stratégies marketing de Volvo et Chrysler puis par les réglementations gouvernementales, les airbags font désormais partie des équipements de série de la plupart des voitures. Autoliv a beaucoup profité de cette tendance, mais sa croissance s'est accompagnée d'une forte érosion du prix de ses produits phares : autrefois produit spécialisé justifiant un prix plus élevé, l'airbag est aujourd'hui un produit standard.

En 1998, Autoliv était au bord de l'asphyxie. Les grands constructeurs automobiles l'obligeaient chaque année à baisser ses prix. La supply chain, qui recouvrait de nombreuses divisions indépendantes dotées de processus et systèmes d'information disparates, avait du mal à faire face aux demandes des clients. À cela vint s'ajouter le ralentissement économique de la fin des années 1990, qui frappa de plein fouet l'industrie automobile et entraîna une baisse générale de la demande pour les produits vendus par Autoliv.

> En 1998, Autoliv comprit qu'il devait réduire ses coûts sans pour cela nuire à la qualité de ses produits.

Confronté simultanément à une baisse des prix et de la demande, Autoliv devait impérativement réduire ses coûts afin de maintenir sa rentabilité et dégager suffisamment de bénéfices pour financer l'innovation et stabiliser la valeur de son capital. Le tout sans nuire à la qualité de ses produits.

Consciente de l'ampleur de la tâche, l'entreprise comprit qu'elle

© Éditions d'Organisation

pouvait se servir de sa supply chain pour atteindre ses objectifs stratégiques. « La qualité et la performance sont deux des principaux moteurs de notre activité. Ce sont aussi deux facteurs de différenciation majeurs, explique Norm Markert, président d'Autoliv North America. Il n'est pas question d'esthétique du véhicule mais de la vie et de la sécurité des passagers. Nous devons donc exiger un niveau de performance extrêmement élevé et nous savons que cette performance dépend de la solidité de notre supply chain. »

En 1998, Autoliv lança un projet de supply chain stratégique visant à modifier le fonctionnement de l'entreprise. Les premiers changements concernèrent les opérations d'Autoliv dans l'état de l'Utah. Les résultats furent si impressionnants que le nouveau modèle opérationnel (baptisé *Autoliv Production System – APS*) est aujourd'hui déployé dans le monde entier. « Nous ne fabriquons plus nos équipements de la même manière qu'auparavant et cette transformation a généré un avantage concurrentiel », déclare Norm Markert.

La main tendue de Toyota

La plus importante usine d'assemblage d'airbags est installée à Ogden (Utah). Elle fabrique chaque année plus de 13 millions de modules d'airbags, qui vont ensuite approvisionner les constructeurs automobiles d'Asie et d'Amérique du Nord. L'usine d'Ogden se trouve à l'extrémité d'une supply chain physique de 80 kilomètres de long, reliant différents centres où sont traités des produits chimiques, des produits textiles et des composants électroniques sophistiqués. Ces centres sont les anciennes usines Morton, qui travaillaient à l'origine pour l'industrie du propergol, substance utilisée pour propulser les fusées. Morton ASP était une entreprise issue de Morton Thiokol, fabricant de SRB (Solid Rocket Boosters) pour la NASA. En quête de nouveaux débouchés, les ingénieurs de Morton Thiokol s'étaient tournés vers la technologie des airbags, qui permettait une nouvelle application du propergol.

Un airbag est une sorte de coussin en tissu qui se gonfle instantanément pour atténuer le choc infligé aux passagers en cas d'accident. Le coussin doit se gonfler dans des conditions précises, avec la pression voulue et suffisamment vite pour protéger les occupants du véhicule.

Morton a utilisé son expertise chimique pour développer un gonfleur qui est en fait un minuscule moteur de fusée monté à l'intérieur du volant. En cas d'accident, des sondes électroniques envoient un signal qui déclenche une réaction en chaîne : de minuscules billes, situées à l'intérieur du gonfleur, se mettent à brûler en produisant un gaz qui est brutalement expulsé du système et gonfle ainsi l'airbag.

En Utah, Autoliv exploite une usine chimique qui produit le combustible utilisé dans ses airbags. Ce combustible est transporté par camion à l'usine qui fabrique les gonfleurs. Ces derniers sont transportés à l'usine de montage d'Autoliv à Ogden, où ils sont assemblés avec les coussins en tissu et de nombreux autres éléments électroniques afin de créer les modules d'airbags complets. Cette supply chain a correctement fonctionné pendant des années, mais, vers 1995, les activités d'Autoliv en Utah atteignirent un plafond en termes de capacité d'amélioration. Ses principaux indicateurs opérationnels ne progressaient plus (taux de défaillances, rotation des stocks, temps de travail par pièce, délais de livraison, etc.). Or, les réductions annuelles des prix étant contractuelles, l'entreprise ne pouvait pas se permettre de stagner.

Autoliv lança alors plusieurs projets internes visant à renforcer l'efficacité et à réduire les coûts de ses usines en Utah, sans qu'aucun n'apporte les résultats escomptés. En 1998, Autoliv chercha une aide extérieure et se tourna vers l'un de ses clients les plus prospères, Toyota (reconnu comme un pionnier en matière d'efficacité de production).

Autoliv travaillait depuis longtemps pour Toyota, et, en 1998, malgré ses difficultés à livrer en temps voulu, il fournissait au constructeur automobile près de 70 % de ses équipements en airbags. Toyota accepta très vite d'aider son fournisseur. Il détacha sur place l'un de ses plus grands spécialistes de la fabrication, Takashi Harada, qui resta deux ans auprès des responsables d'Autoliv pour les aider et leur enseigner les bases du système de production Toyota.

Toute la mission de Takashi Harada a été financée par Toyota, qui était convaincu qu'aider un fournisseur-clé à adopter et adapter ses meilleures pratiques de fabrication ne pourrait que lui être bénéfique. Trois ans après l'arrivée de Takashi Harada en Utah, le processus de fabrication d'Autoliv avait été entièrement transformé et les changements initiés dans les ateliers d'Ogden avaient été étendus à l'ensemble de la supply chain interne et externe.

Fractionner les chaînes de montage

À l'origine, l'usine d'Ogden avait été construite avec des chaînes de montage linéaires de 60 mètres de long. Des systèmes de convoyage déplaçaient les composants tout au long du processus de fabrication. Ces chaînes permettaient de fabriquer d'importants lots de modules d'airbags. Des systèmes de stockage et d'extraction automatisés, dotés de conteneurs transportant jusqu'à 250 kg de matériel, apportaient les pièces aux stations de montage où elles demeuraient jusqu'à leur utilisation. Les chaînes de montage étaient regroupées par clients et outillées en fonction de leurs besoins.

Il n'existe pas deux voitures utilisant exactement le même airbag. La moindre variante de design crée des conditions de choc différentes et exige donc des configurations d'airbags spécifiques. Par conséquent, le processus de production de l'usine d'Ogden utilisait des centaines de pièces différentes et devait se plier à de fréquents changements, en fonction de la demande pour chaque véhicule.

Reprenant le modèle de Toyota, Autoliv remplaça ses chaînes de montage par des cellules de fabrication longues de 6 mètres, disposées en U. Chaque cellule réunissait tous les processus connectés nécessaires à la production d'un module d'airbag donné. Une cellule mobilisait généralement 4 ou 5 personnes formées pour pouvoir occuper n'importe quel poste de cette cellule. Les cellules étaient regroupées par produits et clients. Les ouvriers étaient également formés pour pouvoir passer d'une cellule à l'autre, ce qui permettait aux responsables d'atelier de répartir les ressources en fonction de la demande.

Autoliv dut se débarrasser de 15 millions de dollars d'équipements automatiques utilisés pour les anciennes chaînes de montage. Les cellules de fabrication sont désormais approvisionnées par des chariots transportant de petites caisses contenant tous les éléments nécessaires à chaque processus de la cellule. Chaque fois qu'une caisse est ouverte et vidée de son contenu, un signal électronique est envoyé à la zone d'approvisionnement pour qu'une nouvelle caisse vienne réapprovisionner la cellule. Toute l'idée, basée sur le système *kanban* développé au Japon, consiste à faire passer les produits à travers l'usine un par un, suivant la demande. La fabrication à la demande a remplacé la fabrication sur stock.

Le fonctionnement en cellules présente plusieurs avantages non négligeables. En passant d'une production par lots très importants à la production par petits lots, l'usine a gagné en flexibilité et peut rapidement remplacer un mix produits par un autre. En effet, plus les lots sont importants, plus les quantités de matières en jeu sont importantes et plus les changements sont longs à mettre en place. Cela revient en quelque sorte à comparer la maniabilité d'une voiture de course à celle d'un semi-remorque. « La possibilité de changer rapidement de produit nous permet de mieux utiliser nos équipements, de réduire les délais de livraison et de mieux exploiter l'espace dans nos usines », déclare Norm Markert.

Dans le système de production en petites cellules, la visibilité a une très forte incidence sur l'efficacité. Sur une longue chaîne de montage conçue pour fabriquer de grands lots de produits, il est impossible de « visualiser » d'un seul coup d'œil la totalité du processus de production. Du fait de ce manque de visibilité des matières et processus connectés, les responsables d'Autoliv avaient du mal à savoir quels volumes de matières étaient en cours d'utilisation à un moment donné et quels volumes ils devaient commander pour satisfaire la demande client. Le système ERP (Enterprise Resource Planning) en place dans l'usine générait des rapports d'activité quotidiens sur la production mais les responsables ne disposaient pas en temps réel des informations nécessaires pour repérer rapidement les anomalies. Résultat : Autoliv enregistrait parfois des excédents de stock, tant en matières qu'en produits finis, ainsi que de fréquentes ruptures de stock inattendues, qui obligeaient l'entreprise à trouver des pièces dans l'urgence et à les expédier en express par transporteur spécial pour éviter d'arrêter la chaîne de montage chez un client.

Les configurations en petites cellules permettent aux ouvriers et aux responsables de production de visualiser d'un seul coup d'œil l'ensemble du processus de fabrication. Ils peuvent ainsi anticiper les problèmes et réagir immédiatement. Le nouveau système mis en place par Autoliv a permis de définir et surveiller plus facilement les standards de temps et de matières pour chaque cellule. « Les standards et les informations visuelles sont extrêmement importants, explique Tim Ambrey, responsable du contrôle de production d'Ogden. Le principe consiste ici à avoir un système me permettant, par le simple fait de me déplacer à travers l'usine, d'identifier des anomalies. Si je sais que j'ai cinq expéditions de lots de 100 pièces chaque jour et que je découvre sur la plateforme de chargement un lot contenant plus de 100 pièces, je sais qu'il y a une anomalie. »

Autoliv a également investi dans un nouveau logiciel qui exploite son architecture ERP pour fournir un flux continu de données de fabrication. Ce logiciel a permis de surveiller les matières circulant dans l'usine et d'aider les responsables à gérer leur stock quasiment en temps réel et non plus une seule fois par jour. Les données de fabrication ont été intégrées dans les modules de prévision et de planification qu'Autoliv a ensuite déployés dans le monde entier.

L'organisation propre de chaque cellule de production et la conception des composants assemblés dans ces cellules jouent également un rôle primordial dans le nouveau système d'Autoliv. « Nous voulons réduire au minimum les composants spécifiques et privilégier ce qui est standard, explique Norm Markert. La standardisation permet de réduire les coûts et les temps de cycle. Pour tout ce que nous utilisons, nous visons à créer des interfaces standard que l'on peut changer rapidement. »

Dans cette approche, la collaboration entre les personnes qui fabriquent les produits et les ingénieurs qui les conçoivent (en interne ou chez les fournisseurs) est primordiale. Des équipes transversales ont été mises en place pour garantir que les nouveaux produits sont conçus à l'aide de standards qui accroissent la modularité et conviennent au modèle APS. Dans ce processus, Autoliv intègre les informations émises par les personnes qui fabriqueront les airbags. « Avant de lancer la fabrication d'un nouveau

> « Nous voulons réduire au minimum les composants spécifiques et privilégier ce qui est standard », déclare Norm Markert, président d'Autoliv North America.

produit, nous organisons des ateliers de conception de cellules où les concepteurs du produit, les ingénieurs processus, les utilisateurs des machines et les ouvriers réfléchissent pour définir ensemble la chaîne de fabrication, explique David B. Johnson, directeur prévisions et planification du centre modules airbags d'Autoliv. Qui mieux que les opérateurs peut nous dire ce qui fonctionne ou ne fonctionne pas ? Ils savent quels mouvements sont difficiles à faire ou quels procédés produisent beaucoup de déchets. Les informations fournies par les opérateurs qui travaillent chaque jour sur les chaînes de montage sont à l'origine d'un bon nombre des meilleures améliorations apportées à nos ateliers. »

Les améliorations apportées par le nouveau système de production à Ogden ont été spectaculaires : le taux d'anomalies pour les pièces expédiées aux clients a chuté de 67 % en deux ans. Le taux de rotation des stocks a augmenté de 79 %. La productivité, mesurée sur le temps de travail passé sur chaque pièce, s'est améliorée de 45 %. Le coût unitaire d'expédition a été réduit de 30 % en 4 années. Enfin, le volume de déchets a été réduit de 41 %.

Suite au succès du nouveau système de production d'Ogden, Autoliv s'est empressé de le mettre en place dans son usine de gonfleurs, où les résultats ont été identiques. La transformation de ses usines de montage d'airbags et de gonfleurs a d'ailleurs permis à Autoliv d'obtenir le prix d'Excellence en fabrication Shingo 2002.

Impact en amont sur les approvisionnements

La supply chain, un atout stratégique ? La chose n'est pas nouvelle chez Autoliv. L'entreprise entretient depuis longtemps des relations constructives et de long terme avec ses fournisseurs. « La part achats représente plus de 60 % du coût de fabrication total de nos produits, déclare Norm Markert. Nous savons donc que notre supply chain étendue est primordiale, pour les opérations quotidiennes comme pour le développement de nos futurs produits et processus. »

Pendant des années, Autoliv a géré sa supply chain étendue en appliquant toutes les approches traditionnelles. Des équipes organisées par catégories

> La part achats représente plus de 60 % du coût de fabrication total des produits d'Autoliv.

d'achats centralisaient la demande des différentes divisions et surveillaient les marchés mondiaux. Autoliv sélectionnait soigneusement ses fournisseurs, puis suivait de très près la performance de ceux qui étaient choisis. Mais, pour soutenir le nouveau système de production d'Autoliv, sa stratégie de supply chain devait encore évoluer.

Autoliv ne pouvait pas se contenter de simplement suivre le coût et la performance de chaque élément de sa supply chain. Il lui fallait avoir une vue d'ensemble : le coût total de possession de ses produits et le flux des produits et informations d'un bout à l'autre de la supply chain. « Souvent, considérés séparément, les différents éléments de la supply chain n'offrent pas beaucoup de possibilités d'économie. En revanche, des économies sont possibles au niveau des interfaces, explique Norm Markert. Certaines solutions permettent des économies substantielles qu'il n'est pas possible de voir d'emblée si on observe chaque élément individuellement. Cela nous a conduits à accroître la collaboration en interne et avec nos fournisseurs, afin d'identifier les coûts d'interfaces et les faire sortir de la supply chain. »

Les activités gonfleurs et airbags d'Autoliv, par exemple, ont toujours fonctionné séparément. La division gonfleurs « vendait » ses produits à la division airbags et leurs relations s'arrêtaient là. Chacune s'efforçait de réduire les coûts et de renforcer son efficacité de son côté mais leurs stratégies individuelles ne se rejoignaient pas pour profiter à l'entreprise dans son ensemble. Quand la division gonfleurs modifiait la technologie de ses produits pour économiser quelques centimes, elle obligeait les concepteurs d'airbags à modifier également leurs produits, ce qui au global augmentait le coût du produit fini.

Au cours de l'été 2002, Autoliv décida de réunir ses divisions de fabrication dans une même structure, incitant toutes les équipes de conception et d'assemblage à réduire le coût total de production. « En consolidant les activités, nous pouvons créer des solutions qui profitent à toute l'entreprise. Désormais, la fabrication des gonfleurs coûte un peu plus cher mais nous permet de faire des économies en aval, lorsqu'ils sont intégrés dans les airbags, explique Norm Markert. Nous avons identifié de nombreuses opportunités de ce type et nous réalisons déjà des économies considérables. »

Pour autant, les changements internes ne suffisaient pas pour exploiter tout le potentiel du nouveau système de production d'Autoliv.

L'entreprise a dû également convaincre ses fournisseurs de modifier leur propre fonctionnement. Elle a investi des ressources importantes dans des projets de développement fournisseurs, comme Toyota l'avait fait quelques années plus tôt. « Étant donné que les achats représentent 60 % du coût de nos produits, les méthodes que nos fournisseurs utilisent pour concevoir leurs propres produits, les lancer sur le marché, évaluer et répondre à la demande, représentent 60 % du potentiel d'amélioration », explique Brett Skinner, directeur développement de processus et intégration des fournisseurs de la division gonfleurs d'Autoliv.

En substance, les fournisseurs durent accepter de faire des livraisons plus fréquentes et moins importantes, en passant généralement par un entrepôt de transit. « Pour les fournisseurs, la livraison est une étape primordiale, déclare Brett Skinner. Une fois que nous leur avons fait comprendre pourquoi nous avions besoin de petites livraisons plus fréquentes et pourquoi c'était mieux pour eux, les chances de succès étaient plus importantes. Si nous pouvions obtenir la qualité et les livraisons voulues, alors nous travaillerions sur les systèmes et les prix suivraient. Et nous disons d'emblée à nos fournisseurs que notre objectif est de faire des économies de façon continue, année après année, et que nous sommes là pour les aider. »

Comme le disent les dirigeants d'Autoliv, « la variabilité coûte de l'argent ». Par définition, les grands lots de production et les expéditions en volumes coûtent plus cher et génèrent davantage de gaspillage en cas de changement de la demande. C'est vrai pour l'usine d'Ogden, ainsi que pour toutes les entreprises qui l'approvisionnent. Brett Skinner s'est par conséquent inspiré de ce qui a été fait à Ogden pour développer des programmes de formation qui aideront les fournisseurs à procéder à des améliorations du même ordre. « Toute notre approche vise à éliminer le gaspillage. Nous nous concentrons sur la qualité et la livraison, puis nous remontons en amont jusqu'à nos fournisseurs – et aux fournisseurs de nos fournisseurs – jusqu'à la résolution du problème qui est à l'origine du gaspillage, explique-t-il. Et lorsque le problème est résolu, nous avons un processus formalisé pour partager les économies réalisées avec nos fournisseurs. »

La main tendue aux fournisseurs

Le cas de Greening Donald illustre à merveille la collaboration d'Autoliv avec ses fournisseurs. Basée en Ontario, au Canada, cette entreprise fabrique des filtres pour les gonfleurs d'airbags. Autoliv est le plus gros client du fabricant mais l'équipe de Brett Skinner n'en a pas profité pour imposer ses propres termes. Elle a proposé au contraire une collaboration qui s'est révélée très avantageuse pour les deux entreprises.

« Lorsque j'ai appris que mon client le plus important allait m'envoyer une équipe pour m'aider à faire tourner mon entreprise, je n'étais pas particulièrement enthousiaste, se souvient John Rosbottom, directeur production de Greening Donald. Mais aujourd'hui, je ne peux en dire que du bien. »

L'équipe de Brett Skinner a aidé Greening Donald à remplacer la production par lots de grande taille par la production par petits lots, et à mettre en place des standards pour chaque processus connecté de la chaîne de montage. L'entreprise a également instauré un système de cartes (ou *kanbans*) pour « tirer » les produits à travers le processus. À peine 14 mois après avoir accepté la proposition d'Autoliv, Greening Donald a réduit de moitié son volume de déchets et de 30 % son stock de produits finis. « Parmi toutes les entreprises que j'ai jamais visitées et qui disent disposer d'un système de fabrication "au plus juste" (lean manufacturing), Autoliv est de loin la plus impressionnante, déclare John Rosbottom. La démarche qui consiste à venir nous trouver, comprendre nos processus et nous aider à améliorer le flux des produits à travers nos installations a réellement porté ses fruits. »

L'exemple de Greening Donald a été reproduit, à des degrés variables, chez de nombreux autres fournisseurs d'Autoliv. Afin de soutenir et renforcer la collaboration avec son panel fournisseurs, et faciliter les interfaces tout au long de la supply chain, Autoliv a déployé en 2002 un nouvel outil Web baptisé *Autoliv Partner Portal*. Ce portail permet aux fournisseurs de connaître tous les besoins d'approvisionnements de leur client, les standards, les prévisions de production, les termes et conditions, ainsi que des informations sur les flux de matières dans la supply chain.

Ça marche, mais ce n'est pas facile

En tout, en prenant en compte les premières initiatives avant l'intervention de Toyota, Autoliv a eu besoin de près de dix années pour transformer entièrement ses systèmes de fabrication et d'approvisionnement. Fort de cette expérience, Autoliv aide ses fournisseurs à s'améliorer plus rapidement. Cependant, la direction générale ne cache pas que des changements de cette ampleur sont très difficiles à mettre en œuvre et doivent être soutenus totalement et activement par toute l'organisation. « Il ne suffit pas de décréter, explique Norm Markert. L'entreprise doit accepter d'investir dans un plan complet propre à chaque site pour développer et former les gens puis mettre les systèmes en place. »

Pour arriver à son système APS et aux résultats que l'on sait, Autoliv a investi des millions de dollars et de milliers d'heures de travail en formation et en développement organisationnel. De plus, le projet n'est jamais réellement terminé. Autoliv pousse en permanence son personnel et ses systèmes à s'améliorer. L'entreprise encourage ses employés à suggérer des changements et verse même des primes à ceux dont les idées permettent d'améliorer un processus. « Nous avons mis en place des programmes incitant les gens à se réunir pour étudier les opportunités d'amélioration. Les ressources humaines suivent un indicateur qui comptabilise le nombre de suggestions d'amélioration émises par les employés, déclare Norm Markert. Ensuite, il faut avoir un processus structuré pour identifier les meilleures et des programmes pour les déployer à travers l'organisation. »

Discipline n° 2

Développez
une architecture
de processus transversale

L'amélioration de votre supply chain commence, comme tout projet de construction, par un plan d'ensemble. Sans ce plan, vous serez incapable de voir comment les différents éléments s'assemblent dans l'infrastructure existante pour former un ensemble intégré, ce qui provoquera des retards, vous obligera à reprendre certains travaux et engendrera des coûts supplémentaires. Ce plan d'ensemble représente l'architecture de votre supply chain (pour connaître les principales caractéristiques d'une feuille de route nécessaire à la mise en place des éléments décrits par l'architecture, reportez-vous à la feuille de route en fin d'ouvrage).

Votre architecture de supply chain décrit dans le détail les processus, les applications et les informations nécessaires pour améliorer et faire évoluer votre supply chain. Elle indique comment les processus sont reliés entre les différentes entités de l'entreprise et garantit la cohérence entre les processus et l'infrastructure supportant la supply chain (systèmes d'information et actifs physiques tels que les entrepôts, usines, etc.).

Les entreprises utilisant une architecture de supply chain synchronisée avec leurs objectifs sont globalement plus performantes. Leurs supply chains sont bien configurées et elles sont plus faciles à mettre en place et à exploiter. Et, peut-être plus important encore, elles peuvent être rapidement reconfigurées en cas d'évolution de la stratégie – ce qui génère un avantage concurrentiel (voir Figure 2.1).

Examinons maintenant d'un peu plus près l'architecture de processus, composée de quatre éléments principaux :

- un descriptif de tous les processus de supply chain (*planifier*, *approvisionner*, *fabriquer*, *livrer* et *gérer les retours*) et de leurs interactions,

Figure 2.1 Éléments de l'architecture de supply chain

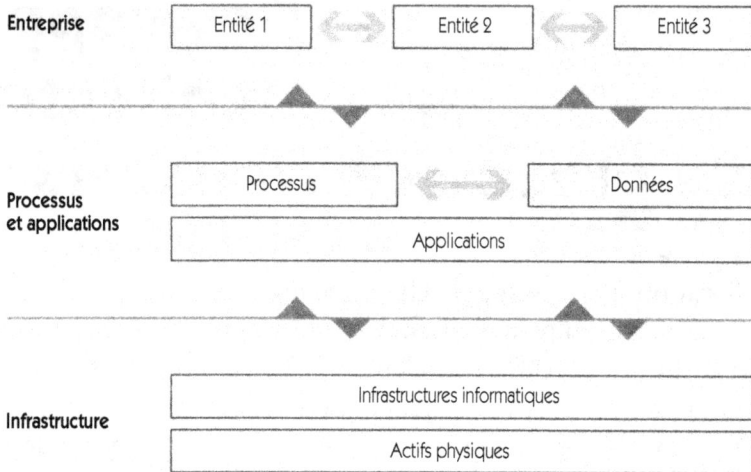

- une mise en évidence des interactions entre les processus de supply chain et les autres grands processus de l'entreprise,
- un descriptif des applications requises pour supporter les processus de supply chain, y compris les données et indicateurs de performance nécessaires pour exécuter et contrôler les processus,
- le mode d'intégration des applications, y compris le flux des données spécifiques et la fréquence des échanges.

Les quatre critères d'architecture de supply chain

Une architecture de processus de supply chain efficace doit répondre aux quatre critères suivants :

1. *Le critère de pertinence stratégique.* La stratégie de supply chain globale de votre entreprise doit déterminer vos choix en matière d'architecture de supply chain. Malgré l'importance des « meilleures pratiques » dans le domaine de la gestion de supply chain, donnez la priorité aux pratiques contribuant véritablement à vos axes stratégiques.

2.   *Le critère de vision transversale.* Les processus de votre supply chain doivent permettre une gestion transversale. Vous devez donc disposer d'une architecture représentant l'intégralité de votre supply chain ainsi que les objectifs partagés qui orchestrent le travail de chaque acteur de la supply chain.

3.   *Le critère de simplicité.* Une bonne architecture de supply chain est constituée de processus simples et rationalisés qui la rendent le moins complexe possible, car la complexité génère des coûts supplémentaires et pénalise la gestion. Les processus doivent être clairs et facilement compris par les personnes qui les utilisent.

4.   *Le critère d'intégrité.* Votre architecture doit offrir une très haute fiabilité, en garantissant des liens solides et cohérents entre les processus, les données et les systèmes d'information.

     Examinons plus en détail chacun de ces critères.

Critère de pertinence stratégique

Certaines pratiques de supply chain dont on a vanté les mérites ont prouvé qu'elles pouvaient contribuer à une performance réelle et efficace. C'est par exemple le cas des pratiques consistant à ne saisir qu'une fois les données des commandes clients, à étudier le coût total de possession (TCO – Total Cost of Ownership) avant de sélectionner des fournisseurs et à utiliser un tableau de bord transversal pour mesurer la performance de la supply chain. Mais même si ces « meilleures pratiques » permettent d'obtenir un haut niveau de performance, elles ne seront pas suffisantes pour mettre en œuvre votre stratégie.

Avant de décider *comment* procéder, étudiez soigneusement *pourquoi* vous devez procéder de telle ou telle manière. Les entreprises leaders sur leur marché se distinguent par leur connaissance approfondie des pratiques de supply chain dans lesquelles elles doivent exceller, c'est-à-dire celles qui contribuent véritablement à leur différenciation en termes de marque et de compétitivité.

> Avant de décider *comment* procéder, étudiez soigneusement *pourquoi* vous devez procéder de telle ou telle manière.

Figure 2.2
Adéquation entre les pratiques de supply chain
et les axes stratégiques

Stratégie principale	Pratiques de supply chain critiques
Innovation	• Intégration chaîne de conception/supply chain • Innovation collaborative avec les fournisseurs • Supply chain NPI (New Product Introduction) – dédiée à l'introduction de nouveaux produits
Coût	• Ordonnancement et planification d'usine intégrés • Standardisation des matières premières et des processus de fabrication • Conception pour la fabrication, les approvisionnements et la gestion des commandes
Service	• Planification collaborative avec les clients • Segmentation de la clientèle • Différenciation retardée
Qualité	• Traçabilité des produits et des lots • Suivi des produits vendus tout au long de leur cycle de vie

La Figure 2.2 présente des exemples de pratiques de supply chain critiques permettant de mettre en œuvre chacune des principales stratégies de supply chain énumérées dans la discipline n° 1. Bien que ces pratiques soient utilisables dans n'importe quelle organisation, leur importance relative est déterminée par la stratégie de supply chain propre à chaque entreprise.

Lorsque vous réfléchissez aux pratiques et processus à intégrer dans votre supply chain, examinez dans quelle mesure ils feront progresser votre stratégie. De même que les stratégies de supply chain ne conviennent pas toutes à une stratégie d'entreprise donnée, les pratiques n'ont pas toutes la même importance d'une stratégie de supply chain à l'autre.

L'exemple d'Amazon, présenté comme « le plus grand catalogue de la terre », illustre bien comment choisir des pratiques en adéquation avec la stratégie de supply chain. Cette entreprise, qui vend des millions de produits différents, ne stocke que les articles entrant dans la catégorie des meilleures ventes. La plupart des produits sont proposés par le biais de partenaires ou achetés auprès de distributeurs lorsque les clients les commandent. Avec ce modèle commercial, Amazon ne contrôle pas directement le planning des livraisons de la majorité des produits et ne peut donc pas appliquer la meilleure pratique consistant à donner une date de livraison précise au moment où le client passe commande. Il est en effet relativement facile d'annoncer une date d'expédition lorsque le produit est en stock : le client est informé que le produit est « habituellement expédié sous 24 heures ». Pour les autres produits, en revanche, les dates d'expédition sont calculées à partir des délais réels récemment enregistrés et annoncées sous la forme « habituellement expédié sous x jours », où x dépend de l'activité récente.

Compte tenu de l'impossibilité d'appliquer une « meilleure pratique » dans ce domaine, comment se fait-il que l'entreprise Amazon parvienne à maintenir des niveaux de satisfaction client aussi élevés ? En premier lieu, Amazon permet au client de vérifier à tout moment où en est sa commande et lui signale proactivement l'expédition de chacun des produits. Amazon lui propose également un lien vers le site Web du transporteur, ce qui lui permet de suivre l'état des commandes et de connaître les dates de livraison après expédition des produits. Résultat ? Les clients bénéficient d'un éventail de produits sans équivalent, tandis qu'Amazon optimise ses stocks et la productivité de sa supply chain.

La pertinence des pratiques de supply chain spécifiques évoluera avec votre stratégie de supply chain. Lors de la création d'Amazon, le développement d'un cœur de compétence axé sur la gestion des commandes ne représentait pas un élément-clé de la stratégie de l'entreprise. Son modèle commercial d'origine consistait à ne pas avoir de stock et à simplement commander les produits directement aux fabricants ou aux distributeurs, au fur et à mesure que les clients les commandaient. La supply chain et les processus associés étaient conçus pour profiter du fait que le stockage du produit de base – les livres – était déjà assuré par les distributeurs. Amazon prévoyait simplement de commander les articles à ces entrepôts, sans s'occuper de la gestion du stock.

Or, l'entreprise a constaté que ce modèle ne lui permettait pas de contrôler convenablement la supply chain, l'expérience du client et les transactions associées. Elle a donc décidé de construire et d'exploiter ses propres entrepôts. Amazon a investi dans des installations coûteuses et est aussi devenu expert en logistique des entrepôts. De 1999 à 2003, la productivité de ses entrepôts a triplé, grâce à l'automatisation et à de constants efforts d'amélioration de la productivité. Les coûts d'exploitation sont passés de près de 20 % à moins de 10 % de son chiffre d'affaires total. La performance de son activité de stockage a atteint un tel niveau qu'Amazon a démarré une nouvelle activité pour gérer le back-office d'autres Web-marchands, parmi lesquels Toys « R » Us [1].

Directeur des opérations d'Amazon en Europe, Allan Lyall remarque que maintenir la stratégie de supply chain en phase avec la stratégie de l'entreprise est un défi de tous les instants. « Il ne s'agit pas de bouleverser constamment notre stratégie, dit-il, mais nous apportons de petites modifications. Cela signifie que nous devons légèrement retoucher les processus de supply chain associés. Nous avons par exemple commencé un essai de livraison le jour suivant dans certaines régions. Jusque-là, tout ce que nous avions entrepris reposait sur un modèle où les camions quittaient nos centres de distribution à 20 heures. Du fait de notre nouvelle stratégie, nous avons dû soudain repenser certains de nos processus les plus élémentaires : un enlèvement par jour ne suffisait plus [2]. »

Mark Mastandrea, directeur fulfillment, explique comment sont gérées les constantes améliorations de processus : « Nous mettons l'accent sur la compréhension de chaque élément du processus transversal. Ainsi, même si nous avons des entrepôts plus ou moins anciens qui n'ont pas tous le même niveau d'automatisation, nous découpons le processus en étapes de plus en plus petites jusqu'à ce que nous trouvions des dénominateurs communs pouvant s'appliquer à tous les sites. Nous effectuons un benchmarking interne afin de déterminer le meilleur moyen d'exécuter ce processus particulier, puis nous le déployons dans les autres sites. »

Amazon appelle cela une *méthodologie structurée* et utilise des équipes composées d'ingénieurs industriels, de spécialistes de la méthode Six Sigma et de représentants de toutes les fonctions majeures, afin de « découper » les processus en étapes qui peuvent être partagées à travers l'entreprise. Mastandrea remarque que cette approche est efficace, même si les infrastructures des entrepôts sont très différentes. « Un entrepôt peut utiliser les processus A et tandis qu'un autre utilise les processus A et C. Nous nous concentrons d'abord sur l'optimisation du processus A pour le reproduire ensuite dans tous les sites. »

Aujourd'hui, Amazon utilise une approche mixte qui consiste à stocker les produits vendus en grandes quantités et à faire appel à des partenaires pour les produits qui se vendent moins, ainsi que pour les produits de grande taille ou de forme non standard qui ne permettent pas d'optimiser l'utilisation des entrepôts. Cette stratégie présente un inconvénient lorsqu'il s'agit d'expédier en une seule fois une commande d'articles provenant d'endroits différents. Le client a la possibilité de choisir entre une expédition unique réunissant tous les produits ou des expéditions échelonnées, au fur et à mesure que les articles sont disponibles. S'il choisit la deuxième solution, les produits sont expédiés directement depuis les entrepôts où ils sont stockés. Dans certains cas cependant, Amazon ne permettra pas au client de regrouper tous ses articles en une seule expédition et les fera livrer directement à partir des différents entrepôts concernés.

S'il choisit de regrouper ses articles, le client ne paie qu'une seule expédition, mais, pour Amazon, cette solution peut coûter plus cher que des expéditions multiples. En effet, chaque article non stocké est envoyé à un centre de distribution où il est conservé jusqu'à ce que tous les autres articles le rejoignent. Ils sont ensuite réemballés puis expédiés au client. Amazon utilise des algorithmes extrêmement sophistiqués pour planifier les niveaux et les emplacements de ses stocks afin de réduire au minimum les livraisons partielles. Ces algorithmes sont révisés et améliorés en permanence.

Il est évident que le fait de proposer au client de choisir le mode de livraison améliore son expérience et a également un impact considérable sur les processus de supply chain. La conception des processus d'Amazon souligne l'importance de la planification de la demande pour prévoir les ventes et déterminer les niveaux de stock qui conviennent dans chaque entrepôt. Cette pratique permet à l'entreprise d'organiser très efficacement ses entrepôts et ses stocks, de sorte que les articles souvent commandés en même temps restent à proximité les uns des autres. Les coûts de préparation des commandes sont ainsi passés de 10,6 % du chiffre d'affaires en 2002 à 9,6 % en 2003 [3], ce qui prouve que l'adaptation des processus à la stratégie est une réussite.

Veillez à ne pas tomber dans le piège de méthodes de pointe très coûteuses qui n'apportent en fait qu'une faible contribution.

De nombreuses pratiques peuvent contribuer efficacement à la stratégie choisie mais veillez cependant à ne pas tomber dans le piège de méthodes de pointe très coûteuses qui n'apportent en fait qu'une faible contribution. Analysez la contribution réelle des nouvelles pratiques, en laissant votre stratégie de supply chain déterminer les priorités en matière de meilleures pratiques. Ce sont celles-là que vous devrez vous efforcer d'optimiser.

Vous savez que votre architecture répond au critère de pertinence stratégique lorsque :

- l'impact des nouvelles pratiques est quantifié avant leur intégration dans l'architecture de supply chain,
- les nouvelles pratiques sont hiérarchisées suivant leur capacité à contribuer à la stratégie de supply chain,
- l'architecture de supply chain est régulièrement révisée pour vérifier qu'elle est bien en adéquation avec la stratégie de l'entreprise.

Critère de vision transversale

Une architecture offrant une représentation transversale de la supply chain permet de voir où l'intégration – tant interne qu'externe – peut générer de la valeur pour l'entreprise. Par *intégration*, nous entendons objectifs partagés et synchronisation des processus, des systèmes et des organisations nécessaires pour atteindre ces objectifs.

Un de nos clients, constructeur de périphériques informatiques, enregistrait de médiocres performances de livraison par rapport à ses concurrents et ce malgré des niveaux de stock très élevés. L'équipe de direction ne comprenait pas ce phénomène. L'entreprise avait investi dans une solution ERP (Enterprise Resource Planning) mondiale très coûteuse pour mieux gérer les commandes, la fabrication, les approvisionnements et la comptabilité. Elle avait aussi réalisé un certain nombre de projets d'amélioration de la supply chain. Malgré tout cela, les performances de livraison restaient médiocres sans que les dirigeants en connaissent la cause.

Un examen approfondi des opérations révéla que des départements tels que les achats, la fabrication, la logistique et la vente étaient axés sur la réalisation d'objectifs fonctionnels, au détriment du résultat global de l'entreprise. La fabrication, par exemple, avait transformé ses sites de production, mis en place un processus de livraison juste-à-temps (just-in-time) pour les fournisseurs et renforcé la qualité de production en obtenant des résultats impressionnants. Le temps de production total était notamment passé au-dessous des quatre heures, ce qui représentait la meilleure performance du marché. De la même manière, le département logistique avait abaissé les coûts de transport au plus bas niveau possible, grâce à des pratiques consistant par exemple à ne laisser partir les camions des sites de fabrication vers les centres de distribution que lorsqu'ils étaient pleins.

Mais, étant donné que l'entreprise n'avait pas une vision transversale de sa supply chain, ces « bonnes » pratiques pénalisaient les livraisons. Son système de gestion des commandes supposait que les produits étaient expédiés aussitôt après leur fabrication et confirmait au client des dates de livraison calculées à partir de la date de fin de fabrication, plus un temps de transport fixe. Les commandes clients étaient donc confirmées avec des dates de livraison impossibles à respecter. L'absence de vision transversale des processus de supply chain pénalisait les résultats : malgré plus de 80 jours de stocks de produits finis, seulement 75 % des commandes étaient livrées à la date promise, contre 85 % pour le leader du marché.

Pour résoudre le problème, l'entreprise mit alors en place de nouveaux processus de supply chain axés sur la performance globale. Elle commença par définir des objectifs interfonctionnels pour l'ensemble de l'entreprise, ce que nous appelons des *objectifs de performance transversaux*. Pour déterminer ces objectifs, l'équipe de projet créa un tableau de bord de supply chain (voir la discipline n° 5). La nécessité absolue d'améliorer le service client et le niveau de liquidités engendra des objectifs axés sur quatre indicateurs :

- *La livraison à la date promise.* Le pourcentage de commandes exécutées avant ou à la date promise en interne. Les mesures de temps de livraison se basent sur la date d'expédition d'une commande complète.

- *Le temps d'exécution de commande.* La durée moyenne (en jours calendaires) d'exécution des commandes, depuis leur émission jusqu'à leur réception par le client.

- *Le cycle de rotation des liquidités.* Le temps qui s'écoule entre le moment où un euro est dépensé en achats de matières de production et le moment où il revient dans l'entreprise sous forme de paiement client. Cet indicateur est calculé en jours de stock, plus les jours de créances en cours, moins les jours d'encours payables.

- *Le coût total de gestion de la supply chain.* Coût total, en pourcentage du revenu, de la gestion des commandes, de l'acquisition des matières, de la gestion et tenue de stock, de la gestion des finances et de la planification de la supply chain, plus les coûts des systèmes d'information.

Les cibles de chacun de ces indicateurs étaient déterminées par des benchmarks sur la même industrie et les objectifs de chaque fonction étaient ensuite alignés sur ces cibles (voir Figure 2.3).

Dans chaque région, le stock de produits finis était conservé à la fois dans un centre de distribution régional et dans les entrepôts des pays. Chaque pays gérait ses propres activités de supply chain, ce qui veut dire que chaque pays disposait d'un stock dédié et utilisait des pratiques différentes. En conséquence, l'entreprise n'avait aucune visibilité sur les stocks au niveau régional et un même produit pouvait être en rupture dans un pays et en excédent dans un autre. De plus, malgré l'utilisation d'une solution ERP mondiale commune, les différents pays utilisaient leurs propres systèmes d'information autonomes pour gérer l'entreposage et les transports.

Pour mettre en place une gestion transversale, l'entreprise repensa entièrement ses processus de supply chain et introduisit de nombreuses nouvelles pratiques. L'un des objectifs prioritaires portait sur une meilleure utilisation de la solution ERP en rassemblant toutes les données de stock des pays dans une unique base de données, afin d'avoir une visibilité du stock au niveau régional. Compte tenu du caractère

Figure 2.3 Planification collaborative au sein de l'entreprise

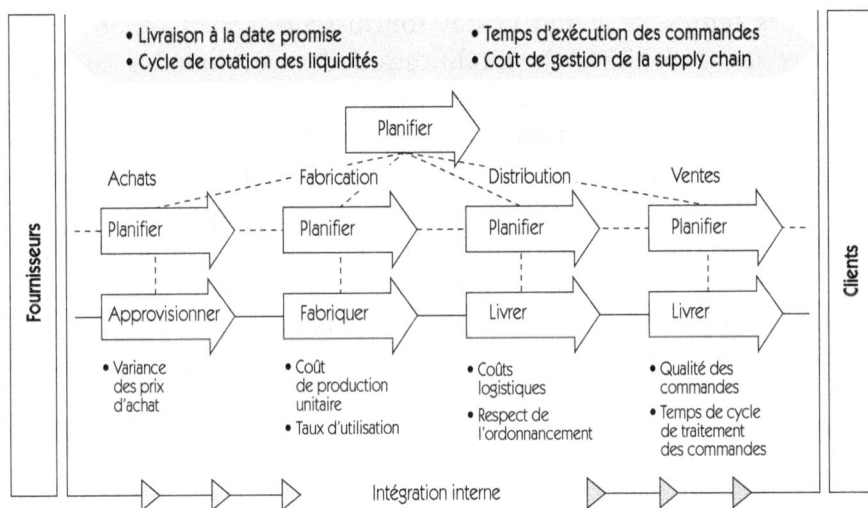

promotionnel de ses articles et du cycle de vie très court des produits électroniques, l'entreprise chercha également à réduire les temps d'exécution des commandes. Pour ce faire, elle centralisa au même endroit toutes les activités de customisation d'une région, auparavant dispersées dans les différents pays, puis expédia directement au client, éliminant du même coup les stocks par pays.

L'entreprise réduisit également le cycle de planification de supply chain de manière spectaculaire en redéfinissant les processus de prévision des ventes et de planification logistique. Les précédents processus s'appuyaient sur des cycles mensuels et n'offraient qu'une vision limitée des modèles de demande réels. L'équipe de projet définit alors un processus de planification de supply chain transversal hebdomadaire à l'aide de la solution ERP existante et mit en place un nouveau système APS (Advanced Planning and Scheduling). La planification de la demande par APS était déterminée par les ventes, tandis que la planification des ressources était définie par la logistique, la fabrication et les achats. Grâce à ce nouveau processus de planification, l'équipe pouvait analyser chaque semaine les données de ventes et de promotions pour ajuster si nécessaire la planification de supply chain.

Bien que ces mesures aient amélioré la performance globale, elles ne suffisaient pas pour permettre à l'entreprise d'atteindre ses objectifs : pour cela, elle devait accroître la flexibilité de ses fournisseurs. Les temps de livraison des fournisseurs étaient relativement longs et les possibilités de modification des commandes en cours étaient limitées. Or, il fallait absolument augmenter la flexibilité des fournisseurs pour éviter d'accumuler de coûteux stocks de produits ne correspondant plus au marché. L'entreprise donna la priorité à l'intégration des processus avec les fournisseurs des principaux composants internes. Elle mit en place une gestion partagée des approvisionnements (GPA) pour réapprovisionner les stocks de composants dans les usines de montage final. Les articles les plus coûteux, en provenance d'Asie, étaient réapprovisionnés chaque semaine, par avion. Ce nouveau processus de planification collaborative permit de réduire de moitié les temps de livraison de certains composants-clés et d'accroître de manière significative la flexibilité des approvisionnements (voir Figure 2.4).

L'expérience de cette entreprise montre que la mise en place de processus transversaux est une opération de grande envergure. La définition et le déploiement de nouveaux objectifs partagés sont au cœur de la supply chain transversale et peuvent se révéler encore plus difficiles que la définition et la mise en place de nouvelles pratiques ou de nouveaux systèmes d'information. Il est impératif de prendre le temps de définir ces objectifs partagés, qu'il s'agisse de les intégrer en interne dans plusieurs fonctions ou de les intégrer en externe avec des clients et des fournisseurs. Sans objectifs partagés, il est inutile d'investir dans des processus transversaux.

> Sans objectifs partagés, il est inutile d'investir dans des processus transversaux.

Vous savez que votre architecture répond au critère de vision transversale lorsque :

- les processus et les systèmes d'information qui les supportent sont intégrés à l'intérieur de l'entreprise et avec les principaux clients et fournisseurs,

Figure 2.4
Planification collaborative dans l'entreprise étendue

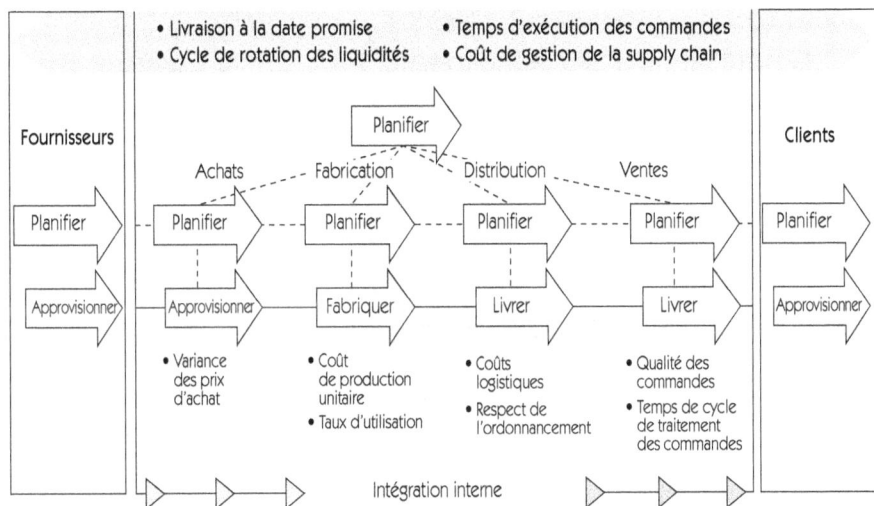

les ressources de supply chain telles que la capacité et le stock sont optimisées à travers toute l'organisation et avec les principaux clients et fournisseurs,

les indicateurs standard et les objectifs quantitatifs sont partagés par toute l'organisation et avec les principaux clients et fournisseurs,

la visibilité et la gestion des performances sont partagées par toute l'organisation et avec les principaux clients et fournisseurs.

Critère de simplicité

Les supply chains complexes sont difficiles à comprendre, à améliorer et à gérer car leur complexité empêche de repérer aisément ce qui fonctionne et ce qui ne fonctionne pas. Les coûts et les risques engendrés par la complexité sont particulièrement importants lorsque l'entreprise intègre ses processus et systèmes avec ceux de ses clients et fournisseurs. Lorsque la gestion de la supply chain dépasse les frontières de l'entreprise, chaque processus, élément de données et système doit être clairement défini et accepté. Or, si vos processus internes, vos données et vos systèmes sont trop complexes et alambiqués, vous avez moins de chances de parvenir à un fonctionnement satisfaisant avec vos partenaires de supply chain. La solution, c'est la simplicité. Mais, avant de voir comment simplifier votre supply chain, examinons tout d'abord quatre facteurs de complexité :

- la configuration de la supply chain,
- la multiplication des produits et services,
- l'hétérogénéité des processus et systèmes d'information,
- la surautomatisation.

Configuration de la supply chain

La première source de complexité est la configuration de votre supply chain : la manière dont vous organisez vos actifs physiques et distribuez les activités par site. Les décisions que vous prenez pour soutenir votre stratégie de distribution, d'opérations et les autres éléments de votre stratégie de supply chain peuvent générer des configurations de supply chain complexes. Or, une configuration complexe engendre à son tour des processus complexes. Vos services d'administration des ventes, entrepôts, usines, centres d'ingénierie et autres sites sont-ils nombreux ? Essayez-vous de gérer directement un trop grand nombre de relations clients et fournisseurs ? Chaque site et chaque client ou fournisseur constituent un maillon de plus à créer et à gérer dans la supply chain.

Voyons par exemple comment Alcatel Enterprise, le premier fournisseur européen de serveurs IP voix et données pour les entreprises, a simplifié la configuration de sa supply chain. À la fin des années 1990, la direction d'Alcatel comprit que le marché de ses produits (les téléphones et les PABX d'entreprise) arrivait à maturité. L'entreprise devait donc trouver un moyen d'améliorer son service client sans accroître ses coûts. Alcatel voulait offrir des transactions plus rapides et une meilleure traçabilité, tout en réduisant ses niveaux de stock et en limitant le nombre de fournisseurs dans les différentes régions [4].

Alcatel décida alors d'adopter une stratégie de supply chain axée sur les coûts, avec une configuration de supply chain beaucoup plus simple. Dans son cas, cela signifiait qu'il fallait externaliser les activités de supply chain étrangères à son cœur de compétences.

Bon nombre de ces activités faisaient partie du processus *livrer* : faire parvenir les équipements au client, les installer puis les mettre en service.

Alcatel décida de confier la plupart de ses activités de vente, d'installation et de mise en service à ses partenaires de distribution, ce qui porta la part des ventes indirectes à 95 % en 2002 (contre 25 % en 2001). De plus, Alcatel s'efforça de simplifier les échanges avec ses partenaires en créant un extranet, le site des partenaires d'Alcatel, qui réduisit considérablement les coûts de gestion des commandes en remplaçant les commandes transmises par EDI (Electronic Data Inter-change : échange de données informatisées), télécopies et courriers par des processus « libre-service ».

Alcatel profita de cette évolution vers les ventes indirectes pour rationaliser la distribution physique de ses produits dans le monde entier. L'entreprise gérait un très grand nombre de prestataires de services logistiques – plus de trente, rien qu'en Europe. La complexité liée à cette gestion rendait difficiles la mesure et l'amélioration de la performance de la supply chain. Alcatel décida de confier tout le conditionnement final et la distribution, auparavant assurés en interne, à un unique prestataire, qualifié de 4PL (Fourth Party Logistics). C'est UPS Logistics qui gère maintenant les relations avec divers spécialistes logistiques pour des activités telles que l'assemblage final, le kitting, le stockage, les inspections, les tests finals, la préparation des commandes (pick and pack) et la livraison au client [5].

Alcatel Entreprise créa quatre processus standard pour guider UPS et garantir l'intégration avec ses départements de fabrication, d'approvisionnements et de ventes. Au lieu de produire sur stock en s'appuyant sur des prévisions, Alcatel définit, en se basant sur la fréquence de la demande, le volume et la valeur des articles, des processus permettant de réduire les risques sur les stocks tout en fournissant le niveau de service requis :

- *La configuration à la commande.* Pour les téléphones, ainsi que leurs documentations, câbles, accessoires, etc.
- *La fabrication à la commande.* Pour les systèmes complets (châssis et cartes) construits et intégrés sur commande du client et suivant ses exigences.
- *La préparation et l'expédition à la commande.* Pour les cartes de circuits imprimés (CCI) vendus en grande quantité.
- *L'achat à la commande.* Pour les périphériques coûteux livrés par des fournisseurs extérieurs.

Suite à ces changements, la performance de livraison à la date promise passa de 65 % en 1999 à 95 % en 2001, tandis que les coûts de supply chain descendirent de 5,8 % à 5,1 % du chiffre d'affaires [6].

Multiplication des produits et services

La multiplication des produits et services est aussi un facteur de complexité pour la supply chain. Ce phénomène apparaît lorsque l'entreprise ne sait pas supprimer des produits de son catalogue quand des articles similaires viennent les remplacer. Cette multiplication peut également avoir pour cause l'apparition de technologies permettant aux entreprises de « customiser en masse » leurs offres de produits. Ces systèmes, conjugués à la demande croissante de produits sur mesure, peuvent générer des offres de services et de produits d'une variété quasiment illimitée. Ainsi, beaucoup d'entreprises constatent qu'elles ont tendance à continuellement étendre leur catalogue de produits et services. Pour la supply chain, cela signifie qu'il y a davantage d'articles à planifier, approvisionner, fabriquer et livrer : autant d'opérations qui font augmenter les coûts de supply chain et le niveau de stock.

La division téléphones mobiles de Motorola a été confrontée à cette difficulté. Les téléphones mobiles contiennent des centaines de composants : antennes, connecteurs de batterie, CCI, connecteurs, circuits intégrés, claviers, écrans à cristaux liquides, microphones, boîtiers, vis, haut-parleur, etc. Sur un marché qui évolue très vite, la planification et l'approvisionnement de ces composants relèvent de l'exploit. Face à cette complexité et à l'accroissement du niveau de stock, Motorola analysa son mix de composants en cherchant des solutions de rationalisation. Cette analyse révéla que l'entreprise utilisait beaucoup trop de composants non standard et spécifiques, ce qui, dans bien des cas, n'était pas justifié. En standardisant davantage ses composants, Motorola améliora considérablement sa flexibilité et réduisit de manière significative l'obsolescence de ses stocks, ainsi que les coûts de reprise des produits [7].

Hétérogénéité des systèmes et des processus

Un troisième facteur de complexité est l'hétérogénéité des systèmes et processus utilisés dans la supply chain. Il est très fréquent que les différents sites d'une même entreprise utilisent des processus différents et incompatibles. Même si les logiciels installés sont au départ identiques, ils sont souvent configurés différemment afin de s'adapter à des processus différents. Cette hétérogénéité peut être le résultat d'acquisitions mais elle provient le plus souvent du fait que les entreprises ignorent les avantages liés à une architecture de processus standardisée – ou du fait qu'elles n'ont pas procédé aux investissements nécessaires pour en créer une.

> *L'hétérogénéité peut être le résultat d'acquisitions mais elle provient le plus souvent du fait que les entreprises ignorent les avantages liés à une architecture de processus standardisée.*

Lorsque ses différents sites utilisent des systèmes et des processus différents, l'entreprise perd en vitesse et en efficacité et elle a plus de mal à exploiter toutes les informations disponibles à travers son organisation. Chaque site représente en outre des investissements et des coûts de maintenance supplémentaires. Ces incohérences pénalisent également la flexibilité. Il est impossible de transférer le travail d'un site à l'autre si la demande évolue, puisque chaque site fonctionne différemment. Et il est aussi plus difficile de profiter des avantages d'activités de support partagées (pour les achats stratégiques, par exemple). Enfin, l'hétérogénéité des processus et des systèmes complique l'intégration avec les clients, fournisseurs et autres partenaires.

Surautomatisation

L'émergence de systèmes décisionnels pour la planification de supply chain et la gestion de performance a donné naissance à un nouveau facteur de complexité : la surautomatisation. Les processus surautomatisés sont difficiles à gérer car les personnes qui les utilisent n'en maîtrisent pas complètement le fonctionnement. Or, sans cette connaissance, ils ne peuvent pas juger de la qualité des résultats obtenus ni améliorer leur performance.

Les outils de planification de supply chain proposent de puissantes fonctionnalités, mais les règles et algorithmes nécessaires doivent être soigneusement choisis car ces systèmes contiennent beaucoup plus de fonctionnalités que nécessaire pour la plupart des entreprises, d'autant que certaines de ces fonctionnalités s'adressent à des industries spécifiques. La construction de modèles représentant des environnements très complexes peut être là encore vouée à l'échec. C'est notamment le cas d'un grand spécialiste des semi-conducteurs qui a tout simplement abandonné la mise en place de son système, après deux ans de tentatives infructueuses pour créer un modèle représentant les différents niveaux de son réseau global de fabrication.

Quel que soit l'objectif de vos efforts d'amélioration, traitez toujours la simplicité de la supply chain comme une priorité. En gestion de supply chain, la complexité est la première cause de mauvais retours sur investissements. Même sans transformation majeure de ses pratiques, une entreprise peut grandement améliorer sa performance en rendant ses opérations plus faciles à gérer et en créant la visibilité qui vient avec la simplification. De plus, la simplification de la supply chain existante constitue la première étape nécessaire vers la mise en place de pratiques de supply chain plus élaborées, notamment dans le domaine de la collaboration avec les clients et les fournisseurs.

Vous savez que votre architecture répond au critère de simplicité lorsque :

- les règles de standardisation des processus de supply chain sont définies et mises en œuvre,
- la complexité des services et produits ainsi que les coûts qui y sont associés sont étroitement mesurés et contrôlés,
- les standards de composants et de matières sont définis et respectés,
- la configuration de supply chain physique (entrepôts, services d'administration des ventes, usines, sites fournisseurs, centres de distribution) fait l'objet d'analyses régulières et de simplifications chaque fois que cela est possible.

Critère d'intégrité

Vos efforts d'amélioration seront retardés et dépasseront les budgets alloués si votre architecture de supply chain manque d'intégrité, en d'autres termes si l'intégration des applications, l'exactitude des données ou la description des processus laissent à désirer. Sans une base solide, vous ne pourrez pas introduire de nouvelles pratiques de supply chain.

Lors du boom des investissements informatiques de la fin des années 1990, beaucoup d'entreprises ont ajouté à leurs systèmes des applications de pointe pour la planification et l'ordonnancement, ainsi que pour la gestion des relations clients (CRM – Customer Relationship Management) et fournisseurs (SRM – Supplier Relationship Management). Ces applications ont souvent été ajoutées sans redéfinition des processus et données sur lesquels elles reposaient. Malgré l'apparition d'outils d'intégration d'applications, les compétences nécessaires pour procéder à une intégration robuste n'existaient pas et les éditeurs de logiciels ont mis du temps à fournir une intégration « prête à l'emploi » pour les solutions ERP courantes. Certes, des progrès tels que la technologie de portail, qui permet de connecter plusieurs sites avec plusieurs applications, aident à surmonter ces problèmes d'intégration mais beaucoup d'entreprises ont encore des « applications isolées » (voir Figure 2.5), c'est-à-dire des applications indépendantes qui ne couvrent qu'une partie du processus transversal.

Les meilleures supply chains disposent d'un flux d'information intégré. Malheureusement, trop d'entreprises utilisent encore des applications non intégrées qui exigent une ressaisie manuelle des données, des conversions de format et de multiples points de contrôle. L'absence de liaisons entre les processus et les systèmes d'information crée des supply chains fragiles qui dépendent de quelques personnes, d'interventions manuelles et de solutions peu robustes construites à la hâte. Les risques d'erreur, d'allongement des cycles et de coûts supplémentaires sont alors très importants.

Pour donner un exemple, l'un de nos clients mettait en place de nouveaux processus de planification de demande et d'approvisionnement intégrés, en s'aidant d'une application de planification de supply chain. Dans le cadre de ces nouveaux processus, l'entreprise voulait suivre les prévisions de consommation dans le temps pour être sûre d'équilibrer en permanence la demande et les approvisionnements. Pour ce faire, il fallait rassembler des données provenant de deux sources différentes : une application CRM déjà en place, qui contenait les données relatives aux commandes clients et la nouvelle application de planification de supply chain, qui contenait les informations concernant les encours de livraison. Malheureusement, les deux applications n'utilisaient pas les mêmes données pour décrire les produits. Le responsable des systèmes d'information comprit que la résolution de cet écart exigerait la réorganisation complète de son modèle de données, ce qui représentait un travail considérable. Finalement, l'entreprise trouva une solution permettant d'établir un flux d'information entre les deux applications : elle développa une table de conversion qui traduisait chaque élément de commande en élément de planification.

La qualité et la disponibilité sont aussi importantes que l'intégration entre applications. Une entreprise doit orchestrer chaque jour des centaines, voire des milliers de décisions et d'activités de supply chain dépendant chacune de nombreuses données différentes : les Master

Figure 2.5 Les systèmes isolés ne permettent pas l'intégration des processus

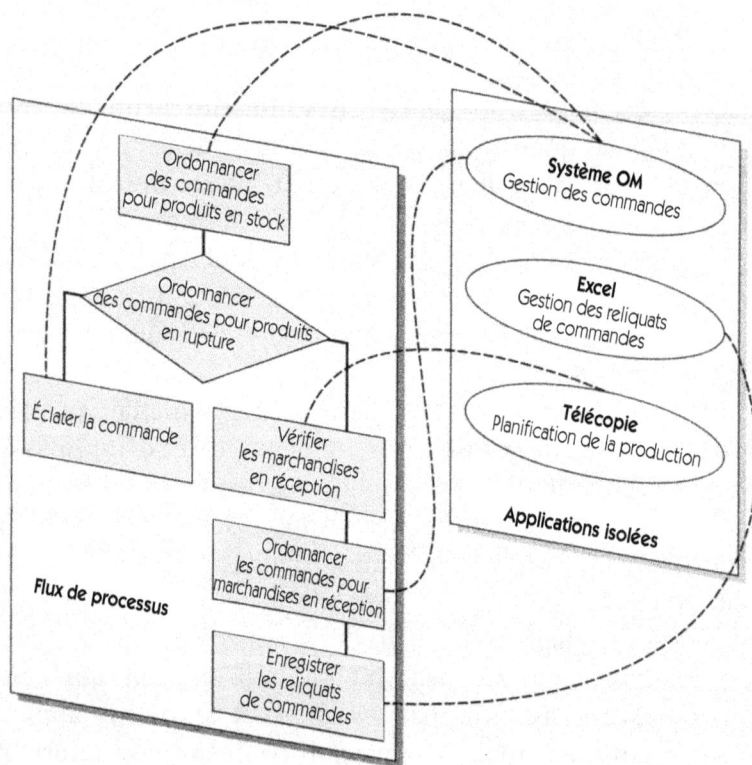

Data ou données de base (temps de livraison des fournisseurs, description des matières, prix, termes et conditions), les données transactionnelles (commandes, stock, commandes fournisseurs, etc.) et des données d'analyses (comparant la performance réelle avec l'objectif de performance pour assurer la gestion du processus). Malgré l'importance de la qualité des données, une enquête estime que 15 % à 20 % des données d'une entreprise type sont erronées ou inexploitables [8].

L'inexactitude ou l'absence de données conduisent à des erreurs ou des inefficacités. Prenons l'exemple d'un système d'approvisionnement qui enregistre les quantités commandées et confirmées par les fournisseurs mais pas les quantités commandées et non confirmées. Les quantités en attente de confirmation doivent être gérées manuellement, ce qui présente un risque d'erreur, ou sont carrément ignorées, ce qui peut très vite conduire à un excédent de commandes et de stock.

Les données inexactes ou inexploitables nécessitent elles aussi une intervention manuelle, ce qui ralentit le travail, réduit l'efficacité et augmente les coûts de la supply chain. Dans le pire des cas, elles peuvent être la cause de performances médiocres. Un de nos clients, par exemple, a été confronté à un problème de données erronées pendant près d'un an après la mise en place d'une solution de planification de la supply chain. En préparant la migration vers son nouveau système, il avait saisi des délais de livraison fournisseurs par défaut avec la ferme intention de les mettre à jour avant la mise en service du système. Malheureusement, les tâches quotidiennes passèrent en priorité et personne ne mit à jour ces paramètres. Il en résulta un accroissement des stocks (quand le temps de livraison avait été surestimé) pour certaines matières et des ruptures (quand le temps de livraison avait été sous-estimé) pour d'autres.

Alors que le nettoyage et l'organisation des données deviennent des priorités, les applications prenant en charge le contrôle de qualité des données connaissent un succès grandissant. Dans beaucoup d'entreprises, la maintenance des données fait partie des processus de gestion permanents et certaines ont même créé des postes dédiés à la maintenance de la qualité des données.

Ce besoin de qualité s'explique principalement par le fait que les entreprises sont de plus en plus conscientes des coûts liés à la mauvaise qualité des données utilisées dans les transactions, notamment pour la saisie des commandes ou la facturation. Une étude du marché de l'électronique réalisée par la NEMA (National Electrical Manufacturers Association, aux États-Unis) a révélé que les informations erronées concernant les produits et les tarifs coûtaient respectivement 1 % et 0,75 % de leur chiffre d'affaires aux fabricants et aux distributeurs [9]. Ces pourcentages ne semblent peut-être pas particulièrement alarmants, mais pour un fabricant qui réalise un chiffre d'affaires de 200 millions de dollars par an, cela représente tout de même un montant de 2 millions de dollars.

Ce problème de qualité des données donne lieu à de nouvelles initiatives. Dans le secteur de la grande distribution, par exemple, le Uniform Code Council a créé un organisme baptisé UCCnet pour appuyer la synchronisation des données articles, la validation des normes et une base articles globale pour les détaillants et leurs fournisseurs. En créant un seul jeu de données utilisable par tous, l'UCCnet entend réduire les coûts engendrés par des erreurs de facture ou de commande, ainsi que le temps consacré à améliorer la qualité des données. La NEMA a fondé l'IDEA (Industry Data Exchange Association) pour faire la même chose sur son marché.

Vous savez que votre architecture répond au critère d'intégrité lorsque :

- l'intégration nécessaire entre les applications est définie dans l'architecture des processus de supply chain et que l'incidence des problèmes d'intégration sur la performance est mesurée,

- les processus sont documentés pour chaque niveau de l'architecture de supply chain, avec une description claire des données nécessaires pour exécuter chaque processus,

- la qualité des données est mesurée et gérée, avec des responsabilités claires concernant leur création et leur maintenance.

Les outils d'architecture

À l'image du plan qui décrit la construction d'un bâtiment et l'arrangement des espaces qu'il contient, l'architecture de supply chain doit indiquer la structure des processus et comment ils sont reliés entre eux. Pour être efficace, elle doit utiliser des termes clairs et dénués de toute ambiguïté. Or, il est parfois très difficile de se mettre d'accord ne serait-ce que sur la définition de « supply chain ». La tâche est compliquée par l'utilisation de multiples termes proches et étroitement liés les uns aux autres (*chaîne logistique, chaîne de demande, réseau d'approvisionnement, chaîne de valeur*), qui semblent parfois désigner la même chose alors que ce n'est pas le cas.

> L'architecture de supply chain doit indiquer la structure des processus et comment ils sont reliés entre eux.

Il est difficile de dire à quel moment est apparu le terme *supply chain* et encore plus difficile de trouver une définition universelle indiquant exactement de quoi il s'agit. Au cours des missions auprès de nos clients, nous avons constaté que beaucoup d'entre eux étaient incapables de se mettre d'accord sur une définition de la supply chain. Et même s'ils parvenaient à un accord en interne, il arrivait que leur définition ne corresponde plus du tout à celle de leurs clients et fournisseurs. Pourtant, l'absence de définition commune crée des incohérences dans l'exécution des processus ainsi que de fréquents malentendus quant aux attentes de l'une ou l'autre organisation.

Le problème fut particulièrement marqué dans les années 1990, lorsque les questions de planification et d'exécution des opérations au-delà du cadre de l'entreprise devinrent l'une des priorités des équipes de direction. Auparavant, les efforts d'amélioration des processus opérationnels portaient principalement sur l'amélioration de la performance des processus internes. Mais, avec l'apparition des nouvelles technologies, le recours à l'externalisation et la customisation croissante des supply chains pour répondre aux besoins des clients-clés, le développement de supply chain sortait de plus en plus du cadre de l'entreprise.

Il devint évident que les entreprises avaient besoin d'un jeu de définitions standard pour chaque activité de planification, d'exécution et de mise en œuvre. Dans le milieu des années 1990, PRTM développa un modèle de référence décrivant les processus de supply chain et les principaux indicateurs de performance afin d'aider ses clients à profiter de cette nouvelle « science » qu'était la gestion de la supply chain [10]. Nous étions bien conscients de l'importance des référentiels de processus, puisque nous avions déjà créé le modèle PACE® (Product And Cycle-time Excellence), adopté par des entreprises du monde entier pour le développement et la commercialisation des nouveaux produits [11].

Notre modèle de supply chain était composé de quatre processus : *planifier, approvisionner, fabriquer* et *livrer*. Pour déterminer les objectifs et gérer la performance, nous avons défini des indicateurs pour chacun de ces processus. Nous avons également défini le périmètre de la supply chain, qui couvre toutes les interactions « du fournisseur du fournisseur jusqu'au client du client » : c'est un réseau d'organisations reliées entre elles par des flux physiques, d'informations et financiers conçus pour répondre aux exigences du client final. Notre but était de fournir une boîte à outils pour que la supply chain puisse être décrite sans aucune ambiguïté, communiquée de manière cohérente, reconfigurée pour générer un avantage concurrentiel et mesurée, gérée, contrôlée, ajustée pour répondre à des objectifs spécifiques.

Afin de créer une norme utilisable dans tous les secteurs, PRTM s'associa en 1995 avec AMR Research, un cabinet de recherche indépendant qui fournit des analyses du marché des progiciels d'entreprise. Ensemble, PRTM et AMR ont fondé le Supply Chain Council (SCC) qui comptait à ses débuts soixante-neuf membres. En l'espace d'une année, ces trois organisations ont continué à développer et à affiner la nouvelle norme baptisée SCOR® (Supply-Chain Operations Reference-model). Ce référentiel définit les meilleures pratiques, les indicateurs de performance, les fonctionnalités logicielles requises pour chaque « processus de base », les « sous-processus » et les « activités » [12]. Il propose une structure et une terminologie standardisée pour aider les entreprises à intégrer un certain nombre d'outils, notamment pour la reconfiguration des processus, le benchmarking et l'analyse des meilleures pratiques. Les outils du modèle SCOR® permettent aux entreprises de développer et de gérer une architecture de supply chain efficace.

La conception hiérarchisée descendante (top-down) du modèle SCOR® permet à l'entreprise d'appréhender rapidement l'architecture et la performance de sa supply chain. Elle permet également de comparer sa propre architecture à celle d'autres entreprises, de décider de l'applicabilité des meilleures pratiques pour amener des améliorations

© Éditions d'Organisation

et de concevoir sa future architecture de supply chain. Depuis son élaboration en 1996, plus de sept cents entreprises ont adopté le modèle SCOR®.

En 1996, le Supply-Chain Council est devenu une association indépendante à but non lucratif à laquelle a été confiée la gestion du modèle. Depuis sa création, le SCC s'est développé au niveau international et a ouvert des antennes en Europe, au Japon, en Australie et en Nouvelle-Zélande, dans le Sud-Est asiatique et en Afrique du Sud. Ses membres ont continué de faire évoluer le modèle en lui ajoutant le processus *gérer les retours* en 2001, et en mettant régulièrement à jour les indicateurs et pratiques recommandés. Le modèle continuera d'évoluer au fil des progrès réalisés en matière de gestion de la supply chain (voir la Figure 2.6, qui présente les deux premiers niveaux du modèle SCOR®, et l'annexe C, qui contient la liste complète des indicateurs des niveaux 2 et 3).

Le modèle SCOR® est la seule structure de ce type permettant de développer une architecture de supply chain, mais il existe d'autres initiatives complémentaires portant sur des pratiques de marchés spécifiques et le détail de leur mise en œuvre, telles que les normes de données, par exemple. Deux d'entre elles, CPFR (Collaborative Planning, Forecasting and Replenishment) et RosettaNet, sont aujourd'hui fréquemment utilisées.

Le CPFR concerne principalement les secteurs des produits de grande consommation. Il a été créé en 1997 dans le cadre d'un projet collaboratif réunissant plus de trente entreprises et il est géré par le Collaborative Commerce Standards Institute. La norme CPFR réunit des définitions de processus détaillées, la liste des éléments de données requises et d'indicateurs pour l'interface client-fournisseur. Elle a pour objectif d'améliorer les partenariats entre la grande distribution et les industriels, grâce au partage d'informations [13].

Le consortium RosettaNet a été fondé en 1998. Il est principalement composé d'entreprises des secteurs de l'électronique et des télécommunications. Il est géré par l'Uniform Code Council (UCC), un important organisme de normalisation. RosettaNet crée des normes basées sur les technologies liées à Internet et visant à aligner les processus à l'aide de définitions de données standard appelées PIP (Partner Interface Processes). Très utilisés dans le secteur technologique, les PIP prennent en

Figure 2.6 SCOR® version 6.0, niveaux 1 et 2

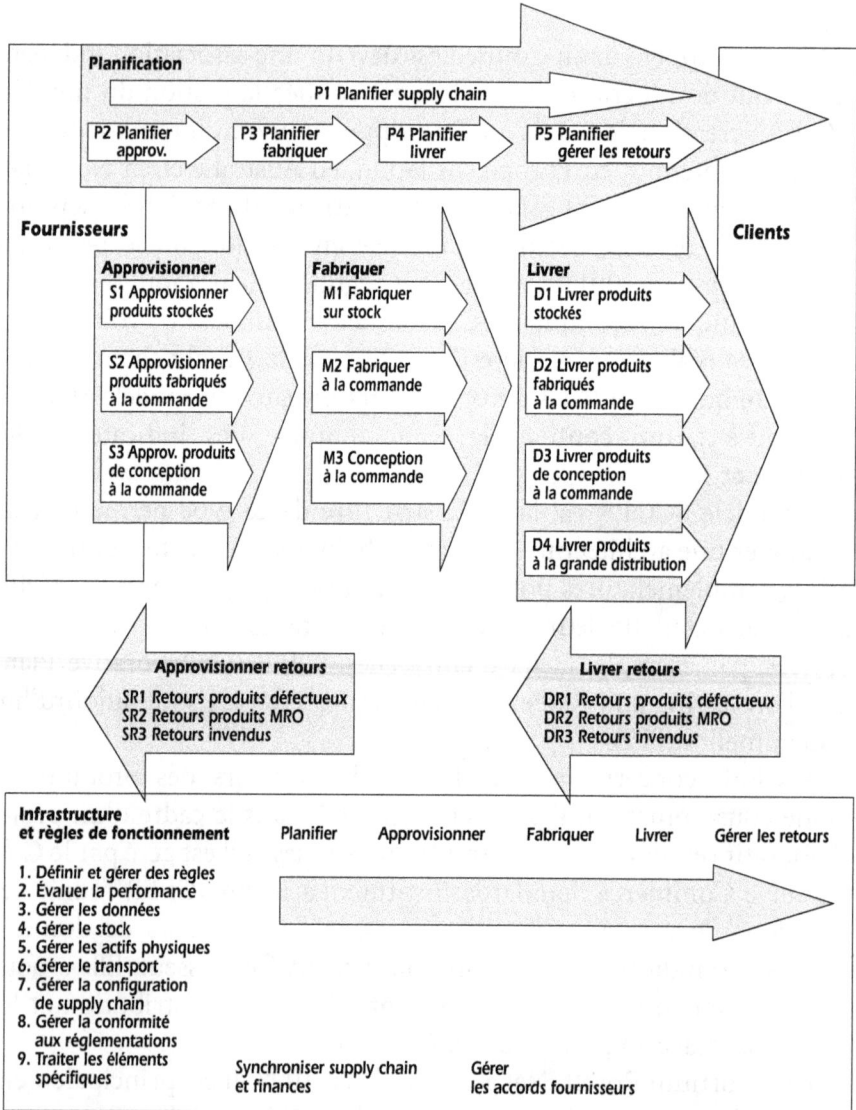

Planification

P1 Planifier supply chain

| P2 Planifier approv. | P3 Planifier fabriquer | P4 Planifier livrer | P5 Planifier gérer les retours |

Fournisseurs

Clients

Approvisionner
- S1 Approvisionner produits stockés
- S2 Approvisionner produits fabriqués à la commande
- S3 Approv. produits de conception à la commande

Fabriquer
- M1 Fabriquer sur stock
- M2 Fabriquer à la commande
- M3 Conception à la commande

Livrer
- D1 Livrer produits stockés
- D2 Livrer produits fabriqués à la commande
- D3 Livrer produits de conception à la commande
- D4 Livrer produits à la grande distribution

Approvisionner retours
- SR1 Retours produits défectueux
- SR2 Retours produits MRO
- SR3 Retours invendus

Livrer retours
- DR1 Retours produits défectueux
- DR2 Retours produits MRO
- DR3 Retours invendus

Infrastructure et règles de fonctionnement   Planifier   Approvisionner   Fabriquer   Livrer   Gérer les retours

1. Définir et gérer des règles
2. Évaluer la performance
3. Gérer les données
4. Gérer le stock
5. Gérer les actifs physiques
6. Gérer le transport
7. Gérer la configuration de supply chain
8. Gérer la conformité aux réglementations
9. Traiter les éléments spécifiques

Synchroniser supply chain et finances

Gérer les accords fournisseurs

charge l'échange automatique d'informations en temps réel entre les entreprises. Ils couvrent un très large éventail de transactions, parmi lesquelles la gestion de stock, la gestion des commandes et les livraisons sur stock [14].

Dans ce chapitre, nous nous intéresserons au modèle SCOR® car il s'agit à notre connaissance du référentiel de supply chain le plus utilisé. Il a d'ailleurs été adopté par l'une des plus grandes organisations de supply chain au monde : le département américain de la Défense (voir l'étude de cas département américain de la Défense).

Grâce à la structure et à la méthode du modèle SCOR®, la création d'une architecture de supply chain, qui pourrait être un travail monumental, devient une tâche tout à fait réalisable. Comme dans un projet de construction, le modèle SCOR® fournit les outils qui permettront d'établir le plan d'ensemble de la supply chain.

Les trois premiers niveaux du modèle SCOR®

Le modèle SCOR® utilise quatre niveaux de détail, dont il décrit les trois premiers (processus, sous-processus et activités). Le niveau 4 correspond à des tâches détaillées qui sont toujours configurées selon la stratégie et les exigences propres à l'entreprise, ce qui explique pourquoi il ne figure pas dans la version publiée du modèle.

Du niveau 1 au niveau 3, le contenu du modèle SCOR® permet de traduire la stratégie de l'entreprise en une architecture de supply chain conçue pour atteindre des objectifs précis. L'ordre dans lequel vous utilisez les différents niveaux du modèle dépend de vos besoins spécifiques et de votre point de départ. Les pages qui suivent décrivent les avantages liés à l'utilisation du modèle SCOR®.

Modèle SCOR® – Niveau 1

Au niveau 1, vous confirmez de quelle manière vos processus se calquent sur votre organisation générale (unités opérationnelles, régions, etc.) et vos fournisseurs. Vous précisez également les objectifs stratégiques de votre supply chain, c'est-à-dire les priorités dont votre supply chain doit tenir compte. Le niveau 1 couvre les cinq principaux processus de supply chain : *planifier, approvisionner, fabriquer, livrer* et *gérer les retours*. Il permet d'aligner les processus et l'organisation afin de déterminer quelles entités doivent utiliser des processus standardisés. Les choix effectués au niveau 1 sont déterminants pour les dépenses en systèmes d'information car l'utilisation de processus différents à travers les entités de l'entreprise implique généralement l'utilisation d'applications hétérogènes, avec les coûts d'installation et de maintenance que cela implique. Les décisions du niveau 1 déterminent en outre si l'entreprise est capable ou non de mettre en œuvre telle ou telle pratique. Par exemple, deux entités doivent-elles utiliser un processus *approvisionner* identique (standardisé) ou des différences sont-elles justifiées ? Si le but est de cumuler les volumes de plusieurs divisions pour avoir plus de poids face aux fournisseurs, il sera nécessaire de standardiser une bonne partie du processus *approvisionner*.

L'étape qui vient après l'alignement des processus et de l'organisation consiste à déterminer les objectifs de performance de ces cinq principaux processus à travers l'entreprise. Pour ce faire, le modèle SCOR® propose un tableau de bord permettant de fixer et de gérer les objectifs de performance de la supply chain. Les différents indicateurs sont décrits dans la discipline n° 5. Étant donné que la définition des objectifs et priorités nécessite un consensus interne, cette étape est l'une des plus critiques – et des plus délicates – de la conception de supply chain. Comme indiqué dans la discipline n° 1, elle dépend de votre stratégie de supply chain.

> Le modèle SCOR® propose un tableau de bord permettant de fixer et de gérer les objectifs de performance de la supply chain.

Pour vous donner un exemple, l'un de nos clients, grand spécialiste de l'électronique grand public, perdait des parts de marché au profit de concurrents dont les activités étaient ciblées sur des segments de marché spécifiques. L'entreprise était depuis longtemps organisée en une unique structure centralisée, mais elle comprit qu'il lui fallait se réorganiser en plusieurs entités dédiées à des marchés précis si elle voulait lutter efficacement contre la concurrence.

Après avoir créé ces nouvelles entités, la direction révisa sa vision stratégique et les besoins de chacune d'entre elles en matière de supply chain. Avant la réorganisation, tous les processus de supply chain (*planifier, approvisionner, fabriquer, livrer* et *gérer les retours*), les systèmes d'information associés et les actifs étaient partagés. L'entreprise appliquait également des politiques d'externalisation qui limitaient la sous-traitance de la fabrication à des produits en fin de vie ainsi que des règles qui limitaient la customisation des produits afin de maîtriser les coûts unitaires et optimiser la flexibilité du stock. Pour tracer les nouvelles frontières stratégiques de la supply chain, il était très important de décider quelles politiques seraient conservées ou modifiées.

Afin de déterminer ces frontières, chaque entité développa sa propre stratégie et ses propres objectifs de performance puis en résuma les répercussions sur sa supply chain. Du fait de l'importance capitale des coûts en matières (jusqu'à 85 % du coût du produit), de la qualité des produits et du temps de mise sur le marché (time-to-market), il fut décidé de continuer de partager les actifs et les processus *planifier*, *approvisionner*, *fabriquer*, *livrer* et *gérer les retours*, tandis que chaque entité définirait sa politique de stock en adéquation avec les exigences de service propres à chaque marché.

Modèle SCOR® – Niveau 2

Au niveau 2, vous précisez vos choix concernant les processus de supply chain et vous confirmez comment ces processus concordent avec votre infrastructure (emplacements physiques et systèmes d'information). Également appelé *niveau de configuration*, le niveau 2 consiste à développer et à évaluer des possibilités d'architecture générales en sélectionnant le « variant » des processus *planifier*, *approvisionner*, *fabriquer*, *livrer et gérer les retours*. Pour ce faire, vous choisissez les sous-processus (ou *catégories de processus*) qui conviennent, en fonction de votre stratégie de supply chain. Les catégories de processus choisies sont déterminantes pour la conception du niveau 3 car chaque catégorie exige des activités détaillées très différentes.

Les entreprises industrielles, par exemple, disposent d'un certain nombre de possibilités pour fabriquer leurs produits. Ils peuvent fabriquer en anticipant les commandes des clients (fabrication sur stock), fabriquer uniquement après réception d'une commande client (fabrication à la commande), fabriquer le produit jusqu'à un certain point pour le configurer uniquement après réception d'une commande (configuration à la commande) ou fabriquer le produit suivant des spécificités propres au client, auquel cas il s'appuie sur un engagement ferme de la part de ce dernier (conception à la commande).

Une fois les catégories de processus choisies, elles sont utilisées pour décrire les configurations de supply chain existantes. Cette description se présente généralement sous la forme d'une carte localisant les clients, les fournisseurs, les entrepôts, les usines et les services d'administration des ventes et utilisant les catégories de processus pour décrire les principaux flux physiques et d'informations. En résumé, il s'agit de répertorier tous les processus utilisés en indiquant où ils interviennent.

Une fois que vous avez compris les configurations actuelles, vous pouvez développer et tester les options de configuration cible. Sachez cependant que l'analyse du niveau 2 du modèle SCOR® peut montrer que des contraintes existantes – des coûts de transport trop importants, par exemple – vous empêchent d'optimiser certaines choses. Autrement dit, vous ne pouvez pas procéder tout de suite aux transformations voulues et il vous faudra établir une feuille de route pour évoluer progressivement vers la configuration cible (voir la feuille de route en fin d'ouvrage).

L'un de nos clients, une société aéronautique internationale, essayait de gérer un réseau compliqué de relations entre ses départements de vente, de logistique et de fabrication, plusieurs partenaires-clés et un client majeur (un avionneur). Cette entreprise intervenait comme maître d'œuvre dans un vaste programme d'avionique commerciale. Pour livrer ses sous-systèmes en temps voulu aux centres de montage final de son client, elle devait coordonner les flux de matières, d'informations et financiers avec des partenaires dispersés sur trois continents.

Les livraisons destinées à ce programme arrivaient de plus en plus tard. Lorsque l'avionneur demandait un nouvel ordonnancement des commandes, il fallait contacter les fournisseurs avant de confirmer les dates. L'opération demandait plusieurs semaines, ce qui nuisait à la crédibilité de l'entreprise face à ce client majeur. Elle décida alors d'utiliser le modèle SCOR® pour mieux comprendre l'origine des problèmes.

L'équipe de projet se servit du modèle pour cartographier la gestion des commandes, les approvisionnements, la distribution physique, la planification de supply chain et les flux financiers de l'entreprise ainsi que toutes les interfaces-clés avec les partenaires. Chaque activité était associée à une catégorie de processus de niveau 2. Pour la première fois, l'entreprise avait une vision claire de l'ensemble de sa supply chain de sous-systèmes et pouvait voir quelles activités étaient exécutées en interne, par le client et par les partenaires. Pour la première fois, tous les intervenants utilisaient les mêmes définitions de processus, basées sur des définitions de catégories de processus standard.

Les possibilités de simplification de la supply chain apparurent rapidement. Par exemple, les principaux sous-ensembles passaient par plusieurs entrepôts internes avant d'être disponibles pour le montage final. Cela prolongeait les délais sans pour autant créer de la valeur. La cartographie niveau 2 expliquait le phénomène. Tous les produits étaient centralisés dans une plate-forme régionale. Leur arrivée dans cette plate-forme permettait de déclencher un transfert de propriété officiel du département fabrication vers l'activité programme de l'avionneur. L'équipe comprit qu'un changement de processus et des systèmes d'information associés permettrait de livrer certains produits directement au centre de préparation finale, à proximité des lignes de montage du client. Le cycle de livraison serait ainsi réduit de plusieurs semaines.

Il est intéressant de noter que la cartographie des processus SCOR® obligea également l'entreprise à se demander pourquoi le service client était au-dessous des niveaux voulus. Pendant longtemps, elle avait cru que les retards de commandes étaient dus à son processus de gestion des commandes : transfert automatique des commandes clients dans un premier système, ressaisie manuelle dans un autre système de gestion financière puis communication aux fournisseurs. Or, malgré les coûts supplémentaires et les risques d'erreurs liés aux ressaisies manuelles, l'analyse révéla que la gestion des partenaires présentait un problème autrement plus important. Dans le processus en place, les besoins planifiés étaient communiqués aux partenaires dans le cadre d'un processus de commande officiel où les fournisseurs confirmaient également les quantités et les dates de livraison. Mais les mises à jour des dates par les fournisseurs en cas de glissement, de même que les modifications de quantités par le maître d'œuvre, étaient gérées de manière moins formelle. L'équipe de projet préconisa alors plusieurs modifications majeures telles que la création de nouveaux rôles pour les approvisionnements, de revues mensuelles du planning des partenaires, un processus pour l'ajustement des plans précédemment acceptés et des règles pour guider les changements d'ordonnancement de la fabrication chez les partenaires. En quelques mois, ce travail donna des résultats spectaculaires : le taux de livraisons à la date promise progressa de plus de 20 % tandis que le temps de confirmation des commandes diminua considérablement. Aujourd'hui, l'entreprise peut confirmer ses commandes clients en deux ou trois jours (au lieu de trois semaines auparavant) et elle a regagné la confiance de l'avionneur.

Modèle SCOR® – Niveau 3

Le niveau 3 du modèle SCOR® est également appelé *niveau des éléments de processus*. C'est à ce niveau que vous détaillez votre architecture de supply chain en ajoutant à votre niveau 2 les détails de fonctionnement. Au niveau 3 apparaissent les pratiques business spécifiques, les indicateurs correspondant à ces pratiques ainsi que des recommandations concernant les systèmes d'information nécessaires pour soutenir le processus (fonctionnalités et données). Les outils dont vous aurez besoin pour ce travail ont déjà été rassemblés pour vous. Vous créerez des cartographies représentant les correspondances « actuelles » entre les processus, les sites et les organisations. Ces cartographies indiquent en général où se trouvent les stocks, le temps qui s'écoule d'un élément de processus à un autre et la synchronisation entre les éléments de processus et les systèmes d'information de la supply chain.

En appliquant des principes *lean* (fonctionnement « au plus juste »), l'analyse du niveau 3 « actuel » peut révéler un certain nombre de possibilités d'amélioration liées à la configuration (simplification des processus et systèmes d'information, y compris la création de liens plus efficaces entre la demande du client final et la production finale, élimination d'activités redondantes dans plusieurs sites et réduction du niveau de stock et des délais de livraison au client).

Outre l'analyse de la configuration globale, le niveau 3 « cible » vous amènera à étudier les meilleures pratiques, les applications, les indicateurs et les modèles organisationnels. En comparant vos capacités actuelles avec les capacités que vous visez (« cibles »), vous découvrirez ce que cela implique pour les processus et systèmes d'information déjà en place. En ce qui concerne les systèmes d'information, il s'agit généralement d'absences de fonctionnalités, de données manquantes ou d'intégration insuffisante. Vous pouvez ensuite évaluer chaque option

« cible » en vous basant sur les critères définis au niveau 1 puis choisir celles que vous développerez dans le détail (niveau 4) afin de créer une réelle solution de travail.

Démonstration : nous avons travaillé avec un important acteur de la grande distribution qui avait besoin de diminuer ses stocks sans que cela nuise à son service. L'entreprise avait des centaines de magasins, allant de l'hypermarché au petit commerce de proximité. Elle s'était développée par acquisitions successives. Or, chaque nouvelle acquisition s'organisait en entité commerciale indépendante. Certaines fonctions étaient partagées, comme les achats, la gestion des entrepôts et la comptabilité. Pour tout le reste, en revanche, chaque entité pouvait fonctionner de manière indépendante en conservant ses propres processus et systèmes d'information. Cette organisation engendra des dépenses très importantes en systèmes d'information, du fait de la diversité des applications nécessitant chaque fois un support dédié.

L'entreprise avait essayé à plusieurs reprises d'améliorer sa performance globale sans succès. Elle avait passé plusieurs mois à cartographier ses processus-clés et à analyser les possibilités d'amélioration révélées par ces cartographies. Mais l'équipe de projet n'avait pas pu se mettre d'accord sur la supply chain « cible ». L'absence d'architecture globale constituait l'obstacle le plus important. Les membres de l'équipe n'étaient même pas d'accord sur les processus à inclure dans la supply chain ! De plus, les processus des fonctions spécifiques étaient bien définis, ce qui n'était pas du tout le cas des processus transversaux tels que la planification de supply chain.

L'équipe trouva une solution en cartographiant ses processus à l'aide du niveau 3 du modèle SCOR®. L'analyse des éléments du processus *livrer* montra que la supply chain physique était hautement optimisée en terme d'entreposage et que des processus très élaborés avait été mis en place pour garantir un traitement optimal des produits, des fournisseurs aux magasins. L'examen des pratiques des entrepôts révéla l'utilisation de nombreuses méthodes de pointe, comme la reconnaissance vocale pour le picking et la préparation des commandes.

L'analyse des éléments des processus *planifier* et *approvisionner* révéla que la supply chain avait été optimisée pour déplacer de grandes quantités des produits (les plus vendus), achetés quotidiennement et dans des quantités prévisibles. L'équipe examina soigneusement comment était calculée la demande à chaque niveau de la supply chain, en partant du point de vente pour remonter ensuite à l'entrepôt puis jusqu'au fournisseur.

À l'aide des éléments de processus *planifier approvisionner* (voir Figure 2.7), l'équipe constata que la planification des commandes fournisseurs ne s'appuyait pas sur les ventes réelles en magasin et que chaque point de vente commandait à l'entrepôt en fonction de la demande qu'il prévoyait. À l'aide de l'élément de processus P2.1 (identifier, hiérarchiser et agréger les besoins de produits), l'équipe découvrit que les entrepôts de distribution qui fournissaient les points de vente s'approvisionnaient chez les fournisseurs en s'appuyant sur l'historique des demandes pour tous les produits – ce qui fonctionne bien tant que la demande actuelle correspond aux niveaux historiques.

Bien entendu, dans la pratique et pour beaucoup de produits, la demande était très variable, en particulier lors de l'introduction de nouveautés, de promotions en magasin ou de produits saisonniers. Ces

**Figure 2.7 Utilisation de l'élément de processus
planifier approvisionner pour accroître la performance**

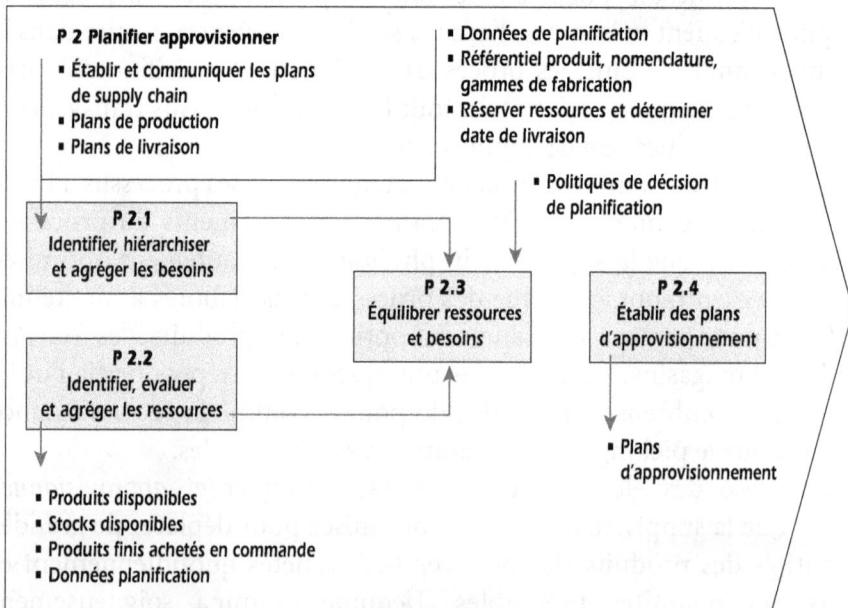

© Éditions d'Organisation

événements faussaient les modèles de demande en créant une demande de base correspondant uniquement à une période précise. Autrement dit, au début des promotions, les magasins étaient en rupture de stock, et, à la fin des promotions, ils avaient un excédent. Il fallait donc procéder à des modifications majeures au niveau de la planification, avec notamment l'introduction d'une planification collaborative avec les fournisseurs pendant les périodes de promotion et d'introduction de nouveaux produits.

L'équipe de projet savait que la modification du processus *planifier* aurait des répercussions majeures sur les systèmes d'information existants et qu'il lui faudrait impliquer encore plus de personnes des métiers concernés pour faire complètement accepter la nouvelle architecture de processus. Suivant le travail initial réalisé à l'aide du niveau 3 du modèle SCOR®, l'entreprise lança un nouveau projet mobilisant à la fois les responsables métiers et les responsables informatiques pour développer la nouvelle architecture de processus et de systèmes d'information.

Comme le montrent ces exemples, le modèle SCOR® propose une méthode structurée pour développer une architecture de supply chain. Sa méthode de conception hiérarchisée descendante, qui passe progressivement du plus général au plus détaillé, permet d'obtenir une vue globale avant de s'attaquer aux détails. Quant à la structure hiérarchique qui découpe les processus en sous-processus et en activités, elle permet aux entreprises de voir les incidences du changement sur les activités de supply chain. Elles peuvent ainsi identifier plus clairement les risques, les ressources nécessaires et le planning de la mise en œuvre. La Figure 2.8 présente les avantages généralement liés à l'utilisation du modèle SCOR®.

Les cinq processus requis pour une gestion transversale de la supply chain

Au fur et à mesure que vous construisez votre architecture de processus de supply chain, vous devez veiller à ce que chaque processus soit intégré non seulement avec les autres processus de la supply chain mais aussi avec d'autres grands processus de l'entreprise tels que le dévelop-

Figure 2.8 Avantages de l'utilisation de chaque niveau du modèle SCOR®

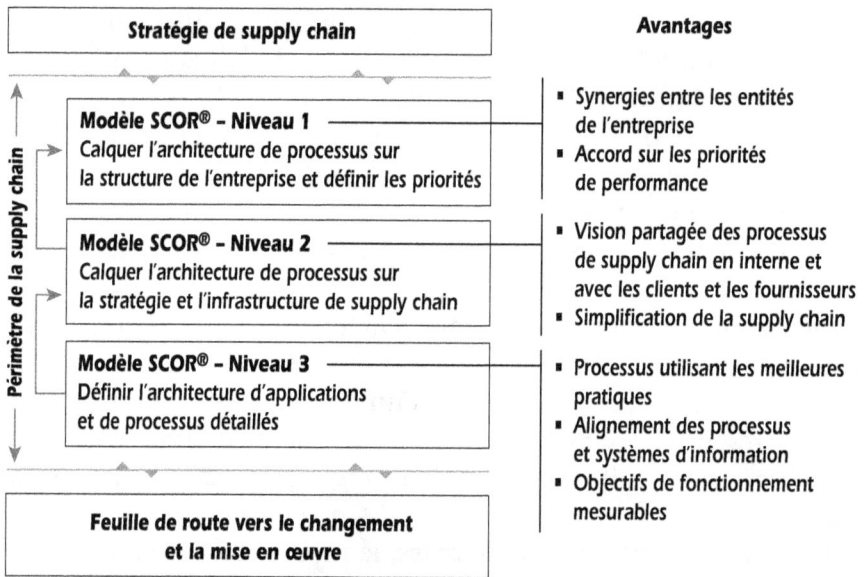

pement des technologies, des produits et des services, le marketing et les ventes, le support client et la finance. Dans ce paragraphe, nous présentons un certain nombre de principes propres à chaque processus qui vous aideront à obtenir une performance optimale.

Planifier

Chaque processus reçoit des éléments en entrée et génère des éléments en sortie. Pour le processus *planifier*, les éléments en entrée sont les informations concernant la demande, les approvisionnements et les ressources de supply chain. Ces informations permettent d'optimiser les décisions et guident toutes les activités de supply chain relatives aux processus d'exécution (*approvisionner, fabriquer, livrer* et *gérer les retours*). Chacun des processus d'exécution contient un élément lié à la planification. Par exemple, *planifier approvisionner* et *planifier fabriquer* indiquent les matières premières nécessaires, leur origine et les quantités de stock à produire. *Planifier livrer* donne les informations nécessaires pour satisfaire les commandes des clients. Et *planifier retours* donne les informations nécessaires pour ordonnancer les retours et les commandes de remplacement.

L'utilisation d'un bon processus de planification contribue à la performance de l'entreprise car il garantit que les décisions sont prises au bon moment, sont bien préparées et que leurs implications sont comprises, acceptées et réalisables.

Pour obtenir un processus *planifier* efficace, appliquez les cinq principes-clés suivants :

● *Utilisez des informations exactes et à jour.* Concernant la demande, vous devez disposer d'informations en temps réel sur la demande des clients et du marché, s'appuyant sur des facteurs tels que la consommation de l'utilisateur final, les niveaux de stock dans le réseau de distribution, la conjoncture économique et la connaissance du marché (market intelligence). Utilisez autant que possible les données de vos clients-clés. Concernant les ressources, vous devez connaître les ressources internes et externes les plus importantes pour satisfaire une demande (main-d'œuvre, stock, capacité de fabrication, fournisseurs et entrepôts). Pour avoir une vue complète des ressources requises, collectez des informations provenant de chacun des processus d'exécution (*approvisionner, fabriquer, livrer* et *gérer les retours*). Dans la mesure où la demande et les approvisionnements sont tous deux des éléments dynamiques, ce qui est vrai aujourd'hui ne le sera probablement plus demain. D'où l'importance de disposer d'informations à jour.

● *Ciblez les ressources sur les priorités commerciales.* Le processus *planifier* est celui qui permet de trouver l'équilibre entre objectifs internes (stock, coût et utilisation des actifs) et objectifs externes (niveaux de service, flexibilité des volumes, etc.), en garantissant que les décisions prises sont en ligne avec les priorités des clients et des segments de marché.

● *Visez la simplicité.* Veillez à ce que vos processus *planifier* soient aussi simples que possible. Pour obtenir des données en sortie réalistes et exploitables, il faut généralement prendre en compte différents aspects de la demande (pays, segment de marché, produit, marque, etc.). Vous devez également tenir compte des différentes ressources (matières, capacité, main-d'œuvre, etc.) disponibles dans les différents sites (plusieurs usines internes, sites partenaires, etc.). Sachez cependant qu'il est parfois impossible d'optimiser toutes les ressources de la supply chain. Mieux vaut donc se concentrer sur les ressources critiques et les « goulets d'étranglement ».

- *Intégrez tous les besoins exprimés en terme de supply chain.* Les processus *approvisionner, fabriquer, livrer* et *gérer les retours* sont tous interdépendants. Veillez par conséquent à créer un plan intégrant leurs ressources individuelles et les exigences d'exécution, s'étendant du « client du client » au « fournisseur du fournisseur ». Sans cette intégration, vous obtiendrez des déséquilibres qui engendreront des coûts supplémentaires et l'accumulation de stock. Par exemple, si vous achetez (*approvisionner*) plus de matières que nécessaire pour la production (*fabriquer*), vous obtenez un excédent de stock de matières.

- *Définissez des actions et des responsabilités explicites.* Le processus *planifier* doit déterminer des lignes de conduite claires décidées en interne (avec les opérations, les ventes, le marketing et tous les autres intervenants internes) et en externe (avec les fournisseurs et clients-clés). Toutes les personnes concernées doivent avoir accès aux informations sur la performance de ces plans d'action, qui doit également être mesurée constamment afin d'améliorer la qualité de la planification.

Pour atteindre les objectifs de votre entreprise, veillez à intégrer le processus *planifier* avec les autres processus de l'entreprise. Intégrez-le par exemple avec les processus du marketing et des ventes afin d'avoir une meilleure connaissance de la demande, d'obtenir des informations sur les priorités des clients et du marché et d'évaluer la nécessité et l'impact d'activités promotionnelles. Intégrez-le également avec les processus de développement des technologies, des produits et des services pour être sûr que les programmes stratégiques de développement disposent des ressources nécessaires. Cela améliorera le « time-to-market » (délai de mise sur le marché) et le « time-to-volume » (temps nécessaire pour arriver à la production en volume) des nouveaux produits et services. Intégrez le processus *planifier* avec les processus

**Figure 2.9 Indicateurs de performance optimale
pour le processus *planifier***

Planifier		Avantage de l'entreprise la plus performante par rapport à la performance moyenne/médiane
Exactitude des prévisions	Industries à flux discret	+25 %
	Industries à flux continu	+19 %
Service client (livraisons à la date promise)	Industries à flux discret	+9 %
	Industries à flux continu	+7 %
Jours de stock – finis, en cours et matières	Industries à flux discret	1/3 du stock
	Industries à flux continu	1/2 du stock

© 2004 – The Performance Measurement Group, LLC.

financiers afin de garantir la qualité des informations financières. Les prévisions de chiffre d'affaires doivent s'appuyer sur des informations le plus crédibles possible et tous les engagements financiers de la supply chain – tant internes qu'externes – doivent être reconnus et communiqués, conformément aux règles de l'entreprise et aux réglementations.

La Figure 2.9 présente les indicateurs de performance optimale du processus *planifier*.

Approvisionner

À l'aide du plan généré par *planifier approvisionner*, le processus *approvisionner* de la supply chain assure la mise en place de toutes les matières et de tous les services nécessaires pour exécuter les activités d'achats, d'ordonnancement, de réception, d'inspection et d'autorisation de paiement au fournisseur. L'activité *approvisionner* inclut également la sélection des fournisseurs et la gestion des relations avec eux.

Pour obtenir un processus *approvisionner* des plus efficaces, appliquez les quatre principes clés suivants :

* *Cherchez à obtenir le coût total de possession (TCO – Total Cost of Ownership) le plus faible possible.* Le coût total de possession est souvent plus important que le prix d'achat d'un service ou d'un

actif, aussi faible soit-il. L'achat d'un véhicule bon marché qui tombe régulièrement en panne ou dont la durée de vie est courte n'est manifestement pas un bon investissement. Alors, lorsque vous évaluez une acquisition ou un contrat, veillez à tenir compte des coûts directs et indirects. Beaucoup des coûts de supply chain (commandes d'approvisionnement, inspection, paiement et tenue de stock) sont déterminés par les pratiques, la qualité et la capacité des fournisseurs. Pour réduire le TCO, fixez des objectifs d'amélioration des coûts non seulement pour le produit ou le service mais aussi pour tous les coûts de supply chain. Redéfinissez les processus avec vos fournisseurs afin de réduire, voire éliminer, les activités qui augmentent les coûts. Les activités d'inspection et de préparation, par exemple, disparaissent lorsqu'il s'agit de produits « prêts à l'emploi ». Vous pouvez également abaisser vos frais en automatisant des transactions papier manuelles (ex. : les bons de commande) ou en les remplaçant par des pratiques plus efficaces (ex. : les réapprovisionnements automatiques éliminant les bons de commande multiples).

- *Définissez des stratégies d'approvisionnement par catégories.* Les stratégies d'approvisionnement déterminent les limites des accords avec les fournisseurs, de la mise en concurrence sur les contrats et des accords d'approvisionnement mondiaux, suivant la fiabilité requise pour le réseau d'approvisionnement. Dans chaque catégorie, la complexité et l'impact de l'approvisionnement sont différents. D'autre part, les activités d'approvisionnement, l'organisation et les outils doivent être différenciés en fonction de ces stratégies spécifiques. Par exemple, pour des produits standard dont le principal critère de sélection est le prix, concentrez-vous sur la gestion du panel fournisseurs mondial et l'application de techniques telles que les enchères en ligne. Pour des produits plus stratégiques, en revanche, choisissez plutôt les partenariats et les modes de travail collaboratifs.

- *Agissez au niveau de l'entreprise.* En d'autres termes, choisissez des fournisseurs capables d'approvisionner tous vos sites, en consolidant si possible tous les achats de l'entreprise, afin d'avoir plus de poids. Cela signifie également que vous devez gérer le panel fournisseurs au niveau de l'entreprise, à l'aide de spécifica-

© Éditions d'Organisation

tions standard, d'outils communs (profils, notations et critères d'évaluation), et d'une organisation adéquate, avec par exemple des équipes et des responsables catégories à l'échelon mondial. La gestion de tout le panel fournisseurs garantit que ces derniers appliquent autant que possible les meilleures pratiques (celles qui réduisent les coûts et permettent davantage de flexibilité) et que les processus sont standardisés pour créer une supply chain plus solide et plus efficace. Une bonne gestion des autorisations de dépense est elle aussi indispensable : elle garantit que votre entreprise suit ses dépenses, fait exclusivement appel à des fournisseurs et des standards approuvés (listes de fournisseurs, catalogues, etc.), et qu'elle a mis en place des processus de délégation d'autorité pour l'approbation des achats.

* *Mesurez et gérez la performance.* Sans suivi de la performance des approvisionnements, il vous sera impossible de savoir si vous atteignez ou non les objectifs de vos stratégies par catégories. Pour l'application des contrats, par exemple, vous devez connaître le volume d'achats de tous les établissements (volumes achetés par fournisseurs et conditions appliquées). De plus, les contrats fournisseurs doivent prévoir des revues de performances conjointes explicites, basées sur des tableaux de bord fournisseurs standard. Ces tableaux de bord doivent contenir les principaux indicateurs de performance nécessaires pour atteindre les objectifs de TCO définis conjointement. En plus de ces revues, vous devez pouvoir partager ces indicateurs de performance pour qu'ils viennent en support de la gestion de performance au quotidien.

Pour que la supply chain fonctionne efficacement, veillez à intégrer le processus *approvisionner* avec les processus *planifier, livrer, fabriquer* et *gérer les retours,* au sein de l'entreprise et avec les fournisseurs. Les points d'intégration avec les fournisseurs sont multiples car le processus *approvisionner* de l'entreprise est intégré avec les processus *livrer* des fournisseurs dans de nombreuses activités (commandes, réception des produits et paiement). Créer avec les fournisseurs des flux d'information entrants et sortants parfaitement intégrés permet d'abaisser considérablement le TCO.

Figure 2.10 Indicateurs de performance optimale pour le processus *approvisionner*

Approvisionner		Avantage de l'entreprise la plus performante par rapport à la performance moyenne/médiane
Disponibilité des matières (augmentation non prévue de 20 %)	Industries à flux discret	6 fois plus rapide
	Industries à flux continu	18 fois plus rapide
Jours de stock de matière première	Industries à flux discret	1/5 du stock
	Industries à flux continu	1/4 du stock
Coûts d'acquisition des matières	Industries à flux discret	–50 %
	Industries à flux continu	–20 %

© 2004 – The Performance Measurement Group, LLC.

Pour que votre entreprise puisse atteindre ses objectifs, vous devez également intégrer l'approvisionnement avec d'autres grands processus. En l'intégrant par exemple avec les processus de développement des technologies, des produits et des services, vous êtes sûr que le fournisseur applique les pratiques de « conception pour la fabrication » (design for manufacturing) et de « conception pour la supply chain » (design for supply chain). Ces pratiques permettent d'améliorer la qualité, d'optimiser la production, les tests et le conditionnement et d'accélérer la commercialisation des nouveaux produits.

La Figure 2.10 présente les indicateurs de performance optimale du processus *approvisionner*.

Fabriquer

Le processus *fabriquer* de la supply chain transforme les ressources obtenues par approvisionnement en biens et services, suivant les spécifications définies et les réglementations éventuelles. Pour accroître la flexibilité, réduire les coûts ou optimiser l'utilisation des actifs, de plus en plus d'entreprises font appel à des prestataires extérieurs pour exécuter une partie ou la totalité des activités du processus *fabriquer* (production, tests, certifications et conditionnement). Ce réseau étendu doit dans ce cas utiliser les mêmes processus et objectifs de performance que l'entreprise.

Pour obtenir un processus *fabriquer* efficace, appliquez les quatre principes-clés suivants :

- *Concentrez-vous sur les priorités commerciales.* Toutes les décisions d'ordonnancement du processus *fabriquer* doivent tenir compte des priorités des clients et du marché. Les responsables de votre entreprise doivent communiquer ces priorités comme des règles définies de manière formelle. Quand les ressources et la capacité de production sont limitées, donnez la priorité aux clients les plus importants et aux produits les plus rentables.

- *Tenez compte de la vitesse et de la flexibilité et pas uniquement du coût.* Réduisez les temps de cycle et les niveaux de stock à l'aide de techniques de production telles que le « juste-à-temps ». Par exemple, lorsque les délais ou les coûts ne permettent pas de fabriquer des produits customisés, fabriquez des produits banalisés que vous ne personnalisez qu'à réception d'une commande client. La vitesse et la flexibilité requièrent quasiment une vision en temps réel. Pour ajuster rapidement la production, vous devez disposer d'informations exactes et à jour, notamment sur l'état des commandes, les produits fabriqués, les arrêts de lignes de production, la performance qualité et les niveaux de stock.

- *Définissez et veillez au respect des normes de qualité.* Relevez et examinez les informations concernant la qualité à toutes les étapes du processus de fabrication, en les comparant aux normes prédéfinies. Toutes les personnes participant aux activités de fabrication doivent avoir accès à des informations à jour sur la qualité. Ces informations sont ensuite analysées à l'aide d'une méthode structurée de type Six Sigma. Assurez la traçabilité produit aux niveaux lot et unitaire afin d'assurer un dépistage et une résolution rapide de tout problème de qualité.

- *Synchronisez toutes les activités de fabrication.* Communiquez aux fournisseurs des informations sur les calendriers de production, la consommation et les niveaux de stock, de sorte qu'ils puissent mieux surveiller et répondre à la demande. Définissez et mettez-

vous d'accord sur des règles concernant les réapprovisionnements. Pour que les calendriers de production soient à la fois fai-
sables et exacts, veillez à bien gérer les règles de production, les
informations et les données de performance. Pour ce faire, vous
devez définir des processus formels et des responsabilités, tant en
interne qu'avec les fournisseurs externes.

Pour que la supply chain fonctionne efficacement, le processus *fabriquer* doit lui aussi être intégré avec les processus *planifier, approvisionner, livrer* et *gérer les retours*. Par exemple, le processus *planifier* fournit
au processus *fabriquer* un plan de production indiquant la quantité de
produits à fabriquer. Le processus *approvisionner* fournit des informations sur le type de matériau que les fournisseurs vont livrer, la date des
livraisons et le stock disponible pour la production. Le processus *fabriquer* fournit au processus *approvisionner* des informations sur la consommation de matières, qui déterminent les quantités à commander
auprès des fournisseurs. Dans les entreprises qui satisfont les commandes à partir du plan de production, le processus *fabriquer* fournit au
processus *livrer* des informations sur la production qui permettront de
confirmer la date de livraison des commandes clients.

Veillez également à intégrer le processus *fabriquer* avec les autres processus de l'entreprise. En l'intégrant avec le développement des technologies, des produits et des services, par exemple, vous accélérez les mises
sur le marché (time-to-market) car les modifications d'ingénierie sont
plus rapidement prises en compte. En l'intégrant avec les processus du
marketing et des ventes, vous êtes sûr que la production sera ordonnan-
cée en fonction des priorités des clients, du marché et des produits.

La Figure 2.11 présente les indicateurs de performance optimale du
processus *fabriquer*.

Livrer

Le processus *livrer* commence au moment où l'entreprise reçoit une
commande client et il recouvre toutes les activités permettant d'exécuter
cette commande, de la préparation du devis à la réception du paiement.
Le processus *livrer* signale la commande aux processus *approvisionner* et
fabriquer, en vue de son exécution. Il garantit une communication claire

Figure 2.11 Indicateurs de performance optimale pour le processus *fabriquer*

Fabriquer		Avantage de l'entreprise la plus performante par rapport à la performance moyenne/médiane
Disponibilité de la main-d'œuvre de fabrication (augmentation non prévue de 20 %)	Industries à flux discret	4 fois plus rapide
	Industries à flux continu	3 fois plus rapide
Jours de stock d'encours	Industries à flux discret	36 fois moins de stock
	Industries à flux continu	14 fois moins de stock

© 2004 – The Performance Measurement Group, LLC.

des exigences du client. Ce processus inclut également toutes les activités d'entreposage, de transport et de distribution.

Pour obtenir un processus *livrer* efficace, appliquez les quatre principes-clés suivants :

● *Trouvez le bon équilibre entre le niveau de service et son coût.* Certains clients sont plus rentables – et plus importants – que d'autres : ce sont les clients auxquels vous devez apporter un soin tout particulier. Commencez par bien segmenter votre clientèle puis différenciez en conséquence vos processus *livrer*, règles de gestion et services associés. Vous pouvez par exemple proposer à vos clients les plus importants plusieurs possibilités de traitement de commande, en proposant aux autres une commande en libre-service ou d'autres moyens peu coûteux. Vous pouvez également donner la priorité à vos meilleurs clients en cas de rupture de stock.

● *Réduisez les coûts et les délais par des moyens de traitements simples et rapides.* Envoyez les données de commande à toutes les fonctions concernées : approbation des crédits, fabrication (pour la fabrication à la commande), entreposage, transport et facturation – ce qui permet d'exécuter les différentes activités simultanément et non plus de manière séquentielle et de simplifier et accélérer tous les aspects du processus *livrer*. Comme pour les flux d'information, définissez des flux physiques *livrer* avec des *traitements simples et rapides* afin de réduire les temps d'attente.

- *Mettez en place un suivi et une traçabilité transversale.* L'état de toutes les commandes et expéditions clients, depuis l'arrivée de la commande jusqu'à son paiement, doit être visible d'un bout à l'autre du processus *livrer*. Les clients doivent par exemple avoir la possibilité de savoir où en sont leurs commandes, tandis que les responsables de comptes doivent avoir accès à toutes les informations concernant les commandes de chacun des comptes dont ils sont chargés. De plus, la gestion des risques de supply chain tels que le terrorisme, la contrefaçon, le vol ou la dégradation doit permettre de sceller et de suivre les expéditions du point de production au point de livraison.

- *Gérez les données pour garantir des livraisons exactes et en temps voulu.* La performance de livraison dépend de la qualité de la gestion des données. La création et la gestion des commandes clients requièrent toute une panoplie d'informations comprenant notamment les caractéristiques des produits, les configurations techniques, les tarifs et les coordonnées du client. Pour éviter toute erreur, ces informations doivent être maintenues à jour, sans quoi les commandes et les factures seront rejetées et devront être retraitées, ce qui représente pertes de temps et coûts supplémentaires, en bloquant des liquidités dans la supply chain. Dans beaucoup d'entreprises, la création et la gestion des données est un challenge qui concerne de nombreux départements. Et le défi est encore plus difficile à relever lorsqu'il dépasse le cadre de l'entreprise et fait appel à des données fournies par les clients, les fournisseurs ou les partenaires – qui utilisent souvent des structures, des définitions et des répertoires différents.

Il vous sera impossible de suivre tous ces principes sans intégrer le processus *livrer* avec les autres grands processus de l'entreprise. Pour la gestion des données, par exemple, vous avez besoin d'informations produits émanant des processus de développement des technologies, des produits et des services. Si vous adaptez des processus de supply chain dans le cadre de la collaboration avec un client, vous devrez également ajuster les processus marketing et ventes pour que les contrats clients prennent systématiquement en compte les aspects logistiques. De plus, les processus marketing et ventes doivent apporter au processus *livrer* des informations sur les tarifs, les conditions consenties à un client spécifique ainsi que des directives claires sur les priorités requises pour équilibrer le service et le coût du service.

Pour livrer vos clients dans les conditions promises, vous devez également intégrer le processus *livrer* avec les autres processus de supply chain. S'agissant de la planification des ressources et des revenus, le processus *planifier* dépend du processus *livrer* pour toutes les informations concernant la demande (reliquats de commandes et expéditions aux clients). En outre, la création de modèles collaboratifs et de processus *livrer* sur mesure peut avoir des répercussions importantes sur les processus *planifier, approvisionner* et *fabriquer.* Par exemple, les processus *fabriquer* et *planifier* fournissent au processus *livrer* toutes les informations concernant le stock et l'ordonnancement de la production qui sont nécessaires pour livrer le client à la date promise. Le type d'informations nécessaires et la fréquence des transactions varient considérablement suivant le modèle collaboratif choisi.

La Figure 2.12 présente les indicateurs de performance optimale du processus *livrer.*

Figure 2.12 Indicateurs de performance optimale pour le processus *livrer*

Livrer		Avantage de l'entreprise la plus performante par rapport à la performance moyenne
Temps d'exécution des commandes pour les produits fabriqués sur stock	Industries à flux discret	4 fois plus rapide
	Industries à flux continu	4 fois plus rapide
Coûts de gestion des commandes	Industries à flux discret	−42 %
	Industries à flux continu	−31 %
Jours de créances clients	Industries à flux discret	43 % de jours en moins
	Industries à flux continu	36 % de jours en moins

© 2004 – The Performance Measurement Group, LLC.

Gérer les retours

Le processus *gérer les retours* garantit que les produits vendus sont gérés, collectés et traités conformément aux politiques de l'entreprise et aux accords avec le client. Ce processus couvre toutes les activités allant de l'autorisation de retour au règlement financier. Les principaux événements déclenchant un processus *gérer les retours* varient selon les marchés mais il s'agit généralement de retours de produits défectueux, erronés ou non satisfaisants, de retours pour maintenance, réparation et remise à neuf (MRO – Maintenance, Repair and Overhaul) dans le cadre d'accords de service, de retours d'invendus au fabricant ou de retours pour recyclage, remises en état ou réutilisation. Différentes activités peuvent être associées à chaque « type » de retour.

La gestion des retours constitue un processus de supply chain *inversée* qui présente des exigences et des caractéristiques différentes des autres processus de la supply chain. Le processus *gérer les retours* inclut par exemple la saisie de données au niveau de l'article retourné, le suivi du produit jusqu'à son traitement final et la gestion des garanties pendant tout le cycle de vie du produit. Il peut également nécessiter la saisie de données d'analyses diverses portant notamment sur les causes de retours, les établissements d'origine, les coûts et les crédits.

Le réseau physique des *retours* présente également des difficultés spécifiques. En règle générale, les retours concernent de petites quantités de nombreux produits différents et leur fréquence est très irrégulière. Les entreprises doivent donc trouver un moyen de collecter, trier et distribuer ces divers articles de manière aussi efficace et économique que possible. La solution la plus économique consiste souvent à centraliser les retours à un endroit donné, afin de cumuler les volumes.

Pour obtenir un processus *gérer les retours* efficace, appliquez les quatre principes-clés suivants :

- *Créez une supply chain distincte pour les retours.* Ceci afin de déterminer quand un produit peut être retourné, comment il est traité (échange, réparation, destruction, recyclage, marché tiers, etc.), et comment gérer les crédits clients ou fournisseurs et d'autres transactions financières. La gestion des retours exige sa propre supply chain, avec ses propres processus transversaux, systèmes d'information, indicateurs de performance et respon-sabilités organisationnelles.

- *Communiquez rapidement les informations concernant les retours.* Vous devez rapidement transmettre les informations sur les retours car elles permettent de décider du traitement des produits retournés et des actions préventives à mettre en œuvre. Elles per-mettent par exemple au département des approvisionnements de négocier en conséquence avec les fournisseurs. Les départements de fabrication, de conception et de logistique peuvent également les mettre à profit pour prendre des mesures correctives dans leurs domaines respectifs. Le responsable des retours utilise les données sur les coûts, les crédits et les revenus pour gérer les acti-vités de supply chain inversée.

- *Déterminez les politiques de retours en fonction du coût total des retours.* Définissez une politique de retours explicite pour chaque article vendu, qu'il soit fabriqué en interne ou acheté pour être revendu. Examinez s'il est intéressant de faire appel à un spécia-liste extérieur en fonction des types de retours, de leur coût total (évaluation, enlèvement, tri et traitement final) et de la capacité de votre entreprise à les gérer.

- *Saisissez les opportunités de revenus associés.* Définissez les politi-ques et processus *gérer les retours* de votre entreprise en essayant de générer de nouvelles sources de revenus. Repérez plusieurs méthodes de traitement rémunératrices, telles que la revente, le retour au fournisseur pour avoir, le recyclage, les enchères, etc. S'agissant des articles achetés à des fournisseurs, les politiques de traitement doivent prévoir des règles prédéfinies avec ces fournisseurs.

Pour être efficace, le processus *gérer les retours* doit être intégré avec les autres processus de la supply chain. En l'intégrant par exemple avec le processus *planifier*, vous êtes sûr que les ressources nécessaires à la gestion des retours sont disponibles. Intégré avec les processus *approvi-sionner* et *fabriquer*, le processus *gérer les retours* leur fournit des infor-mations sur les défauts et anomalies des produits qui permettront de renforcer la qualité des achats et de la fabrication. Le processus *gérer les retours* fournit également au processus *livrer* des informations sur les

© Éditions d'Organisation

produits à enlever chez les clients et à introduire dans la supply chain inversée. En ce qui concerne les articles retournés pour maintenance, réparation et remise à neuf (MRO – Maintenance, Repair and Overhaul), le processus *gérer les retours* fournit des informations aux processus *approvisionner, fabriquer* et *livrer* pour traiter les retours conformément aux accords signés avec les clients.

Le processus *gérer les retours* doit également être intégré avec les autres grands processus de l'entreprise. S'il est par exemple intégré avec le processus de développement de technologies, produits et services, les informations concernant les défauts du produit ou des fonctions mal comprises permettent d'améliorer les produits existants et d'en développer de nouveaux plus performants. Quant à son intégration avec le processus marketing et ventes, elle garantit que les politiques de retours sont conformes aux termes et conditions des contrats clients.

La Figure 2.13 présente les indicateurs de performance optimale du processus *gérer les retours*.

Figure 2.13 Indicateurs de performance optimale pour le processus *gérer les retours*

Gérer les retours		Avantage de l'entreprise la plus performante par rapport à la performance moyenne/médiane
Délais de retours	Industries à flux discret	79 % plus rapide
	Industries à flux continu	60 % plus rapide
Coûts des retours	Industries à flux discret	–71 %
	Industries à flux continu	–75 %

L'architecture de processus de demain

La supply chain doit s'adapter à l'évolution du marché et de la concurrence. Les architectures de processus de supply chain actuelles sont souvent incomplètes et définies dans des termes qui, pour beaucoup, restent incompris. Il est par conséquent très difficile d'évaluer l'impact

© Éditions d'Organisation

global des nouvelles stratégies sur les activités existantes. Le déploiement des nouvelles stratégies s'en trouve pénalisé et l'avantage concurrentiel potentiel est perdu.

L'architecture de processus de prochaine génération permettra aux entreprises de traduire rapidement les nouvelles stratégies en nouvelles supply chains. Ces architectures s'intégreront de manière transparente avec les processus et les systèmes d'information. Elles incluront également les indicateurs de performance nécessaires pour garantir la création de valeur et une gestion permanente.

En plus d'offrir une vue unifiée de la supply chain interne, l'architecture de processus de prochaine génération définira les points d'intégration avec les fournisseurs, les clients et les partenaires. La Figure 2.14 présente les nouvelles pratiques que feront apparaître ces changements.

> *L'architecture de processus de prochaine génération permettra aux entreprises de traduire rapidement les nouvelles stratégies en nouvelles supply chains.*

Figure 2.14 Pratiques de prochaine génération

Thème	Pratiques actuelles	Pratiques futures
Contenu de l'architecture de processus	Les processus détaillés (planifier, approvisionner, fabriquer, livrer et gérer les retours) sont décrits, mais l'intégration entre processus et entre processus et applications n'est pas définie ou est incomplète	L'architecture de processus intègre la totalité des activités (planifier, approvisionner, fabriquer, livrer et gérer les retours), données, indicateurs et applications concernant la supply chain
Aide à la décision	Les sous-processus de l'architecture sont axés sur l'exécution, avec une intégration limitée des données d'analyse (surveillance de la performance, reporting, résolution)	Les processus permettent d'avoir une vue sur une série d'événements prédéfinis et sur la performance réelle par rapport aux plans, à l'aide d'indicateurs standard. L'objectif est de supporter une gestion proactive, étendue si nécessaire aux fournisseurs, clients et partenaires
Automatisation des processus	Interventions manuelles pour gérer les exceptions, y compris les plus courantes (retards de livraison du fournisseur, ruptures de stock, etc.). L'identification et le traitement de chaque exception demandant plusieurs jours ou semaines	Pour une série d'événements critiques prédéfinis, des règles de décisions et outils automatiques proposent des solutions qui sont soumises en temps réel à l'approbation des responsables
Périmètre propre à l'entreprise	Le contenu de l'architecture de processus (activités, données, indicateurs et applications) peut varier d'un pays à l'autre, selon l'historique de l'entreprise ou le périmètre de contrôle de chaque organisation	Ce contenu (activités, données, indicateurs et applications) est standardisé afin de venir en support d'équipes virtuelles réparties sur plusieurs sites, et de permettre le partage et le transfert d'activité entre les différents sites

Périmètre interentreprises	L'accent est mis sur l'organisation : la structure d'architecture de processus, le vocabulaire et le contenu des processus sont propres à chaque organisation	L'architecture de processus intègre des standards tels que le modèle SCOR® (Supply-Chain Operations Reference-model®) et impose l'utilisation de processus, données et indicateurs communs avec les fournisseurs, clients et partenaires. Des standards appuient la gestion des engagements financiers des ressources critiques (stocks, capacités, etc.) et des événements dans la supply chain étendue
Gestion de l'architecture de processus de supply chain	Le développement et la maintenance de l'architecture de processus sont confiés à la direction des systèmes informatiques ; ils sont considérés comme des « problèmes informatiques »	L'architecture de processus est considérée comme un actif et est cogérée par les dirigeants de l'entreprise (responsables pertes et profits) et la DSI, afin de trouver l'équilibre entre les besoins de chaque activité et l'avantage que représente l'utilisation de processus communs et de standards informatiques

AVON

Étude de cas Avon

La supply chain comme moteur de croissance à moindre coût

Que faire quand votre supply chain vous empêche de profiter pleinement d'une gigantesque opportunité de croissance ? Dans le cas d'Avon, la réponse a été une transformation radicale – un projet à haut risque, sans garantie de résultat au départ.

Numéro un mondial des produits de beauté en vente directe, Avon réalise un chiffre d'affaires annuel de 6,2 milliards de dollars. Outre ses parfums et ses produits cosmétiques, l'entreprise propose un grand choix d'articles cadeaux (bijoux, lingerie et accessoires de mode). Avon est présent dans 145 pays et vend ses produits par l'intermédiaire de 3,9 millions d'ambassadrices indépendantes, qui bénéficient ainsi d'une source de revenus. Dans la région EMEA (Europe, Middle East and Africa), l'entreprise est présente dans 32 pays, elle compte 1 million d'ambassadrices et génère plus de 1,2 milliard de dollars de chiffre d'affaires.

Concentrant la majorité de ses efforts sur le marketing et les ventes, Avon a longtemps négligé sa supply chain, sans jamais la considérer comme un atout stratégique. Mais son organisation de supply chain en Europe a failli être submergée par la très forte croissance de l'activité dans cette région.

Dans les années 1980, Avon Europe n'avait des filiales que dans six pays différents et chacune disposait de sa propre usine et de ses propres entrepôts pour alimenter son marché local. Toutes ces filiales fonctionnaient de manière indépendante, avec des systèmes d'information séparés, sans aucune planification globale et aucune mutualisation au niveau de la fabrication, du marketing ou de la distribution. À petite échelle, tout fonctionnait relativement bien et chaque division arrivait à répondre rapidement aux besoins locaux. Au début des années 1990, l'entreprise commença à mondialiser ses principales marques et entama un vaste programme de modernisation de son image. La stratégie consistait à viser un public plus large et plus jeune en s'appuyant sur le lancement de nouveaux produits, de nouveaux conditionnements et des campagnes publicitaires.

Avon avait pour ambition de doubler ses ventes en Europe : de 500 millions de dollars en 1996 à un milliard de dollars en 2001 – une croissance en grande partie alimentée par une percée importante dans les pays d'Europe centrale et de l'Est. Mais l'entreprise se rendit compte que dupliquer son modèle de supply chain existant sur chacun des nouveaux marchés serait trop lourd et trop coûteux. Conclusion : Avon ne pourrait atteindre ses objectifs de croissance ambitieux sans transformation radicale de sa supply chain. Bob Toth, directeur général, explique : « Il y a dix ans, nous fonctionnions par pays, avec un modèle très décentralisé. De nos jours, vous ne pouvez plus faire face à la concurrence avec ce type de modèle, surtout si vous vendez des produits de grande consommation qui évoluent très vite. »

Une activité croissante... et des problèmes croissants

Le premier problème provenait du manque de synchronisation entre le cycle de vente et le cycle de supply chain de l'entreprise. Dans la plupart des pays européens, Avon lance une nouvelle campagne de vente toutes les trois semaines (nouvelle brochure, nouvelles offres de produits et promotions). Ce cycle de vente très court constitue l'une des pierres angulaires de son modèle de vente directe. En effet, la sortie de nouveaux produits et les promotions permettent aux ambassadrices d'appeler plus souvent leurs clientes, ce qui renforce leurs relations et génère plus de ventes.

> Dans la plupart des pays européens, Avon lance une nouvelle campagne de vente toutes les trois semaines.

Un cycle de vente aussi court exige une supply chain flexible et réactive. À cet égard, la supply chain d'Avon n'était pas à la hauteur et ce phénomène se trouvait amplifié par l'accroissement de l'activité en Europe. Les usines fabriquaient tout sur prévisions et expédiaient toutes les trois semaines les produits correspondants aux entrepôts du pays avant chaque début de campagne. Immanquablement, certains produits avaient plus de succès que prévu, ce qui obligeait les filiales à commander en urgence des quantités supplémentaires. Or, il fallait en moyenne douze semaines pour qu'un produit passe à travers toutes les étapes de la supply chain d'Avon (approvisionnement, fabrication, livraison aux filiales) : délai beaucoup trop long pour un cycle de vente aussi court.

Ce problème de délai conduisait à improviser des solutions d'urgence et nuisait à l'efficacité des campagnes de vente. Avon comptait sur les exploits de ses employés pour continuer à satisfaire leurs clientes, quel qu'en soit le coût. La situation fut supportable aussi longtemps qu'Avon Europe resta une petite entreprise. Mais, au fur et à mesure du développement de l'activité, il devint de plus en plus difficile de répondre aux besoins des différents marchés et d'anticiper avec exactitude la demande pour chaque produit, d'autant plus qu'Avon entrait sur deux ou trois nouveaux marchés par an.

Les commandes passées en urgence nuisaient également à l'efficacité de la fabrication. Étant donné que 40 % à 50 % des articles proposés dans une campagne dépassaient les prévisions de vente, les usines devaient constamment bouleverser leurs plans de production pour tenir compte de ces changements. Ceux-ci coûtaient cher, d'autant plus que ces usines étaient conçues pour fabriquer de grandes séries.

Les invendus étaient aussi une source de coût pour Avon. À chaque cycle de vente, il se trouve toujours des produits qui se vendent moins bien que les autres. En conséquence, le stock d'invendus augmentait à chaque campagne. Il pouvait atteindre jusqu'à l'équivalent de 150 jours de ventes – niveau considérable par rapport à un cycle de vente de seulement trois semaines. Donc, plus le volume d'activité se développait, plus le capital immobilisé en stock augmentait.

Le développement de l'activité se heurtait également au problème des différences linguistiques en Europe. Pour le conditionnement, Avon achetait des produits préimprimés à ses fournisseurs. Or, pour les nouveaux marchés, il fallait prévoir des langues supplémentaires et multiplier les versions. La fabrication sur prévisions et les délais de livraison des fournisseurs obligeaient Avon à commander toute une série de conditionnements préimprimés bien avant de connaître les volumes de ventes sur chaque marché. Tout cela devenait de plus en plus compliqué et engendrait énormément de gaspillage. Régulièrement, Avon ne pouvait satisfaire la demande dans un pays donné par manque de flacons ou autres unités de conditionnement imprimés dans la langue voulue.

La résolution de ces problèmes et la transformation de la supply chain représentaient un travail titanesque, exigeant le soutien et un fort engagement financier de la direction générale.

Justification économique et démarrage du projet

Une analyse longue et détaillée fut nécessaire pour prouver que la supply chain d'Avon ne pourrait pas absorber la hausse d'activité prévue. Malgré cela, il fallut près de dix-huit mois pour préparer un « business case » et obtenir de la direction générale qu'elle accepte les profonds changements nécessaires. Les partisans du projet eurent notamment beaucoup de mal à convaincre le reste de l'organisation de l'intérêt d'investir de l'argent qui ne dégagerait pas un rendement positif avant plusieurs années, avec en plus une perte nette annoncée sur les deux premières… « La notion de retour sur investissement tardif était difficile à faire accepter, d'autant plus qu'Avon n'avait jamais investi beaucoup dans sa supply chain et exigeait des résultats rapides, explique Michael Watson, directeur de la transformation de la supply chain d'Avon. Il a été très difficile de mettre la mécanique en marche. »

Mais, lorsque le projet put démarrer, la direction y avait complètement adhéré et avait accepté d'y allouer un niveau de ressources exceptionnel. Remarque de Michael Watson : « Nous avons choisi quarante-cinq de nos employés européens les plus performants pour les affecter au projet à temps plein pendant dix-huit mois. » Du point de vue de l'entreprise, cette opération était extrêmement coûteuse, risquée et douloureuse, mais, sans elle, le projet ne pouvait aboutir. « Si nous avions essayé de le faire dans un coin, avec une équipe de projet plus modeste, cela n'aurait jamais fonctionné – et nous n'aurions jamais obtenu les résultats que nous obtenons aujourd'hui. »

Repenser la supply chain

Avon créa tout d'abord une fonction de planification centralisée, ce qui était une priorité. John Kitchener, responsable de la supply chain en Europe, explique : « Il était impossible d'atteindre nos objectifs de croissance sans mettre en place un groupe de planification centralisée capable d'avoir une visibilité globale sur la demande et les niveaux de stock de toute la région et de réagir très, très vite. »

Avon dut en premier lieu créer une base de données commune. L'équipe mit des mois à mettre en place des codes, des descriptions et d'autres informations produits standardisés pour que tous les pays utilisent le même langage. La base de données d'Avon donnait des indications sur les tendances des ventes et les niveaux de stock, offrant ainsi aux responsables une visibilité totale sur l'activité de la région

> Avon mit en place un département de planification au niveau européen, habilité à prendre des décisions sur les niveaux de service, le stock et les coûts.

tant au niveau de la demande que des approvisionnements. L'entreprise déploya également la solution d'ordonnancement et de planification de

Manugistics afin de permettre une planification intégrée et une coordination pour toute la région.

Afin de profiter des nouveaux moyens mis en place et gérer la complexité croissante de l'activité, Avon donna au département de planification le droit de prendre des décisions sur les niveaux de service, le stock et les coûts, à partir d'une vue panoramique de l'ensemble de la supply chain. Les autres décisions concernant l'organisation, les rôles et les responsabilités furent gelées.

> Avon créa une unité de stockage et de distribution centralisée en Pologne, à proximité de son usine de production, afin de servir au mieux le marché européen.

L'étape suivante consistait à repenser toute la supply chain pour qu'elle soit rationnelle au niveau opérationnel. À l'aide du modèle SCOR®, l'équipe détermina les principaux changements à apporter aux processus *planifier*, *approvisionner*, *fabriquer* et *livrer* (c'est-à-dire les processus de supply chain contribuant le plus à l'activité d'Avon). Avon conserva son usine de production en Allemagne mais consolida l'activité des autres unités de production dans son usine de Pologne. Ce regroupement présentait deux avantages : premièrement, cela plaçait la capacité de production au cœur même de ses marchés émergents ; deuxièmement, cela permettait des économies considérables, principalement grâce à une main-d'œuvre moins chère. Avon créa par ailleurs une unité de stockage et de distribution centralisée en Pologne, à proximité de son unité de production, afin de servir au mieux le marché européen.

Cette visibilité transversale, associée à la rationalisation de sa supply chain, permit à Avon d'apporter d'autres changements radicaux à son activité.

Visibilité transversale

Dès lors qu'Avon était capable d'avoir une vue d'ensemble de sa supply chain, il apparut que les décisions qui ne semblaient pas avoir de sens du point de vue purement fonctionnel présentaient en fait des avantages significatifs – et souvent inattendus. Par exemple, l'entreprise avait déjà envisagé d'étiqueter elle-même ses flacons au lieu de les faire préimprimer par les fournisseurs. Cette stratégie de différenciation retardée permettait de décider plus tardivement quelle langue imprimer et, par conséquent, d'attendre que les tendances de ventes se dessinent plus clairement. Pendant des années, le marketing avait rejeté cette idée, convaincu que cela nuirait à l'aspect des produits. Même chose pour la fabrication, qui ne tenait pas à ajouter un nouveau coût à ses frais généraux puisque cette fonction était considérée comme un centre de coûts. D'un point de vue purement financier, la différenciation retardée ne semblait pas se justifier. D'autre part, les équipements et la main-d'œuvre nécessaires pour fabriquer les étiquettes et les coller sur les flacons réduisaient le montant des économies générées. « Tous les comptables nous disaient que ce n'était pas une bonne idée », se souvient Michael Watson.

Ce n'est qu'en prenant du recul et en considérant sa supply chain comme un processus transversal qu'Avon découvrit les réels avantages de la stratégie de différenciation retardée. Du point de vue des approvisionnements, il suffisait d'acheter un seul flacon de shampoing ou de lotion et non plus cinq ou six versions différentes en fonction de la langue. Les usines de fabrication pouvaient produire des quantités plus importantes, sans avoir à changer constamment de type de flacons. Résultat : une réactivité accrue des filiales, qui contribuait considérablement à l'amélioration du service aux clients. Avec cette organisation, lorsqu'un marché se trouve en rupture de stock pour un produit donné, l'entrepôt peut rapidement réagir en étiquetant les flacons avec la langue concernée et les expédier immédiatement.

La stratégie de différenciation retardée a permis de réduire les coûts, de renforcer l'efficacité et d'améliorer le service tout au long de la supply chain. Pourtant, jusqu'à ce que l'entreprise analyse les concessions respectives en termes de coûts, de flexibilité et de temps de cycle sur l'ensemble de la supply chain, les avantages liés n'apparaissaient pas de façon évidente et l'idée avait été rejetée.

Cette stratégie de différenciation retardée a été étroitement liée à la nouvelle stratégie de stocks centralisés. John Kitchener explique : « La stratégie de différenciation retardée fonctionne bien mais seulement avec un centre de distribution permettant de mettre rapidement les produits sur le marché. » Les deux usines de fabrication Avon approvisionnent l'entrepôt centralisé polonais, qui étiquette les produits et consolide les chargements qui sont distribués aux différentes filiales. Auparavant, Avon envoyait les produits aux entrepôts des différents pays avant de savoir quelle serait réellement la demande. Aujourd'hui, les produits restent à l'entrepôt central et sont distribués sur les différents marchés une fois que les tendances sur les ventes sont clairement établies.

Avon s'efforce également de standardiser ses conditionnements afin de réduire ses coûts et d'accroître son efficacité. Autrefois convaincue que chaque produit devait avoir un flacon et une forme propres, l'entreprise se rend compte aujourd'hui que les bouchons, la couleur et les étiquettes permettent eux aussi de différencier les produits. Elle a donc considérablement réduit le nombre de styles et de tailles de flacons qu'elle utilise et bénéficie ainsi de nombreux avantages. La fabrication est beaucoup plus flexible : elle peut passer quasiment instantanément d'un produit à l'autre. Les fournisseurs peuvent passer les contenants d'Avon plus rapidement sur leurs chaînes de production. La standardisation réduit les coûts des produits. Quant aux économies réalisées, elles ont été réinvesties dans des formulations produits améliorées, des conditionnements innovants et différentes activités marketing.

> *Avon s'efforce également de standardiser ses conditionnements afin de réduire ses coûts et d'accroître son efficacité.*

Pendant des années, Avon a été incapable de justifier le coût de tels changements. Aujourd'hui, grâce à une vision transversale et des arbitrages entre les différentes actions, l'entreprise peut mesurer tout l'impact des différents leviers qu'elle actionne et prendre des décisions qui améliorent la supply chain dans son ensemble.

© Éditions d'Organisation

Collaborer avec les fournisseurs

Cette vision transversale a également transformé la collaboration avec les fournisseurs. Auparavant, Avon choisissait les matières les moins chères et achetait en grande quantité pour maintenir les coûts au plus bas. Mais l'entreprise a compris que meilleur prix ne rimait pas nécessairement avec meilleur coût. L'entreprise avait par exemple trouvé un fournisseur de flacons en verre très bon marché au Mexique mais les délais de livraison du Mexique en Europe étaient très longs (de huit à douze semaines par bateau). Lorsque Avon avait besoin de flacons en urgence, ces derniers étaient expédiés par avion, ce qui coûtait évidemment très cher. Ainsi, même si les flacons étaient bon marché, les coûts occasionnés par le manque de flexibilité et les expéditions par avion dépassaient rapidement le montant des économies réalisées.

Ce type d'expérience poussa Avon à transformer totalement sa stratégie d'approvisionnement. L'entreprise réduisit de moitié son panel fournisseurs, en appliquant la notion de partenariat et en s'efforçant d'abaisser le coût total de possession et non plus le prix d'achat. Aujourd'hui, Avon achète la majorité de son stock à des fournisseurs installés à proximité de ses usines, en Pologne ou en Allemagne. Bien que le prix unitaire soit parfois légèrement supérieur, la gestion d'un plus petit nombre de fournisseurs plus flexibles et plus réactifs permet d'abaisser le coût total.

La réduction du nombre de fournisseurs a généré d'autres avantages. Explication de Michael Watson : « Étant donné que nous avons des relations de plus long terme, nous pouvons investir ensemble dans de nouvelles méthodes de travail plus efficaces. » Avon a par exemple travaillé avec ses fournisseurs et un studio de création londonien pour créer un meilleur design produit. Lors de la standardisation des flacons de ses différents produits, l'entreprise a demandé à ses fournisseurs de l'aider à concevoir de nouveaux flacons plus économiques. Les fournisseurs ont pu ainsi expliquer pourquoi certaines approches coûtaient plus cher : comment un flacon plus léger permet d'économiser de la matière première, par exemple, ou pourquoi certaines formes de flacons peuvent être traitées deux fois plus vite par les chaînes de fabrication.

Avon a également consulté ses fournisseurs pour cartographier l'ensemble du processus de fabrication, afin d'étudier où il serait

> Avon a dû modifier ses propres méthodes de travail pour que les fournisseurs puissent fabriquer ses produits de manière plus économique.

possible d'économiser du temps et de l'argent. Dans beaucoup de cas, Avon a dû modifier ses propres méthodes de travail pour que les fournisseurs puissent fabriquer ses produits de manière plus économique. L'entreprise a notamment changé la fréquence et la taille de ses commandes afin de permettre aux fournisseurs de réduire les coûts de préparation associés à leur fabrication.

Dans certains cas, Avon n'envoie même plus de commande : les fournisseurs peuvent accéder aux plans de production *via* un système Web s'appuyant sur le site avon.com. Il leur suffit alors de livrer en conséquence.

La dynamique de succès : conception collaborative

Avon prévoit d'étendre le concept de collaboration à toute son organisation de supply chain. L'entreprise a récemment organisé un atelier de conception collaborative réunissant des fournisseurs, un studio de création, ainsi que des représentants du marketing et de la supply chain, soit quarante personnes rassemblées pour concevoir un produit. En trois jours, l'équipe a créé un nouveau concept étonnant du point de vue design et marketing mais aussi très économique sur les aspects supply chain. L'un des points essentiels de ce nouveau processus consistait à tenir compte et à intégrer les informations et remarques de chacun.

Par exemple, un camion peut contenir un certain nombre de palettes, mais en choisissant la bonne boîte et la bonne forme de flacons, il est possible d'optimiser le nombre de flacons dans chaque boîte et le nombre de boîtes sur chaque palette.

En augmentant de 20 % le nombre de boîtes chargées dans chaque camion, Avon pouvait réduire ses coûts de transport annuels de plusieurs centaines de milliers de dollars. Mais ce type d'information n'était connu que du responsable logistique qui auparavant n'était jamais consulté sur les questions de design des produits. Au contraire, les coûts du produit étaient figés bien en amont par les décisions d'une personne isolée dans son studio de création. Michael Watson commente la nouvelle approche de conception collaborative : « Cela ne concerne pas un domaine particulier de la supply chain. Nous voulons être sûrs de créer des produits en tenant compte des contraintes de chacun. »

Cet atelier de travail a représenté un investissement considérable en temps et en personnes, mais Avon espère économiser plusieurs millions de dollars au cours des prochaines années en concevant soigneusement ses produits, et cinquante millions de dollars supplémentaires en appliquant cette stratégie en continu.

Réorganisation et gestion du changement

Après avoir redéfini ses processus de supply chain, Avon s'est intéressé à sa nouvelle organisation, qui a été restructurée autour des quatre grands processus *planifier*, *approvisionner*, *fabriquer* et *livrer*. Aujourd'hui, au lieu de superviser de nombreuses personnes dispersées dans différentes fonctions et différents pays, John Kitchener n'a sous sa responsabilité directe que les responsables de quatre grands processus. « Nous avons désormais quatre méga-processus gérés par quatre personnes au niveau européen, explique-t-il. En tant que superviseur, je peux vous dire que le nouveau modèle est beaucoup plus simple à gérer que l'ancien. »

L'une des tâches les plus difficiles a été de faire fonctionner correctement et quotidiennement le concept d'une organisation au niveau européen, collaborative et guidée par les processus. Les responsables marchés n'ont plus les mêmes rôles, ni les mêmes responsabilités. Auparavant ils géraient le stock de leurs propres marchés, mais les produits étant désormais étiquetés juste avant leur expédition, ces stocks n'ont plus de raison d'être. Avon les conserve en amont dans la supply chain afin de les affecter plus efficacement, là où la demande est la plus importante. Par conséquent, l'indicateur de jours de stock, dont les directeurs étaient autrefois responsables, appartient aujourd'hui à l'organisation de la supply chain, au même titre que d'autres activités de supply chain quotidiennes. Dans la nouvelle organisation, les responsables marchés sont principalement responsables des ventes. Cette transformation, à laquelle s'ajoutait la nécessité de travailler de manière transversale et collaborative, a été très difficile à mettre en place en raison des importants changements de comportement qu'elle impliquait. Bob Toth remarque : « C'est un changement culturel. Une véritable révolution ! »

Avon a beaucoup travaillé pour définir les responsabilités principales, les responsabilités partagées et les indicateurs qui les accompagnent. L'équipe chargée de la transformation s'est rendu compte que les indicateurs nécessaires à une organisation européenne basée sur les processus n'étaient pas du tout les mêmes que ceux nécessaires dans une organisation par pays et de type fonctionnelle. Il était essentiel de déterminer rapidement des indicateurs et de les mesurer souvent. Cela a aidé chacun à se concentrer sur ce qui était important. Il fallait aussi des indicateurs tangibles, tels que le bénéfice d'exploitation, l'amélioration du service et les niveaux de stock – des indicateurs qui rejoignaient la justification économique de départ et permettaient aux gens de se mesurer.

Beaucoup des précédents indicateurs s'appuyaient sur des données historiques. Les jours de stock, par exemple, sont un bon indicateur mensuel mais ils n'apportent rien pour gérer les activités quotidiennes. Avon a donc développé des indicateurs davantage opérationnels et sur lesquels l'entreprise peut avoir une influence à court terme. L'entreprise a notamment détaillé les principaux éléments affectant le niveau de stock. L'un d'entre eux concernait les délais de livraison fournisseurs : Avon a réduit ces délais en donnant accès à ses plans de production à certains fournisseurs, les rendant responsables de la livraison des matières en temps voulu.

Bob Toth déclare : « Une fois que vous avez modifié les rôles et les responsabilités et défini clairement les indicateurs de performance clés de chacun aux niveaux régional et national, les choses commencent à se mettre en place. »

La formation représentait une autre partie importante de la transformation de la supply chain. Avon comprit rapidement qu'il lui fallait renforcer les compétences de son personnel. L'entreprise analysa tous les postes critiques pour la nouvelle supply chain, ainsi que les compétences requises pour chacun d'entre eux. Elle fit ensuite appel à Cranfield University, une grande école anglaise parmi les plus réputées en Europe dans le domaine de la supply chain. Soixante-quinze personnes-clés de l'organisation supply chain d'Avon suivirent le programme. Les membres de la direction générale qui n'étaient pas directement impliqués dans le projet de transformation se virent proposer une version allégée. Pour introduire un nouveau mode de pensée, le programme prévoyait l'intervention de responsables de la supply chain provenant d'autres grandes entreprises. Avon prévoit de renouveler l'opération chaque année pour d'autres groupes, pour que tous les membres de l'organisation sachent ce qu'est une supply chain de premier plan.

Les responsables de la transformation d'Avon sont unanimes : la communication est peut-être le facteur de réussite le plus important et celui qui est souvent le plus sous-estimé. Tout le monde au sein de l'organisation doit comprendre le changement et pourquoi il est nécessaire, ainsi que son rôle dans la nouvelle structure. Même dans les projets les mieux préparés, on ne change pas du jour au lendemain une culture et des habitudes solidement ancrées. « Les livres expliquent tous combien il est difficile de gérer le changement, mais, dans la réalité, c'est encore plus difficile », remarque Michael Watson.

Avon était très clair : la transformation de sa supply chain serait guidée par les processus et non par les systèmes. Au lieu de revoir ses systèmes informatiques, l'entreprise a d'abord mis en place de nouveaux processus. L'équipe de direction jugeait en effet qu'il lui serait impossible de gérer en même temps la transformation des processus et celle des systèmes. Ainsi, à part la création d'une base de données centrale et d'un système Web pour les fournisseurs, la mise à niveau de l'informatique a été mise de côté, même si le modèle d'entreprises indépendantes dans chaque pays avait généré de multiples systèmes disparates sans aucune intégration.

Mais ce manque d'intégration informatique commence aujourd'hui à poser problème. Compte tenu de la complexité grandissante de l'activité et du besoin de travailler et de réagir toujours plus vite, l'absence de systèmes d'information adaptés se fait cruellement sentir. Conscient du problème, Avon commence à créer une nouvelle plate-forme mondiale qui remplacera les systèmes actuels et soutiendra les nouveaux processus.

Parallèlement, l'entreprise récolte aujourd'hui les fruits de ses efforts de transformation. En repensant sa supply chain, en renforçant son efficacité et en réduisant ses coûts, Avon économisera près de 50 millions de dollars par an (soit deux points supplémentaires de marge brute). Près de la moitié de ces gains sont directement liés à sa nouvelle approche en matière de relations fournisseurs : un panel fournisseurs réduit, une stratégie d'approvisionnement local, des partenariats avec les fournisseurs et la collaboration. Et, tout aussi important, la gestion d'Avon Europe est beaucoup plus facile depuis que l'entreprise a rationalisé son organisation, actualisé ses compétences, simplifié ses processus et défini des indicateurs adéquats.

« Je ne dis pas cela à la légère, mais ce projet a été le plus difficile, le plus gratifiant et le plus intéressant que j'aie jamais réalisé, affirme John Kitchener, qui a trente ans d'ancienneté chez Avon. Et pourtant, ce n'est pas fini. Ce n'est jamais fini. »

Définissez une organisation conçue pour la performance

Beaucoup d'entreprises considèrent encore leur supply chain comme un ensemble de fonctions complétant la direction industrielle ou comme un ensemble de départements regroupant les opérations de production et de logistique. Or, une gestion efficace de la supply chain suppose une organisation qui inclut tous les grands processus de supply chain (*planifier, approvisionner, fabriquer, livrer* et *gérer les retours*) et l'infrastructure qui les accompagne. Autrement dit, il convient de regrouper ces processus sous la responsabilité d'une personne expérimentée qui se verra confier des objectifs de performance transversaux et qui disposera des ressources nécessaires pour les atteindre. Telle est la principale caractéristique du *modèle intégré d'organisation* décrit dans ce chapitre.

Une organisation véritablement intégrée requiert de nouvelles compétences et une nouvelle manière d'appréhender le mode de fonctionnement de l'entreprise. Du fait de la complexité des supply chains actuelles et de l'apparition de technologies sophistiquées, les compétences requises dans une organisation de supply chain ne sont plus du tout les mêmes. Les entreprises sont ainsi confrontées à trois difficultés majeures dans ce domaine :

- déterminer la structure de l'organisation,
- définir les rôles et les responsabilités,
- trouver des personnes disposant des compétences nécessaires.

L'adoption d'un modèle intégré ne signifie pas nécessairement que vous devez revoir vos opérations actuelles en créant un nouveau département ou un nouveau poste de directeur. Le plus important, c'est que votre supply chain regroupe des départements et des personnels aux responsabilités clairement définies, chargés d'exécuter mais aussi d'améliorer chacun des grands processus. Même si vous n'envisagez pas une réorganisation complète, vous devrez procéder à un minimum de modifications pour permettre une gestion des processus transversale et intégrée. Ainsi, serez-vous peut-être obligé de réunir deux départements afin d'éliminer une barrière fonctionnelle ou un problème de transfert d'informations entre processus, de redéfinir les responsabilités d'un service donné ou de recentrer les ressources existantes sur des canaux de distribution ou des clients spécifiques.

Peut-être devrez-vous également réévaluer les compétences disponibles dans votre organisation actuelle. Il est évident que la quasi-totalité des postes-clés de supply chain requiert une bonne maîtrise des systèmes d'information les plus modernes. Mais les compétences techniques ne suffisent pas. Seules des compétences particulières en management vous permettront de vous démarquer de la concurrence. La supply chain d'aujourd'hui requiert des personnes capables d'assimiler et d'interpréter de très grandes quantités de données pour prendre ensuite les « bonnes » décisions, des personnes jouissant d'une grande expérience opérationnelle et d'une connaissance approfondie des processus, avec une forte orientation client. Ces personnes doivent savoir utiliser les nouveaux indicateurs comme des outils d'amélioration de la performance globale. De plus, une supply chain transversale exige également de solides compétences en résolution des conflits du fait de son caractère pluridisciplinaire.

Pour être performante, une organisation doit évoluer constamment

L'organisation de votre supply chain ne doit pas être rigide, elle doit pouvoir s'adapter. Certaines circonstances nécessitent d'apporter des améliorations importantes entraînant des changements majeurs. Ces améliorations obligent par exemple l'entreprise à redéfinir les rôles et les responsabilités pour se recentrer sur d'autres objectifs, à modifier son organisation pour simplifier les processus ou à développer de nouvelles compétences. Même chose lorsque l'entreprise modifie sa stratégie globale : des compétences deviennent obsolètes tandis que de

nouveaux besoins se font sentir. Des changements dans l'environnement commercial rendent eux aussi nécessaire l'amélioration de certaines compétences de supply chain. Et parfois, il est tout simplement
temps de redéployer autre part des ressources peu performantes.

Les changements dans l'évaluation de la performance d'une supply
chain peuvent également entraîner certains changements dans l'organisation. Dans une organisation fonctionnelle classique, les indicateurs
sont souvent conçus pour optimiser la performance d'un département
ou d'une fonction précise. Mais au fur et à mesure qu'évolueront votre
stratégie et vos processus de supply chain, vous aurez besoin de nouveaux indicateurs conçus pour optimiser la performance de l'entreprise
dans son ensemble (voir la discipline n° 5). Si vous ne restructurez pas
votre organisation pour qu'elle prenne en charge ces nouveaux objectifs
de performance, vous risquez fort de les manquer et de saborder votre
stratégie de supply chain.

Cependant, il est rare qu'un changement de stratégie, aussi important soit-il, entraîne une remise en question complète des compétences
requises et de l'organisation. Dans la mesure où votre organisation de
supply chain est chargée d'exécuter votre stratégie de supply chain,
vous devez les examiner toutes deux en parallèle.

Le cas de Stratex Networks, important fournisseur de radios hert-
ziennes, montre comment développer et améliorer les capacités de
l'organisation de sa supply chain en fonction de l'évolution de sa stratégie dans ce domaine, et les modifications de processus qui en découlent. Début 2002, Stratex décida de concentrer ses efforts sur la
rentabilité de ses actifs et l'amélioration de son service client, en augmentant ses performances de livraison et en réduisant le cycle d'exécution des commandes. Ce projet impliquait en particulier une révision
complète de la stratégie d'opérations de l'entreprise et l'externalisation
de la fabrication. L'entreprise détermina alors un calendrier très ambitieux pour transférer sa production de San Jose, en Californie, à un partenaire taïwanais.

Parallèlement à ce transfert, Robert Shlaefli, vice-président des opérations mondiales de Stratex, lança un projet visant à redéfinir les
grands processus de supply chain pour prendre en compte le nouveau
modèle de production [1]. L'entreprise devait maintenir des liens étroits
avec plusieurs fournisseurs-clés tout en transférant la responsabilité de

la plupart des achats de matières à son nouveau sous-traitant. Stratex s'inquiétait également des difficultés de communication inhérentes à l'externalisation et voulait être sûr de pouvoir recueillir les demandes clients, les intégrer et y répondre au plus vite.

Bon nombre des processus étaient conçus pour optimiser le traitement de la commande à travers les processus de configuration et de production. Stratex renforça par exemple les critères d'acceptation de commandes clients et créa des listes de contrôle pour vérifier la présence de toutes les informations indispensables. Furent ainsi éliminés les retards occasionnés par la recherche de données manquantes quand la commande était déjà dans le circuit de traitement. Mais les informations passaient encore mal d'un groupe fonctionnel à l'autre et personne ne savait précisément quelle fonction était vraiment responsable de la bonne exécution de la livraison. Alors que les fonctions d'administration des ventes régionales, de finance, de gestion des commandes, de planification, d'approvisionnements et de transport étaient chacune responsable d'une partie des données figurant sur les commandes, aucune n'était vraiment responsable de l'ensemble des informations.

Stratex conclut rapidement que les nombreux problèmes de transfert d'informations inhérents à son organisation de l'époque étaient incompatibles avec la nouvelle stratégie. La nécessité d'améliorer la performance des livraisons et l'externalisation de la production augmentait considérablement l'importance du processus d'exécution des commandes. Stratex devait donc regrouper en un seul processus la gestion et l'ordonnancement des commandes, la configuration du produit et la livraison au client.

Avant l'externalisation de la production, les opérations de Stratex étaient organisées de manière très traditionnelle, avec des fonctions distinctes pour la saisie des commandes, la gestion des commandes, la production, la planification, les approvisionnements et la logistique (voir Figure 3.1). Malgré la fréquence des échanges entre les groupes, Robert Shlaefli avait le sentiment que son personnel faisait circuler l'information sans vraiment la partager. Les informations sur les livraisons disponibles en interne et transmises aux clients n'étaient pas cohérentes. Résultat : les clients et les commerciaux se plaignaient d'un manque de visibilité sur l'état des commandes.

Stratex décida de créer un nouveau groupe chargé de gérer la totalité du processus d'exécution des commandes, de leur saisie à leur expédition au client. L'entreprise mit donc en place une équipe dédiée à l'exécution des commandes, dans laquelle elle intégra également les fonctions de transport. D'autre part, elle resserra les liens entre la gestion des commandes clients, la planification et les approvisionnements en rapprochant physiquement les groupes et en demandant que l'ordonnancement des commandes soit confirmé en personne plutôt que par messagerie vocale ou courrier électronique.

Une fois définie la structure de la nouvelle organisation (voir Figure 3.2), Stratex commença à revoir les rôles et responsabilités dans les fonctions de planification et d'approvisionnements. La production étant désormais externalisée, l'entreprise ne pouvait plus se permettre de changer l'ordonnancement de la fabrication si les clients changeaient d'avis ou si leurs besoins s'affinaient. Elle devait au contraire fournir à son sous-traitant des prévisions sur les besoins, bien avant que les produits soient effectivement commandés par ses clients. Stratex devait donc créer de nouveaux rôles pour la planification et les approvisionnements. D'autre part, avec sa nouvelle supply chain, l'entreprise ne devait se focaliser que sur quelques composants achetés auprès d'un petit nombre de fournisseurs, mais chacun de ces composants était extrêmement complexe et relativement cher. Stratex ne pouvait se per-

Figure 3.1 Organisation des opérations de Stratex avant l'externalisation de sa production

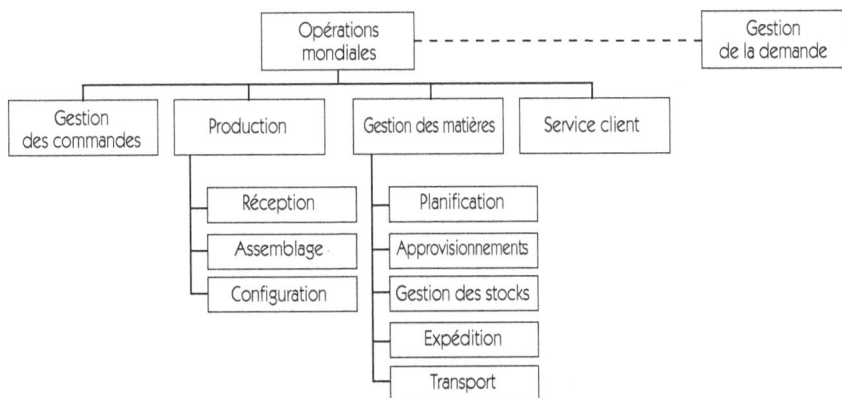

mettre ni rupture ni excédent. Étant donné que la production était confiée à un tiers, l'entreprise s'inquiétait également de la flexibilité. Elle devait faire très attention à la gestion de la demande et fournir des prévisions précises à l'ensemble de ses fournisseurs, et pas seulement au sous-traitant chargé de la production.

Même si la nouvelle organisation n'a pas été mise en place en une seule fois, dès lors que Stratex a commencé à utiliser les nouveaux processus, l'entreprise n'a jamais perdu de vue l'organisation finale qu'elle visait. « Notre nouveau modèle supposait la consolidation des activités achats et de planification des approvisionnements, explique Robert Shlaefli. Vous ne pouvez pas demander à un approvisionneur, qui a l'habitude de travailler sur des activités transactionnelles et d'utiliser les recommandations générées par ordinateur, de devenir du jour au lendemain un spécialiste en planification, capable de prendre des décisions à partir de projections. Pour arriver à l'organisation que nous souhaitions, nous avons dû procéder à de nombreuses formations et, dans certains cas, à des embauches stratégiques. » Stratex a fourni des formations APICS [2] sur site à tous les approvisionneurs et planificateurs et a

Figure 3.2 Organisation des opérations de Stratex après l'externalisation de sa production

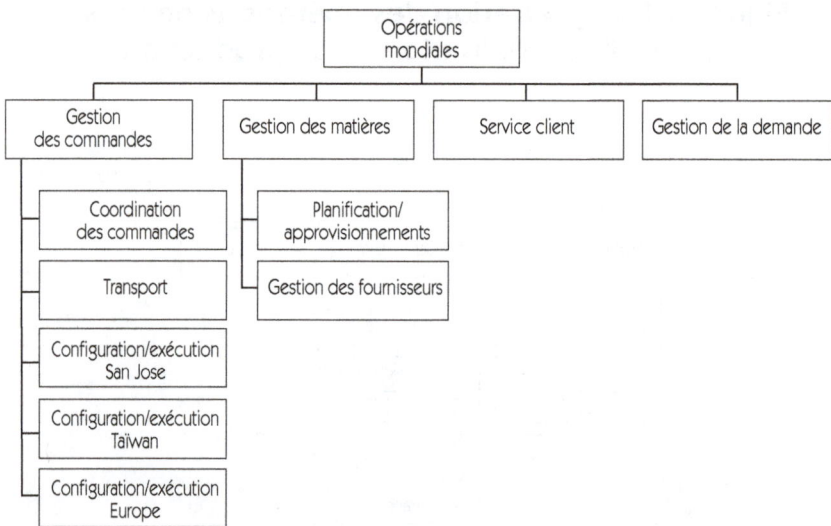

embauché plusieurs personnes expérimentées dans le domaine des achats et de la planification de production.

La restructuration a été réalisée en quelques mois, plus ou moins conformément au calendrier de transfert de la production. L'entreprise a notamment réussi à respecter un calendrier très ambitieux pour transférer la production chez son sous-traitant, sans que cela nuise à son niveau de service. Dans le même temps, les efforts concentrés sur le processus de planification et les nouvelles compétences qu'il impliquait permirent à Stratex de réduire considérablement ses niveaux de stock. La nouvelle organisation a été un élément déterminant pour pleinement profiter des avantages de sa nouvelle stratégie. « Cela ne s'est pas fait du jour au lendemain, déclare Robert Shlaefli. Comme nous avions un plan indiquant clairement vers où amener notre organisation, il était beaucoup plus facile de mettre en place les nouveaux processus. »

Comme le montre cet exemple, une conception globale et une définition précise des rôles et des responsabilités ainsi qu'un personnel compétent permettent de créer une organisation de supply chain intégrée, capable d'accompagner la stratégie de l'entreprise.

La réorganisation de la supply chain n'implique pas nécessairement de grands bouleversements au niveau des processus. Autrement dit, des changements dans l'organisation peuvent à eux seuls améliorer de façon tangible la performance de votre supply chain.

> Votre organisation de supply chain ne doit pas être statique. Bien au contraire, elle doit évoluer avec votre entreprise.

Examinons le cas de Smith Bits, qui utilise des technologies de pointe pour concevoir et fabriquer des forets destinés aux industries pétrolières et minières. Fin 2002, malgré une demande en hausse, les stocks de l'entreprise ne cessaient d'augmenter. Parallèlement, elle ratait des ventes parce que certains forets étaient en rupture de stock et que ses délais de livraison étaient de plus en plus longs. Pour résoudre le problème, les agences commerciales du monde entier commencèrent à stocker certains produits pour pouvoir répondre à la demande. La plupart du temps, des forets étaient disponibles dans une région où il n'y avait pas de demande alors que d'autres régions ne pouvaient répondre à la demande faute de stock [3].

Smith Bits était organisé par fonctions : les ventes, le département d'ingénierie et les opérations dépendaient tous du président de la division. Sur notre conseil, l'entreprise créa une nouvelle organisation de supply chain chargée d'équilibrer la demande et les ressources et dirigée par un responsable des opérations directement rattaché au directeur mondial des ventes. Cette nouvelle organisation comprenait également les responsables de la gestion des stocks dans les agences.

Désormais, dès que les forets sont fabriqués, ils passent sous la responsabilité du nouveau groupe et le restent jusqu'à leur vente. Le groupe passe en revue les commandes qui ne peuvent pas être traitées localement, redistribue le stock d'une région à l'autre en fonction de la demande et travaille avec la fabrication pour qu'elle produise davantage de forets, soit sur stock, soit à la commande. Le groupe organise également des réunions hebdomadaires d'équilibrage demande/ressources avec le département fabrication, afin d'optimiser les cycles de production en hiérarchisant les besoins du terrain. Les résultats sont impressionnants. En diminuant de manière radicale ses niveaux de stock, Smith Bits a considérablement amélioré sa trésorerie, ce qui lui a permis de procéder à plusieurs acquisitions stratégiques pour saisir de nouvelles opportunités.

L'exemple de Smith Bits montre comment une entreprise peut améliorer ses opérations sans bouleverser pour autant sa stratégie. Smith Bits a réuni les processus *planifier* et *livrer* dans une nouvelle entité. Ce nouveau groupe a créé un lien officiel entre les processus *fabriquer* et *approvisionner* par le biais de réunions hebdomadaires avec la fabrication, tout en définissant des responsabilités claires quant aux niveaux de stock et du service client. En modifiant ses processus d'opérations et en ajustant son organisation et les rôles de chacun, Smith Bits a pu générer un avantage concurrentiel considérable et augmenter le niveau de son service. Comme le remarque Mike Pearce, vice-président de Smith Bits : « Ce changement d'organisation a transformé notre perception de la supply chain. Pour la première fois, nous avions la possibilité de voir comment ce qui était fait dans une région se répercutait sur le service client d'une autre région. »

Qu'est-ce qui fait l'efficacité d'une organisation de supply chain ? De même qu'il n'existe aucune définition universelle d'organisation de supply chain, il n'existe aucune formule universelle pour en créer une. Plusieurs caractéristiques permettent cependant d'augmenter les chances de succès. D'après ce que nous avons pu observer au fil de nos missions, une organisation efficace :

- appuie la stratégie globale de l'entreprise,
- fournit les savoir-faire et compétences (en interne ou à travers des partenariats stratégiques) nécessaires pour exécuter tous les processus de supply chain,
- dispose d'indicateurs permettant de mesurer la performance,
- suit plusieurs principes de conception pratiques.

De même convient-il de vérifier régulièrement que votre organisation est bien accordée à vos impératifs stratégiques, que chaque rôle est bien défini au sein de cette organisation et, plus important encore, que toutes les personnes affectées aux différents rôles disposent des compétences techniques et managériales requises pour travailler efficacement.

Les stades d'évolution de l'organisation de supply chain

Traditionnellement, les opérations sont organisées par fonctions : les principales activités de supply chain et les groupes correspondants dépendent directement de leurs responsables fonctionnels respectifs. La logistique (réception, expédition et gestion du transport) et la fabrication dépendent par exemple du directeur des opérations, tandis que les approvisionnements et les commandes clients sont gérés par deux entités distinctes (voir Figure 3.3). Ce type d'organisation était le plus courant dans les années 1970 et 1980 et reste encore de nos jours relativement fréquent.

Dans les années 1980 et 1990, les entreprises ont commencé à adopter une organisation de type intermédiaire regroupant de nombreuses fonctions-clés de supply chain, mais pas nécessairement l'ensemble. Beaucoup de ces entreprises avaient encore un directeur des opérations, responsable des fonctions de fabrication et de logistique, ainsi que de la gestion des fournisseurs et de l'exécution des commandes clients. Dans la plupart des organisations intermédiaires, la gestion des commandes dépend de la fonction commerciale et non du directeur des opérations (voir Figure 3.4).

Ce n'est que dans la deuxième moitié des années 1990 que le terme *supply chain* s'est généralisé. C'est aussi à cette époque qu'ont été créés les premiers postes de responsable ou directeur supply chain (voir Figure 3.5).

Cette période marque également l'apparition de la nouvelle philosophie, aujourd'hui très répandue, qui consiste à considérer la supply chain comme un processus transversal.

Figure 3.3 Organisation de supply chain par fonctions

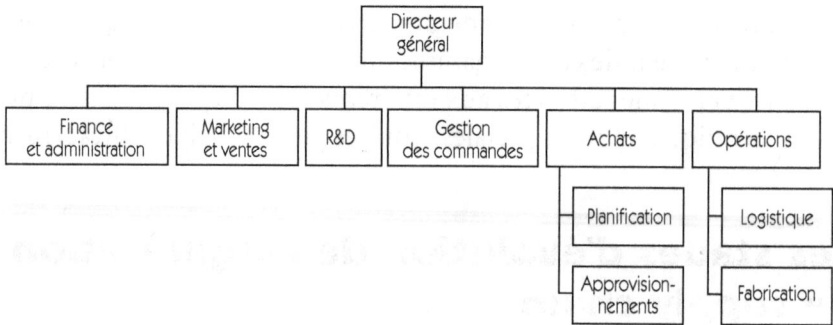

Figure 3.4 Organisation de supply chain intermédiaire

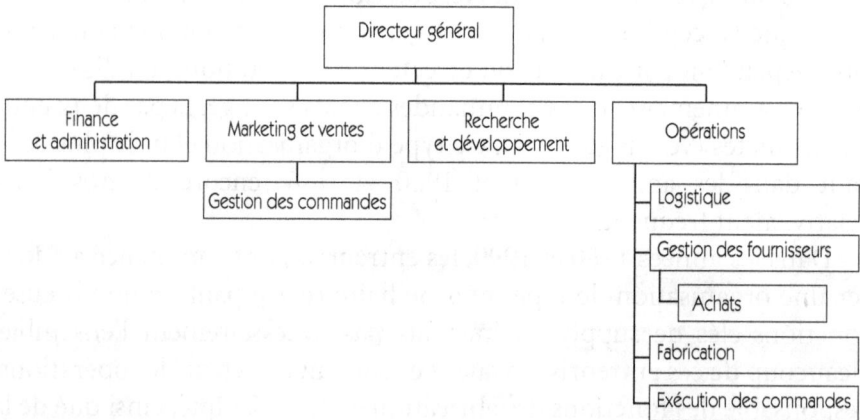

Quel titre pour quel poste ?

Les titres utilisés dans une entreprise ont beaucoup moins d'importance que les rôles, les responsabilités et le périmètre de contrôle qu'ils désignent. Le présent ouvrage utilise les titres de *directeur des opérations* et *directeur supply chain*, mais votre entreprise peut très bien en choisir d'autres correspondant mieux à la taille de son organisation, à la hiérarchie déjà en place et à toute règle relative à l'attribution des titres.

La présente discipline donne une description du modèle intégré, dans lequel l'organisation de supply chain est une entité ou une fonction à part, responsable d'objectifs opérationnels transversaux tels que les jours de stock, les temps d'exécution des commandes ou la livraison au client à la date promise. Dans le modèle intégré, le responsable supply chain contrôle les ressources nécessaires pour mettre en œuvre la stratégie de supply chain (voir Figure 3.6).

Au premier abord, le modèle intermédiaire et le modèle intégré se ressemblent beaucoup, mais la différence ne se limite pas à modifier un organigramme ou à renommer quelques fonctions. Le concept d'organisation de supply chain « holistique » décrit dans le modèle intégré est relativement nouveau.

Figure 3.5
Organisation de supply chain partiellement intégrée

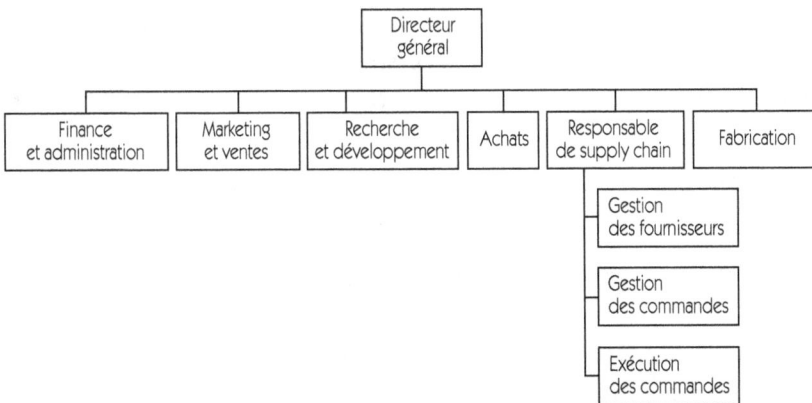

Figure 3.6 Organisation de supply chain intégrée

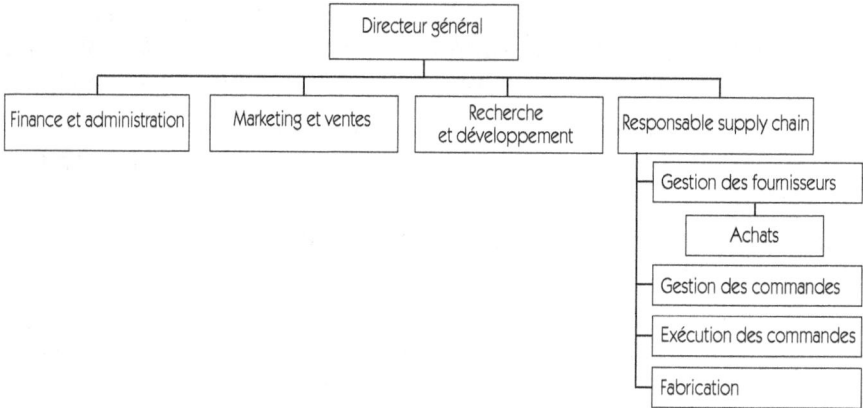

Les principes à appliquer dans la conception d'une organisation

Une organisation intégrée peut être structurée de multiples manières et des centaines de publications sur les méthodes d'organisation, la gestion des ressources humaines et la gestion des réorganisations proposent diverses solutions. Mais sachez qu'il n'existe aucune recette universelle. Et comme la supply chain intervient au cœur même de l'activité de l'entreprise pour générer des revenus quotidiens, elle n'a pas droit à l'erreur.

La mise en place d'une organisation de supply chain intégrée n'est que la première de nombreuses étapes et c'est une étape stratégique importante dont les conséquences sont considérables. Lorsque vous planifiez, concevez, développez et mettez en place votre nouvelle organisation, n'oubliez jamais les quatre principes suivants :

- L'organisation doit être le reflet du processus.
- À chaque processus, son responsable.
- Répertoriez vos compétences-clés, développez-les et conservez-les.
- Concentrez-vous sur les compétences dont vous avez besoin et non celles dont vous disposez.

L'organisation doit être le reflet du processus

Dans bon nombre d'entreprises, les opérations sont encore organisées de manière traditionnelle. Or, il est extrêmement difficile d'améliorer la performance de supply chain transversale dans une organisation structurée par fonctions. C'est pourquoi l'intégration de vos processus de supply chain exigera probablement une réorganisation afin d'accorder les personnes, les processus et les indicateurs avec votre stratégie.

L'entreprise Agere Systems, par exemple, s'est réorganisée afin d'intégrer une nouvelle capacité de planification descendante (top-down). Agere fournit des solutions de circuits intégrés aux constructeurs d'ordinateurs personnels, terminaux mobiles, équipements de réseau et lecteurs de disques. Au milieu des années 1990, Agere a investi dans des systèmes de supply chain, pour l'ERP (Enterprise Resource Planning), la planification avancée et la gestion des commandes. Les nouveaux systèmes permettaient une planification au quotidien automatique et entièrement intégrée (de la planification de supply chain à l'ordonnancement de la production pour chaque centre de fabrication).

L'opération avait pour but de simplifier la planification, de réduire au minimum les interventions manuelles et d'améliorer le service client, tout en optimisant l'utilisation des actifs. La direction d'Agere pensait que ses planificateurs suivraient la plupart des recommandations émises par les systèmes. Or, bien au contraire, ils les ignoraient dans plus de 90 % des cas [4].

Pour quelle raison ? Les divisions d'Agere, dédiées à des produits précis, étaient chargées de confirmer les commandes. Les planificateurs de ces divisions décentralisées modifiaient constamment les dates de livraison promises – d'après eux parce que les besoins des clients changeaient. Autrement dit, les planificateurs, disposant d'informations plus actuelles que les systèmes de planification, étaient obligés de remplacer manuellement des données dans les systèmes pour atteindre leurs objectifs de performance de livraison.

Agere disposait également d'un groupe de planification centralisée chargé d'allouer la capacité de production aux différents groupes de produits. Ce groupe avait évidemment beaucoup de mal à faire face aux constants changements de priorité des commandes. Ces perturbations se répercutaient jusque dans la fabrication, où les responsables devaient sans cesse remanier l'ordonnancement de la production pour tenir compte des nouvelles priorités : une approche inefficace, c'est le moins qu'on puisse dire.

En recherchant l'origine de cette inefficacité, Peter Kelly, directeur exécutif du groupe opérations mondiales, découvrit que certains réordonnancements étaient effectivement dus à des changements au niveau des demandes clients, mais que, dans la plupart des cas, les planificateurs manipulaient le système pour être sûrs que les commandes dont ils étaient responsables passaient en priorité.

Peter Kelly voulait un processus de planification optimisé au plus haut niveau de la supply chain et non un processus déterminé par les besoins des différentes unités de l'entreprise. Il comprit que la planification de supply chain ne serait jamais efficace tant que les planificateurs seraient soumis à des pressions et motivations locales. Pour résoudre le problème, Peter Kelly créa une nouvelle organisation centralisant les activités de planification et les responsabilités de gestion des commandes.

En moins de six mois, les planifications manuelles chutèrent de plus de 90 % à moins de 50 %. Les planificateurs passaient ainsi beaucoup moins de temps en calculs manuels et à changer les priorités. Ils purent ainsi se concentrer davantage sur la qualité des données, tant dans le système de planification que dans les commandes clients, ce qui permit une amélioration spectaculaire de la performance des expéditions (de 75 % à 95 %) et des rotations de stock (multipliées par deux) au cours des douze mois suivants.

Agere avait de bonnes raisons d'entreprendre une telle réorganisation : ses investissements technologiques étaient mal exploités et il était devenu impératif de revoir les processus. Mais n'attendez pas d'avoir des problèmes pour vous décider à revoir votre organisation. Par où commencer ? Tout d'abord, mettez de côté tous vos organigrammes et concentrez-vous sur les activités comprises dans les principaux processus de supply chain. Regroupez les activités principales en n'oubliant jamais que chaque intervenant de chaque processus est à la fois un client et un fournisseur et que chaque événement ou tâche de supply chain a des données en entrée et en sortie. Identifiez les personnes responsables des processus *planifier, approvisionner, fabriquer, livrer* et *gérer les retours*, en examinant les tâches qu'elles exécutent plutôt que le nom du groupe dont elles dépendent.

En déterminant les domaines d'expertise des groupes chargés de l'exécution et de la planification de supply chain, supprimez les barrières (réelles ou simplement perçues) entre les fonctions, puis rapprochez les compétences complémentaires. En créant un nouveau département de planification opérationnelle, Agere a pu tout à la fois centraliser les activités de planification et supprimer les barrières entre ses différentes divisions et l'organisation supply chain.

Notez qu'en supprimant les barrières entre les différents groupes, vous changez l'organisation traditionnelle par fonctions, ce qui peut avoir diverses conséquences : des responsables se retrouvent sans équipe, des managers passent à un niveau hiérarchique inférieur, des départements entiers sont dispersés ou déplacés... Dans certains cas, vous pouvez même être amené à créer une nouvelle division organisée autour des processus de supply chain.

C'est précisément ce qu'a fait IBM en 2002, avec la création d'ISC (Integrated Supply Chain) [5]. En douze mois, IBM a rassemblé dans une même unité toutes les fonctions-clés de la supply chain, c'est-à-dire ses équipes d'administration des ventes, la fabrication, les approvisionnements et la logistique. Pour ce faire, l'entreprise a regroupé près de 19 000 personnes dans 100 établissements de 59 pays. IBM utilisait depuis longtemps un modèle d'activité basé sur les solutions (alliant technologies, produits et services) et voulait adapter sa supply chain pour qu'elle vienne appuyer ce modèle. L'entreprise savait que le simple fait de remanier la structure hiérarchique, de regrouper les compétences similaires et de décloisonner la fabrication, les approvisionnements et la distribution, permettrait d'amener des améliorations tangibles et rapides. Les étapes suivantes consistèrent à définir des indicateurs clairs et partagés, à fixer des objectifs communs, à définir les rôles et responsabilités pour créer un solide système de gestion.

Kraft Foods North America a également créé une organisation articulée autour des principaux processus de supply chain. En simplifiant la supply chain, l'entreprise espérait réduire le coût des ventes et améliorer ses résultats [6]. Elle créa une organisation regroupant toutes les activités liées à la livraison aux clients, c'est-à-dire la planification et l'ordonnancement de la production, la transformation des matières premières en produits finis, puis le conditionnement et la distribution des marchandises.

> Une organisation de supply chain efficace a pour objectif d'optimiser la performance globale du processus de traitement des commandes (et non des fonctions individuelles), tout en obtenant un coût total le plus bas possible.

Une organisation de supply chain efficace a pour objectif d'optimiser la performance globale du processus de traitement des commandes (et non des fonctions individuelles), tout en obtenant un coût total le plus bas possible. Par exemple, Kraft est prêt à investir dans les activités de fabrication si cela permet de générer des économies d'un montant égal ou supérieur au niveau du transport ou de l'entreposage.

Comme le montrent ces exemples, créer une organisation de supply chain ne consiste pas à inventer de nouveaux titres ou à réagencer un organigramme. Il s'agit de créer une organisation qui reflète le processus. La conception d'un *processus* de supply chain efficace intègre étroitement une série de processus disparates, tandis qu'une *organisation* de supply chain efficace intègre étroitement les départements et les personnes chargés d'exécuter ces processus.

À chaque processus, son responsable

Une organisation de type fonctionnelle ou intermédiaire est susceptible de favoriser les activités qui optimisent la performance dans des départements spécifiques. Dans certaines entreprises, il n'est pas rare qu'un département utilise les indicateurs de la supply chain pour mettre en évidence les défaillances d'un autre département. Cela lui permet en effet de détourner l'attention de ses propres défaillances. Ces modèles d'organisation risquent également de laisser des vides en termes de rôles

© Éditions d'Organisation

et de responsabilités, à l'inverse d'une organisation intégrée qui garantit une définition claire de chaque rôle et des responsabilités associées.

Dans une organisation intégrée, il est indispensable de nommer un dirigeant solide chargé de l'ensemble de la supply chain et responsable de sa réussite. Cette personne, dans l'idéal un membre de l'équipe de direction générale, sert de catalyseur entre les fonctions et garde une vision globale du processus transversal. Sans ce rôle et sans responsabilité clairement définie d'un bout à l'autre, la supply chain ne pourra jamais atteindre tout son potentiel et peut, dans certains cas, causer de graves problèmes de performance.

Nous avons par exemple travaillé avec une entreprise qui vend des logiciels et du matériel informatique sur un marché dense et extrêmement concurrentiel dominé par quatre fournisseurs majeurs. Malgré la complexité des produits et des processus de vente relativement longs, les clients veulent être livrés dès qu'ils passent commande. L'entreprise souhaitait donc se démarquer en livrant plus vite que ses concurrents.

Bien que très techniques, les produits ne nécessitaient aucune customisation. Les caractéristiques et options achetées par le client étaient répertoriées dans un contrat personnalisé qui était révisé et approuvé par un ingénieur technico-commercial. L'équipe de direction examinait chaque mois les délais de livraison et les domaines fonctionnels surveillaient soigneusement les temps de cycle des activités sous leur responsabilité.

Le département des expéditions, par exemple, relevait méticuleusement le temps nécessaire pour préparer une commande avant son expédition. Il notait également ce qui empêchait le traitement de telle ou telle commande et rédigeait un rapport hebdomadaire sur les différents problèmes rencontrés (ruptures de stock de matériau, informations produits obsolètes, adresses clients erronées, etc.).

D'autres départements utilisaient des indicateurs similaires pour savoir combien de temps une commande passait dans leurs domaines fonctionnels et déterminer les causes de retard. Le groupe chargé de la saisie des commandes relevait notamment la quantité de commandes contenant des informations incomplètes ou erronées, ou mentionnant des produits obsolètes ou pas encore disponibles. Ces commandes incomplètes ou incorrectes étaient transmises à la fonction jugée la plus

Figure 3.7 Processus d'exécution des commandes de l'entreprise X avant analyse RACI

Réception commande

Saisie commande → Vérification infos clients → Exactes ?

Mise à jour infos commande ← Non

Approbation prix

Agence commerciale

Saisie des commandes clients

Oui → Vérification infos produit → Exactes ? — Non

Administration des commandes clients

Oui → Révision contrat et prix → Conditions et prix standard ? — Non / Oui → Émission commande

Non → Approbation contrat

Administration des contrats

Préparation commande → Infos produit correctes ? — Expédition

Oui → Conditionnement et expédition commande

compétente pour résoudre le problème. Les commandes présentant plusieurs anomalies faisaient donc plusieurs allers et retours dans les services avant de pouvoir être traitées (voir Figure 3.7).

Les responsables des départements relevaient régulièrement les indicateurs de livraison mais les utilisaient principalement pour justifier ou expliquer des temps de cycle dépassant leurs objectifs et pour incriminer le groupe à l'origine du problème. Les indicateurs étaient rarement utilisés pour analyser les causes premières des retards ou corriger des

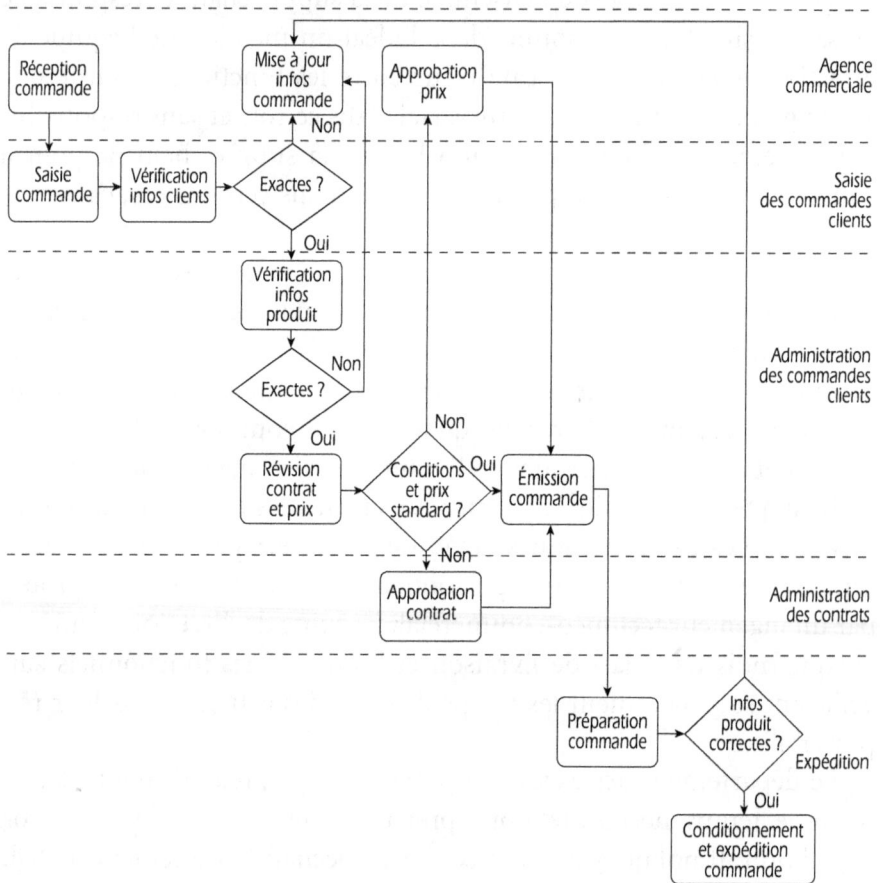

erreurs plus tôt dans le processus d'exécution des commandes. En fait, les indicateurs masquaient les problèmes de chaque fonction au lieu de les expliquer.

Face au mécontentement croissant des clients et aux commerciaux se plaignant de perdre du temps à faire la chasse aux commandes au lieu d'être sur le terrain, l'équipe de direction s'intéressa de plus près à la supply chain et fixa un objectif ambitieux : faire passer le délai de livraison de 25 jours à 4 jours ou moins.

Nous avons redéfini avec cette entreprise l'ensemble de son processus de gestion des commandes et éliminé les barrières entre fonctions, qui pénalisaient le transfert d'informations entre départements. À l'aide d'une analyse RACI (voir plus bas), nous avons repéré les domaines et processus dans lesquels les responsabilités étaient mal définies ou ambiguës. Il apparut rapidement qu'aucune personne ni fonction n'étaient responsables du processus d'exécution des commandes dans son ensemble. Aucun groupe n'était chargé de garantir l'exactitude des données concernant les clients ou les produits, ni d'assurer la gestion des commandes tout au long du processus (voir les résultats de l'analyse RACI présentés dans la Figure 3.8).

RACI : définition

L'acronyme RACI désigne les quatre rôles que peut avoir une personne ou une fonction par rapport à une activité donnée :

- R *(responsible)*. Désigne la personne ou la fonction responsable de l'exécution d'une tâche ou activité particulière. Son degré de responsabilité est déterminé par la personne responsable du résultat final (voir ci-après). Cette responsabilité peut être partagée.

- A *(accountable)*. Désigne la personne ou la fonction responsable du résultat final de l'activité. Il s'agit d'une seule personne ou fonction. Cette responsabilité ne peut pas être déléguée.

- C *(consulted)*. Désigne une ou des personnes, ou une ou des fonctions qui doivent être consultées avant la finalisation d'une décision ou d'une activité. Il s'agit d'une communication dans les deux sens.

Figure 3.8 Ce que montre une analyse RACI

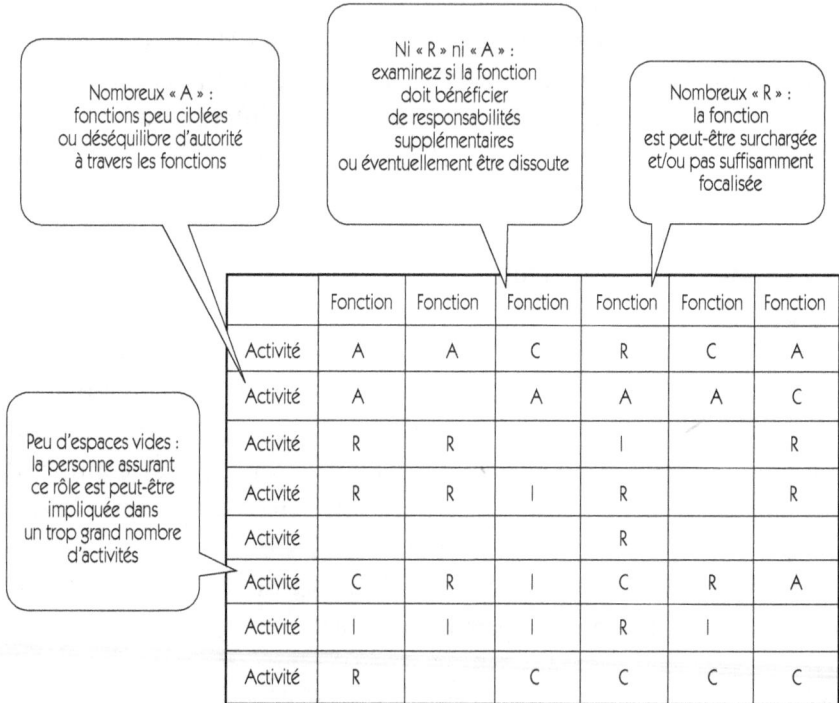

Nombreux « A » : fonctions peu ciblées ou déséquilibre d'autorité à travers les fonctions

Ni « R » ni « A » : examinez si la fonction doit bénéficier de responsabilités supplémentaires ou éventuellement être dissoute

Nombreux « R » : la fonction est peut-être surchargée et/ou pas suffisamment focalisée

Peu d'espaces vides : la personne assurant ce rôle est peut-être impliquée dans un trop grand nombre d'activités

	Fonction	Fonction	Fonction	Fonction	Fonction	Fonction
Activité	A	A	C	R	C	A
Activité	A		A	A	A	C
Activité	R	R		I		R
Activité	R	R	I	R		R
Activité				R		
Activité	C	R	I	C	R	A
Activité	I	I	I	R	I	
Activité	R		C	C	C	C

● *I (informed)*. Désigne une ou des personnes, ou une ou des fonctions informées de l'exécution ou du résultat d'une décision ou d'une activité. Il s'agit d'une communication à sens unique.

La première étape consistait à redéfinir le processus d'exécution des commandes afin de réduire le nombre d'erreurs, de retards et de retraitements. L'analyse RACI nous a aidés à regrouper, définir et affecter les responsabilités des principales activités et tâches correspondantes. Le nouveau processus fait intervenir des vérifications et des arbitrages conçus pour repérer et résoudre les problèmes au plus vite et pour éviter les périodes d'attente et la gestion en batch, caractéristiques de l'ancien processus. Mais surtout, il permet de déterminer l'origine de tout problème et d'informer des modifications nécessaires les départements impliqués dans le processus d'exécution des commandes. Un nouveau poste de supervision des commandes clients regroupe maintenant la saisie des commandes, l'administration des contrats et la gestion des commandes. Il joue également le rôle de liaison principale entre le client et l'entreprise. Quant aux responsables de comptes clients, ils doivent désormais assurer l'exactitude des informations produits et clients (voir Figure 3-9).

Les progrès ont tout d'abord été très lents. La tendance à rejeter la responsabilité des problèmes sur d'autres fonctions était une habitude bien ancrée et certaines personnes refusaient les responsabilités associées à leurs nouveaux rôles dans l'organisation. Au bout de quelques mois, cependant, l'entreprise a commencé à accepter la notion d'objectifs partagés transverses et de responsabilité spécifique au niveau département.

Les erreurs étaient repérées et corrigées plus tôt dans le processus et le temps de cycle commença à diminuer. L'entreprise poursuivit l'amélioration de ses processus de supply chain et développa des systèmes pour éliminer plusieurs causes de retard qu'elle venait de découvrir. Elle élabora par exemple une base de données répertoriant les termes non

Figure 3.9 Processus d'exécution des commandes de l'entreprise X après analyse RACI

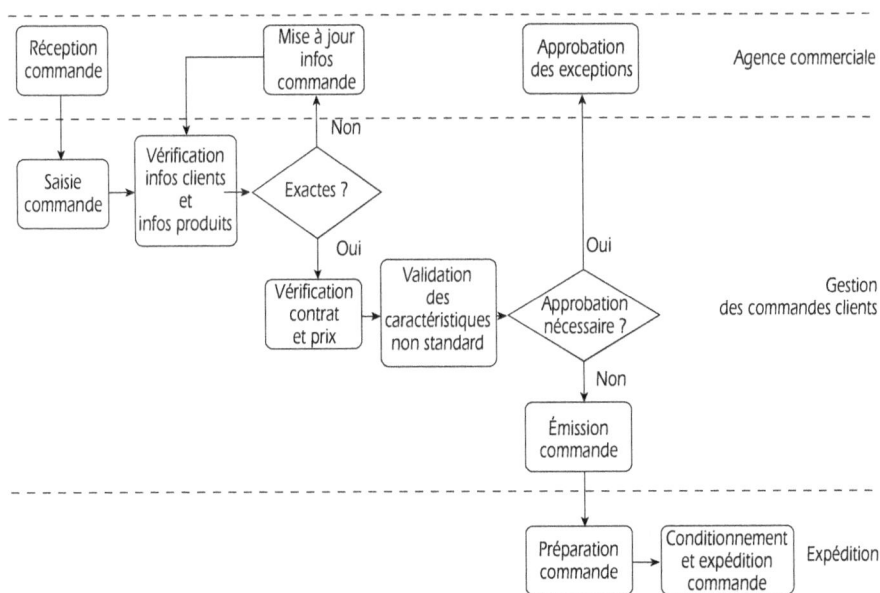

standard mais préapprouvés utilisés dans les contrats, ce qui permit de réduire les délais de révision des contrats de 5 jours à moins d'une journée. Dix mois plus tard, l'objectif de départ – commandes livrées en moyenne en 4 jours ou moins – était dépassé (voir Figure 5-4).

Cet exemple montre qu'au fur et à mesure qu'évoluent la stratégie de supply chain et ses processus, de nouveaux indicateurs peuvent aider l'entreprise à formaliser les responsabilités et à optimiser sa performance. L'étape suivante consiste à structurer l'organisation pour qu'elle vienne en support de ces nouveaux indicateurs et garantisse une définition claire des rôles et responsabilités de chacun.

En règle générale, il est préférable de choisir des indicateurs-clés et de définir des objectifs de performance *avant* de finaliser vos processus de supply chain. Une fois déterminés vos objectifs de performance et les processus nécessaires pour les atteindre, repensez votre organisation de supply chain en choisissant ce que vous devez faire, qui doit le faire et de quelle manière. Et, pour terminer, accordez les responsabilités avec vos indicateurs-clés et vos objectifs de performance.

Répertoriez vos compétences-clés et développez-les

Avant d'établir le plan de votre organisation, répertoriez vos compétences-clés actuelles et celles que vous souhaitez acquérir. Cet inventaire servira en effet de base pour la structuration de votre organisation. Il existe plusieurs définitions des *compétences-clés*, mais il suffit de retenir que les capacités internes peuvent être considérées comme des compétences-clés dès lors qu'elles constituent un avantage concurrentiel ou sont d'une manière ou d'une autre indispensables pour atteindre les objectifs stratégiques de votre entreprise.

Relier les compétences-clés de votre entreprise à votre stratégie de supply chain est une tâche itérative. N'essayez pas d'adapter de force les capacités existantes aux besoins dictés par votre stratégie : cela ne marchera pas. Mais ne laissez pas non plus les capacités disponibles dans votre organisation limiter les objectifs stratégiques de votre entreprise.

Une compétence-clé est-elle une compétence dans laquelle vous *devriez exceller* ? Sûrement. Une compétence-clé est-elle une compétence dans laquelle vous *excellez* ? Peut-être. Comment le savoir ? Commencez par répertorier ce que vous avez. Les indicateurs vous montreront souvent dans quelles activités excelle votre entreprise, mais ne croyez pas que ces activités sont toutes des compétences-clés ou que les domaines où vous êtes moins performant n'en sont pas.

Comme indiqué dans la discipline n° 1, une décision d'externalisation consiste dans un premier temps à déterminer dans quels domaines vous êtes performant et quels domaines sont – ou pourraient devenir – des facteurs de différenciation stratégiques. Ce sont les activités que vous devez conserver en interne. Pour d'autres activités en revanche, des prestataires de services, dont l'offre de services devient de plus en plus importante, seront certainement plus efficaces. L'entreprise Flextronics, par exemple, explique comment elle est passée du statut de « fournisseur » à celui de « constructeur virtuel » en proposant aux sociétés high-tech des solutions de conception, d'ingénierie, de fabrication et de logistique [7]. Grâce à cette approche, les clients de Flextronics, appelés OEM (Original Equipment Manufacturer), peuvent se concentrer sur leurs autres compétences-clés (recherche et développement, vente, marketing et gestion de leur marque).

L'abandon d'activités non-clés présente sur le papier de nombreux avantages : économies d'échelle, davantage de temps et de ressources à consacrer aux activités restantes, outils et systèmes de planification sophistiqués et accès à des équipements de production à la pointe de la technologie – tout cela sans investissement important. Mais qu'en est-il si ce qui reste après l'externalisation ne suffit plus pour être performant ? C'est ce que nous appelons l'atrophie des compétences-clés.

Dans le domaine de la supply chain, il arrive qu'une entreprise dépende tellement de ses prestataires qu'elle perd progressivement et involontairement ses compétences-clés. Le personnel qui reste n'a qu'une faible expérience personnelle des grands processus d'opération tels que la planification des approvisionnements, le développement et la gestion des fournisseurs ou la gestion de la demande. L'entreprise risque alors d'entrer dans un cercle vicieux où elle continue de perdre son personnel qualifié et devient de moins en moins efficace. Elle risque d'oublier comment effectuer certaines activités autrefois considérées comme indispensables à son fonctionnement quotidien.

Mike McNamara, directeur des opérations de Flextronics, a vu beaucoup d'entreprises perdre une trop grande partie de leurs compétences-clés. « Il est très important pour nous d'avoir chez nos clients des personnes du métier supply chain avec lesquelles nous pouvons parler, explique-t-il. Nous voyons beaucoup d'entreprises qui ne sont plus capables d'effectuer des activités critiques [8]. »

Cela pose problème lorsque Flextronics doit déterminer avec des clients les paramètres et activités qui régiront leurs relations mutuelles au jour le jour. « Si personne chez le client n'est capable de planifier la demande sur le long terme, déclare Mike McNamara, nous avons beaucoup de mal à tout mettre en place pour le servir de la manière la plus efficace possible. »

Les entreprises ont souvent tendance à sous-estimer la complexité et les compétences inhérentes à leurs processus opérationnels. Ou bien elles pensent, à tort, qu'il est très facile de transférer ces compétences à des partenaires de supply chain. Et il est parfois très difficile de maintenir des liens solides entre des opérations récemment externalisées et celles conservées en interne. Très souvent, l'externalisation d'un ou de plusieurs grands processus de supply chain vous obligera à développer de nouvelles compétences-clés : celles nécessaires pour gérer efficacement vos partenaires.

Comment savoir quelles sont ou devraient être vos compétences-clés ? Rappelez-vous que tous les grands processus de supply chain doivent apparaître à un endroit ou un autre de votre supply chain (que ce soit à l'intérieur de votre entreprise ou à l'extérieur, dans la supply chain étendue – la *chaîne des chaînes*). Revoyez les axes stratégiques de votre entreprise et répertoriez les éléments de processus qui doivent les appuyer. Posez-vous la question suivante : « Cette activité est-elle essentielle pour générer un avantage concurrentiel, développer l'entreprise, assurer le service client ou créer des offres clients différenciées ? » (voir Figure 3.10).

Figure 3.10
Quatre questions pour déterminer ses compétences-clés

Cette activité est-elle essentielle pour :

Générer un avantage concurrentiel	Développer l'entreprise
Assurer le service client	Créer des offres clients plus intéressantes

Si la réponse à l'une de ces questions est oui, l'activité en question est sans doute une compétence-clé à conserver et développer dans votre organisation. En règle générale, les fonctions telles que la planification de la demande, l'équilibrage besoins/ressources et le développement des fournisseurs sont des compétences-clés car elles dépendent des besoins actuels des clients. La complexité des produits et la stabilité du panel fournisseurs jouent également un rôle essentiel : il est plus difficile et plus risqué de confier un produit complexe à un tiers ou de travailler avec un panel fournisseurs instable.

Si vos sous-traitants vous proposent des services de conception pour améliorer la fabrication (DFM – Design For Manufacturability), choisissez bien les activités que vous leur confiez. La DFM représente un lien essentiel entre le développement produit et les opérations de supply chain. Même chose pour les activités liées à l'introduction de nouveaux produits (NPI – New Product Introduction) : il est indispensable d'avoir un coordinateur NPI dans l'organisation de supply chain. Une fois perdues, ces compétences sont extrêmement difficiles à reconstruire.

Sur le marché des produits de grande consommation, le développement produit est une compétence-clé essentielle. Étant donné que les goûts des consommateurs évoluent en permanence, les entreprises doivent constamment innover et exercent ainsi une pression considérable sur la supply chain : notamment sur les achats, qui doivent en permanence aligner le panel fournisseurs sur les besoins de l'entreprise. La société Dial, fabricant de savons et autres produits de grande consommation, s'est réorganisée pour développer et déployer plus rapidement ses nouveaux produits. Cette restructuration repose en grande partie sur un processus d'approvisionnements flexible. Dial a donc réorganisé l'ensemble de ses achats et approvisionnements en les centralisant et en plaçant à leur tête un directeur expérimenté. L'entreprise a regroupé toutes ses activités d'achats et a nommé des experts catégories achats chargés d'acheter les matières premières. Le responsable des achats de produits chimiques, par exemple, est un chimiste expérimenté qui connaît tous les détails des compositions chimiques. Dial a également simplifié son panel fournisseurs en travaillant de manière étroite avec un plus petit nombre de fournisseurs et en consolidant les achats de ses différentes unités. Enfin, l'entreprise a développé un système pour identifier des gisements d'économies conjointement avec ses fournisseurs. Résultat : Dial a économisé 100 millions de dollars en cinq ans [9].

Le cas de Dial montre bien comment construire des compétences-clés tout en développant une organisation de supply chain. La direction avait compris que les achats devaient être confiés à des experts qualifiés connaissant parfaitement les propriétés et caractéristiques des matières premières, et qu'il était hors de question d'abandonner ces compétences en approvisionnements.

Pour appliquer une approche similaire dans votre propre entreprise, faites la liste des principaux processus de supply chain et des compétences-clés nécessaires pour les exécuter. Pour ce faire, utilisez comme guide la stratégie long terme de votre entreprise. Répertoriez les savoir-faire nécessaires pour créer ou défendre votre avantage concurrentiel, pour vous aider à développer votre activité et pour garantir la satisfaction de vos clients. Repérez ensuite tous les décalages entre les compétences nécessaires et celles déjà en place. Pour finir, décidez avec vos collaborateurs s'il faut développer les compétences manquantes en interne (par des formations ou des embauches ciblées) ou faire appel à des partenaires.

La supply chain doit être positionnée correctement dans l'organisation

Pour que la supply chain soit considérée comme un réel atout stratégique, son responsable doit avoir un statut comparable à celui des autres membres de l'équipe de direction générale. Dans beaucoup d'entreprises, les ventes, le marketing et le développement sont encore considérés comme les décisionnaires en matière d'orientations stratégiques, tandis que les achats, la fabrication et la distribution sont vus comme des exécutants tactiques. Lorsqu'elles déplorent des stocks trop importants, des retards de livraison ou des ventes manquées, rares sont les entreprises qui mesurent le potentiel d'une gestion de la supply chain efficace ou qui la considèrent comme un domaine d'expertise critique. Si le res-

© Éditions d'Organisation

ponsable de la supply chain n'a pas le soutien de l'équipe de direction et une mission claire pour défendre les efforts d'amélioration, des opportunités majeures risquent de rester sous-exploitées.

La gestion de la supply chain ne deviendra pas d'elle-même une compétence-clé et un impératif d'organisation : il faut pour cela une réelle volonté. La gestion de la supply chain est une discipline qui évolue constamment et qui a une incidence grandissante sur la performance de l'entreprise. Rester au fait des meilleures pratiques dans ce domaine est déjà assez difficile, mais veiller à ce que le reste de l'entreprise en fasse autant est encore plus difficile.

> *La gestion de la supply chain ne deviendra pas d'elle-même une compétence-clé et un impératif d'organisation : il faut pour cela une réelle volonté.*

Comment être sûr qu'une supply chain intégrée est jugée aussi indispensable au succès de l'entreprise que le développement produit ou le marketing et les ventes ? Un programme de formation et d'information peut se révéler très utile. Les indicateurs de performance sont parfois très efficaces pour montrer les avantages d'une supply chain hautement intégrée. Commencez par une analyse quantitative des écarts présentée dans des termes qui parleront tout de suite à n'importe quel dirigeant : les répercussions sur les résultats. Une étude réalisée par la filiale de benchmarking de PRTM, The Performance Measurement Group, LLC, a par exemple révélé que le coût total de gestion de la supply chain des leaders des produits de grande consommation représentait une économie de 5,5 % (de leur chiffre d'affaires) par rapport aux entreprises moins performantes. Pour 150 millions de dollars de chiffre d'affaires, cela représente une différence de profit de plus de 8 millions de dollars [10].

Les chiffres éveillent toujours l'intérêt. Après l'analyse des écarts, modifiez votre supply chain pour qu'elle produise une amélioration durable en termes de coûts ou de service – et utilisez-la pour attirer l'attention. C'est ce qu'a fait Angel Mendez chez palmOne, Inc. Palm-One est l'un des plus grands développeurs et fabricants d'assistants personnels numériques (PDA – Personal Digital Assistant) au monde. Lorsque Angel Mendez est arrivé dans l'entreprise au poste de directeur général des opérations du groupe solutions, en 2001, il a eu pour tâche de faire de la supply chain un facteur de différenciation concurrentielle – pas une mince affaire si l'on sait que palmOne venait de passer 300 millions de dollars de stock en pertes et profits.

Sa première mission ? Montrer à la direction générale de palmOne le rôle essentiel de la supply chain dans l'exécution de la stratégie de l'entreprise. « Avant mon arrivée, explique-t-il, cela faisait huit trimestres consécutifs que palmOne avait du mal à produire suffisamment pour répondre à la demande. Sa méthode consistait à fabriquer des produits puis à les envoyer dans les canaux de distribution. L'organisation de supply chain était considérée comme le moyen de fabriquer les produits. Rien de plus [11]. »

Angel Mendez voulait accroître la visibilité de son organisation et obtenir le soutien de l'équipe de direction. Le fait d'arriver chez palmOne en pleine récession s'est révélé un avantage. « Parfois, il faut un ralentissement économique pour que le PDG s'intéresse à la supply chain, déclare-t-il. Les crises sont parfois des événements déclencheurs. Pourquoi ne pas en profiter pour obtenir ce dont vous avez besoin ? » Et il calcula les avantages financiers qu'une modernisation de la supply chain pourrait apporter à l'entreprise et à ses actionnaires. Puis il établit une feuille de route permettant d'arriver à cette nouvelle supply chain.

Cette feuille de route incluait une révision fondamentale des processus et de l'organisation de supply chain. « Nous avions du pain sur la planche, remarque-t-il. Le plan que nous mettons en place est itératif. Il nous permet de fixer des priorités, d'obtenir de premiers résultats, et de pouvoir ainsi justifier les ressources nécessaires pour passer à l'étape suivante. » Le processus de gestion de la demande de palmOne était médiocre et ne permettait pas de voir clairement le niveau d'activité du réseau commercial. Les décisions de production s'appuyaient sur des prévisions inexactes et non sur les besoins réels du marché. Les coûts de matières et de fabrication étaient plus élevés que chez les autres constructeurs électroniques grand public. Les relations avec les clients et les fournisseurs-clés étaient très tendues. Et l'entreprise faisait appel à quatre prestataires différents pour la réparation des produits retournés, ce qui limitait les économies d'échelle, augmentait le coût de réparation par unité et compliquait la gestion des retours.

Pourtant, Angel Mendez n'avait pas tous les grands processus de supply chain sous sa responsabilité directe. Les divisions produits étaient responsables de la gestion de la demande, tandis que la réparation et le support étaient gérés par les organisations commerciales des différentes régions. « L'entreprise s'était toujours focalisée sur la partie "livraison" de la supply chain, explique-t-il. Elle n'était pas habituée à l'idée d'un processus transversal. L'organisation de supply chain était principalement axée sur les approvisionnements, avec suffisamment de planification pour déterminer ce qu'il fallait acheter. Et bien peu de personnes dans l'organisation disposaient des compétences requises pour notre type de travail. »

À l'aide du modèle SCOR® (Supply-Chain Operations Reference-model, voir la discipline n° 2), Angel Mendez établit une feuille de route pour son organisation et les processus à améliorer. Il développa un projet en trois étapes sur deux ans. Il commença ensuite à réorganiser la supply chain en prenant la responsabilité de la gestion de la demande, des réparations et du support produit. Il savait que son titre de directeur des opérations lui facilitait la tâche. « Mon statut m'a permis de contourner la plupart des obstacles internes, dit-il, de même que le fait de pouvoir démontrer les avantages d'une organisation intégrée. »

La nouvelle organisation de supply chain de palmOne est devenue une organisation mondiale avec des capacités locales. L'équipe d'Angel Mendez comprend maintenant un responsable pour chaque grand processus (*planifier, approvisionner, fabriquer, livrer* et *gérer les retours*) ainsi que des personnes qualifiées dans chaque activité. Les compétences de l'organisation reflètent les impératifs stratégiques de l'entreprise : un processus de gestion de la demande permettant de réagir rapidement aux fluctuations de conjoncture, un panel de fournisseurs offrant à palmOne le meilleur rapport qualité/prix pour les matières et services, et des améliorations constantes en matière de coûts, de qualité et de service client.

Concentrez-vous sur les compétences dont vous avez besoin

Pour exécuter votre stratégie, comparez les compétences dont vous avez besoin à celles dont vous disposez. Que se passe-t-il lorsque les compétences requises dépassent les compétences disponibles ? Faut-il modifier la structure de votre organisation ? Changer de stratégie ? Ou accepter le déséquilibre ?

> Pour exécuter votre stratégie, comparez les compétences dont vous avez besoin à celles dont vous disposez.

Le bon sens nous dit que les entreprises employant des personnes formées et compétentes sont plus efficaces, saisissent plus rapidement les opportunités qui se présentent et résistent mieux aux aléas économiques. Malgré tous ceux qui affirment le contraire, les systèmes d'information et outils de gestion de la supply chain les plus modernes ne remplaceront jamais l'être humain. Ils offrent certes une aide à la décision qu'on n'aurait pu imaginer il y a seulement quelques années, mais ils exigent la présence d'utilisateurs bien formés. En fait, la nouvelle économie de l'information exige un nouveau type de professionnels de la supply chain : des personnes capables d'assimiler de grandes quantités de données et de les exploiter pour prendre les bonnes décisions. Le niveau exigé est donc de plus en plus élevé [12].

En bref, derrière une supply chain de premier ordre se cachent des professionnels de premier ordre. Les principes de « coût total de possession » appliqués à vos actifs s'appliquent également au capital humain. Procter & Gamble (P&G) a par exemple créé une organisation qui rassemble la fabrication, l'ingénierie, les achats et le service client [13]. L'entreprise considère ces fonctions comme un système intégré ayant pour mission principale de faire passer les matières des fournisseurs aux clients en créant de la valeur. P&G emploie des personnes flexibles et hautement qualifiées qui bénéficient d'une bonne rémunération, car cette solution est jugée financièrement plus avantageuse que celle consistant à embaucher un personnel moins qualifié, moins cher, mais qu'il faut remplacer plus fréquemment. Autrement dit, P&G a compris que des effectifs plus chers représentent un « coût total de possession » plus faible.

Les nouvelles technologies transforment les fonctions traditionnelles. Mais lorsque vous définissez votre organisation, n'oubliez jamais que ce ne sont pas les technologies qui font le succès d'une entreprise : ce sont les gens. Vous allez devoir trouver et former des personnes qui savent comment exploiter ces technologies pour améliorer l'exécution et la performance d'activités routinières telles que les approvisionnements, le service client ou la gestion logistique.

> Lorsque vous définissez votre organisation, n'oubliez jamais que ce ne sont pas les technologies qui font le succès d'une entreprise : ce sont les gens.

Advanced Fibre Communications, Inc. (AFC) l'a parfaitement compris. Ce fabricant d'équipements télécoms californien est le principal fournisseur de solutions d'accès haut débit du marché mondial des télécommunications. Lorsque Jeff Rosen est arrivé au poste de directeur des opérations, en 2000, l'entreprise fonctionnait encore comme une start-up, malgré huit années de croissance régulière. « L'organisation était efficace pour une start-up, explique-t-il, mais les processus étaient soumis à une pression grandissante. Tout fonctionnait manuellement et rien n'était fait pour créer des processus et systèmes permettant à l'entreprise de se développer [14]. » AFC concentrait ses efforts sur la tactique et l'exécution au quotidien, ce qui était parfaitement cohérent avec sa stratégie depuis de nombreuses années. Or, le marché évoluait, la stratégie aussi, et la supply chain devait donc s'adapter à de nouveaux impératifs : disponibilité immédiate des produits, niveaux de service élevés et augmentation des marges.

Jeff Rosen savait qu'il devait modifier son organisation et les systèmes utilisés pour la planification et l'exécution de sa supply chain. Mais il savait aussi qu'il devait faire ses preuves avant d'obtenir l'accord de la direction pour des modifications de grande envergure. Il développa donc un plan pour « obtenir des premiers résultats qui lui permettraient d'attirer l'attention et de convaincre ». Il s'intéressa tout d'abord aux achats, où il remplaça quelques personnes par des responsables de catégories plus expérimentés. Il chargea ces nouvelles recrues de construire des modèles de coûts pour les matières-clés, puis de réorganiser le panel fournisseurs et de négocier des prix plus intéressants. Jeff Rosen évita d'embaucher du personnel de très haut niveau. « Des personnes raisonnablement expérimentées suffisaient », explique-t-il.

Ces premiers travaux permirent d'améliorer les niveaux de service au client et de réduire les temps de cycles. Ces améliorations attirèrent l'attention du PDG d'AFC, John Schofield, et du conseil d'administration. Au cours des deux années suivantes, Jeff Rosen se vit confier d'autres responsabilités et davantage de ressources pour poursuivre la transformation de son organisation. Il remplaça la plupart des personnes travaillant sur des activités transactionnelles par des personnes capables de concevoir des processus de supply chain entièrement nouveaux. « Ma stratégie est simple, dit-il. Je commence par embaucher des personnes intelligentes capables de concevoir des processus hautement efficaces, puis je les laisse faire fonctionner les processus dont elles sont les architectes. » Ses premières recrues eurent pour mission de définir de nouveaux processus pour les achats, la gestion des actifs, la planification et la gestion des commandes.

Une fois les processus de base en place, Jeff Rosen embaucha plusieurs managers expérimentés chargés de développer au sein de l'organisation un esprit d'amélioration constante. Il entama également un programme d'amélioration systématique des systèmes d'information accompagnant les processus de supply chain d'AFC. Comme beaucoup d'autres sociétés télécoms, AFC a confié la production à un sous-traitant et utilise des systèmes sophistiqués pour fournir des prévisions et surveiller de très près les commandes clients.

Jeff Rosen souligne que les compétences nécessaires à son organisation ont été déterminées par la stratégie d'externalisation et les nouveaux logiciels utilisés. « Quand j'ai commencé, j'avais beaucoup de personnes douées pour les transactions au jour le jour et pour "jouer les pompiers". Beaucoup d'entre elles n'aimaient pas l'idée d'utiliser l'informatique pour des processus qu'elles avaient l'habitude d'exécuter manuellement. J'avais besoin de personnes ne craignant pas de travailler avec de nouvelles technologies. »

En deux ans, Jeff Rosen a totalement restructuré l'organisation, en fusionnant les approvisionnements avec la planification des matières, et en créant une organisation cadre incluant les processus *planifier, approvisionner, fabriquer, livrer* et *gérer les retours*. Des postes ont été supprimés et d'autres créés. Jeff Rosen choisit soigneusement ses collaborateurs. Aujourd'hui, le « coût par tête » est plus élevé que par le passé, mais l'équipe compte beaucoup moins d'employés et chacun apporte à l'entreprise les compétences essentielles qui lui manquaient.

Trouver la personne idéale pour chaque rôle-clé n'est pas chose facile. Beaucoup de directeurs hésitent à se séparer de bons employés, même si leurs compétences ne correspondent plus aux besoins de la nouvelle organisation de supply chain. D'autres reculent devant la perspective d'avoir à trouver, recruter, embaucher et former les personnes dont ils ont vraiment besoin. Ils préfèrent alors faire appel à quelqu'un qui a été performant à un autre poste, mais qui, malheureusement, ne le sera plus autant dans ses nouvelles fonctions. Ne cherchez surtout pas à « caser » absolument un bon employé à un poste pour lequel il n'est pas qualifié.

C'est encore pire si vous créez une organisation trop fortement influencée par les compétences et intérêts des employés. Il nous est arrivé de travailler avec un constructeur de périphériques informatiques qui souhaitait externaliser sa production. Il fit appel à deux sous-traitants responsables chacun d'une ligne de produits majeure. Sachant que la gestion des relations avec ces sous-traitants représenterait un travail à temps complet, le directeur supply chain créa deux postes de responsables des relations partenaires.

Bien évidemment, plusieurs employés virent dans ces créations de postes une excellente opportunité. En dépit du fait que ces nouveaux emplois exigeaient des compétences plus poussées, le directeur fut assailli de candidatures internes. Il subissait par ailleurs une pression considérable pour « simplement trouver quelqu'un ». Il finit par choisir un candidat en interne et embaucher un nouvel employé – un spécialiste qui avait géré des sous-traitants pendant plusieurs années. Le candidat interne eut beaucoup de mal à faire face à ses nouvelles responsabilités et fut rapidement remplacé par une personne plus qualifiée.

Morale de l'histoire ? Votre stratégie de supply chain et les processus qui l'accompagnent ne feront pas progresser votre entreprise si vous n'avez pas les bons collaborateurs. Une exécution efficace exige des compétences et des capacités précises. Articulez votre organisation autour des processus de supply chain transversaux, déterminez les compétences nécessaires pour chaque rôle, puis partez en chasse – à l'intérieur comme à l'extérieur de votre entreprise. Ne vous laissez pas trop influencer par les compétences « disponibles » : vous risquez de limiter le succès de votre organisation.

L'organisation de demain

Une supply chain transversale requiert généralement des compétences et des rôles qui n'existaient pas auparavant (voir Figure 3.11).

Compte tenu de la relative nouveauté de certains postes, votre département des ressources humaines ne saura peut-être pas comment trouver les personnes dont vous avez besoin et filtrer efficacement les candidatures. Votre organisation devra donc lui apporter son aide. Pour être sûr d'avoir les bonnes personnes aux bons postes, préparez une description de votre stratégie de supply chain, une description de chacun des rôles-clés, une définition claire des évolutions de carrière possibles, ainsi qu'un plan d'embauche.

Cela ne veut pas dire qu'une réorganisation entraîne forcément le remplacement de la majorité du personnel. La plupart des organisations de supply chain n'ont que quelques rôles critiques (avant ou après réorganisation) : des postes exigeant des qualifications spécifiques et qui sont incontournables. Les employés existants, après une formation adaptée, peuvent parfaitement occuper les autres postes de votre organisation.

Figure 3.11 Nouveaux rôles pour une gestion de la supply chain transversale

Nouveau rôle	Principales compétences requises
Responsable des relations partenaires **Processus fabriquer**	• Négocier des partenariats et des alliances stratégiques • Obtenir une performance optimale de la part des partenaires de supply chain • Impliquer les personnes de différents départements afin de travailler en collaboration
Responsable des catégories achats **Processus approvisionner**	• Gérer les relations fournisseurs au niveau mondial • Gérer les relations avec les fournisseurs-clés et mettre en œuvre la stratégie de supply chain mondiale pour les produits achetés auprès de ces fournisseurs • Organiser le panel fournisseurs de sorte à obtenir le coût total de possession le plus bas possible • Gérer des fournisseurs par objectifs et suivre leur performance au travers de tableaux de bord formalisés
Responsables des relations avec les clients **Processus livrer**	• Connaissance approfondie de l'activité des clients et des canaux de distribution • Connaissance suffisante des opérations de supply chain pour assurer la mise en place de processus-clés correspondant aux besoins des clients
Responsable de l'amélioration des processus de supply chain **Processus planifier**	• Parfaite connaissance des meilleures pratiques dans le domaine de la supply chain • Impliquer les personnes de fonctions différentes, afin de travailler en collaboration • Repérer les possibilités d'amélioration et d'automatisation des processus de supply chain
Analyste de la performance de supply chain **Processus planifier**	• Parfaite connaissance des indicateurs de supply chain et des méthodes qui conviennent pour définir des objectifs • Mettre en place des revues d'indicateurs et des programmes d'amélioration continue

Étude de cas Owens Corning

Se réorganiser pour assurer un avenir « plus radieux »

Une augmentation des coûts conjuguée à une baisse des prix sur ses principaux marchés a obligé Owens Corning à repenser l'organisation et les processus de sa supply chain et à mieux mesurer leur impact sur sa compétitivité et sa capacité à adopter une approche centrée sur les clients.

Leader sur le marché des systèmes de matières de construction et des solutions composites (5 milliards de dollars), Owens Corning est réputé pour ses produits innovants. Cette entreprise a notamment inventé, il y a environ cinquante ans, la fibre de verre et l'isolation à base de fibre de verre. Basée à Toledo, en Ohio, Owens Corning (OC) compte des usines de production dans plus de 25 pays ainsi que 165 centres de distribution.

Environ 80 % des revenus de l'entreprise sont issus de ses produits et systèmes de matières de construction, vendus par des distributeurs, des entreprises BTP et de grands distributeurs nationaux basés pour la plupart en Amérique du Nord. Les 20 % restants sont générés par la vente de matières composites utilisées dans les industries de l'automobile, des télécommunications, de l'électronique et de la construction dans le monde entier.

Malgré sa taille et la réputation de sa marque, OC a dû cependant faire face à une concurrence croissante sur ses principaux marchés, en raison de la mondialisation et des nombreux regroupements intervenus ces dernières années dans son secteur industriel. « Notre compétitivité ne doit pas se limiter aux prix, remarque Sue Hatfield, directrice du département stratégie et intégration supply chain et technologie. Le plus difficile pour nous est d'offrir une flexibilité à moindre coût pour répondre à l'accroissement de la demande client. »

Ceci est un tournant pour l'industrie. Les produits de construction font partie d'une industrie de production en continu où les actifs sont utilisés de manière intensive. Les principaux facteurs de compétitivité sur ce marché sont par conséquent l'exploitation de ces actifs et l'efficacité de la production. Historiquement, la flexibilité n'a jamais été considérée comme un atout stratégique mais c'est de moins en moins le cas aujourd'hui.

OC est organisé en plusieurs divisions possédant chacune ses propres processus et infrastructures pour supporter le marketing, les ventes et la supply chain. Étant donné le nombre de segments d'activité de chaque division, l'entreprise connaît des difficultés depuis que sa supply chain est de plus en plus sollicitée. Auparavant, les processus et les effectifs présentaient de nombreuses redondances d'une division à l'autre, avec des systèmes informatiques historiquement hétérogènes et mal intégrés. Cela générait un manque d'intégrité et d'intégration des données pour l'ensemble de l'entreprise et était considéré comme une des causes majeures des difficultés rencontrées par OC : des prévisions de demande inexactes, une planification médiocre, des clients globalement mécontents et des activités liées à la supply chain très coûteuses.

La solution technologique ne suffit pas

Au milieu des années 1990, OC déploya le progiciel de gestion intégré SAP (ERP – Enterprise Resource Planning) à travers toute son organisation. À l'époque, l'entreprise pensait que l'utilisation d'une plate-forme technologique commune résoudrait une grande partie des problèmes liés à son modèle de fabrication sur stock et axé sur les produits. C'était important car ces problèmes de processus touchaient directement les prévisions d'OC, la gestion des matières, l'ordonnancement de la production, les délais de livraison et la maîtrise des coûts. Selon Sue Hatfield : « Nos prévisions n'étaient pas fiables, nous ne disposions pas des liens nécessaires avec les plans de production et il n'y avait pas de gestion intégrée de la demande et des approvisionnements. Nos problèmes de planification se répercutaient en aval, sur les taux de livraisons à la date promise et de satisfaction des commandes. »

Le déploiement de SAP permit d'éliminer 500 anciens systèmes et d'atteindre l'un des principaux objectifs de l'entreprise : « Rester simple, commun et global. »

> Le déploiement de SAP permit d'éliminer 500 anciens systèmes et d'atteindre l'un des principaux objectifs de l'entreprise : « Rester simple, commun et global. »

OC déploya ensuite les modules SAP de gestion de la logistique et de planification avancée mais ces applications n'avaient qu'un impact limité. Comme le remarque David Johns, directeur général et responsable supply chain et informatique : « Les progrès réalisés concernaient les activités de support, la logistique et la gestion des matières. Mais nous manquions toujours d'intégration réelle au niveau de la fabrication et de nos processus de planification des opérations et des ventes. »

Il devint évident que, pour atteindre ses objectifs stratégiques, OC avait besoin d'une approche davantage centrée sur le client, commune à toute l'entreprise et faisant appel aux meilleures pratiques et aux standards des entreprises les plus performantes. L'objectif le plus important consistait à « fonctionner comme une seule entreprise », ce qui ne fut pas une mince affaire. Un projet de transformation de la supply chain devint l'un

> OC se donnait trois ans pour augmenter de 250 millions de dollars la contribution des opérations au compte de résultat.

des cinq axes stratégiques essentiels défendus par le nouveau président-directeur général d'OC, Dave Brown. OC voulait améliorer les niveaux de service client et se donnait trois ans pour augmenter de 250 millions de dollars la contribution des opérations et de ses actifs au compte de résultat (IFO – Income From Operations). L'entreprise voulait assurer à ses employés et ses actionnaires un avenir plus radieux.

Faire de la transformation de la supply chain un projet stratégique n'était que le début d'un programme de trois ans. « Nous devions nous améliorer dans chacun des processus de supply chain (*planifier, approvisionner, fabriquer* et *livrer*), explique Sue Hatfield, ne plus nous focaliser sur l'efficacité de la production mais sur la flexibilité de la supply chain et intégrer nos clients et fournisseurs dans notre supply chain. Nous devions également penser non plus en termes de fonctions mais en termes de supply chain intégrée pour toute l'entreprise. »

> « Nous ne devions plus nous focaliser sur l'efficacité de la production mais sur la flexibilité de la supply chain », déclare Sue Hatfield.

Changements d'organisation

La première étape consista à réunir dans un même département toutes les fonctions ayant un impact sur l'expérience client (gestion des matières, logistique et entreposage, service client et centres d'appel, gestion des créances, intégrité des données concernant les clients et les référentiels produits). Aujourd'hui, 350 personnes dépendent de ce département dirigé par Meg Ressner, directrice des activités de supply chain client.

« Nous utilisons délibérément le terme "client" dans le nom de notre organisation, afin de créer une culture de supply chain transversale et tournée vers l'extérieur », déclare-t-elle. Le département de Meg Ressner fait partie d'une organisation plus vaste baptisée SCTS (Supply Chain and Technology Solutions) et dirigée par David Johns. Pourquoi cette distinction ? « Nous avons essayé de faire comprendre à notre entreprise que la supply chain est l'affaire de tous. SCTS se concentre sur les processus en les faisant fonctionner, en déployant la technologie qui les supporte ou en encourageant les améliorations et les innovations dans ce domaine. »

OC a compris qu'il était important de réunir la technologie et le processus de supply chain dans la même organisation. David Johns explique le raisonnement : « Nous voulions profiter au mieux des ressources dont dispose l'entreprise, aller plus vite et améliorer le service que nous pouvons fournir. » OC voulait également être plus flexible afin de mieux répondre aux attentes de ses clients. Depuis plus de dix ans, le personnel avait pour habitude de « tout faire pour tout le monde » et cela coûtait trop cher à l'entreprise. « Nous n'étions pas capables de nous développer parce que nous n'avions pas de stratégie cohérente et homogène, déclare David Johns. À cette époque, nous savions que les notions de système simple, commun et global étaient des principes-clés – et elles le sont encore aujourd'hui. Mais nous savons maintenant que la flexibilité est un avantage concurrentiel. » Il oppose cette perspective client à l'efficacité de la fabrication, qui est longtemps restée la priorité de l'entreprise. « Fabricant depuis soixante ans, nous avions l'habitude de fabriquer des lots de produits très importants. Cette stratégie avait toutes sortes d'implications. Mais aujourd'hui, en nous concentrant sur la flexibilité, nous cherchons à réduire les délais de livraison et à réagir plus vite en cas de changements importants de la demande. »

La vision

Afin d'être sûr de pouvoir répondre de manière plus flexible à la demande client, OC réalisa une évaluation complète de sa supply chain en prenant pour référence « les phases du modèle de maturité des processus » de PRTM (voir la discipline n° 6 et l'annexe B). OC se situait en début de phase 2, « l'excellence fonctionnelle », mais voulait atteindre la phase 3, « l'intégration de l'entreprise ». À l'aide du modèle de référence SCOR®, elle créa une approche lui permettant de bien comprendre les relations entre stratégie d'entreprise, configuration de supply chain, pratiques de supply chain et technologie. OC savait qu'il lui fallait justifier économiquement son projet avant de convaincre toutes les personnes concernées. « La vision de la transformation offrait une feuille de route commune et globale, déclare Sue Hatfield, ainsi qu'un cadre pour les projets d'amélioration de l'entreprise. »

L'organisation de supply chain identifia quatre points à améliorer immédiatement : définir un processus de planification transversale pour la gestion des matières et instaurer un processus intégré de planification des opérations et des ventes dans chaque activité ; utiliser l'entreposage et les transports au niveau de l'entreprise et non au niveau de chaque division ; améliorer la performance globale du service client ; accroître l'efficacité et la flexibilité de la fabrication.

Pour commencer, OC compara ses niveaux de performance à ceux d'autres entreprises du même type dans trois domaines : le service client et la réactivité, la maîtrise des coûts, et la performance des actifs. OC définit des priorités et des cibles pour les processus concernant directement les clients, par exemple les livraisons à la date demandée (résultat direct d'une meilleure synchronisation entre demande et processus de planification). En renforçant l'efficacité de son processus de planification des opérations et des ventes (S&OP – Sales and Operations Planning) en dix étapes, OC put réduire ses coûts, grâce à une intégration plus importante des opérations à l'échelle mondiale.

Résultat ? Des stocks moins importants et de meilleure qualité, une amélioration des taux de satisfaction des commandes et de livraisons à la date promise et une réduction significative des coûts logistiques. OC pense réaliser plus de 165 millions de dollars d'économies au cours des trois premières années du programme.

De l'approche produit à l'approche marché

OC voulait également recentrer l'approche de son organisation et de ses capacités d'exécution sur des solutions et non plus sur des catégories de produits, même si, comme le confirme Meg Ressner, les clients d'OC sont des deux types : « Il est vrai que les demandes de nos clients évoluent. Et nous devons être capables de répondre à toutes ces demandes, ce qui veut dire que nous devons avoir une plate-forme flexible. » Pour ce faire, les équipes responsables de comptes clients ont été organisées autour de partenaires spécifiques traitant de hauts volumes et à forte valeur ajoutée. Cette organisation est transparente pour les clients, quelles que soient leurs demandes de service. Le but est de regrouper les bonnes personnes, les bonnes compétences et les bons processus autour des besoins clients. Dans certains cas, cela signifie un système de libre-service supporté par un portail, ou des transactions EDI (échange de données informatisées) pour la gestion et l'exécution des commandes. Dans d'autres cas, il s'agit d'une équipe dédiée à la gestion d'un compte client particulier. Comme le remarque Meg Ressner, même si l'entreprise étudie la possibilité d'utiliser Internet pour les commandes et d'autres activités concernant la gestion de la relation client, elle sait que l'aspect humain a une grande importance pour de nombreux distributeurs et revendeurs qui ont établi des relations de confiance avec leurs représentants OC.

Les difficultés sont multiples. Les clients veulent davantage de flexibilité et des services plus personnalisés. Ils veulent des solutions sur mesure permettant de réduire leurs coûts de supply chain. « Beaucoup de clients voudraient nous avoir comme partenaire, et profiter de toutes les ressources d'OC pour développer leur activité », déclare Sue Hatfield. Ce type d'alliances exige une meilleure intégration entre OC et les supply chains de ses clients, afin de savoir ce que veut le client et créer des processus garantissant que cette demande est chaque fois satisfaite en temps voulu.

La mécanique de la transformation

Pour que chaque employé prenne conscience des enjeux liés à la supply chain, il fallait redéfinir et expliquer à ces derniers ce qu'étaient une supply chain et leurs propres rôles et responsabilités au sein de cette même supply chain. Selon Sue Hatfield : « Nous avons entamé tout un processus de formation. L'une des idées les plus judicieuses a sans doute été de faire appel à un studio de création pour illustrer tous les processus de haut niveau de la supply chain d'OC. Il est alors apparu clairement que la supply chain est centrée sur nos clients et qu'elle englobe vraiment la quasi-totalité de nos activités. Chacun y joue un rôle et l'intégration est le secret de la réussite. »

L'organisation supply chain comprit qu'il lui fallait trois composants pour mettre en place les changements voulus : le composant « humain », le composant « processus » et le composant « technologie ». Le composant humain devait être structuré autour de la valeur ajoutée de la supply chain, de sorte que ceux qui seraient formés et qualifiés pour exécuter les processus et fortement responsabilisés quant à la performance de ceux-ci partagent la même vision et le même niveau d'engagement. Concernant les processus, il fallait créer une architecture de processus ayant pour objectif de générer une expérience client exceptionnelle. Quant à la technologie, elle devait être « adaptée à la situation », c'est-à-dire permettre d'améliorer la performance grâce à une visibilité accrue des informations à tous les niveaux de management.

Autrefois considérés comme l'un des principaux moteurs des processus de l'entreprise, les systèmes d'information étaient désormais utilisés comme un moyen d'atteindre des objectifs plus stratégiques et plus importants. Ce changement d'idée est particulièrement visible au niveau des personnes recrutées pour le département informatique. Don Kosanka, directeur systèmes d'information d'OC, explique : « Les informaticiens que nous employons n'ont vraiment rien à voir avec les techniciens que vous trouvez dans les services informatiques classiques. Ils connaissent parfaitement les processus de l'entreprise. Ils ont l'avantage de pouvoir trouver comment la technologie peut venir renforcer l'efficacité, la précision ou l'exactitude de chaque processus. Nous externalisons les compétences techniques plus routinières nécessaires pour faire tourner l'infrastructure informatique. »

Don Kosanka est très représentatif du changement de mentalité d'OC. Il le dit lui-même : « Quand je suis arrivé dans l'entreprise il y a vingt-cinq ans, jeune diplômé directement sorti de l'école, je pensais que la technologie était le plus important. Après quelques années ici, j'ai changé d'avis. Désormais, je pense que les gens jouent un rôle tout aussi crucial. Sans l'adhésion de tous vos collaborateurs, il est impossible d'exécuter un processus ou d'exploiter tout le potentiel de la technologie. Ainsi, on pourrait dire que j'ai adopté une approche beaucoup plus intégrée. »

Concernant le rôle de la technologie, ce qui est selon lui particulièrement nouveau, c'est « d'essayer de résoudre les problèmes de processus si possible sans la technologie, de ne l'utiliser qu'en cas de réelle nécessité, lorsqu'elle apporte quelque chose au projet et justifie l'investissement ».

Don Kosanka a utilisé les systèmes d'information pour éliminer certains coûts de la supply chain. « Au cours des sept dernières années, nos investissements informatiques ont baissé chaque année. En pourcentage des ventes, la baisse est encore plus rapide, dit-il. Nous dépensons moins en infrastructure mais nous maintenons au même niveau ou augmentons nos investissements sur les applications afin d'aider les divisions à exécuter plus efficacement leurs processus. En fait, nous avons réussi à abaisser nos coûts tout en étant plus performants. Aujourd'hui, nous n'utilisons plus qu'une poignée de systèmes importants. » OC a obtenu ces résultats principalement en externalisant une grande partie des aspects opérationnels de l'infrastructure informatique, du support client aux activités du centre de données, en passant par la gestion du réseau.

Sept ans plus tard, l'entreprise ne voit plus du tout la technologie du même œil. Meg Ressner considère ces éléments de processus et de technologie communs comme la boîte à outils de l'entreprise. « Notre flexibilité nous vient de l'utilisation de cette boîte à outils commune et de la prise en compte des caractéristiques propres à chaque segment de marché ou client. Sans les processus et l'informatique aujourd'hui en place, il serait difficile, voire impossible, de personnaliser une approche et cela nous coûterait certainement beaucoup plus cher. »

Une meilleure collaboration avec les fournisseurs

En établissant des partenariats plus efficaces avec ses distributeurs et ses revendeurs, OC ne voit plus ses fournisseurs de la même façon. « Nos fournisseurs sont aussi importants pour nous que nos clients. Alors, de même que nous voulons être le meilleur fournisseur de nos clients, nous voulons être le meilleur client de

« Nous voulons être le meilleur fournisseur de nos clients et le meilleur client de nos fournisseurs », explique David Johns.

nos fournisseurs, explique David Johns. Nous faisons en sorte que nos systèmes, nos processus, etc. soient aussi transparents que possible pour nos fournisseurs et nos clients, en éliminant autant d'inefficacités que possible dans nos échanges et en supprimant certains coûts de nos supply chains partagées. »

L'entreprise a mis en œuvre des programmes et des indicateurs pour la gestion des relations fournisseurs et le développement fournisseurs. Bien que l'organisation des approvisionnements ne fasse pas partie de l'organisation des solutions de supply chain, les deux départements utilisent leurs ressources pour atteindre des objectifs communs. Ils ont notamment collaboré pour créer une structure de portail facilitant l'interaction avec les fournisseurs.

Intégration horizontale

OC a également mis en place des comités de revue de projet pour veiller à la synchronisation et à l'intégration des principaux processus de l'entreprise, tels que les opérations clients, la gestion des matières, l'approvisionnement, la production, la recherche et le développement, l'informatique et la logistique. À chaque comité est associée une représentation en trois domaines : la technologie, les processus et les opérations. Cette approche permet d'évaluer et de surveiller conjointement la contribution des opérations au compte de résultat (IFO – Income From Operations), les économies de fonds de roulement, le rendement de l'actif net (RONA – Return On Net Assets), les indicateurs de performance de la supply chain, ainsi que l'affectation des ressources humaines et financières pour les projets approuvés. Une nouvelle approche « par jalons » permet de vérifier de manière très rigoureuse la valeur de chaque projet spécifique avant d'y affecter des ressources.

Cela représente aujourd'hui une autre brique de construction de la devise « fonctionner comme une seule entreprise » d'OC. Actuellement en train d'achever un processus de restructuration financière, OC réinvente ses processus et son organisation interne pour permettre à ses clients d'être servis par une seule et même entreprise, préparée pour les exigences de demain.

© Éditions d'Organisation

Créez le bon modèle de collaboration

La collaboration est la pierre angulaire d'une gestion de la supply chain efficace. Plus votre entreprise décide de se concentrer sur quelques compétences-clés, plus les savoir-faire et talents des partenaires extérieurs deviennent importants. Vous dépendez davantage de ressources que vous ne contrôlez peut-être pas directement ou de stratégies dont vous ne maîtrisez pas le développement.

Selon une enquête récente réalisée auprès d'une centaine de dirigeants, lorsque les entreprises évoluent vers une supply chain plus étendue, la collaboration devient leur activité la plus stratégique [1]. Or, malgré toute son importance, la collaboration reste mal définie. Interrogez cent personnes et vous obtiendrez cent réponses différentes. La plupart admettraient certainement qu'il s'agit d'une activité importante, que la technologie et les relations sont essentielles et qu'une collaboration efficace est un avantage concurrentiel, mais rares sont celles qui seraient capables de donner une définition claire et sans ambiguïté.

Pourquoi est-il si difficile de définir la *collaboration* ? Parce qu'elle représente beaucoup de choses et englobe de nombreux types de partenaires. Elle fait notamment référence à toute une variété d'activités conjointes qui vont du partage d'informations entre plusieurs divisions aux projets à long terme de marketing ou de développement produit. Notre définition de la *collaboration* est la suivante : « Ce sont les moyens utilisés par les entreprises au sein d'une supply chain pour travailler ensemble et atteindre des objectifs communs, en partageant des idées, des informations, des savoir-faire, des risques et des gains. »

Pourquoi collaborer ? C'est très simple : une relation collaborative efficace peut apporter des avantages financiers et stratégiques majeurs, accélérer la pénétration d'un marché, accroître la flexibilité et donner accès à des compétences dont ne dispose pas votre entreprise. Elle permet aussi de faire des économies et/ou d'augmenter les revenus. La collaboration modifie la dynamique globale entre deux ou plusieurs partenaires. C'est un moyen d'accéder à :

* une technologie que détient une autre entreprise ;
* une technologie à trop forte mobilisation capitalistique, dans laquelle une entreprise ne peut investir seule ;
* une compétence dont l'acquisition, le développement et la mise à jour représentent des coûts prohibitifs ;
* un nouveau marché fermé par des coûts d'entrée prohibitifs ou des contraintes trop lourdes (barrières douanières, législation, etc.).

La collaboration modifie le plus fondamental de tous les modèles économiques : le rapport entre le coût, le volume et le bénéfice (modèle CVB). Par exemple, le modèle CVB d'une entreprise qui a besoin d'équipements spécialisés très chers pour produire des composants présente souvent des coûts fixes très élevés et des coûts unitaires variables faibles (voir Figure 4.1). Cette entreprise doit donc vendre de grandes quantités pour pouvoir proposer des prix compétitifs tout en restant rentable. Mais si une récession économique fait baisser le volume de ventes, elle risque rapidement de perdre de l'argent.

Comme le montre la Figure 4.2, en collaborant avec un partenaire spécialisé dans la production de matières spécifiques proches de ses

Figure 4.1 Modèle CVB avec coûts fixes élevés

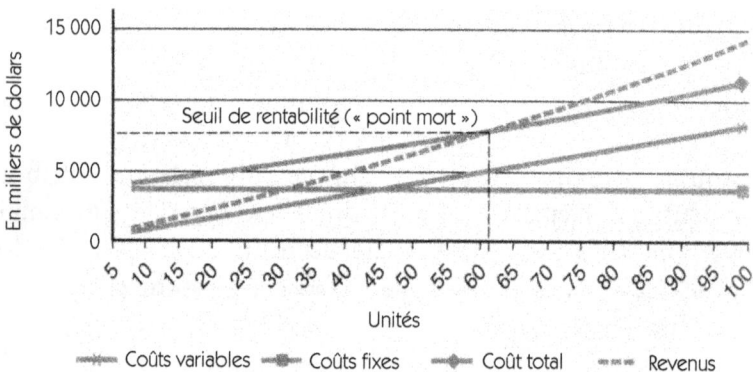

composants, l'entreprise pourrait réduire ses coûts fixes, mais ses coûts variables augmenteraient en raison de l'accroissement du niveau d'externalisation. Pour que l'opération soit valable, l'entreprise doit accepter de partager les technologies propriétaires nécessaires pour fabriquer le composant, tandis que son nouveau partenaire doit accepter d'investir dans les capacités nécessaires à cette fabrication. Le volume du seuil de rentabilité étant inférieur, l'entreprise peut continuer de fonctionner en vendant moins, même si c'est au détriment de la marge brute pour des volumes plus élevés.

> Une véritable collaboration est souvent très difficile à mettre en place et n'est justifiée que si vous pouvez en tirer un avantage financier ou stratégique.

Une collaboration continue dans les domaines de la conception des produits et de la planification de fabrication renforce l'agilité de l'entreprise, tout en permettant au fournisseur d'accroître son volume d'activité. Du point de vue économique, les deux partenaires y gagnent.

Comme vous le voyez, la collaboration n'a *rien* d'une activité altruiste. Alors qu'une « intégration parfaite » et

Figure 4.2
Modèle CVB après externalisation de certains coûts fixes

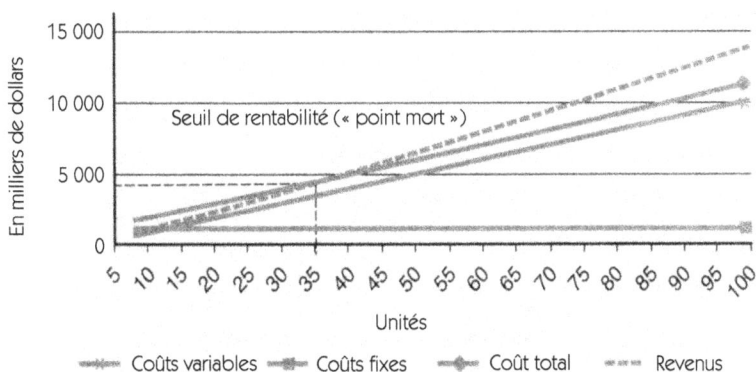

une « visibilité étendue » des partenaires de supply chain peuvent sembler, à première vue, pleines d'intérêt, une véritable collaboration est souvent très difficile à mettre en place et n'est justifiée que si vous pouvez en tirer un avantage financier ou stratégique. Une collaboration n'est donc réussie que si elle représente un avantage quantifiable pour tous les partenaires.

Malgré tous les avantages mentionnés dans la Figure 4.3, la gestion collaborative de la supply chain a le fâcheux inconvénient d'être l'un des aspects les plus recherchés mais aussi les plus décevants d'une stratégie de supply chain. Pourquoi cela ? Tout d'abord parce que les promesses d'une collaboration efficace étaient basées sur celles des technologies liées à Internet et de ses avantages en termes de visibilité et de partage des informations. La bulle Internet des années 1990 a donné naissance à des centaines de logiciels censés permettre une interaction parfaite et une visibilité infinie entre les partenaires de supply chain.

Ces outils fonctionnent-ils ? Certains oui, d'autres non. Mais le succès ou l'échec d'une relation collaborative ne dépend pas uniquement de la technologie ni des processus régissant son utilisation (du moins, pas d'eux seuls). Ils sont également conditionnés par deux autres éléments qui sont le partage d'informations et le partage des gains.

Figure 4.3
Avantages de la collaboration les plus souvent cités

Clients	Fournisseurs de matières	Prestataires de services
• Réduction du niveau de stock • Augmentation des revenus • Baisse du coût de gestion des commandes • Marge brute supérieure • Prévisions plus précises • Meilleure affectation des budgets marketing	• Réduction des stocks • Baisse des coûts d'entreposage • Baisse des coûts d'acquisition des matières • Baisse du nombre de ruptures de stock	• Baisse des coûts de transport • Livraisons plus fiables et plus rapides • Réduction des besoins en capitaux • Dépréciations réduites • Baisse des coûts fixes
• Meilleur service client • Meilleure utilisation des ressources humaines		

L'information est au cœur de toute collaboration. Pour collaborer efficacement, tous les partenaires doivent fournir des informations à jour, exactes et complètes – c'est-à-dire toutes celles qui sont nécessaires pour atteindre leurs objectifs communs. Chaque partenaire doit en outre respecter les exigences de confidentialité et de sécurité des autres. Une confiance mutuelle est indispensable. Et, chose tout aussi importante, chaque partenaire doit s'engager à partager les gains tirés de la collaboration – pas nécessairement un partage équivalent, mais un partage équitable. Une relation collaborative ne peut réussir si les gains mutuels ne sont pas clairement définis.

Les différents types de collaboration

Les partenaires potentiels pour une gestion collaborative de la supply chain peuvent se répartir en trois grands groupes : les clients, les fournisseurs de matières et les prestataires de services (en charge d'activités telles que la fabrication ou la logistique). Bien que chaque groupe nécessite une gestion légèrement différente, les relations sont établies et gérées de façon comparable.

Les collaborations ne sont pas toutes identiques. Les relations entre partenaires de supply chain présentent parfois des caractéristiques très différentes tout en restant des relations de collaboration. De même, les résultats d'une collaboration varient énormément d'un groupe de partenaires à l'autre. La Figure 4.4 présente les différents types de collaboration et les principales caractéristiques de chacun d'entre eux. L'axe horizontal indique le nombre relatif de collaborations et l'axe vertical mesure le degré relatif de collaboration. Nous définissons dans ce tableau quatre types de collaboration [2] : la collaboration transactionnelle, la collaboration coopérative, la collaboration coordonnée et la collaboration synchronisée.

Notez que les limites entre ces différents types de collaboration restent floues. En effet, la collaboration est évolutive et ne correspond pas à une série de pratiques de gestion strictement délimitées. Notez également que les dimensions des deux axes sont subjectives et qu'elles permettent seulement de représenter graphiquement les différents types de collaboration. D'autres modèles utilisent d'autres critères pour mesurer le degré et le périmètre de la collaboration, tels que le niveau d'investissement ou l'importance de la technologie. Il est possible de créer une matrice combinant ces critères, voire d'appliquer une approche multidimensionnelle [3].

Le but n'est pas de choisir les bonnes étiquettes mais d'examiner les diverses caractéristiques qui différencient chaque partenariat. Pour cela, il vous faut déterminer à quel point chaque caractéristique contribue au succès probable de la collaboration, avant d'élaborer un plan pour y arriver. Chaque relation client-fournisseur peut impliquer un certain degré de collaboration. Le fait d'acheter auprès d'un fournisseur spécifique ou de vendre à un client spécifique crée bien une relation entre vos deux entreprises, mais il ne s'agit pas nécessairement de collaboration. Les collaborations, comme les relations, ne sont pas toutes identiques.

Avant de vous décider à systématiquement établir des relations de collaboration avec vos partenaires de supply chain, prenez le temps d'étudier les différents degrés de collaboration possibles et les besoins spécifiques de votre entreprise. Il est souvent préférable de gérer un petit nombre de collaborations étroites plutôt que de nombreuses relations avec de multiples partenaires. Plus loin dans ce chapitre, nous verrons comment déterminer le degré de collaboration avec chaque partenaire de supply chain.

Figure 4.4 Les différents types de collaboration

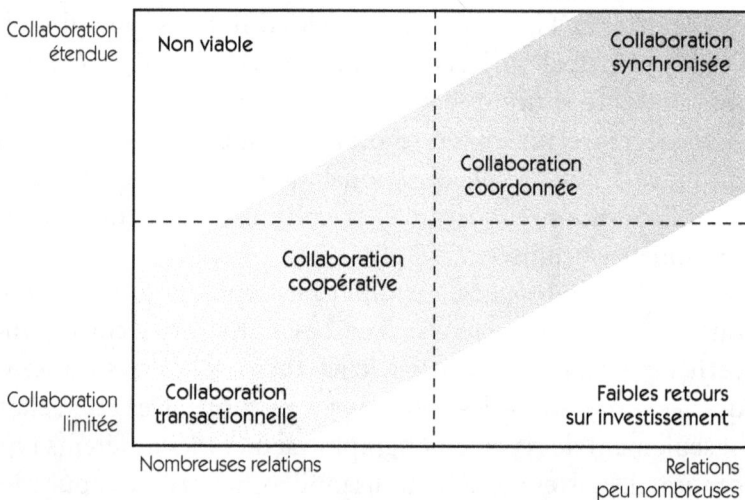

© Éditions d'Organisation

La collaboration transactionnelle

La collaboration transactionnelle a pour objectif de garantir l'exécution efficace des transactions entre partenaires. Cela ne veut pas dire que les relations transactionnelles n'ont aucune valeur stratégique, mais, dans ce type de collaboration, les partenaires se préoccupent rarement de réduire les coûts de la supply chain ou d'accroître les revenus. Ils veillent surtout à fluidifier les transactions, en éliminant par exemple les renégociations incessantes. La collaboration transactionnelle s'applique principalement à des relations entre clients et fournisseurs portant sur l'achat de matières communes ou le MRO (Maintenance, Repair and Overhaul), et dans lesquelles la décision de traiter avec tel ou tel fournisseur dépend surtout des prix. Moins leurs partenaires ont d'importance stratégique, plus les entreprises ont tendance à se focaliser sur l'optimisation des transactions quotidiennes plutôt que sur la création de relations de long terme.

Les relations transactionnelles font rarement appel à des systèmes d'information sophistiqués. De fait, beaucoup d'entreprises concernées par ce type de relation ne disposent pas des systèmes et de l'infrastructure nécessaires pour fournir des informations sous forme électronique. Beaucoup des transactions sont donc manuelles.

Exemple de relation transactionnelle : un client et un fournisseur se mettent d'accord sur un prix fixe pour un produit donné, pour une période donnée et à partir d'un volume donné. L'acheteur bénéficie ainsi d'un prix fixe pendant toute la durée de l'accord et s'engage en échange à acheter une quantité de produits minimale. Cela aide également le fournisseur à planifier sa production. La collaboration transactionnelle correspond au modèle de collaboration le plus élémentaire et, de loin, le plus courant.

La collaboration coopérative

Dans les relations coopératives, le niveau de partage d'informations est plus élevé. Les partenaires de supply chain fournissent par exemple des confirmations automatiques, échangent des informations sur les prévisions, le stock disponible, les commandes ou encore l'état des livraisons. En règle générale, un partenaire envoie des informations que l'autre partenaire revoit et utilise pour travailler – une communication

Dans les relations coopératives, le niveau de partage d'informations est plus élevé.

en sens unique où les informations sont transmises manuellement ou électroniquement (« flux poussé ») d'un partenaire à l'autre, ou publiées de manière à ce que le destinataire puisse y accéder (« flux tiré »).

En règle générale, le type et le format des données fournies sont standardisés. Bien qu'il existe des technologies plus sophistiquées, l'EDI (échange de données informatisées) est la méthode de communications la plus utilisée, que ce soit à travers un réseau EDI propriétaire ou Internet. Pour les entreprises ne disposant d'aucun système d'EDI, les portails Internet de fournisseurs ou les extranets représentent une excellente alternative. La plupart de ces outils permettent d'assurer la gestion du contenu et des documents. Ils contiennent des modèles de décision intégrés qui automatisent la circulation des documents, des formulaires, des données et de certaines tâches.

La collaboration coordonnée

Dans une relation coordonnée, les partenaires de supply chain travaillent plus étroitement ensemble et chacun s'appuie davantage sur les capacités de l'autre. Une relation coordonnée nécessite donc un flux d'information dans les deux sens, ainsi que des processus d'exécution et de planification étroitement synchronisés. L'infrastructure et les processus nécessaires à ce type de partage d'information étant plus complexes que ceux du modèle coopératif, la collaboration coordonnée est généralement réservée à des partenaires de supply chain plus stratégiques.

La collaboration coordonnée exige un haut niveau de négociation et de concession.

À la différence des collaborations transactionnelles ou coopératives, la collaboration coordonnée exige un haut niveau de négociation et de concession. Compte tenu du caractère plus stratégique de ces partenariats et de l'importance du partage des données, les informations doivent généralement être échangées à l'aide de systèmes propriétaires. La mise en place de tels outils et des processus demande beaucoup de temps et d'argent, ce qui implique un engagement sur le long terme de la part des deux partenaires. Ce type de décision, rarement prise à la légère, se justifie par les avantages qu'elle génère et dont chacun des partenaires doit pouvoir profiter.

La gestion partagée des approvisionnements (GPA, ou VMI – Vendor Managed Inventory) est une méthode de collaboration coordonnée très courante où le fournisseur est chargé de veiller à ce que le client ne manque jamais de matière. Certains procèdent manuellement (le fournisseur se rend chez le client pour vérifier les niveaux de stock), mais la GPA est le plus souvent automatisée. Dans certains cas, le fournisseur gère le stock du client à l'aide de prévisions et données de consommation. Dans d'autres, le fournisseur utilise les taux de consommation réels et les niveaux de stock pour déterminer s'il faut réapprovisionner. Dans tous les cas, le succès de la GPA dépend d'une transmission efficace des données, la preuve d'une collaboration coordonnée.

La collaboration synchronisée

La collaboration synchronisée correspond au plus haut degré de collaboration (coin supérieur droit de notre Figure 4.4). Dans ce modèle, les relations dépassent le simple cadre des activités de supply chain pour recouvrir d'autres grands processus de l'entreprise : projets de recherche et développement communs, développement de fournisseurs et développement de propriété intellectuelle. Le partage d'actifs physiques et intellectuels peut même aller jusqu'au partage de personnel. Les collaborations synchronisées sont souvent appelées *alliances stratégiques*.

> La collaboration synchronisée correspond au plus haut degré de collaboration.

Dans ce type de collaboration, les informations sont développées conjointement et non pas simplement partagées ou échangées. D'autre part, une collaboration synchronisée a tendance à se concentrer sur une vision stratégique de l'avenir et non plus sur une planification à court terme ou une exécution tactique. Un engagement commercial de long terme est caractéristique de ce type de collaboration.

Les projets de développement prenant en compte les besoins de supply chain lors de l'élaboration de la stratégie produit sont de bons exemples de collaboration synchronisée. Une entreprise qui inclut les fournisseurs ou les fabricants de matières-clés dans son équipe de développement a beaucoup plus de chances de concevoir de nouveaux produits compatibles avec une supply chain performante. Contrairement aux autres types de collaboration, dans lesquelles les partenaires échangent des données produits, la collaboration synchronisée implique généralement l'utilisation d'un système partagé pour la gestion des données produits.

Choisir le bon type de collaboration

Pour chaque partenaire de supply chain, choisissez un niveau de collaboration adapté. Lorsque vous élaborez votre stratégie de collaboration, vous devez déterminer quel type de relation conviendra le mieux à chaque partenaire. Notre tableau des différents types de collaboration propose diverses possibilités : il n'existe pas de « bonne » ou « mauvaise » place sur la diagonale ; en revanche, certaines zones sont à éviter (voir Figure 4.4).

Tout d'abord, la case « faibles retours sur investissement » : elle correspond aux entreprises qui collaborent de manière limitée avec une série de partenaires de supply chain. Les investissements et les risques associés à ce modèle sont relativement faibles (de même que les avantages qu'il présente). Bien qu'une collaboration limitée soit financièrement intéressante, le modèle « faibles retours sur investissement » n'est pas efficace d'un point de vue business : les gains ne justifient pas l'investissement requis.

La deuxième zone à éviter est la case « non viable » : elle correspond aux entreprises qui veulent mener de front de nombreuses collaborations poussées avec de multiples partenaires de supply chain. Il est intéressant de noter que les fournisseurs d'outils de collaboration la désignent souvent comme modèle optimal en affirmant que les technologies avancées permettent une collaboration à la fois étendue (de nombreux partenaires de supply chain) et de niveau élevé (collaboration poussée avec chacun d'entre eux). Bien que possible en théorie, ce niveau d'intégration est en pratique irréalisable, principalement parce qu'il est extrêmement difficile d'aligner un grand nombre de partenaires sur vos propres objectifs stratégiques.

Malgré toute la publicité faite autour des technologies permettant une intégration parfaite entre les partenaires de supply chain, la plupart des relations aujourd'hui en place sont de type transactionnel ou coopératif. Elles ont tendance à se concentrer sur les activités de supply chain de base (le plus souvent, les approvisionnements et la fabrication). Et même si les relations transactionnelles et coopératives sont considérées comme des « collaborations », elles en offrent rarement les avantages (optimisation des niveaux de stock, meilleur service client, utilisation plus efficace des ressources humaines et livraisons plus rapides et plus fiables). Pourquoi ? Parce que les investissements que doivent faire les partenaires restent faibles et que le résultat obtenu ne suffit pas pour faire progresser la stratégie de l'entreprise, lui permettre d'entrer sur de nouveaux marchés ou lui donner accès à de nouvelles technologies ou compétences. La collaboration transactionnelle et la collaboration coopérative se contentent d'améliorer légèrement l'exécution des transactions quotidiennes.

Cependant, cela ne veut pas dire qu'elles ne sont pas valables. Elles représentent simplement une première étape vers des relations stratégiques plus complexes qui créent un véritable lien entre les partenaires. Une collaboration poussée exige un investissement plus important, une maintenance constante et une extrême vigilance quant aux circonstances susceptibles de nuire à la relation.

Au fur et à mesure que les entreprises abandonnent le modèle classique d'intégration verticale, elles ont de plus en plus besoin de collaborer de manière plus étroite avec un certain nombre de partenaires de supply chain. L'externalisation d'une compétence interne n'en élimine pas le besoin : simplement, la source de cette compétence n'est plus directement contrôlée par votre entreprise. Comme nous l'avons vu dans la discipline n° 3, la capacité à gérer ces relations externes peut elle-même devenir une compétence stratégique.

En matière de collaboration, il est souvent difficile de trouver le juste équilibre entre ce qui est théoriquement possible, ce qui est nécessaire pour appuyer la stratégie de l'entreprise et ce qui est réalisable en termes de gestion des opérations quotidiennes. Étant donné que le degré de collaboration change d'une entreprise à l'autre, le nombre « idéal » et le type « idéal » de collaborations sont très variables. Même si la plupart des entreprises sont encore très loin de leur niveau idéal, le nombre de relations coopératives et coordonnées est en augmentation (voir Figure 4.5).

Vers une collaboration réussie

Le succès d'une collaboration dépend de la capacité de votre entreprise et de vos partenaires à travailler suivant un accord mutuel. Tous les partenariats sont différents mais les principes ci-dessous s'appliquent à tous :

Figure 4.5 Évolution de la collaboration

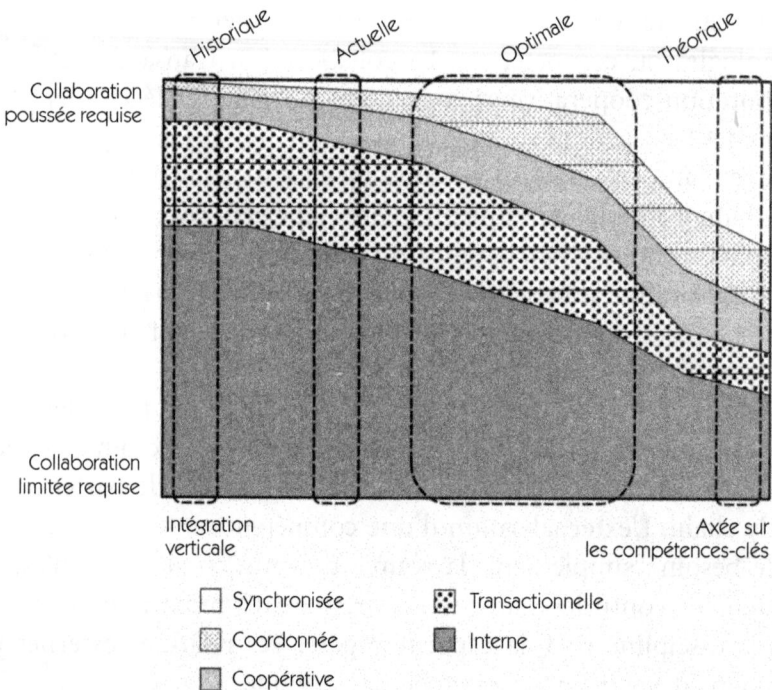

- maîtriser la collaboration interne avant d'essayer de collaborer avec des partenaires externes ;
- définir le degré de collaboration qui convient pour chaque type de partenariat ;
- veiller à ce que chaque partenaire soit intéressé dans la collaboration : partage des gains, des pertes et des risques ;
- être prêt à partager des informations jusque-là considérées comme propriétaires. La confiance mutuelle est une des clés d'une collaboration réussie ;
- définir des attentes claires pour chaque partenaire ;
- utiliser la technologie pour appuyer la collaboration.

En premier lieu, maîtrisez la collaboration interne

Si vous avez déjà du mal à collaborer au sein de votre entreprise, il serait étonnant que vous réussissiez à collaborer avec des partenaires extérieurs. La collaboration interne permet de tester si votre entreprise est prête à atteindre des objectifs communs en synchronisant ses processus, ses systèmes d'information et son organisation – tout cela dans un environnement où les risques sont minimes. Le succès en interne est le meilleur moyen d'illustrer de manière tangible les avantages de la collaboration.

Beaucoup d'entreprises ne savent pas bien collaborer, y compris en interne. Certains départements ou fonctions refusent tout compromis, même si les solutions proposées sont bénéfiques pour l'entreprise. Il est difficile de prouver qu'une collaboration réussie se traduit par une baisse globale des coûts et par l'amélioration des niveaux de service, ce qui fait qu'elle est souvent considérée avec scepticisme. L'utilisation d'indicateurs communs est une des conditions *sine qua non* d'une collaboration efficace, mais trop souvent ces indicateurs n'existent même pas.

Une collaboration interne est parfois plus difficile à mettre en place qu'une collaboration externe car différents facteurs viennent la compliquer. Si la direction d'une entreprise souhaite par exemple renforcer à tout prix la responsabilité des performances au niveau des divisions ou des fonctions, cela peut être un vrai frein à la collaboration. De plus, les approches complexes utilisées pour fixer des éléments tels que les prix de transfert et les frais de services partagés permettent de répartir les coûts de manière équitable mais favorisent souvent la performance fonctionnelle au détriment de la maîtrise des coûts globaux de l'entreprise. Et l'instauration de primes reliant les rémunérations individuelles à la performance des divisions peut renforcer l'autonomie de ces dernières. Ces indicateurs sont parfois contre-productifs puisqu'ils éliminent certains des principaux avantages liés à la collaboration : économies d'échelle et couverture géographique, productivité, partage des connaissances et suppression des redondances.

Dans certains cas, les avantages liés à la collaboration avec des partenaires externes sont plus faciles à promouvoir. La collaboration avec un client permet par exemple d'accroître les revenus et d'améliorer le niveau de satisfaction client. La collaboration avec des fournisseurs permet de réduire les coûts, d'être plus réactif aux évolutions de la demande, d'améliorer la fiabilité des approvisionnements et d'abaisser les niveaux de stock. En interne, les avantages ne sont pas toujours aussi évidents.

Par exemple, pourquoi faire des prévisions au niveau articles plutôt que par catégories de produits ? Pour certaines industries, plus les prévisions sont détaillées, plus il est facile de planifier les approvisionnements et de garantir la disponibilité des produits. Du côté des équipes commerciales, en revanche, cela peut représenter un surcroît de travail dont il est difficile de voir les avantages. L'organisation de supply chain doit donc clairement justifier les avantages générés par les changements de processus afin de convaincre les commerciaux de les adopter.

Enfin, les divisions et fonctions de l'entreprise peuvent utiliser des systèmes d'information incompatibles. Sans plate-forme de données commune, sans fonctionnalité partagée et sans indicateurs standardisés, la disparité des systèmes peut être un frein considérable à la collaboration en interne.

Malgré toutes ces difficultés, la collaboration interne est toujours une démarche valable. Elle génère parfois un avantage concurrentiel et pose les bases de la collaboration externe. Vous devrez commencer par abandonner l'idée selon laquelle elle est un jeu dans lequel il y a toujours un perdant : un département y gagne tandis que l'autre y perd. Présentez clairement les avantages qu'elle représente pour l'ensemble de l'entreprise, en veillant à ce que l'infrastructure en place ne décourage pas la collaboration (en raison d'impacts négatifs, réels ou non, sur une fonction ou une entité).

Chez Logitech, par exemple, la collaboration interne est un impératif. Les produits de ce leader international dans le domaine des périphériques et accessoires informatiques (souris, claviers, périphériques de loisirs interactifs, produits audio) sont vendus par des dizaines de milliers de détaillants dans plus de cent pays, par des centaines de boutiques en ligne ou dans l'offre des fabricants d'équipements informatiques (OEM – Original Equipment Manufacturer). Logitech est un champion de la fabrication en grand volume et distribue ses produits dans le monde entier. Sa stratégie de supply chain reflète l'importance attribuée au design et au prix, ce qui a conduit l'entreprise à créer ses propres moyens industriels et à établir des relations avec de nombreux partenaires de supply chain, tels que des ODM (Original Design Manufacturer) et des prestataires de packaging. Le principal site de production de Logitech et la majorité de ses fournisseurs se trouvent en Asie.

La gamme de produits de Logitech est à la fois très large et très pointue. En raison de cette complexité, à laquelle s'ajoute une fabrication éloignée du client final, la qualité de la planification et l'efficacité des processus (acheminer les produits des sites de fabrication dans les centres de distribution) sont extrêmement importantes.

Comme beaucoup de fournisseurs de produits vendus au détail, Logitech privilégie des emballages capables d'attirer l'œil du client. « Pour nous, c'est très important, déclare Nolan Perry, directeur des services de gestion de projet. L'emballage est un véritable prolongement du produit. Il doit le montrer tout en projetant une image cohérente avec notre stratégie de haute qualité et d'innovation permanente. » Dans de nombreux cas, il s'agit d'emballages adaptés à la forme du produit et qui mettent en valeur son aspect et son style. Ces emballages doivent également être adaptés aux différents types de rayons et présentoirs dans les magasins.

Cette importance de la présentation produit peut être en contradiction avec la recherche de productivité dans la supply chain. Il est plus facile d'expédier des produits d'Asie vers les autres régions du monde s'ils peuvent s'empiler sur des palettes et être stockés en grandes quantités dans des containers standard. Gray Williams, vice-président world-wide supply chain de Logitech, explique : « Malheureusement, ce qui est bon pour la grande distribution n'est pas toujours bon pour la logistique. Les emballages sont de tailles et de formes très différentes, ce qui complique l'expédition sur palettes ou en containers. Or, il suffit parfois de réduire très légèrement la taille d'un emballage pour poser 250 unités au lieu de 200 sur une même palette. »

Cela a l'air très simple, mais, chez Logitech, les décisions concernant l'aspect et la présentation des emballages appartiennent au marketing et non au département supply chain. Comme l'explique Nolan Perry : « Tout le monde comprend bien qu'il faut maintenir les coûts logistiques au plus bas, mais pas si cela implique de vendre moins. » De surcroît, lorsqu'un produit a été vendu dans un emballage particulier, il est très difficile de modifier ce dernier. « Certains commerçants considèrent le changement d'emballage comme un changement de produit complet et ils demandent parfois à échanger tout leur stock contre la dernière version du produit. Cela peut nous coûter très cher. Il faut donc d'emblée faire le bon choix – ce qui n'a pas toujours été le cas... »

Le processus de définition du packaging n'avait pas été conçu pour être séquentiel, avec un transfert au groupe de supply chain une fois la conception terminée. Il a simplement évolué dans ce sens. Pour Logitech, la solution a consisté à établir une étroite collaboration entre les fonctions de supply chain et de marketing et à impliquer très tôt la supply chain dans le processus de développement produit. Elle a également obligé les deux groupes à faire des concessions. « Notre travail consiste à prendre l'emballage voulu puis à trouver le moyen le plus économique pour assurer les approvisionnements et la distribution, explique Gray Williams. Il ne s'agit en aucun cas de repenser entièrement l'emballage, mais nous voulons que l'équipe marketing soit prête à faire certaines concessions si cela contribue à nos performances de distribution [4]. »

La collaboration entre le marketing et les organisations de supply chain a eu pour résultat de créer des emballages qui permettent à Logitech de distribuer ses produits à un coût optimisé, mais aussi de projeter une image d'innovation et de qualité.

Appliquez-vous à sélectionner les bons partenaires

Imaginez un monde dans lequel votre entreprise est étroitement liée à tous ses partenaires de supply chain, qu'ils soient clients ou fournisseurs… L'idée est certes séduisante mais quasiment impossible à réaliser et encore moins de manière économique. Une collaboration intensive est compliquée, difficile, onéreuse et requiert de gros investissements en ressources, en processus et en systèmes. De plus, les clients et les fournisseurs ne sont pas tous aussi importants pour la réussite de votre entreprise. Sans compter que beaucoup de partenaires potentiels ne sont peut-être pas capables ou ne veulent peut-être pas mettre en place le type de collaboration que vous souhaitez. En conséquence, avant de vous lancer dans un programme de collaboration, segmentez vos partenaires – comme les professionnels du marketing segmentent leurs cibles clients.

Il vous faut donc choisir une méthode de segmentation. Vous disposez sans doute d'une liste de clients, fournisseurs et matières achetées que vous considérez comme « essentiels » ou « stratégiques ». Mais pourquoi les considérez-vous comme tels ? En raison de la taille de l'entreprise ? Du prix des matières et des services ? De leur dépendance envers vous – ou vice versa – en tant qu'acheteur ou fournisseur ? De ce qu'ils représentent pour vous, en termes de revenus ?

La segmentation des partenaires de supply chain est indispensable pour mettre en place une collaboration efficace. Quelle que soit la valeur qu'ils représentent pour votre entreprise, à tout partenaire potentiel correspond un degré de collaboration approprié. Il est extrêmement risqué de baser ses décisions de collaboration sur un simple classement des fournisseurs, prestataires ou clients [5].

La meilleure approche consiste à segmenter vos partenaires suivant plusieurs critères et en fonction de vos besoins spécifiques :

● *Critère d'importance stratégique.* En quoi la taille des partenaires potentiels, leur volume d'activité, leur technologie, leurs compétences, leurs matières/composants ou leur position sur le marché sont-ils importants pour vous ?

● *Critère culturel.* Dans quelle mesure vos valeurs sont-elles compatibles avec celles de votre futur partenaire ? Vos effectifs respectifs pourront-ils correctement travailler ensemble ? L'engagement dans une éventuelle collaboration est-il aussi ferme des deux côtés ? En sera-t-il de même si les conditions changent ? Y a-t-il une confiance mutuelle ?

● *Critère organisationnel.* Le partenaire peut-il répondre rapidement et de façon satisfaisante aux demandes d'information et aux commandes ? Est-il suffisamment flexible pour s'adapter à des changements au niveau de la demande ou des approvisionnements ? Les rôles et responsabilités nécessaires pour gérer une relation de long terme sont-ils déjà en place ?

● *Critère technologique.* Vos systèmes d'information respectifs sont-ils compatibles et peuvent-ils facilement être intégrés ? Êtes-vous au même niveau de maturité en matière de technologies ? Êtes-vous aussi prêts l'un que l'autre à partager des technologies et des solutions innovantes ? Votre partenaire est-il capable de fournir des données exploitables et intégrées ?

Le choix de vos partenaires est d'autant plus compliqué qu'il faut examiner ces critères de sélection sur deux axes : la catégorie (clients, fournisseurs de matières ou prestataires de services) et le type de collaboration (transactionnelle, coopérative, coordonnée ou synchronisée).

La meilleure méthode consiste à créer une grille d'évaluation avant d'entamer des discussions avec d'éventuels partenaires. Répertoriez toutes les conditions qu'un partenaire doit remplir pour chaque type de collaboration. Pour être sûr de rester objectif, créez des critères clairs et sans ambiguïté. Notez combien de partenaires vous souhaitez avoir pour chaque type de collaboration, suivant les besoins de votre activité ou votre expérience passée. Classez ensuite les partenaires examinés en partant de celui qui répond le mieux aux différents critères. Vous pouvez également créer une liste de critères « obligatoires », ce qui permet d'éliminer d'emblée les partenaires qui n'y répondent pas.

Alcatel, leader mondial dans l'industrie des télécommunications, a appliqué une stratégie de segmentation pour mettre en place des relations de collaboration avec plusieurs clients et fournisseurs majeurs. Selon ses propres termes, une relation avec Alcatel « peut permettre à un partenaire client de se concentrer sur ses compétences-clés, sans avoir à se préoccuper de la fiabilité de son infrastructure de télécommunications [6] ».

Fin 2001, alors que le marché des équipements télécoms était en pleine crise, la direction d'Alcatel a procédé à l'évaluation complète de son processus de planification. Cette étude a révélé que les fournisseurs de composants s'appuyaient souvent sur des informations obsolètes fournies par les propres centres de production d'Alcatel. Le problème avait pour origine un processus de prévisions fragmenté, séquentiel, impliquant plusieurs partenaires de supply chain. Alcatel utilisait les prévisions de ses clients dans son cycle de planification de demande. Les données de planification étaient ensuite transmises aux sous-traitants qui utilisaient leurs propres processus de planification. Enfin, jusqu'à six semaines après réception des prévisions clients, les données associées – devenues obsolètes – étaient envoyées aux fournisseurs de composants. De plus, les différents participants au processus interprétaient à leur manière les besoins. Au moment où Alcatel recevait les réponses des fournisseurs, les données et le plan de livraison qui les accompagnait n'avaient plus grand-chose à voir avec la demande d'origine.

Alcatel devait donc aligner approvisionnement et demande en améliorant la collaboration avec ses partenaires de supply chain. Commentaire de Burt Rabinowitz, vice-président achats et approvisionnements d'Alcatel : « Nous nous sommes rendu compte que notre supply chain ne peut répondre que lorsqu'elle est synchronisée avec les supply chains de nos principaux partenaires. Il nous fallait par conséquent étudier ensemble les points de contact de la supply chain, c'est-à-dire les points où les informations passent d'un partenaire à un autre. Pour ce faire, nous devions collaborer avec nos principaux partenaires commerciaux. »

L'équipe de direction fit une première sélection parmi ses partenaires, soit parce qu'ils généraient un volume d'activité conséquent, soit parce qu'ils fournissaient des matières uniques ou indispensables à l'entreprise. Elle classa ensuite les éventuels partenaires de collaboration suivant trois critères principaux : le volume d'activité, la sophistication technique et l'innovation, ainsi que la fidélité et la volonté de collaborer. Les partenaires sélectionnés comptaient un client majeur et son principal sous-traitant, un distributeur de produits électroniques et plusieurs fournisseurs de composants ASIC (Application-Specific Integrated Circuits) et de produits optiques.

Pour lancer son projet de collaboration, la direction d'Alcatel convia les dirigeants de chaque partenaire à un forum sur la conjoncture afin de discuter de l'impact des profondes transformations du marché sur leur activité et examiner comment mieux collaborer pour rationaliser les processus et réduire les coûts. Ce forum avait également pour but d'évaluer des critères plus subjectifs : le critère culturel et la volonté de collaborer.

« Nous savions que pour accroître la flexibilité de notre supply chain, nous devions mieux comprendre les points de contact entre processus puis renforcer le système existant à l'aide de processus collaboratifs plus poussés », explique Danny Wade, vice-président senior qualité, en remarquant qu'il aurait été impossible d'appliquer cette approche à tous les clients et fournisseurs. « Nous avons été très stricts sur le choix des entreprises invitées. Il fallait absolument que chaque partenaire comprenne que nous étions tous dans le même bateau et que nous devions éviter toute complexité inutile. »

À la fin du forum, chaque dirigeant s'était engagé à trouver des moyens de renforcer la collaboration et à développer un modèle de collaboration coordonnée pour les prévisions, la gestion des commandes, la visibilité des stocks et la mesure de performance. Ce modèle devait inclure des rôles et responsabilités, des cartographies de processus, des interfaces métiers, des règles de fonctionnement ainsi que des éléments de systèmes d'information.

Les dirigeants d'Alcatel et ses partenaires définirent ensuite le détail des principes nécessaires pour soutenir le modèle proposé. Enfin, Alcatel mit le modèle de collaboration à l'essai avec un produit générant à la fois un volume d'activité suffisant pour les partenaires, se vendant bien et impliquant la coordination d'opérations de fabrication internes et externes. Certains partenaires aidèrent Alcatel avec des systèmes d'information permettant de faciliter l'application des règles de fonctionnement (nouveaux rapports, logiciels supplémentaires et visualisations Web des travaux en cours). Tous les partenaires acceptèrent de partager les données, de synchroniser leurs calendriers de planification et de répondre aux demandes dites standard dans les trois jours ouvrés.

Le nouveau modèle de collaboration a permis de diviser par deux les temps de cycle de planification et de réduire considérablement le niveau de stock global. « Nous sommes désormais capables de mieux aligner nos approvisionnements sur la demande des clients, a expliqué Mike Quigley, PDG d'Alcatel aux États-Unis. Et surtout, en impliquant les clients dans l'analyse des problèmes, leur résolution et les premiers essais, nous les encourageons à s'engager dans des projets d'amélioration de plus grande envergure. Ils sont ravis de travailler avec nous et nous bénéficions de relations plus étroites, fondées sur le factuel et non la perception [7]. »

Intégrez dans votre démarche le partage des gains et des risques

Notre définition de la collaboration inclut des notions d'objectifs communs et de partage des risques et des gains. Formaliser le partage des gains est un moyen bien connu de répartir les avantages financiers d'une relation commerciale. Lorsqu'il y a partage des gains, chaque partenaire accepte de travailler à moindre coût et de partager les économies ainsi réalisées. Les détails font généralement l'objet d'un accord écrit.

Le partage des gains peut être un moyen très efficace pour pousser à la réduction des coûts ou à l'amélioration de services. Il existe de multiples approches pour mettre en œuvre une stratégie de partage des gains. Même si de nombreux exemples de partenariats efficaces sont effectivement basés sur le partage des gains, une collaboration peut cependant être mutuellement bénéfique sans être pour autant basée sur des économies de coûts tangibles.

C'est le cas de la collaboration entre Dow Corning et Cabot Corporation. La société Dow Corning appartient à parts égales à Dow Chemical Company et à Corning, Inc. Elle fait partie des plus grands producteurs de produits chimiques à base de silicone, avec une offre de plus de 7 000 produits et services [8]. Cabot (1,5 milliard de dollars) fabrique des produits chimiques spécialisés. L'entreprise produit principalement des noirs de carbone, du dioxyde de silicone fumé, des colorants pour les technologies jets d'encre, des colorants pour plastiques, des fluides de forage pour l'industrie pétrolière et des matières pour condensateurs [9].

Dans le monde de la chimie spécialisée, un sous-produit d'une entreprise peut être un ingrédient-clé pour une autre. C'est le cas pour Dow Corning et Cabot Corporation, qui ont établi des relations de collaboration montrant clairement comment les résultats d'un partenaire peuvent être étroitement liés à la performance de l'autre.

Dow Corning est un important producteur de silicium purifié destiné à l'industrie des puces électroniques. Il utilise un procédé qui permet d'obtenir un sous-produit appelé tétrachlorure de silicium ou chlorosilane. Le tétrachlorure de silicium est un ingrédient-clé dans la fabrication du dioxyde de silicone fumé, l'un des principaux produits de Cabot. Et Dow Corning utilise vingt qualités différentes de dioxyde de silicone fumé comme composant de « remplissage » dans sa gamme de joints (calfatages en silicone).

Le lien entre les deux entreprises est si étroit que deux des principales usines de Cabot sont voisines de celles de Dow Corning et que les matières passent d'un local à l'autre *via* une infrastructure partagée. Pour que le processus fonctionne correctement, les directeurs de production de Cabot et de Dow Corning se rencontrent quotidiennement pour discuter des plans de production. Les responsables de Dow Corning indiquent la quantité de tétrachlorure de silicium qui sera disponible et la quantité de dioxyde de silicone fumé dont ils auront besoin. De son côté, Cabot indique la quantité de tétrachlorure de silicium qu'elle commandera à Dow Corning et les qualités de dioxyde de silicone fumé qui seront disponibles. Si la qualité demandée n'est pas disponible en quantité suffisante, les deux entreprises négocient une solution mutuellement acceptable. Elles peuvent ensuite ajuster l'ordonnancement de leur production en fonction.

Le prix total que paie chaque partenaire pour les matières utilisées montre lui aussi combien les relations entre les deux entreprises sont étroites. Chacune d'entre elles mesure le volume de produit passant d'une usine à l'autre. Chaque mois, les quantités relevées sont consolidées, examinées et réconciliées, les incohérences rectifiées et une facture récapitulative établie. Les prix ayant été préalablement négociés, la réconciliation porte seulement sur les quantités.

Un exemple de gain mutuel

Les technologies d'aujourd'hui offrent des possibilités autrefois jugées irréalisables ou tout au moins irréalistes. Même si une chose est techniquement faisable, il n'est pas systématiquement nécessaire de chercher à exploiter cette possibilité. Et, dans certains cas, cela est même vivement déconseillé.

Beaucoup de stratégies de collaboration efficaces n'ont pas besoin de la technologie. Malgré toute la publicité faite autour des solutions de B2B (Business-to-Business) qui semblent intéresser de nombreux professionnels de la supply chain, la plupart des entreprises estiment que leurs partenaires potentiels n'ont pas le niveau technique requis pour participer à un processus de collaboration basé sur des systèmes d'information complexes. Rappelez-vous que les relations transactionnelles sont aussi considérées comme une collaboration. Ce n'est pas parce que vos systèmes ne sont pas parfaitement intégrés avec ceux des fournisseurs qui approvisionnent vos unités de fabrication que vous ne travaillez pas en collaboration. En fait, quel qu'en soit le type (transactionnelle, coopérative, coordonnée ou synchronisée), une collaboration peut toujours être extrêmement efficace, sans nécessairement faire usage des fonctionnalités avancées proposées par les systèmes de collaboration supply chain.

Jamba Juice, société basée à San Francisco, a ouvert des magasins dans vingt-cinq États américains. Sa recette est très simple : Jamba Juice vend des nectars de fruits 100 % naturels fabriqués à la commande, ainsi que des jus de fruits frais, des viennoiseries et autres en-cas. Tous les articles sont élaborés afin d'offrir un juste équilibre entre « saveur » et « alimentation nourrissante » [10].

Les fournisseurs de Jamba Juice sont de grands producteurs de fruits et légumes. L'entreprise signe avec eux des contrats de longue durée qui garantissent la disponibilité des produits. « Nous ne pouvons pas avoir de contrat avec la Nature, explique Joe O'Neill, directeur financier de Jamba Juice, alors nous devons faire preuve de créativité pour être aussi sûrs que possible d'obtenir les produits dont nous avons besoin. » Et Jamba Juice a besoin de grandes quantités : l'entreprise utilise chaque année plus de 5 000 tonnes de fraises congelées, 3 000 tonnes de bananes congelées et 13 000 tonnes d'oranges fraîches.

Les quantités semblent prodigieuses, mais retenir l'attention des producteurs n'est pas si simple car Jamba Juice est en concurrence avec de nombreuses autres entreprises qui fabriquent des boissons ou des produits à forte contenance en fruits (tartes et confitures). De plus, les producteurs de fruits fournissent également la grande distribution et les distributeurs spécialisés.

La tâche est particulièrement difficile en ce qui concerne les fraises car elles se vendent très bien en grandes surfaces, et, aux États-Unis, c'est la grande distribution qui offre aux producteurs la marge la plus importante. Rien d'étonnant donc à ce que 75 % des 700 000 tonnes produites en Californie soient destinées au marché des produits frais, alors que seulement 25 % sont congelés et vendus aux industriels de l'agroalimentaire [11]. En règle générale, la taille des fraises est directement associée à leur goût et à leur douceur, les plus grosses étant souvent considérées comme les plus sucrées et les plus mûres. En réalité, la saveur du fruit dépend de ses conditions de production (notamment la météo), de l'âge auquel il a été cueilli et de sa variété. Malgré cela, les recherches réalisées par les consortiums d'agriculteurs portent principalement sur la culture de fruits de plus grande taille.

Ce sont précisément ces fraises qui posent problème à Jamba Juice. « Elles sont tout simplement trop grosses, explique Ann Kimball, directrice supply chain management de Jamba Juice. Nos mixeurs ont du mal à les presser, nos machines ne sont pas adaptées et les variations de taille font varier la texture, la saveur et la couleur de nos nectars. »

N'ayant pas le poids suffisant pour influencer les priorités de développement de ces nouvelles variétés, Jamba Juice a demandé l'aide des entreprises intermédiaires, celles qui lavent, trient et conditionnent les fruits avant de les vendre aux distributeurs.

Pour conserver leur saveur et leur aspect, les fraises doivent être congelées aussi vite que possible après leur récolte. Dans la plupart des cas, elles sont tranchées, écrasées ou conservées entières pour être congelées. Les entreprises qui les préparent disposent d'équipements spécifiques pour procéder à ces trois opérations. Et Jamba Juice a besoin d'une quatrième chose : de fruits coupés en morceaux assez gros pour être reconnus par le client.

« Je sais que cela a l'air simple, déclare Ann Kimball, mais nous devons faire preuve de beaucoup de créativité pour être sûrs d'obtenir les quantités de fraises congelées dont nous avons besoin. » Les organisations de supply chain et de R&D de Jamba Juice ont travaillé en étroite coopération avec Cleugh's Frozen Foods, Inc. pour développer leur technologie propre permettant de découper les fraises avant congélation d'une manière adaptée au processus de production interne. « Cela représentait un investissement non négligeable pour Cleugh's, remarque Ann Kimball, mais leur capacité à nous garantir des fruits utilisables en portions nous a permis de transformer le partenariat existant en un partenariat fournisseur de long terme [12]. »

La relation entre Jamba Juice et la société Cleugh's est un parfait exemple de collaboration coordonnée, qui ne dépend pas de la disponibilité ou de l'utilisation de systèmes d'information sophistiqués.

Faites confiance à vos partenaires tout en protégeant vos intérêts

Une collaboration efficace est fondée sur la création de liens ainsi que sur le partage des informations et des avantages obtenus dans le cadre de cette collaboration. Autrement dit, vous ne pouvez pas demander quelque chose à vos partenaires sans leur offrir autre chose en retour : par exemple des concessions en termes de prix, des services à valeur ajoutée ou, dans la plupart des cas, des informations. Si vous voulez mettre en place une infrastructure permettant de transmettre automatiquement vos commandes à vos fournisseurs, pourquoi ne pas leur fournir vos projections de vente pour les neuf prochains mois ? Le partage d'informations implique une certaine confiance, mais peut-être n'avez-vous pas suffisamment confiance en votre partenaire.

Beaucoup d'entreprises hésitent à communiquer des informations hautement stratégiques à leurs partenaires de collaboration, et à juste titre : on abuse sans cesse de leur confiance ! Les tarifs confidentiels atterrissent chez des concurrents, les spécifications produits sont copiées ou les soi-disant conditions « privilégiées » accordées par un fournisseur sont en fait moins intéressantes que celles proposées à d'autres clients.

Examinons le cas d'un grand fournisseur d'équipements de réseaux réalisant des marges confortables – en grande partie grâce à une gestion extrêmement stricte de ses fournisseurs. L'entreprise achète ses composants-clés au plus bas prix et demande à ce que les prix négociés restent confidentiels. Pour protéger ces prix de la concurrence, elle achète ces composants par l'intermédiaire d'un service achats central qui les livre à un sous-traitant. L'entreprise avait noué des relations très étroites avec un fournisseur majeur et était persuadée de bénéficier du prix le plus bas pour un composant électronique important – jusqu'au jour où elle a racheté une autre entreprise qui achetait le même composant auprès du même fournisseur mais 10 % moins cher. Et ce, bien que le fournisseur ait toujours assuré à l'équipementier qu'il bénéficiait du prix le plus intéressant de tous ses clients.

Pour Greg Frazier, vice-président exécutif d'Avnet Supply Chain Services (ASCS), les abus sont chose courante et font échouer de nombreuses collaborations. ASCS est la branche services d'Avnet Electronics Marketing, distributeur mondial de composants électroniques. L'organisation de Greg Frazier fournit des services de supply chain transversale à des fabricants (OEM), des sous-traitants électroniques (EMS – Electronic Manufacturer Services) et des fabricants de composants électroniques. Greg remarque que le problème des prix évoqué plus haut est souvent lié à la définition donnée par le fournisseur : il promet peut-être le prix le plus bas mais ajoute en très petits caractères « pour la taille et les segments de marché de votre entreprise ». « Dans beaucoup de cas, la notion de "prix le plus bas" n'est qu'une illusion. »

Le fait est que certains abusent réellement de la confiance des entreprises. Mais, au lieu d'utiliser ce prétexte pour ne pas collaborer, définissez votre partenariat en vous assurant de protéger vos intérêts.

Au cours des dernières années, la notion de protection de la confidentialité a beaucoup évolué. Dans la mesure où davantage d'entreprises partagent leurs prévisions, leurs plans de production, leurs calendriers de livraison, leurs tarifs et leurs données produits, la sécurité des informations est devenue une question capitale, qui dépasse désormais le cadre interne. Vos partenariats doivent s'accompagner d'un contrat ou d'un accord de confidentialité définissant un niveau de protection légale des données, ce qui est plus précis que la notion « plus vague » de confiance. Même si un contrat minimise les risques, ne croyez pas qu'il ne vous servira que de recours légal en cas d'échec de la collaboration. Utilisez-le plutôt pour déterminer les règles qui régiront le partenariat ainsi que les rôles et les responsabilités.

La transmission des données constitue un autre point à surveiller de près. Bien que de nombreuses technologies permettent de crypter les données et de les faire parvenir à leur destinataire de manière ininterrompue et sans aucune perte, le risque de défaillance technique reste bien réel. Pour le minimiser, beaucoup d'entreprises ont recours à de coûteux services de sécurité technologique. Dans ce cas, les partenaires doivent souvent se conformer à des règles de sécurité définissant par exemple les types de mot de passe à utiliser et limitant l'accès aux serveurs et postes de travail connectés. Bien que les méthodes diffèrent, les responsables métier et informatique analysent scrupuleusement la sécurité de leurs partenaires, au même titre que la leur [13].

Afin d'aider les entreprises à protéger leurs informations, l'ISO (International Organization for Standardization) a créé la norme ISO/IEC 17799, avec un cahier des charges qui définit les meilleures pratiques dans dix domaines critiques, allant de la politique de sécurité à la gestion de la continuité des opérations. Certaines entreprises demandent donc à leurs partenaires de collaboration d'être certifiés ISO/IEC 17799. Étant donné que cette norme constitue un cadre définissant davantage les meilleures pratiques qu'une réelle méthodologie, les entreprises l'utilisent généralement pour détailler ce qu'elles demandent à leurs partenaires : des plans de restauration de données après incident grave ou l'utilisation d'une protection antivirus identique sur tous les terminaux reliés au réseau, par exemple.

Il est impossible d'éliminer tous les risques concernant la sécurité des informations. Votre supply chain est dynamique. De nouveaux clients et fournisseurs viennent constamment s'y ajouter et le degré de collaboration avec vos partenaires évolue en permanence. Pour déterminer le niveau de sécurité nécessaire, répertoriez tout d'abord les situations les plus perturbantes pour votre activité : l'indisponibilité des systèmes les plus importants, la perte de données ou la perturbation des communications avec vos partenaires, par exemple. Ensuite, évaluez et mettez en place les mesures ou les outils nécessaires pour gérer ces risques.

Faites de la technologie un atout pour soutenir votre collaboration

La technologie vous permet de communiquer avec vos partenaires. Elle élimine les frontières entre les entreprises, fluidifie la circulation des informations et convertit les données en informations utiles. Compte tenu de l'intérêt du concept de gestion de la supply chain transversale et de la disponibilité de la technologie nécessaire pour le mettre en œuvre, pourquoi les entreprises mettent-elles tant de temps à mettre en place une réelle collaboration ? Tout simplement parce qu'elles ne sont pas prêtes.

À l'apogée de la bulle Internet, un grand nombre de sociétés informatiques ont cru pouvoir faire redécoller les ventes de leurs clients en installant les applications et systèmes de supply chain adéquats. Mais il n'en a rien été car beaucoup d'entre eux voulaient profiter des avantages promis sans préparer le terrain (analyse, révision des processus et alignement avec les nouvelles applications nécessaires pour bénéficier de tout leur potentiel).

Les tout premiers systèmes d'e-commerce s'attaquaient aux problèmes de collaboration durable et étendue, tels que les prévisions étendues, la création de demande et la planification des opérations. Dans beaucoup de cas, il s'agissait d'initiatives descendantes (top-down) lancées par des responsables ayant des intérêts dans les sociétés dont ils défendaient la technologie. Quant aux fournisseurs de ces systèmes et outils, ils étaient souvent dans l'impossibilité de tenir leurs promesses. Dans beaucoup d'entreprises, les processus manquaient de maturité, les données nécessaires n'étaient pas disponibles, ou elles n'étaient pas prêtes à utiliser les nouvelles méthodes de travail collaboratif offertes par les nouvelles technologies.

De surcroît, il n'existait aucun standard de transaction ou de communication e-business susceptible de fédérer un nombre d'utilisateurs suffisant. Les outils de collaboration devaient convertir de multiples formats de données, ce qui les compliquait encore davantage et limitait leur intérêt. En bref, le monde n'était pas prêt à exploiter toute la richesse de la technologie mise à sa disposition.

Beaucoup des premiers portails « B2B » étaient par conséquent de simples bases de données conçues pour « envoyer » des informations.

L'entreprise A publiait des données sur un site et signalait ensuite à l'entreprise B que les informations étaient à sa disposition (ou partait du principe que l'entreprise B allait régulièrement consulter le site). L'entreprise B pouvait ainsi prendre connaissance des informations, les télécharger sur ses propres systèmes puis les exploiter à sa convenance. En pratique, Internet devenait un système d'EDI très coûteux et très sophistiqué. Les enchères en ligne, pour l'achat et la vente de produits et matières, sont devenues les applications les plus courantes. Pourquoi ? Parce que ces applications n'ont pas besoin de l'intégration des systèmes et des données nécessaire à une véritable collaboration.

Après le déclin des sociétés dotcom, beaucoup d'outils de collaboration se sont recentrés sur un domaine d'application plus restreint : l'exécution de la supply chain et non plus la planification à long terme. Cela permettait d'atténuer les risques liés au partage d'information, d'automatiser un grand nombre de processus manuels et de travailler en temps réel.

Les outils de collaboration d'aujourd'hui concernent la gestion des événements au sein de la supply chain et les relations entre clients et fournisseurs. Étant donné que la technologie progresse et que les entreprises sont de mieux en mieux préparées à une maintenance rigoureuse des données, ces nouvelles applications devraient bientôt tenir leurs promesses. Il est important de faire une utilisation raisonnable de ces outils. Ils peuvent certes améliorer le flux d'information et contribuer aux prises de décision mais ils ne pourront jamais remplacer des processus de qualité ou un professionnel de supply chain expérimenté. Un bon système de collaboration peut rassembler des données et faire des recommandations en s'appuyant sur une série de règles métier prédéfinies, mais il ne peut pas juger si ces règles s'appliquent bien à telle ou telle situation, ni mesurer l'effet d'une demande inadaptée à un partenaire de supply chain.

> Les outils de collaboration d'aujourd'hui concernent la gestion des événements au sein de la supply chain et les relations entre clients et fournisseurs.

La technologie reste néanmoins un élément primordial pour la plupart des collaborations coordonnées et synchronisées, ainsi que pour beaucoup de collaborations coopératives. Rappelez-vous que la technologie est un instrument et non un facteur de réussite. Pour obtenir un bon retour sur vos investissements technologiques, assurez-vous au préalable que votre organisation est prête à les exploiter. Cela vous conduira peut-être à en modifier la structure, les processus, les systèmes de rémunération et de primes et les indicateurs de performance.

Faites participer vos clients et fournisseurs à la sélection et au développement des processus et systèmes. Ou, tout au moins, consultez-les et laissez-les influer sur votre conception ou l'améliorer. Utilisez votre solution technologique pour garantir la qualité d'un service, pas pour en excuser la médiocrité.

N'oubliez pas de faire des concessions

À moins d'être un Dell ou un Wal-Mart, ne vous attendez pas à ce que vos demandes de collaboration soient immédiatement acceptées par vos clients et fournisseurs. Lorsque vous invitez une autre entreprise à travailler en collaboration avec vous, vous allez lui demander en effet d'apporter des changements fondamentaux à son fonctionnement. Plus le degré de collaboration recherché est élevé, plus ces changements sont importants. Seules les grandes entreprises pesant un certain poids sur le marché peuvent en quelque sorte « forcer » leurs partenaires à les suivre. Pour les autres, elles doivent d'abord convaincre.

Nous avons déjà vu qu'une collaboration a pour but de générer des avantages stratégiques ou financiers. Aussi évident que cela puisse paraître, mettre en place une collaboration pour le simple fait de collaborer ne vaut pas la peine. Le but n'est pas de

> Le but n'est pas de déplacer les coûts d'un partenaire de supply chain vers un autre. Il s'agit de configurer la supply chain de sorte qu'elle coûte moins cher au global, puis de partager les économies réalisées.

déplacer les coûts d'un partenaire de supply chain vers un autre. Il s'agit de configurer la supply chain de sorte qu'elle coûte moins cher au global, puis de partager les économies réalisées. Ce qui veut dire que vous devez accepter de faire des concessions.

Greg Frazier, de la société Avnet, a vu bon nombre de fournisseurs de composants électroniques et sous-traitants tenter de devenir partenaires à un niveau auquel ils n'étaient pas prêts. « C'est une chose d'échanger des prévisions sous forme électronique, remarque-t-il, mais quand on demande à un partenaire d'exécuter des opérations de logistique complexes, il a parfois du mal à prendre en charge ces tâches supplémentaires et à tirer réellement profit de la collaboration. »

L'entreprise de Greg Frazier travaille avec des fabricants de composants qui préfèrent vendre leurs produits par l'intermédiaire d'Avnet plutôt que directement aux clients finaux. « Beaucoup d'entre eux ont beaucoup de mal à gagner de l'argent en vendant en direct, dit-il. Ce n'est pas une question de compétence mais de stratégie et d'échelle. Ils sont là pour fabriquer des composants électroniques, pas pour gérer les supply chains d'autres entreprises. »

Beaucoup de ces fabricants de composants vendent à des fabricants (OEM) qui externalisent la production à des sous-traitants – souvent plusieurs fabricants dispersés à travers le monde. Un fabricant qui livre par exemple 5 fabricants gérant chacun 5 sous-traitants ayant chacun 5 sites de production doit donc travailler avec 125 sites différents. « Cela veut dire 125 prévisions par semaine, remarque Greg Frazier. Pour la plupart des fabricants de composants, c'est un modèle très difficile à gérer sans investissement majeur en personnel, en systèmes et en infrastructure. »

Les fabricants et les sous-traitants électroniques (EMS) développent fréquemment un « plan directeur de collaboration », en d'autres termes un plan qui optimise leurs propres avantages. Pour continuer de travailler avec eux, les fournisseurs doivent accepter de leur fournir des services à valeur ajoutée. Or, si vous demandez à vos fournisseurs de vous fournir un nouveau service et de prendre des risques supplémentaires sans rien proposer en contrepartie, vous avez peu de chances de les convaincre. Et même s'ils acceptent de signer, vous verrez très vite qu'ils ne sont pas en mesure de remplir les objectifs que vous définissez à leur place. Procédez au contraire en travaillant étroitement avec eux pour élaborer une proposition qu'ils peuvent comprendre et accepter. Concluez un accord qui définit la juste valeur des services supplémentaires que vous leur demandez et une contrepartie intéressante pour eux.

Les entreprises les plus performantes en matière de collaboration déploient des efforts importants pour aider leurs partenaires à être rapidement opérationnels. Certaines des meilleures pratiques consistent à leur fournir une solution technologique pour une somme modique (voire nulle) et à travailler en étroite collaboration avec eux pour qu'ils puissent rapidement utiliser cette nouvelle technologie, par exemple. En revanche, acheter un logiciel et l'installer chez votre fournisseur n'est pas une collaboration.

Enfin, veillez à déterminer comment les résultats de la collaboration seront évalués. Définissez avec vos partenaires une série d'indicateurs cohérents par rapport aux gains attendus et qu'il est possible d'actualiser et d'analyser régulièrement.

Le modèle de collaboration de demain

La nécessité de prendre en compte et de réagir aux modifications de planification au niveau d'un partenaire représente l'un des aspects les plus critiques de la collaboration. La plupart des outils de collaboration d'aujourd'hui reposent sur des bases de données centralisées. Mais, étant donné qu'il faut des heures pour intégrer et traiter les données provenant de nombreuses sources différentes, les décisions des entreprises s'appuient souvent sur les données historiques. Si vous êtes par exemple une entreprise internationale dont le siège social se trouve aux États-Unis, c'est sans doute dans ce pays que vous conserverez votre base de données. Pour effectuer des analyses mondiales, vos outils de collaboration ont besoin de données centralisées. Mais, pour centraliser les données, il faut les transférer dans la base et l'opération peut prendre plusieurs heures. Ainsi, même si vous croyez pouvoir réaliser des analyses en temps réel, ce n'est pas vrai : les entreprises utilisent la plupart du temps les données de la veille (voire plus anciennes). Avant l'apparition des bases de données centralisées, les analyses étaient beaucoup plus rapides mais n'étaient que partielles car elles n'exploitaient qu'une partie des données disponibles.

© Éditions d'Organisation

La collaboration des années à venir est en quelque sorte un « retour vers le futur ». Elle nous ramène à la fin des années 1990, avant la bulle Internet, alors que cette technologie promettait une visibilité complète des informations opérationnelles à travers tout le réseau de supply chain. Par beaucoup d'aspects, c'était déjà l'avenir. La majorité de la technologie nécessaire pour offrir une visibilité complète existe déjà depuis un certain temps, mais la plupart des entreprises ne peuvent pas en profiter car leurs processus n'ont pas atteint une maturité suffisante – ce qui devrait cependant rapidement changer.

Dans la gestion collaborative de la supply chain des années à venir, les progrès technologiques seront éclipsés par le changement des attitudes individuelles. Il y aura une évolution vers la collaboration en tant qu'investissement commun, ce qui remplacera des attitudes égocentriques caractéristiques des collaborations actuelles, du type : « Si nous développons un modèle de collaboration, nous pouvons exiger de nos partenaires qu'ils l'utilisent. »

> Dans la gestion collaborative de la supply chain des années à venir, les progrès technologiques seront éclipsés par le changement des attitudes individuelles.

Les changements seront notamment les suivants :

- les entreprises s'intéresseront davantage à la collaboration pour atteindre un niveau de satisfaction clients durable plutôt que pour réduire les coûts ;
- l'architecture de données distribuée deviendra la plate-forme d'outils de collaboration la plus courante, ce qui permettra aux entreprises de réagir en temps réel aux données de planification et d'exécution ;
- les entreprises examineront de plus près les politiques de sécurité de leurs partenaires de collaboration et les nouvelles technologies permettront des audits électroniques détaillés des mesures de sécurité prises ;

- l'intégration de systèmes disparates deviendra réalité, ce qui permettra aux entreprises de gérer leurs équipements logistiques et de production à l'aide d'un système central ;

- au lieu de simplement automatiser les transactions courantes, les systèmes seront capables de regarder vers l'avenir, de prévoir des événements non planifiés et, le cas échéant, de déclencher les réactions qui conviennent ;

- les applications logicielles seront étendues à d'autres niveaux de fournisseurs et distributeurs. La collaboration avec plusieurs clients et fournisseurs sera généralisée mais les entreprises continueront à collaborer sur des problématiques de planification et de prévision plus poussées avec quelques partenaires sélectionnés ;

- la collaboration avec les fournisseurs de matières restera axée sur les transactions, tandis que la collaboration avec les prestataires de services sera plus stratégique et axée sur la planification ;

- des applications seront construites à partir d'une architecture basée sur les technologies Internet et hébergée à l'extérieur ;

- la collaboration se concentrera de plus en plus sur la partie de la supply chain visible du client, en mettant l'accent sur les modèles de réapprovisionnement et de prévision collaboratifs ;

- l'utilisation d'outils de référence tels que les PIP (Partner Interface Processes) de RosettaNet et le CPFR (Collaborative Planning, Forecasting and Replenishment) deviendra la principale forme de communication collaborative dans les secteurs de l'électronique et des produits de grande consommation.

En tant que discipline de gestion, la collaboration n'en est encore qu'à ses premiers pas. Nous pensons qu'elle transformera l'économie de toutes les entreprises au fur et à mesure que les conventions, les règles et les pratiques seront modifiées pour refléter la réalité de l'intégration et d'une visibilité accrue au travers de la supply chain. La collaboration permettra aux petites entreprises de faire concurrence aux plus grandes, en diminuant l'importance de la taille en tant que facteur de différenciation. Elle deviendra une discipline essentielle et un élément indispensable de votre stratégie de supply chain. Consultez la Figure 4.6 pour savoir par où commencer.

Figure 4.6 Quelques conseils concernant la collaboration

- Vous pouvez avoir une vision grandiose mais vous avez peu de chances de réussir si vous essayez d'emblée de mettre en place une « collaboration idéale ». Commencez plutôt par des améliorations tactiques.

- Concentrez-vous sur une vision unique et sans ambiguïté de votre stratégie de collaboration, avec un but et des objectifs clairs.

- Identifiez clairement les compétences-clés présentes et futures que souhaite votre entreprise et assurez-vous que la stratégie de collaboration est totalement cohérente avec la cible.

- Commencez doucement, en vous concentrant sur un petit nombre de domaines, sur quelques partenaires potentiels et sur des tâches soigneusement sélectionnées.

- Les premiers travaux peuvent être réalisés « manuellement » (à l'aide d'un téléphone/télécopieur/courrier électronique), tandis que les travaux plus poussés exigeront probablement l'utilisation de systèmes plus élaborés. Alors surveillez bien comment vos systèmes devront évoluer.

- Déterminez la nature de vos relations collaboratives et la manière dont elles seront gérées, à partir des facteurs de succès de votre entreprise et des réalités économiques.

- Faites évoluer vos capacités technologiques jusqu'au niveau où vos partenaires seront capables de vous suivre mais pas au-delà.

- Dès le départ, évaluez les changements d'organisation qui seront nécessaires pour supporter une collaboration de plus grande envergure.

- Alignez le système de rémunération et de primes de votre entreprise sur les objectifs de la stratégie de collaboration.

- Gérez effectivement vos partenaires en mettant en place un programme d'indicateurs qui permettra de surveiller régulièrement leur performance (et la vôtre).

- N'excluez jamais le facteur humain. Trop d'entreprises mettent en place de nouveaux outils de collaboration pour découvrir ensuite que le système recommande des actions complètement illogiques d'un point de vue métier. Au fur et à mesure de l'avancement du projet, veillez à vous entourer de professionnels compétents, capables de surveiller les progrès et de procéder aux corrections nécessaires.

Alléger l'infrastructure pour renforcer l'efficacité

Alors que l'armée américaine entre dans le vingt-et-unième siècle, le département américain de la Défense révise son approche sur l'activité militaire. Il crée à cet effet un nouveau plan baptisé Force-centric Logistics Enterprise (FLE) consistant à s'inspirer des meilleures pratiques des entreprises et à les intégrer aux meilleures pratiques de l'armée, afin de générer une supply chain plus performante et plus agile.

Questionnée sur le périmètre de la plus grande supply chain du monde, à savoir celle du département américain de la Défense, Diane K. Morales, adjointe du secrétaire américain de la Défense pour la logistique et la préparation matérielle au moment de notre entretien, répond : « Ce que nous sommes en train de faire n'a pas d'équivalent dans le domaine commercial. Si nous étions une entreprise privée, nous serions le numéro un sur la liste Fortune Global 500. » Et elle poursuit en donnant quelques chiffres : « Notre volume d'activité en dollars représente plus du double de celui du géant de la distribution Wal-Mart, qui est actuellement à la tête du classement *Fortune 500*. Nos supply chains représentent un coût de près de 80 milliards de dollars par an. Nous employons plus de 1 million de personnes et ce que nous distribuons à nos clients représente plus de 400 milliards de dollars.

« Nos clients sont les soldats, les marins, les aviateurs et les marines. Nos actionnaires sont tous les citoyens américains. Notre conseil d'administration (la Chambre des députés et le Sénat) réunit 535 membres actifs. »

Cela dit, aussi puissante soit-elle, la supply chain du département américain de la Défense (DoD) doit subir une transformation encore jamais vue à une telle échelle. Diane K. Morales a raison d'évoquer Wal-Mart (246,5 milliards de dollars de chiffre d'affaires annuel). Mais au lieu de vendre des lacets de chaussures, des brosses à dents, des poêles à frire et de l'huile de moteur, le DoD fournit des sous-ensembles de missiles, des moteurs et systèmes de transmission de véhicule, des microcircuits, des machines à rayons X, des systèmes d'imagerie à résonance magnétique (MRI), des carlingues d'avion, des machines industrielles lourdes ou encore du carburant, pour ne nommer que ces exemples parmi les 4,6 millions d'articles stockés par la Defense Logistics Agency (DLA – Agence logistique du département de la Défense). Chaque référence doit être livrée en temps voulu (ici, pas question de retard ou de rupture de stock) dans les quantités demandées par le client, où qu'il se trouve dans le monde.

Ce « client », nous le savons tous, est ce que les militaires appellent un « combattant » et il (ou elle) peut se trouver n'importe où à n'importe quel moment. Comme l'indique Diane K. Morales, la vitesse et le mode d'opération de l'armée ont considérablement évolué au cours des dix dernières années. « En 1991, au cours de l'opération Tempête du désert au Koweït, le général Norman Schwarzkopf avait besoin de 60 jours de ravitaillement avant de lancer un assaut avec 250 000 hommes. Pour l'opération Iraqi Freedom, le général Tommy Franks ne voulait plus que deux semaines de ravitaillement pour ses 150 000 hommes. »

Des flux poussés aux flux tirés

Diane K. Morales a dirigé l'un des plus vastes programmes de transformation jamais réalisés au sein du DoD. Appelé Future Logistics Enterprise lors de sa planification, il a été rebaptisé Force-centric Logistics Enterprise (FLE) au moment de sa mise en place. Diane le décrit comme « un plan intégré visant à transformer la logistique en une force plus souple offrant l'agilité et la réactivité nécessaires ». Cette logistique modernisée présente cinq caractéristiques :

- *La vitesse.* Le plan de bataille du général Tommy Franks prévoyait par exemple une avancée très rapide sur Bagdad. Aucune armée n'est jamais allée aussi loin aussi vite : les Américains ont parcouru près de 500 kilomètres en 22 jours.

- *La flexibilité.* Lorsque la Turquie a refusé de soutenir un deuxième front dans le nord de l'Iraq, l'armée américaine a continué d'avancer uniquement par le sud, changeant de stratégie en quelques heures.

- *Les armes de précision.* Lors de la guerre du Golfe, 8 % des armes étaient des armes de précision. Pour l'opération Iraqi Freedom, ce chiffre est passé à 66 %.

- *Utilisation accrue d'engins aériens téléguidés.* Ces engins sont utiles à la fois pour la surveillance et le combat.

- *Opérations conjointes.* Dans l'environnement militaire actuel, il est essentiel de bien coordonner les différents « composants » de service pour être efficace. Dans l'opération Iraqi Freedom, 78 % des sorties appuyaient directement les forces d'interventions spéciales.

Bien entendu, l'armée de terre, la marine, l'armée de l'air et les marines ne combattent jamais seuls. Ils dépendent de ce qu'on appelle « la base arrière », c'est-à-dire une vaste infrastructure qui leur fournit ce dont ils ont besoin (développement d'armes, transport et autres services). Diane K. Morales déclare : « Traditionnellement, la logistique de l'armée regroupait le ravitaillement, le transport, la maintenance, ainsi que l'infrastructure technologique et les systèmes d'information. Mais il s'agit en fait de gestion de supply chain, de support aux systèmes d'armement, de données partagées et intégrées (l'environnement d'information) et de disponibilité du matériel. » Le périmètre est si vaste que les préoccupations portent sur le dimensionnement de l'infrastructure, le volume des stocks, la transformation des processus logistiques globaux pour se conformer à des standards de performance exigeants, ainsi que la responsabilisation d'une force armée très jeune.

Étant donné le périmètre et la vitesse requise pour transformer l'armée et mieux la préparer, la supply chain de demain sera très différente de celle d'hier. Pour employer le jargon de gestion de la supply chain, l'exécution des commandes clients passera d'un modèle de « flux poussés » à un modèle de « flux tirés ». L'une des caractéristiques les plus importantes est le remplacement de l'intégration verticale, modèle où l'armée « se chargeait de tout », par une stratégie de gestion de chaîne de valeur virtuelle basée sur une collaboration étroite avec les clients, les partenaires et les fournisseurs.

> *Étant donné le périmètre et la vitesse requise pour transformer l'armée et mieux la préparer, la supply chain de demain sera très différente de celle d'hier.*

Aujourd'hui, l'infrastructure qui soutient l'armée fait appel aux meilleures pratiques du secteur privé. Elle conclut avec ce dernier des partenariats plus importants qu'auparavant. Elle s'organise différemment et utilise davantage de processus horizontaux. À terme, cette infrastructure représentera le plus grand système d'entreprise au monde. Elle est conçue pour être plus flexible, transparente et mieux synchronisée : une infrastructure agile. La transformation ne se fera pas en un jour, mais le FLE est le tremplin d'une transformation complète.

Malheureusement, le DoD ne peut s'attaquer à ces changements comme peut le faire le secteur privé, car la portée et la signification de ses activités et de ses obligations dépassent largement celles de n'importe quelle entreprise. Il doit tenir compte des changements de mandats législatifs et,

> *Aujourd'hui, l'infrastructure qui soutient l'armée fait appel aux meilleures pratiques du secteur privé.*

à la différence des entreprises privées, des changements d'administration. Ses objectifs, privilégiant la préparation et la disponibilité plutôt
que les bénéfices, l'obligent à faire face à une complexité logistique et à
des incertitudes inconnues du secteur privé.

Le plan de changement

Le FLE définit trois principes directeurs du changement :

- *Gestion des systèmes tout au long de leur cycle de vie.* Ce type de
  gestion est courant chez les constructeurs de produits complexes
  et parmi les utilisateurs avertis d'équipements sophistiqués et
  stratégiques mais il est encore relativement peu répandu dans le
  secteur militaire.

- *Distribution transversale.* Ce projet vise à assurer des livraisons
  plus fiables et plus rapides en synchronisant les flux de matériel
  dans toute la supply chain – de l'usine au combattant sur le
  champ de bataille. Il implique la suppression des barrières et silos
  à la fois à l'intérieur et entre les organisations concernées par la
  planification de la demande, les achats, les approvisionnements,
  le déploiement et les transports (ex. : DLA, U.S. Transportation
  Command, Transcom, etc.). La distribution transversale représente peut-être le plus grand défi du plan.

- *Intégration d'entreprise.* Tous les projets mentionnés plus haut
  impliquent une intégration étroite entre les systèmes d'information et les processus, à travers toutes les entités de la supply chain
  du DoD. Ce dernier doit disposer de systèmes d'information
  interopérables capables de fournir des données opérationnelles
  complètes, agrégées, permettant une bonne appréhension de la
  situation logistique.

Ces projets ont évidemment de profondes conséquences sur la logistique, le personnel, l'armement, la technologie, les relations avec les
fournisseurs dans tout le DoD – pour ses « composants » (armée de
terre, marine, armée de l'air et marines) comme pour ses organes de
décision. « Nous devons créer des processus allant de notre base fournisseurs (publics et privés) jusqu'aux agents de distribution afin de

permettre un mouvement rapide du matériel, explique Diane K. Morales. Pour atteindre cette capacité de livraison transversale et réactive, nous devons collaborer et conclure des partenariats avec l'industrie. Cela implique des informations en temps réel et des outils tels que l'identification radiofréquence (RFID – Radio Frequency IDentification) pour le suivi des équipements et davantage de responsabilité et d'intégration dans le support des systèmes d'armement tout au long de leur cycle de vie. »

Transformation de la DLA

L'exécution du projet demande un certain courage. Démonstration avec la DLA (Defense Logistics Agency). Cette agence assure depuis quarante ans « le support logistique des combattants ». Avec près de 25 milliards de dollars de ventes et de services en 2003, elle occuperait la soixante-cinquième place du *Fortune 500*, classement des plus grandes entreprises américaines. L'agence est présente dans 48 États et 28 pays. Elle emploie 21 000 civils et 500 militaires.

> Avec près de 25 milliards de dollars de ventes et de services en 2003, la DLA occuperait la soixante-cinquième place du *Fortune 500*, classement des plus grandes entreprises américaines.

« Nous gérons le plus vaste système de distribution au monde, déclare le vice-amiral Keith W. Lippert, directeur de la DLA. Nous dirigeons également un centre de support énergétique qui fournit tout le carburant du DoD. Nous avons une réserve de matières stratégiques que nous écoulons progressivement sur le marché si elles ne sont pas utilisées. Cette réserve est si importante que nous devons surveiller le marché mondial car nos ventes ont une incidence directe sur les cours. »

L'amiral Lippert explique le changement de mentalité que connaît son agence : « La DLA a été créée pour gérer les produits consommables communs à tous les services. Pour ce faire – et cela remonte à 1962 –, elle achetait des matières, les stockait dans un entrepôt et annonçait, en substance, à ses clients : "Les achats ont été effectués, vous pouvez venir les chercher." Ce qui change aujourd'hui, c'est que nous cherchons à connaître les besoins de nos clients et à y répondre, même s'il existe des problèmes [nous concernant] au niveau de la base industrielle. » Autrement dit, le DoD étend la supply chain pour y inclure les clients de ses clients et les fournisseurs de ses fournisseurs.

L'amiral Lippert est membre du JLB (Joint Logistics Board) mis en place par Diane K. Morales pour superviser le FLE. Le JLB est constitué des logisticiens les plus importants des quatre branches de services, de l'U.S. Joint Forces Command, de la DLA et de Transcom. Trois groupes de travail ont été créés pour faire progresser les projets du programme FLE : le Best Business Practices Group (groupe des meilleures pratiques), chargé de la réorganisation des processus et de l'architecture logistique ; le Program Implementation Group (groupe de mise en œuvre du programme) ; le Change Management Group (groupe de gestion du changement). Ces trois groupes sont assistés d'une équipe de conseillers venus du secteur privé.

La cible : la gestion du cycle de vie

« Pour moi, le FLE est comme une croix dans un cercle, explique Diane K. Morales. La ligne verticale représente le support intégré des systèmes d'armement durant tout leur cycle de vie, support dont nous avons besoin mais qui n'existe pas encore. Pour atteindre cet objectif, nous devrons créer des responsabilités. Aujourd'hui, par exemple, nous ne savons pas combien coûte le support d'un seul système d'armement pendant toute sa durée de vie car personne n'en est responsable. Le directeur de programme est responsable de la conception, du développement et du lancement d'un système. Il passe ensuite la main à une autre personne chargée d'en assurer le support jusqu'à ce que le système arrive en fin de vie. Les caractéristiques de fiabilité, de maintenance et de mobilité n'ont pas été considérées comme essentielles, pourtant elles doivent être intégrées dans le système.

« Il faut donc que les personnes chargées d'intégrer ces caractéristiques dans un système d'armement donné soient également responsables de son support pendant toute sa durée de vie. Une fois ces doubles responsabilités mises en place, il sera possible de prendre d'emblée de meilleures décisions. »

Dans le cercle évoqué par Diane K. Morales, la ligne horizontale correspond à la distribution transversale. Elle représente tout un éventail de partenaires : partenaires industriels, partenaires de coalition, partenaires du secteur public – qui vont du fournisseur et du constructeur de pièces aux responsables des achats, des contrats et de l'exécution des commandes, qui livrent enfin les systèmes d'armement aux combattants. « La ligne horizontale inclut les planificateurs opérationnels qui analysent les besoins. Elle inclut également la communauté financière et la communauté des achats. Cette capacité transversale fait appel à toute une série de partenaires : c'est la supply chain étendue.

> « Le DoD est actuellement en train de mettre en place les partenariats, les protocoles et les systèmes qui nous permettront d'atteindre cette capacité transversale », déclare Diane K. Morales, qui a lancé le projet FLE.

« Personne n'a de responsabilité pour l'ensemble des partenaires, ajoute Diane K. Morales. Il n'existe pas de directeur en charge du système d'approvisionnement ni même de responsable. Le DoD est actuellement en train de mettre en place les partenariats, les protocoles et les systèmes qui nous permettront d'atteindre cette capacité transversale. Et nous commençons à enregistrer des résultats étonnants dans ce domaine. »

Le projet d'entreprise intégrée : de l'excès à l'accès

Le cercle autour de la croix représente l'entreprise intégrée qui permettra la distribution transversale et le support des systèmes d'armement. L'une des initiatives les plus ambitieuses du programme FLE est sans doute le remplacement de centaines de systèmes d'information datant de la guerre froide et des millions de lignes de code qui les accompagnent par des processus et des systèmes d'information intégrés modernes.

Laura Faught, coprésidente du Program Implementation Group et assistante adjointe du secrétaire de la Défense pour la gestion des systèmes logistiques, nous a parlé de ce projet et de l'avancement de la modernisation des systèmes logistiques : « Nous avons naturellement commencé par déterminer la stratégie globale en collaboration avec les différentes parties de notre domaine logistique. L'une des règles de base à connaître en matière de gestion du changement, même si cela semble évident, c'est qu'il n'est pas possible d'intégrer d'un seul coup une nouvelle architecture, en particulier une architecture de processus, dans une supply chain de 80 milliards de dollars. Nous avons collecté des informations dans tout le domaine logistique du DoD, auprès des responsables des processus d'entreprise et auprès des personnes concernées à la DLA, dans l'armée de terre, la marine, l'armée de l'air, chez les marines, au Joint Forces Command et au Transcom. Cela nous a donné le même type de perspective sur nos clients que celle que le modèle SCOR® nous avait permis d'acquérir pour l'architecture de nos processus. »

> « Il n'est pas possible d'intégrer d'un seul coup une nouvelle architecture de processus dans une supply chain de 80 milliards de dollars », déclare Laura Faught.

Laura Faught explique que son groupe s'est appuyé sur des techniques informatiques en matière de standards et qu'il s'est concentré sur l'architecture, la stratégie de données, la gestion de portefeuille projets et « un processus évolutif et reproductible permettant des achats judicieux de technologies du marché pour supporter l'intégration de nos systèmes et processus ». Selon elle, le succès de l'intégration de systèmes dépend de la stratégie de données : « Notre principe de base ? Des données exactes, exploitables et à la disposition de toute personne autorisée à y accéder, chaque fois qu'elle en a besoin. » Il fallait donc un unique point d'entrée pour accéder aux données logistiques et non plus les interfaces point-à-point utilisées par les anciens systèmes. Pour ce faire, le DoD a procédé en faisant un test avec le programme d'avion de combat du futur (Joint Strike Fighter). « C'est une question de transparence : l'accès à des données exactes tout au long du cycle de vie de l'arme », explique Laura Faught.

Le travail du groupe de Laura a abouti à un kit d'intégration d'entreprise dont l'application ne se limite pas à la logistique, loin de là. « Il s'agit d'un cadre de travail indiquant comment élaborer une étude économique (business case), comment sélectionner et signer des contrats avec des intégrateurs et des éditeurs de logiciels, comment préparer un plan d'ensemble et comment organiser tout le cycle de vie du processus ou du projet, explique Laura Faught. Ce cadre de travail contient un jeu complet de critères de conformité reliés à tous les produits d'architecture au niveau de leurs composants. »

Application des principes de gestion des systèmes d'information à la DLA

La DLA s'est appuyée sur le travail du groupe de Laura Faught et de sa mission d'« intégration de l'entreprise ». Comme l'explique l'amiral Lippert, la DLA utilise un système baptisé le Standard Automated Materiel Management System (SAMMS). Ce système a été conçu dans les années 1960 et mis en place au début des années 1970. SAMMS est écrit en Cobol et représente environ 6 millions de lignes de code. Il a probablement cinq générations de retard sur les systèmes utilisés par les grandes entreprises du secteur privé. La DLA a tenté à cinq reprises de le remplacer mais elle a toujours échoué. « C'est donc notre sixième tentative, explique l'amiral Lippert, et, cette fois, nous allons y arriver. »

Le nouveau système a été mis en service en août 2003, pour 170 000 des 4,6 millions d'articles gérés par la DLA. Il utilise une solution basée sur SAP, qui offre un système de planification des ressources adapté au volume et aux besoins de la DLA. SAP constitue le cœur du système pour la gestion financière et l'exécution des commandes mais la DLA utilise une application de Manugistics pour la planification de la demande et un autre système, Procurement Desktop 2 (PD2), pour les approvisionnements.

« Collectivement, c'est le plus gros projet de développement jamais réalisé dans notre activité depuis trente-quatre ans, affirme l'amiral Lippert. Je pense que nous sommes dans les temps et que le nouveau système sera amorti d'ici 2008 ou 2009, avec un personnel informatique moins important, des stocks réduits, des prévisions de meilleure qualité et des données plus précises que jamais. »

L'amiral Lippert est aussi très fier du système d'information managérial mis en place à la DLA. « Je reçois chaque jour sur mon PC une mise à jour des statistiques-clés, de même que toute l'équipe de direction. Les résultats sont affichés en différentes couleurs : vert, jaune ou rouge, selon que nous atteignons l'objectif, que nous nous en écartons ou que nous le manquons. C'est l'une des premières choses que je regarde en arrivant le matin : je consulte mes messages et ouvre celui contenant les statistiques de la veille. »

En moyenne, la DLA traite 45 000 demandes et émet 8 000 contrats *par jour*. Afin d'améliorer sa performance, elle a lancé, parallèlement à la modernisation de ses systèmes, plusieurs programmes de distribution stratégique, d'approvisionnements et d'alliances stratégiques avec des fournisseurs. Ces programmes fonctionnent-ils bien ? Pour répondre à cette question, l'agence travaille de manière intensive à la mise en place d'indicateurs de performance et de benchmarkings. Le DoD a eu beaucoup de difficultés à déterminer quels indicateurs le personnel devait utiliser pour mesurer la performance des activités logistiques. Il a compris qu'il était important de choisir les bons indicateurs (indicateurs de transformation) et travaille actuellement à l'élaboration d'un tableau de bord prospectif (« balanced scorecard »). Le Joint Logistics Board est en train de finaliser les indicateurs qui permettront de le mettre en œuvre.

Les résultats obtenus sont déjà impressionnants : en s'intéressant aux indicateurs et en procédant aux corrections nécessaires, la DLA a réduit le nombre de commandes en retard de 22,2 % depuis octobre 2001 et a obtenu le taux de recouvrement des coûts d'exploitation (coûts d'exploitation en pourcentage des ventes) le plus faible de son histoire. En terme de personnel, l'agence fonctionne presque au plus bas niveau de son histoire avec un effectif d'à peine 22 000 personnes, contre trois fois plus de 1989 à 1992.

Le projet transversal :
créer des politiques de changement

Le champion du projet transversal est Alan Estevez, assistant adjoint du secrétaire de la Défense pour l'intégration de la supply chain et président du groupe Best Business Practices du FLE. C'est à lui que revient le plus gros challenge de l'intégration de la supply chain : approvisionner le client final sans qu'aucune commande soit émise. « Pourquoi un soldat qui se trouve sur le champ de bataille – dans la poussière et la saleté, essuyant des tirs ennemis et s'efforçant de continuer à se battre – devrait-il se préoccuper de passer des commandes s'il a la possibilité de recevoir ce dont il a besoin de manière automatique ? »

Pour opérer ce changement, Alan Estevez a revisité les 4 140 règles de gestion du matériel militaire. Les révisions impliquent une responsabilisation générale pour livrer des fournitures dans le monde entier. Chacun doit être responsable. Contrairement aux années passées, les responsabilités ne sont plus cloisonnées. Il n'est pas question de *distribution* transversale (qui implique une séquence) mais d'*approvisionnement* transversal, explique-t-il. Le mécanisme de cette responsabilité s'appuie sur des accords de performance – avec les fabricants d'équipements (OEM) et les fournisseurs et avec les clients en interne. Les indicateurs que privilégie Alan Estevez (*livraison à date précise* et *temps d'attente du client*, pour mesurer la vitesse du processus, etc.) sont directement liés au client final et non au réseau de distribution. Trois programmes pilotes ont montré que cette démarche était valable : le premier avec le Naval Air Systems Command et le Naval Sea Systems Command et leurs dépôts, le deuxième avec les activités d'installation de l'armée pour l'hélicoptère Black Hawk et le tank Abrams, le troisième avec la collaboration entre l'armée de l'air et la DLA pour l'approvisionnement des chasseurs F15 et F16 et avions de ravitaillement KC135.

Avec l'autorisation du Joint Logistics Board, le groupe d'Alan Estevez utilise également un tableau de bord prospectif pour mesurer les principaux indicateurs de performance. L'un des cadrans du tableau de bord correspond à la « perspective du combattant », qui contient deux indicateurs macroscopiques : l'un consiste à amener la capacité de combat là où elle doit arriver, tandis que l'autre correspond à la préparation et à la disponibilité opérationnelle des systèmes d'armement. Cependant, il existe également un cadran pour la « capacité dans la durée » qui dépasse la perspective du combattant, déclare Alan Estevez. Ce cadran prend en compte des questions telles que les temps de cycle de développement des plates-formes d'armement – choses que les militaires n'ont jamais considérées comme un problème de supply chain avant le projet FLE, mais qui sont révélatrices de la nouvelle vision transversale.

Une partie de la politique définie par le groupe Best Business Practices implique une « structure des forces de mobilité ». Plus que n'importe quel autre concept, cela souligne l'importance de la logistique pour soutenir les combattants d'aujourd'hui. Earl Boyanton, assistant adjoint du secrétaire de la Défense pour les transports et ancien responsable des transports dans l'armée de l'air, décrit cela comme un « tabouret à trois pieds : moyens aériens, moyens maritimes et prépositionnement ».

« Nous structurons les forces de mobilité comme les unités de combat structurent leurs forces – l'armée de terre a tant de divisions, la marine a tant de bâtiments et l'armée de l'air a tant d'avions de combat et de bombardiers. De combien d'avions avons-nous besoin ? De combien de navires ? En Irak (où tout, des consommables aux équipements de combat tels que les tanks et les hélicoptères, est dispersé en dehors des États-Unis, avec une certaine partie sur des navires parcourant tous les océans de la planète), le prépositionnement a permis de réagir plus rapidement et de moins faire appel aux moyens aériens et maritimes pour distribuer du matériel sur des points éloignés. Tout cela a joué un rôle considérable. »

Une grande partie du prépositionnement en mer dont parle Earl Boyanton est composée de navires spéciaux de 300 mètres de long et de puissance moyenne qui sont équipés de rampes rétractables pour faciliter l'embarquement et le débarquement des équipements militaires roulants et tractés. Ces navires, dont l'équipage est constitué de marins de la marine marchande, ont été affrétés par le DoD après l'opération Tempête du désert, quand les militaires se sont rendu compte qu'ils avaient impérativement besoin de davantage de flexibilité et de réactivité et que cela était possible avec un prépositionnement maritime plus important.

Earl Boyanton pense que la visibilité du matériel en transit a également contribué au succès de l'armée américaine en Irak. Cette visibilité est liée à la technologie avancée. Quand les forces armées se déplacent rapidement, la logistique doit suivre et assurer les approvisionnements sans laisser une trop forte « empreinte logistique » sur le sol. Pour ce faire, les Américains ont utilisé les étiquettes d'identification radiofréquence (RFID – Radio Frequency IDentification). Le général Franks avait demandé que tous les conteneurs et palettes de matériels envoyés par air ou par mer sur le théâtre des opérations du commandement central soient munis de ces étiquettes. Ainsi, à tout moment du processus de livraison, le personnel militaire pouvait vérifier le contenu des cargaisons sans ouvrir les conteneurs ni consulter une base de données éloignée.

D'après Earl Boyanton, le prochain challenge consistera à fournir une visibilité du matériel en transit « de la source au champ de bataille ». En plus de permettre au client et aux responsables de matériel de connaître l'état des envois à tout moment, l'armée doit collecter des informations sur la consommation et les enregistrer de telle sorte qu'elles déclenchent automatiquement les réapprovisionnements, comme cela se passe sur le marché des produits de grande consommation. En ce qui concerne le plan FLE du DoD, l'éternelle question reste la suivante : « À quel endroit se termine la supply chain ? » Chaque service de l'armée a ses propres pratiques et ces pratiques varient selon les situations.

Partenariats spéciaux avec des transporteurs commerciaux

Earl Boyanton est responsable de la Civil Reserve Air Fleet (CRAF) et du Voluntary Intermodal Sealift Agreement (VISA). Dans le cadre de ces deux programmes, le DoD a le droit de mobiliser des ressources de transport civil aérien et maritime battant pavillon américain. Des transporteurs aériens et maritimes volontaires ont ainsi été utilisés pendant les opérations en Afghanistan et en Irak, après les événements du 11 septembre. De plus, une partie de la CRAF avait été mobilisée pour soutenir la constitution des forces armées avant l'opération Irak Freedom.

Selon Earl Boyanton, la participation des partenaires de transport du DoD (transporteurs routiers ou ferroviaires, transporteurs intégrés tels que FedEx et UPS, et transporteurs aériens ou maritimes) « n'a rien d'exceptionnel – et nous ne pouvons tout simplement pas nous passer d'eux ».

Cependant, les idées les plus anciennes changent aussi. Earl Boyanton explique : « Actuellement, une partie de notre travail consiste à convaincre les militaires qu'ils ont les moyens de transport nécessaires mais qu'ils ne le savent pas. » Ces malentendus ont pour origine une sorte de schizophrénie dans ce domaine. Il subsiste par exemple une soi-disant « règle » obligeant ceux qui ont besoin d'expédier des produits à l'étranger par voie aérienne à faire passer leur cargaison par le système de transport aérien du DoD. « Mais c'est contradictoire avec ce que nous faisons actuellement dans notre supply chain, ajoute Earl Boyanton. Nous demandons aux sources d'approvisionnement de collaborer avec leurs clients et tous les agents d'exécution potentiels pour mettre au point une supply chain permettant de livrer les clients à la date définie. Je dois faire disparaître l'idée selon laquelle toute cargaison transportée par des transporteurs aériens commerciaux représente une fuite vis-à-vis du système de transport du DoD. Le transport aérien commercial fait bel et bien partie de la capacité de transport du département de la Défense. »

En temps de paix, le DoD maintient une flotte d'avions cargo (C17 et C15), des équipages, des aéroports et une infrastructure de mobilité aérienne mondiale afin de répondre immédiatement aux ordres du président et du secrétaire de la Défense. Pour que cette flotte dispersée aux quatre coins du monde soit toujours prête, il faut sans cesse organiser des vols internationaux pour former des équipages et tester le processus. Ce faisant, le DoD crée une capacité de transport international. « Nous devons soigneusement rationaliser nos décisions quand il s'agit de choisir entre notre propre capacité de transport et d'autres transporteurs, explique Earl Boyanton. D'un autre côté, nos propres transporteurs, Transcom et l'Air Mobility Command de l'armée de l'air, doivent proposer un service et une fiabilité de premier ordre pour convaincre les fournisseurs et les clients de leur fiabilité. »

Le rôle essentiel des accords de performance

Les très nombreuses décisions qui doivent être prises s'appuient sur des accords de performance (PBA – Performance-Based Agreements). Dans la nouvelle politique d'Earl Boyanton, comme dans celle d'Alan Estevez, une chose est très claire : « Les sources d'approvisionnement définiront la supply chain avec le client de sorte qu'elles répondent le mieux possible à ses besoins. Les décisions seront prises par les signataires de l'accord. »

Earl Boyanton donne un excellent exemple du succès de cette approche. Il s'agit d'un système d'armement baptisé JStars et utilisé sur une plate-forme vieille de trente ans, le C135 (un avion de type Boeing 707 équipé de ce système radar extrêmement sophistiqué pour fournir des informations sur la situation au sol, telles que les déplacements de véhicules ou d'hélicoptères, tout comme le système Awacs fournit des informations sur la situation en altitude). Un accord a été conclu entre le sous-traitant qui installe l'électronique dans l'avion, l'armée de l'air et le fournisseur des équipements électroniques.

« Lorsque les JStars ont été déployés en Afghanistan, ils ont enregistré un taux de sortie de 100 %, explique Earl Boyanton. Ils ont fait 148 sorties pendant la guerre en Irak et tous les systèmes ont fonctionné chaque fois. Personne n'avait jamais relevé un taux de fiabilité de 100 % pour un système d'armement aussi complexe. Alors, à quoi est dû ce succès ? Au PBA et à quelques soldats très compétents et déterminés à mener à bien leur mission quelles que soient les conditions. »

En résumé

Bien que Diane K. Morales ait quitté son poste d'adjointe au secrétaire de la Défense pour la logistique et la préparation du matériel en janvier 2004, le programme FLE a probablement encore de longues années devant lui. Il évoluera en permanence. Comment pourra-t-on en mesurer le succès ? Diane K. Morales le résume en quelques mots : « La communauté logistique étendue en mesurera le succès à l'aide de notre tableau de bord. Il équilibre les risques au niveau des besoins opérationnels, du coût et de la performance des prestataires de services. »

Le succès du programme FLE se mesurera aux résultats suivants :

* capacité et moyens accrus, sans coût de transformation ;
* accroissement de la disponibilité opérationnelle des systèmes d'armement ;
* livraison du support au client de façon homogène, fiable et à temps ;
* activités de supply chain performantes.

Un changement déterminant sera l'accent mis sur le résultat plutôt que sur l'efficacité à tout prix. Comme l'explique Earl Boyanton : « Mettre l'accent sur le résultat, cela veut dire faire ce qu'on nous demande. Certes, nous n'utilisons pas toujours des méthodes les plus efficaces. Dans une certaine mesure, nous procédons ainsi pour atténuer les risques au niveau de la supply chain – même s'il est impossible de les éliminer complètement car vous n'avez jamais les ressources suffisantes pour atteindre le risque zéro. Notre travail de logisticien consiste à garantir que l'opérateur et le combattant ont à leur disposition tout ce dont ils ont besoin. Mais, d'un autre côté, en mettant en place des processus standard – pour intégrer l'entreprise –, nous serons plus efficaces car nous utiliserons tous les mêmes règles et les mêmes informations au niveau de l'entreprise. »

Les marines adoptent le projet FLE

Le U.S. Marine Corps, un corps d'armée d'élite qui est devenu au fil de son histoire un champion dans l'art de faire plus avec toujours moins, s'est engagé dans de nombreux projets de transformation et de modernisation logistiques. Visant à assurer un support plus efficace des combattants, ces travaux vont de l'amélioration des pratiques de supply chain internes à la participation aux projets d'amélioration logistique du DoD, parmi lesquels le Force-centric Logistics Enterprise (FLE).

Nous avons discuté des orientations et projets logistiques des marines avec Susan C. Kinney, directrice adjointe de la division de la mobilité stratégique, des politiques et plans logistiques au quartier général du U.S. Marine Corps (HQMC).

« L'augmentation du nombre de menaces à l'encontre de la sécurité nationale oblige le Marine Corps à adopter un système logistique plus léger et plus ciblé : un système où l'empreinte logistique est remplacée par la précision et le volume par l'information et la vitesse », explique-t-elle. Pourquoi ? « Parce que nous avons compris qu'il ne suffisait plus de poser une "montagne de fer" à un point donné et de travailler à partir de ce point. Il est désormais trop difficile de soutenir des forces armées à partir d'un seul point stratégique. C'est ce que nous avons clairement constaté lors des récents conflits, où les marines ont dû mettre en place des lignes d'approvisionnement de 800 à 1 000 kilomètres. Si vous voulez pénétrer à l'intérieur d'un territoire, il faut être plus léger. C'est pourquoi, dans nos programmes d'acquisition, nous cherchons à alléger notre empreinte afin d'être plus agiles. »

De fait, le Marine Corps évolue vers un concept de bases maritimes, en remplaçant les « montagnes de fer » par l'information et la vitesse. Le major Ken Lasure explique comment ce concept a fonctionné en Afghanistan : « Pour des raisons politiques, nous ne pouvions pas rester en permanence sur les plages du Pakistan ni intervenir en plein jour. En conséquence, nous devions établir un centre de support temporaire sur une plage trois ou quatre fois par semaine, transférer nos équipements et approvisionnements des bateaux vers un aéroport pakistanais, d'où des avions les transportaient à destination. Mais, ce faisant, nous devions faire face à de graves problèmes de communication. Si je voulais parler à mes hommes au Pakistan pendant la nuit, je devais souvent attendre l'arrivée sur la plage du LCAC (Landing Craft Air Cushioned, un hover-craft qui fait la navette entre les bateaux et la côte pour débarquer ou embarquer du personnel, des équipements et des approvisionnements). Je pouvais alors contacter quelqu'un et lui transmettre mes ordres. Néanmoins, les opérations de base en mer nous ont permis de nous adapter aux contraintes d'accès et d'avancer de 600 à 800 kilomètres à l'intérieur des terres – alors que le Marine Corps n'est vraiment pas conçu, ni équipé, ni organisé pour ça. »

Pour que la chaîne logistique fonctionne d'un bout à l'autre de manière plus responsable, le Marine Corps a fusionné les fonctions de distribution, de transport et de gestion du matériel et des approvisionnements. Pour la première fois de toute son histoire, il organise ses processus de supply chain et de logistique au niveau de l'entreprise. Pour ce faire, il utilise le modèle SCOR® (décrit dans la discipline n° 2).

Faire une cartographie des processus au niveau de l'entreprise n'a pas été une tâche facile. Comme l'explique Keith Rineaman du Log[istics] Vision Center, tout commence par le client, c'est-à-dire l'unité supportée (le bataillon de marines qui a besoin des produits ou services). Ils utilisent tout d'abord un processus appelé gestion des demandes, dans lequel les besoins sont identifiés. Ces demandes sont ensuite transmises à une unité de support qui constitue leur unique point de contact logistique, ce que les marines appellent leur « cordon ombilical ».

Un service baptisé *gestion des commandes* reçoit toutes les demandes des unités supportées, les convertit en commandes et gère ensuite leur exécution. Le gestionnaire des commandes les envoie aux différentes unités fonctionnelles ou activités au sein de l'unité de support (stock, maintenance, alimentation ou autre produit ou service). Elles ont leurs propres processus et organisation pour l'exécution et la gestion. Les processus incluent les activités au niveau des produits en gros (opérations de dépôts) et en lien avec l'industrie civile, *via* le rôle d'approvisionnement.

Ces processus forment une « architecture opérationnelle » basée sur des rôles. Après documentation des processus, il est souvent nécessaire de réorganiser. Il faut donc définir de nouveaux rôles et procéder à des changements de politique, de philosophie, d'organisation et de technologie.

Il existe en outre un élément spécifique au Marine Corps : il se déplace en groupes baptisés Marine Air Force Ground Taskforces (MAGTF). Explication de Susan C. Kinney : « Si vous allez à un endroit donné, vous y allez avec un MAGTF. Vous n'allez nulle part sans la totalité du groupe. L'aviation ou la logistique ne se divisent jamais, par exemple. » Étant donné le rôle particulier de la logistique, elle est devenue le cinquième élément de la MAGTF, qui, historiquement, en contient quatre : un élément de commandement, un élément de combat au sol, un élément de combat aérien et un élément de support de service de combat. Le cinquième élément est désormais considéré comme l'organisation de support. Un MAGTF va de 100 personnes au corps expéditionnaire (jusqu'à 18 000 hommes).

Quels seront les indicateurs de succès du programme FLE du Marine Corps ? Ce dernier vient tout juste d'achever la réorganisation des processus et se prépare à acheter les applications et systèmes informatiques qui viendront en support de cette nouvelle organisation, à l'aide d'un de ces kits d'intégration d'entreprise développés par l'un des trois groupes du FLE évoqués plus haut. Il attend de tous ces programmes qu'ils soient fiables, réactifs, flexibles, et qu'ils réduisent les coûts et optimisent l'utilisation des actifs. Tout cela figure dans le modèle SCOR®, mais les marines y ont ajouté un sixième critère : il faut être prêt. « Ce n'était pas dans le modèle SCOR® [développé pour l'industrie commerciale], mais c'est indispensable pour le DoD », affirme Gavin McCarthy, du Log Vision Center.

Utilisez les indicateurs comme outils de pilotage de la performance

Tout le monde s'accorde à dire que « ce qui n'est pas mesuré ne peut être amélioré ». Pourtant, la simple mise en place d'indicateurs permet rarement de fournir une image claire et globale de la performance, de remonter à l'origine des problèmes ou de mettre en évidence les possibilités d'amélioration. Pourquoi ? Tout simplement parce qu'il est très difficile de mettre en place des indicateurs de performance solides et efficaces ! Très difficile aussi de se mettre d'accord sur ce qui doit être mesuré, sur la définition des indicateurs choisis et sur la fréquence des mesures. Le plus délicat étant sans doute de convaincre les membres de la direction quant à la façon de les utiliser.

Songez aux indicateurs qu'utilise votre entreprise pour déterminer sa santé opérationnelle. Comme dans beaucoup d'autres organisations, peut-être utilisez-vous déjà des tableaux de bord propres à chaque fonction : le service client, les achats et la fabrication. En revanche, rares sont les organisations qui utilisent des indicateurs appropriés à la gestion de la supply chain transversale, même s'ils sont essentiels à cette gestion (voir la discipline n° 3).

La plupart des indicateurs utilisés par les grandes entreprises concernent les aspects financiers. Cela n'a rien d'étonnant dans la mesure où le reporting financier est effectué régulièrement et où les indicateurs sont assez faciles à obtenir après clôture des comptes pour une période donnée. De plus, les réglementations telles que le Sarbanes-Oxley Act de 2002 et l'IFRS obligent les entreprises à s'assurer de la validité de leurs informations financières, à documenter les procédures utilisées et à justifier les chiffres présentés (conformément à la loi Sarbanes-Oxley, les représentants des entreprises publiques américaines s'engagent sur l'exactitude des déclarations financières et l'efficacité des contrôles et procédures de divulgation. Les entreprises doivent donc mettre en place et gérer très précisément les contrôles internes).

Beaucoup de dirigeants d'entreprise ont salué l'arrivée de cette loi qui impose de bonnes pratiques et permet de faire valider les activités des entreprises par des personnes extérieures [1]. Les obligations très strictes en matière de reporting permettent aux responsables d'obtenir davantage d'informations et des données de meilleure qualité. Celles-ci peuvent en outre contribuer à l'efficacité et à l'optimisation des coûts. Certains dirigeants se servent même du Sarbanes-Oxley Act pour justifier le besoin d'amélioration de certains processus.

Cela dit, même si les indicateurs financiers peuvent aider à évaluer l'impact des changements de processus sur la santé financière de l'entreprise, nous pensons qu'ils ne suffisent pas quand il s'agit de mesurer la performance de la supply chain. Pourquoi ? La plupart des mesures financières étant des mesures historiques, elles n'offrent aucune perspective prévisionnelle et sont parfois très difficiles à relier à l'efficacité opérationnelle. De plus, elles ignorent d'autres indicateurs stratégiques tels que les délais de livraison ou les niveaux de service client.

Qu'est-ce qu'un *indicateur* ? Selon le dictionnaire, il s'agit d'une « base ou référence de comparaison ». Notez que, selon cette définition, un chiffre ou une valeur isolée *n'est pas* un indicateur : un chiffre ou une valeur n'est utile qu'à partir du moment où il est comparé à un autre chiffre. C'est sur ce principe que repose une gestion de la performance efficace.

Pourquoi mesurer la performance ?

Est-il vraiment important de mesurer la performance de la supply chain ? Absolument. Pour commencer, une série d'indicateurs soigneusement sélectionnés permet de connaître la performance de chaque processus de la supply chain (*planifier, approvisionner, fabriquer, livrer* et *gérer les retours*) et de repérer dans quels domaines des améliorations sont nécessaires. Elle vous aide également à diagnostiquer les problèmes et à choisir où concentrer vos efforts d'amélioration. Les indicateurs représentent aussi un puissant instrument de gestion qui permet de fixer les objectifs à atteindre et de suivre la progression (ou les régressions) des performances dans le temps.

Les indicateurs de supply chain sont parfois difficiles à définir et encore plus difficiles à mesurer. Au plus haut niveau, on attend de la supply chain qu'elle contribue à la performance financière de l'entreprise. Les indicateurs de supply chain ont donc trois missions importantes. Premièrement, ils permettent de décliner les cibles et objectifs financiers en termes de performance opérationnelle. Deuxièmement, ils doivent également permettre l'inverse : relier la performance opérationnelle à des prévisions de revenus et de ventes plus précises. Enfin, ils doivent favoriser tout au long de la supply chain des comportements supportant la stratégie globale de l'entreprise.

Même si vous n'utilisez pas régulièrement d'indicateurs non financiers, vous pouvez être sûr que vos clients le font. Au moment de passer ou non une nouvelle commande, par exemple, ils tiennent compte de la qualité du service dont ils ont bénéficié lors de leur précédente commande. On voit ici toute l'importance des indicateurs non financiers pour la performance financière future.

Les indicateurs sont le seul moyen de savoir si la performance d'un processus s'améliore ou se dégrade et s'il est nécessaire de réagir. Les entreprises découvrent souvent trop tard qu'elles ont un problème de performance ou qu'elles ont manqué leurs objectifs : les revenus n'atteignent pas les niveaux escomptés, les clients se tournent vers des concurrents ou les marges sont plus basses que prévu.

Nos études et notre expérience montrent clairement que les entreprises où la gestion de la supply chain est efficace disposent de processus plus matures qui contribuent à améliorer la performance de la supply chain dans son ensemble. Elles évitent les difficultés associées à un pilotage purement réactif et peuvent aider à anticiper les problèmes avant qu'ils ne prennent trop d'ampleur.

> Les indicateurs sont le seul moyen de savoir si la performance d'un processus s'améliore ou se dégrade et s'il est nécessaire de réagir.

Ce chapitre passe en revue l'univers des indicateurs de supply chain, leurs définitions et ceux qui s'appliquent à la performance de la supply chain. Nous proposerons également quelques recommandations permettant d'obtenir une vue globale de la performance de supply chain et de repérer les possibilités d'amélioration.

Il est essentiel de bien distinguer la *mesure* de la performance et la *gestion* de la performance. La première consiste à mettre en place les indicateurs permettant d'évaluer la santé de votre supply chain, tandis que la deuxième consiste à utiliser ces indicateurs pour aider votre entreprise à atteindre ses objectifs stratégiques. Vos indicateurs seront un outil de gestion efficace si :

- *Vous intégrez des cibles quantitatives dans vos plans et budgets.* Si la réduction des coûts est une priorité, par exemple, les budgets proposés doivent tenir compte des objectifs fixés en matière de réduction des coûts.

- *Vous établissez des cibles pertinentes aux niveaux individuel et fonctionnel, en relation avec les objectifs globaux de l'entreprise.* Si vous prévoyez par exemple de réduire les coûts de livraison, le centre de distribution aura pour objectif de réduire le pourcentage d'expéditions urgentes. Pour suivre les modifications de processus, vous pouvez mesurer le taux d'application des consignes visant à réduire les coûts de fret, par exemple le respect des heures limites de saisie de commande.

- *Vous disposez de processus et mécanismes bien définis pour suivre les progrès et gérer la performance.* Les écarts de performance sont facilement repérables et déclenchent en temps voulu des actions appropriées de la part des personnes et des organisations qui conviennent.

Gérer la performance à l'aide d'indicateurs

Pour que ces activités fassent partie des processus de gestion de la supply chain de votre entreprise, vous devez avant tout définir une approche globale de gestion de la performance. Les approches les plus efficaces présentent les caractéristiques suivantes :

- les indicateurs de supply chain sont reliés à la stratégie de l'entreprise,
- les indicateurs de supply chain sont à la fois équilibrés et exhaustifs,
- la performance cible est déterminée à l'aide d'analyses comparatives (benchmarks) internes et externes,
- la performance cible est ambitieuse mais réalisable,
- les indicateurs sont visibles et suivis à tous les niveaux de l'entreprise,
- les indicateurs sont utilisés pour susciter l'amélioration continue,
- les indicateurs sont mis en place dans le cadre d'un projet formalisé.

Examinons d'un peu plus près chacune de ces caractéristiques.

Des indicateurs reliés à la stratégie de votre entreprise

Les indicateurs de supply chain classiques portent principalement sur l'efficacité et la productivité. Les améliorations concernant les niveaux de service, les coûts et les niveaux de stock sont les résultats escomptés d'une stratégie des opérations et sont mesurées en conséquence. D'un point de vue plus stratégique, ces mesures sont des *instruments* permettant d'atteindre des objectifs tels que la croissance dans un segment ou un marché spécifique, l'accélération du développement ou la disponibilité immédiate d'un produit sur un marché. Lorsqu'elle est synchronisée avec les principaux objectifs de l'entreprise, la supply chain devient une source supplémentaire d'avantage concurrentiel.

Un important fabricant de périphériques informatiques a ainsi développé une stratégie axée sur de faibles coûts, l'innovation constante et la fabrication sur stock pour livrer rapidement ses clients. Chaque entité doit fabriquer en maintenant un coût unitaire le plus bas possible et expédier ses produits dans les deux ou trois jours après réception de la commande. Les indicateurs de supply chain suivis régulièrement concernent le coût des produits, la performance de livraison et le taux de satisfaction des commandes.

Afin de maintenir des coûts compétitifs, l'entreprise a ouvert des usines dans des régions où la main-d'œuvre est bon marché et signé des contrats de long terme avec des transporteurs qui expédient les produits par mer aux centres de distribution locaux. Les sites de fabrication se trouvent pour la plupart en Asie mais les principaux marchés de l'entreprise sont concentrés en Amérique du Nord et en Europe. Il faut parfois jusqu'à cinq semaines pour que les produits arrivent à destination. L'objectif stratégique de faibles délais de livraison client est par conséquent très ambitieux. L'entreprise a donc besoin de prévisions précises mais la tâche est rendue particulièrement difficile par l'extrême volatilité du marché des périphériques, d'autant plus que les constructeurs ne cessent d'introduire de nouveaux produits ou d'en supprimer.

En conséquence, l'entreprise devait de plus en plus compter sur la flexibilité de la supply chain. L'une des rares possibilités dont elle disposait consistait notamment à expédier ses produits par air plutôt que par mer. Cela triplait quasiment les coûts de transport mais permettait de maintenir les niveaux de service. D'autre part, pour que les produits correspondent à la demande, l'entreprise devait les reconfigurer à leur arrivée aux centres de distribution, ce qui, là encore, alourdissait les coûts.

Pour les chefs de produits, ces coûts supplémentaires n'étaient pas un problème : les coûts de transport et de révision étaient imputés aux opérations et n'avaient donc aucune incidence sur l'indicateur de coût des produits.

Bien entendu, ces dépenses imprévues augmentaient considérablement le coût total de gestion de la supply chain. Pour résoudre le problème, l'équipe de direction a décidé de mesurer ce coût chaque trimestre (voir Figure 5.1). Elle a également examiné l'incidence de la stratégie de supply chain sur les coûts liés à la gestion des commandes, aux achats de matières, aux stocks et à la planification – et pas seulement sur le coût des produits vendus.

L'équipe de direction a travaillé de manière très étroite avec chaque division afin de montrer l'importance du coût total de gestion de supply chain. Le coût des produits était encore mesuré régulièrement mais toute l'entreprise devait se concentrer sur ce nouvel indicateur. Les chefs de produits ont ainsi découvert pour la première fois ce que coûtaient les expéditions urgentes dues à des erreurs de prévision. Cela a

été le catalyseur nécessaire pour lancer un projet de plus grande envergure afin d'améliorer le processus de prévisions, ce qui a permis d'obtenir des prévisions plus précises et de moins solliciter la supply chain
pour compenser les erreurs de planification.

Figure 5.1
Composants du coût total de gestion de la supply chain

Coût total de gestion de la supply chain	
Gestion des commandes	▪ Lancement de nouveaux produits et maintenance ▪ Création de commandes clients ▪ Saisie et gestion des commandes ▪ Gestion des contrats/programmes et des canaux de vente ▪ Planification de l'installation ▪ Préparation des commandes ▪ Distribution ▪ Transports et droits de douane associés ▪ Installation ▪ Facturation/comptabilité clients
Achat de matières	▪ Planification et gestion des matières/composants ▪ Gestion de la qualité des fournisseurs ▪ Transport amont et droits de douane associés ▪ Réceptions et stockage des matières ▪ Contrôle d'entrée ▪ Coûts de spécification et d'industrialisation ▪ Outillage
Coût des stocks	▪ Coût de financement des stocks ▪ Vols et pertes ▪ Assurances et taxes ▪ Obsolescence totale du stock – matières premières, encours de production et produits finis ▪ Obsolescence dans le réseau de distribution ▪ Obsolescence des pièces de rechange dans le réseau après-vente
Finance et planification	▪ Coûts de support de la fonction finance à la supply chain ▪ Coûts de planification de la demande et des approvisionnements

Systèmes d'information	• Planifier - Gestion des données produits - Planification de la demande et des approvisionnements en produits finis • Approvisionner - Approvisionnements et achats de matières/composants • Fabriquer - Planification et exécution de la fabrication • Livrer - Gestion des commandes - Logistique et distribution - Gestion des canaux de vente - Service client/support

Source : The Performance Measurement Group, LCC – définitions utilisées dans les études benchmark (étalonnages concurrentiels).

Cet exemple n'a rien d'inhabituel. Il est souvent contre-productif de mesurer des indicateurs de performance de manière isolée. La méthode la plus efficace consiste à partir des objectifs stratégiques de l'entreprise, puis à déterminer les indicateurs de performance de supply chain permettant d'appuyer ces objectifs.

Des indicateurs équilibrés et exhaustifs

La gestion de la performance, ce n'est pas la recherche de l'excellence systématique mais un moyen d'aligner des comportements sur la stratégie de l'entreprise. Cela peut paraître évident mais de nombreuses entreprises ont beaucoup de mal à déterminer les domaines dans lesquels elles doivent exceller.

> Si vous voulez fixer des objectifs équilibrés, vous devez mesurer la performance sous plusieurs dimensions puis choisir vos indicateurs en conséquence.

Prenons l'exemple classique de trois indicateurs : le service client, les coûts et la qualité. Lequel est le plus important ? Le moins important ? On aurait tendance à dire qu'ils sont tous d'égale importance et qu'une performance inférieure dans l'un des trois domaines n'est pas acceptable. Une qualité supérieure et un bon service client coûtent de l'argent. Tandis qu'une réduction des coûts implique généralement une réduction des budgets affectés à l'amélioration des produits ou du service. Il s'agit d'un dilemme caractéristique de la gestion de la performance de supply chain. Si vous voulez fixer des objectifs équilibrés, vous devez mesurer la performance sous plusieurs dimensions puis choisir vos indicateurs en conséquence :

- des indicateurs concernant l'entreprise et les clients,
- des indicateurs financiers et non financiers,
- des indicateurs fonctionnels et transversaux,
- des indicateurs mesurant l'innovation et l'amélioration continue.

Dans le chapitre concernant la stratégie (voir la discipline n° 1), nous avons vu qu'il était nécessaire d'améliorer la performance de votre supply chain et de la différencier constamment. Une fois que vous avez choisi où aller, l'étape suivante consiste à évaluer votre performance par rapport à vos objectifs. Cette évaluation représente la base de votre gestion de la performance. L'une des étapes incontournables de cette démarche consiste à définir dans quels cas vous pouvez vous contenter d'une performance moyenne et dans quels cas il est impératif d'obtenir une performance qui devienne la référence dans votre industrie.

Pour le fabricant de périphériques informatiques mentionné plus haut, la réduction du coût total de gestion de la supply chain peut se traduire par une configuration de supply chain impliquant un compromis entre faibles coûts de production et taux élevé de satisfaction des commandes. Il est peu probable qu'on puisse obtenir une performance optimale dans les deux domaines puisqu'ils visent deux choses différentes et nécessitent chacun une configuration différente. L'entreprise doit donc choisir entre des coûts de transport plus élevés pour certains produits, des stocks de produits finis plus importants ou des délais de livraison plus longs.

Nous avons travaillé avec une importante société de télécommunications qui, lors d'une première tentative de mise en place d'indicateurs de performance, en avait sélectionné vingt et un. L'équipe de direction avait passé beaucoup de temps à promouvoir ces indicateurs, à en garantir la visibilité et même à modifier les objectifs de performance individuels pour les aligner sur les objectifs choisis. Par la suite, les dirigeants réalisèrent qu'aucun indicateur ne concernait les clients et que la plupart étaient axés sur les parts du marché, les niveaux de stock et les coûts. Finalement, ils conservèrent les vingt et un indicateurs qu'ils avaient eu tant de mal à développer en y ajoutant de nouveaux concernant la satisfaction client et en particulier la performance de livraison.

Incluez dans la structure de votre programme de gestion de la performance les indicateurs correspondant aux quatre dimensions du « balanced scorecard » (tableau de bord prospectif) [2] :

- La dimension *financière* inclut les indicateurs tels que le coût des produits vendus, les taux horaires, le coût de transport (au kilomètre), la productivité sur la valeur ajoutée et la rotation des actifs. Comme nous l'avons déjà vu, les indicateurs financiers sont relativement faciles à mesurer mais ils ne dressent pas un véritable portrait de la performance de la supply chain.

- La dimension *interne* inclut des indicateurs tels que l'exactitude des prévisions, la qualité et la flexibilité de la production, ainsi que les temps de cycles internes. Ces indicateurs évaluent la performance opérationnelle mais ne sont pas liés à des résultats financiers spécifiques.

- La dimension *client* inclut des indicateurs tels que les livraisons à la date promise, les délais de livraison, les taux de satisfaction des commandes et la qualité des livraisons. Ces indicateurs permettent d'évaluer la performance de l'entreprise du point de vue du client.

- La dimension *innovation et acquisition des compétences* est la plus difficile à définir car ces indicateurs mesurent l'efficacité de votre entreprise en matière d'acquisition de nouvelles compétences. Fixer des objectifs pour des employés ayant une certification professionnelle de type APICS ou qui ont suivi des formations sur des méthodologies de type Six Sigma, par exemple, est un excellent moyen de définir des indicateurs pertinents dans ce domaine.

À quelle fréquence les indicateurs doivent-ils être suivis ? Cela dépend du rythme de votre activité, mais, pour la plupart des indicateurs macroscopiques, un reporting mensuel convient parfaitement. Cela permet généralement de repérer les tendances avant qu'elles ne deviennent un réel problème, sans multiplier inutilement les reportings. S'agissant des indicateurs opérationnels détaillés, ils doivent être vérifiés et transmis au moins une fois par semaine, sinon quotidiennement. Il s'agit le plus souvent d'indicateurs concernant le client, tels que le taux de satisfaction des commandes ou les livraisons à la date promise.

Les coûts facturés (entreposage et transport, par exemple) doivent être suivis au mois, mais les coûts concernant les effectifs internes doivent être réexaminés pendant les cycles budgétaires, dont la fréquence varie d'une entreprise à l'autre. Malgré leurs investissements en outils de planification de supply chain, la plupart des entreprises n'examinent la performance de stock et de livraison qu'une fois par mois alors que ces indicateurs devraient être relevés toutes les semaines – sinon tous les jours – afin de garantir un excellent service client.

Pour que votre organisation s'approprie vos indicateurs, il est également important de lui donner les moyens de les utiliser plus efficacement. Examiner plus fréquemment un indicateur existant permet de profiter d'une infrastructure déjà en place tout en renforçant son efficacité.

Des objectifs de performance basés sur des indicateurs internes et externes

Interne ou externe, le benchmarking fournit des données utiles pour l'amélioration de la performance de la supply chain. Il présente en outre deux principaux avantages : les comparaisons avec l'extérieur replacent votre performance dans le contexte de votre industrie, ce qui permet d'identifier les possibilités d'amélioration ; les comparaisons internes permettent de savoir quels sont les divisions, les régions ou les établissements les plus performants au sein de votre entreprise. Vous pouvez ensuite repérer les pratiques qui optimisent la performance pour les redéployer dans l'ensemble de l'entreprise.

Les entreprises utilisent généralement le benchmarking pour étudier les pratiques de leurs concurrents, en vue d'améliorer leur propre performance. Mais le benchmarking ne consiste *pas uniquement* à examiner les niveaux de performance d'une autre entreprise : il s'agit d'étudier les pratiques permettant d'obtenir ces niveaux de performance. Un benchmarking efficace aide votre entreprise à identifier le niveau de performance possible et à déterminer quelles pratiques mettre en place pour l'atteindre.

En dehors de leurs concurrents, les entreprises doivent également étudier les pratiques d'entreprises d'autres secteurs – dans la mesure où leur supply chain présente les mêmes caractéristiques. Pourquoi d'autres secteurs ? Parce que, très souvent, ce qui marche dans une industrie peut très bien s'appliquer à une autre. Néanmoins, choisissez soigneusement les entreprises auxquelles vous vous comparez. Elles doivent présenter certaines similitudes (c'est-à-dire utiliser des processus de production, des canaux de distribution ou autres caractéristiques similaires) permettant une comparaison pertinente, sans quoi vous serez probablement incapable de définir des objectifs réalistes.

Pour ce type de comparaison, vous devez collecter des données de performance souvent confidentielles. Beaucoup hésitent à transmettre ce type d'information à d'autres entreprises, concurrentes ou non. Pour contourner le problème, privilégiez les études de benchmarking organisées par des tiers indépendants. Ces prestataires sont spécialisés dans la définition d'indicateurs de supply chain pertinents et veillent à ce que les participants fournissent des données claires et précises. Choisissez de préférence un prestataire qui propose une analyse approfondie des pratiques de supply chain permettant une performance optimale. Cela vous aidera à comprendre comment modifier votre supply chain et en améliorer la performance.

Il y a souvent confusion entre sondages et évaluations benchmark, qui sont en fait deux choses différentes. Il arrive aussi que certaines entreprises veuillent accéder à des bases de données de supply chain sans participer aux études. Comme le remarque Michelle Roloff, directrice générale de PMG (The Performance Measurement Group, LLC), la filiale benchmarking de PRTM : « La qualité des benchmarkings dépend de la qualité des données fournies. Nous recherchons des entreprises qui utilisent le benchmarking pour modifier leur fonctionnement. Cela veut dire qu'elles acceptent de consacrer le temps nécessaire pour collecter des informations exactes où qu'elles se trouvent. »

Un benchmarking externe n'est utile et efficace que si l'entreprise connaît bien ses propres processus et son niveau de performance. Pour ce faire, elle doit créer une série complète d'indicateurs internes.

Pour un benchmarking interne, vous n'avez pas besoin des données confidentielles d'autres entreprises. Il s'agit au contraire de mesurer la performance de fonctions, processus et établissements comparables au sein de votre entreprise, à l'aide de définitions cohérentes. Vous pouvez par exemple comparer les niveaux de performance de plusieurs unités de fabrication, entrepôts, centres de distribution, organisations d'achats ou services de gestion des commandes. Un programme de benchmarking interne permet d'identifier les fonctions les plus performantes et ce sont les indicateurs de ces fonctions qui servent ensuite de référence pour fixer les objectifs de performance d'autres fonctions similaires.

Le benchmarking interne est en théorie plus facile qu'un benchmarking externe car les données qu'il utilise ne sont pas collectées auprès d'entreprises extérieures. Pourtant, il est souvent difficile à réaliser dans les grandes entreprises aux structures complexes, présentes dans différentes régions et composées de plusieurs divisions. Et il l'est encore davantage si elles utilisent des processus, des systèmes d'information et des données hétérogènes. Mais, même dans ce cas, le benchmarking interne est un bon point de départ.

Une fois que vous avez déterminé ce qui doit être mesuré et défini vos indicateurs, il est relativement simple de rassembler les données nécessaires pour procéder au benchmarking. Étant donné que les organisations internes fonctionnent dans une structure commune, la pertinence de la base de comparaison est rarement contestée. Cependant, suivez de très près votre projet de benchmarking interne : il peut engendrer dans certains cas une concurrence improductive entre divisions ou régions. Au pire, certaines de ces entités essaieront de « faire de l'habillage » pour présenter les meilleurs résultats.

Lorsque vous avez créé vos indicateurs internes et collecté les données de benchmarking qui conviennent, l'étape suivante consiste à effectuer un benchmarking externe. Vous pouvez limiter la comparaison à votre propre industrie ou au contraire l'étendre à d'autres secteurs. Certains prestataires spécialisés dans le benchmarking vous proposent par exemple de choisir des entreprises spécifiques présentant des caractéristiques similaires (complexité des produits, présence géographique, stratégie de fabrication).

Analysez les écarts entre la performance de votre entreprise et celle des autres. Étudiez tout particulièrement les domaines stratégiques dont la performance est médiocre. Recherchez ensuite les causes de tous les problèmes de performance ainsi que les changements nécessaires pour éliminer les écarts. Assurez-vous de comparer des données à la fois qualitatives et quantitatives. En effet, les données qualitatives permettent une évaluation des méthodes de travail des entreprises auxquelles vous vous comparez.

Un benchmarking externe peut être un moyen extrêmement efficace pour justifier une transformation de la supply chain, car vous aurez souvent besoin d'une vue extérieure pour expliquer d'importants changements internes. Afin d'écarter d'éventuelles critiques concernant le choix des entreprises utilisées dans la comparaison, prenez le temps de procéder à une analyse poussée afin d'être sûr de la pertinence des données de benchmarking. Votre prestataire de services de benchmarking peut vous aider à faire les bons choix, notamment si vous étendez la comparaison à d'autres industries.

BASF Corporation a utilisé une combinaison de benchmarkings internes et externes pour améliorer certains processus de ses opérations. Le groupe BASF, dont le siège se trouve à Ludwigshafen, en Allemagne, est un des géants de l'industrie chimique mondiale. Il ne compte pas moins de 160 filiales et sociétés affiliées à travers le monde. En 2003, son entité North American Free Trade Agreement (NAFTA), implantée aux États-Unis, au Canada et au Mexique, a créé une équipe chargée d'évaluer les principales opérations de supply chain de ses treize divisions, de repérer les écarts de performance et d'élaborer un plan permettant de les éliminer. L'équipe a alors décidé d'utiliser des benchmarkings pour comparer la performance de chacune des treize divisions avec les autres entités de BASF et quelques entreprises externes.

Les dirigeants des divisions accueillirent la proposition avec scepticisme car ils doutaient de la pertinence des comparaisons. Comme l'explique Mary Scheibner, directrice supply chain consulting de NAFTA : « Chaque division est unique. Toutes fabriquent des produits différents à l'aide de processus de fabrication différents, puis les vendent à des clients différents. Nous devions par conséquent rassurer chaque division sur le bien-fondé des comparaisons. »

BASF décida de regrouper les divisions ayant des caractéristiques communes afin de créer des populations homogènes. Les treize divisions furent réparties en deux catégories, suivant leur principal processus de fabrication (en continu ou en batch – voir Figure 5.2). Chaque division remplit le tableau de bord de supply chain fourni par PMG (voir le tableau de bord générique de la Figure 5.3). Des entreprises externes ont été choisies pour constituer une base de comparaison externe. La performance de chaque division était donc comparée à deux populations : les divisions de BASF utilisant le même processus de fabrication, puis les entreprises externes.

Les résultats des comparaisons permirent de fixer des objectifs. Mary Scheibner travailla en étroite coopération avec la direction générale pour définir des objectifs ambitieux (mais raisonnables) pour chaque division. « Cela représente un travail énorme. C'est pourquoi nous avions besoin d'une approche simplifiée, remarque-t-elle. Nous avons classé les divisions en fonction de leur performance. Puis nous avons fixé un objectif d'amélioration pour chaque division, correspondant à un bond de 25 centiles dans le classement. » Par exemple, si la performance de niveau de stock d'une division la plaçait au milieu de l'échantillon (donc au 50e centile), son objectif était d'atteindre un niveau de performance correspondant à celui de la division située au 75e centile de l'échantillon. Cet objectif d'amélioration de 25 centiles ne concernait pas les divisions qui étaient dans le premier quart du classement.

Figure 5.2 Benchmarking BASF

Divisions produisant en continu			Divisions produisant en batch		
Division **BASF 1**	Division **BASF 2**	Division **BASF 3**	Division **BASF 6**	Division **BASF 7**	Division **BASF 8**
Division **BASF 4**	Division **BASF 5**		Division **BASF 9**	Division **BASF 10**	Division **BASF 11**
			Division **BASF 12**	Division **BASF 13**	
Entreprise de comparaison A	Entreprise de comparaison B	Entreprise de comparaison C	Entreprise de comparaison G	Entreprise de comparaison H	Entreprise de comparaison I
Entreprise de comparaison D	Entreprise de comparaison E	Entreprise de comparaison F		Entreprise de comparaison J	

Catégorie production en continu — *Catégorie production en batch*

Cette approche hiérarchisée descendante offre un moyen relativement simple pour définir des objectifs ambitieux, en rupture avec la performance actuelle. Dave McGregor, senior vice-président logistique de BASF, remarque : « Historiquement, les divisions appliquaient une approche incrémentale pour accroître la productivité. Les données de benchmarking nous permettent de relier les opportunités théoriques d'amélioration à des pratiques de supply chain éprouvées : cela permet d'améliorer le niveau de performance de façon radicale [3]. »

Des cibles ambitieuses mais réalisables – reliées à des actions

Si vous voulez utiliser les indicateurs pour suivre la performance de votre supply chain, vous devez définir une cible pour chacun de ces indicateurs. Cette cible vous sert ensuite de référence et vous permet de savoir si la performance s'améliore, stagne ou se dégrade.

N'essayez pas d'être le meilleur en tous points : il est impossible d'obtenir des résultats parfaits pour tous les indicateurs-clés. Si vous fixez des objectifs irréalisables, vous risquez de provoquer des réactions qui perturberont plus qu'elles n'amélioreront la performance de votre entreprise. Commencez plutôt par définir vos objectifs stratégiques globaux, puis vérifiez si vos cibles précédentes correspondent (ou non) à ces objectifs.

Nous avons déjà vu qu'un programme de gestion de la performance efficace utilise obligatoirement un ensemble équilibré d'indicateurs. Il en va de même pour les objectifs de performance. L'amélioration de la performance de la supply chain ne doit pas se faire au détriment de la performance dans un autre domaine. Mais il est vrai que, pour atteindre votre objectif dans un domaine important, vous devrez parfois accepter une performance moindre dans un autre.

Il est également vrai que vous pouvez améliorer la performance dans de nombreux domaines sans améliorer la performance de l'ensemble – une idée que les entreprises ont souvent du mal à saisir. L'amélioration de la performance globale exige parfois des concessions au niveau fonctionnel, ce que les responsables de ces fonctions admettent difficilement : leur propre performance semble décliner.

Figure 5.3 Tableau de bord de supply chain standard

Dimension	Indicateur	Performance par rapport à la population de comparaison					
		0-20 % opportunité majeure	20-40 % désavantage	40-60 % médiane	60-80 % avantage	80-100 % optimale (Best-in-Class)	Votre organisation
Indicateurs concernant les clients	Livraison à la date demandée %			82,1 %		97,3 %	96,3 %
	Livraison à la date promise %			91,1 %		99,2 %	92,8 %
	Délais de livraison : stratégie de fabrication principale (jours)			7,9		2,4	11,0
	Flexibilité de production : contrainte principale (jours)			49,0		5,5	25,0
Indicateurs internes	Coût total de gestion de la supply chain (% du chiffre d'affaires)			10,3 %		4,7 %	6,9 %
	Coût total du traitement des retours (% du chiffre d'affaires)			0,9 %		0,2 %	66,6 %
	Niveau global de stock (jours)			64,2		23,6	39,0
	Cycle de rotation des liquidités (jours)			76,3		22,3	43,6
	Taux de rotation des actifs			2,0		9,1	5,9

Votre organisation

Vous pouvez fixer vos objectifs de différentes manières. La plus simple consiste peut-être à définir des objectifs de pourcentage d'amélioration en vous appuyant sur la performance historique ou de départ : vous mesurez la performance dans un domaine donné et sur une période donnée, déterminez la performance de départ puis fixez un objectif d'amélioration. Mais veillez à relier cet objectif à un changement précis au niveau de la stratégie ou de l'exécution. Ce n'est pas

© Éditions d'Organisation

parce qu'un certain niveau de performance est possible – comme le montrent les données de benchmarking – qu'il correspond à un objectif logique et réalisable.

Voyons l'exemple d'un fabricant d'équipements télécoms qui n'était pas satisfait du niveau de service de ses principaux fournisseurs et qui lança en conséquence un vaste programme visant à améliorer le pourcentage de livraisons à la date promise des fournisseurs. L'entreprise mesura la performance de vingt-cinq fournisseurs pendant trois mois et découvrit que ces performances fluctuaient entre 70 % et 80 % selon la période. Elle donna alors six mois à ses fournisseurs pour atteindre les 95 %.

À l'issue de ces six mois, l'entreprise n'avait toujours pas enregistré d'amélioration notable. Le directeur des approvisionnements expliqua que l'objectif de 95 % n'était associé à aucun programme spécifique. L'entreprise avait simplement supposé qu'une amélioration de 5 % par mois représentait un objectif raisonnable. Par la suite, en comparant la performance de ses fournisseurs avec le reste du marché des télécoms, l'entreprise constata que cette performance ne dépassait jamais les 87 %. À partir de ces informations, elle conserva son objectif de 95 % sur le long terme mais fixa des cibles intermédiaires en les associant à la création de pratiques spécifiques dont le benchmarking avait révélé l'absence, comme l'utilisation d'accords de services communs (Joint Service Agreements), l'utilisation accrue de l'EDI (échange de données informatisées) et la mise à niveau des programmes de certification des fournisseurs.

Nous préconisons l'utilisation de cibles « en rupture » avec le niveau de performance actuel, tout en mettant les responsables en garde contre les cibles irréalisables qui peuvent nuire au moral et démotiver. La meilleure approche consiste à conjuguer la performance historique et de départ avec des benchmarkings internes et externes. Dans certains cas, il faut également évaluer ce qui est réaliste en fonction de la conjoncture et des améliorations de processus planifiées.

Des indicateurs visibles et suivis à tous les niveaux

Sans doute avez-vous déjà fait l'expérience d'un projet de gestion de la performance qui démarre en flèche mais finit par échouer. D'après ce que nous avons pu constater, la principale cause d'échec est le manque de suivi de l'initiative une fois qu'elle est lancée. Vous éviterez cet écueil en effectuant des mesures et des reportings réguliers.

Parmi toutes celles que nous avons examinées, l'une des mises en place d'indicateurs les plus réussies est celle du fournisseur de logiciels et matériels informatiques dont nous avons parlé dans la discipline n° 3. Ses clients étaient très mécontents des délais de livraison : en moyenne 25 jours, alors qu'un délai de 2 ou 3 jours aurait été raisonnable. Selon l'équipe commerciale, la lenteur des livraisons expliquait en grande partie pourquoi l'entreprise manquait ses objectifs de croissance. L'analyse de la supply chain révéla l'origine du problème : trop de passages d'une fonction à l'autre dans l'exécution des commandes. En tant qu'éditeur de logiciels, l'entreprise n'était pas confrontée aux problèmes classiques de fabrication tels que la performance des fournisseurs et les temps de cycle de fabrication. Les principaux problèmes concernaient plutôt le traitement des commandes clients, leur circuit dans le cycle de négociation des contrats et leur préparation.

Afin d'améliorer la performance de sa supply chain, l'entreprise fixa des objectifs pour chaque fonction intervenant dans l'exécution des commandes. Ensuite, afin d'éliminer les barrières entre fonctions, elle mit en place un système permettant de suivre le cycle de traitement et d'exécution des commandes de façon complètement transparente. Convaincu que les informations envoyées par courrier électronique ou publiées sur un site Web n'auraient pas suffisamment d'effet, le directeur financier fit afficher d'immenses tableaux de bord dans des endroits judicieusement choisis (près des bureaux de la direction, dans les agences commerciales locales et dans les zones d'expédition). Et il vint lui-même mettre à jour les temps de cycle chaque semaine. Dans la mesure où l'indicateur s'appuyait sur les données fournies par chaque fonction impliquée dans l'exécution des commandes, beaucoup de personnes étaient concernées par la collecte des informations et pouvaient suivre la progression vers l'objectif à atteindre.

Contre toute attente, cette stratégie de transparence faillit faire dérailler le projet. Les indicateurs permirent à l'équipe de projet de passer en revue toutes les activités participant à l'exécution des commandes, d'éliminer celles qui n'apportaient rien et de créer un nouveau processus permettant d'éviter une grande partie des passages d'une fonction à l'autre. Le suivi plus minutieux, conjugué avec le supplément de travail occasionné par le traitement de chaque écart ou cause de retard, ralentit le processus. Le temps de cycle dépassa alors les 25 jours.

Après quelques semaines d'affichage des résultats, beaucoup de membres de l'équipe commencèrent à craindre un échec, certains affirmant que « le projet partait dans le mauvais sens ». Malgré l'inquiétude suscitée par l'affichage de données décourageantes, le directeur financier persévéra et continua de mettre à jour ses tableaux de bord. Chaque tableau indiquait le temps de cycle de livraison et la moyenne glissante pour les quatre dernières semaines. Ce deuxième indicateur permettait de lisser les résultats en atténuant l'impact d'une mauvaise semaine par rapport à trois autres de performance satisfaisante. Un mois après la mise en place des premiers éléments du nouveau processus, les résultats affichèrent une amélioration importante. Au bout de deux mois, le temps de cycle moyen avait diminué de près de 10 jours. Et, au bout de dix mois, l'objectif était atteint et même dépassé (voir Figure 5.4). Parallèlement, les tableaux de bord étaient devenus un outil de vente efficace : les commerciaux les montraient à leurs clients pour leur prouver toute l'attention que l'entreprise portait désormais au service client.

Dans cet exemple, il apparaît clairement que les dirigeants de l'entreprise doivent montrer leur motivation vis-à-vis de l'utilisation d'indicateurs. Identifiez rapidement parmi eux quelques « champions » et travaillez étroitement avec eux pour renforcer leur motivation. Ils se feront les avocats de la gestion de la performance. Et pour jouer leur rôle correctement, ils auront besoin de surveiller activement des indicateurs pertinents, en prenant immédiatement les dispositions qui s'imposent si le projet ne se déroule pas comme prévu.

Vous devez également définir les processus et circuits de prise de décision induits par la mise en place d'indicateurs. Les mesures ne sont utiles que si elles permettent de prendre des décisions au bon moment. Une gestion efficace de la performance

> Les mesures ne sont utiles que si elles permettent de prendre des décisions au bon moment.

© Éditions d'Organisation

Figure 5.4 Délais de livraison de la société X

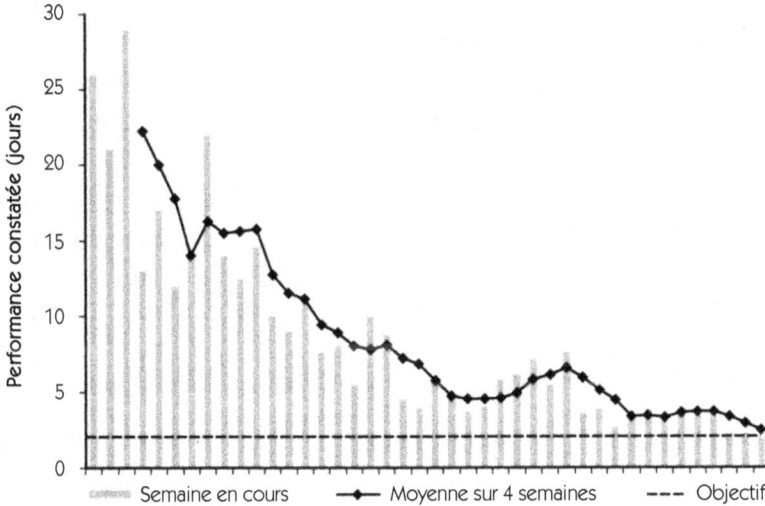

doit définir quelles actions sont requises si les mesures passent au-delà d'un seuil de tolérance donné, quelles décisions sont à prendre, par qui et sur quel périmètre.

Des indicateurs utilisés pour susciter l'amélioration continue

La collecte de données de comparaison complètes demande beaucoup de temps et d'énergie. Étant donné que la plupart des prestataires de services de benchmarking facturent la participation à leurs études et l'accès aux bases de données, cela représente un coût additionnel non négligeable. Logiquement, les entreprises prêtes à faire ce genre d'investissement devraient exploiter les résultats obtenus mais c'est rarement le cas. Une enquête réalisée auprès d'une centaine de sociétés a révélé que très peu d'entre elles avaient utilisé leurs indicateurs de supply chain pour les décliner en pratiques de gestion stratégique et que la plupart n'avaient pas réussi à complètement rentabiliser leurs investissements[4]. Comme beaucoup, elles prennent connaissance des informations de benchmarking mais ne les exploitent pas pour s'améliorer. Au bout d'un certain temps, les efforts consentis pour la collecte de données ne semblent plus être payants et l'exercice perd de son intérêt.

Préparez un plan de mise en œuvre

La mise en œuvre d'un programme de gestion de la performance se déroule en quatre étapes principales :

1. *Définissez des objectifs de supply chain.* Commencez par la stratégie de votre entreprise, puis développez des objectifs de supply chain associés.

2. *Choisissez des indicateurs et définissez les cibles associées.* Choisissez les cibles et indicateurs spécifiques que vous utiliserez pour suivre votre progression vers vos objectifs de supply chain.

2. *Définissez des projets d'amélioration.* Développez des programmes d'amélioration de la performance pour vous aider à atteindre vos objectifs.

4. *Mettez en œuvre les projets.* Rassemblez les informations et développez les outils nécessaires pour examiner les données et vous aider dans vos prises de décision.

Définissez des objectifs de supply chain

Définissez des priorités et des objectifs de supply chain qui soutiennent la stratégie de votre entreprise. Même si la direction est d'accord en ce qui concerne la stratégie de supply chain, les opinions peuvent diverger en ce qui concerne l'importance des critères de performance. Dans ce cas, l'utilisation d'un référentiel standard tel que le modèle SCOR® peut se révéler très utile.

Si nécessaire, organisez des ateliers avec les membres de la direction générale pour valider les priorités de la supply chain. Établissez la liste des objectifs-clés définis lors de ces réunions puis validez-les avec toute l'équipe de direction et tout autre acteur concerné, à l'intérieur comme à l'extérieur de votre organisation.

Choisissez des indicateurs et définissez les cibles associées

Une fois définis et validés les objectifs-clés de votre stratégie de supply chain, choisissez les indicateurs qui mesureront votre progression. Commencez par évaluer vos niveaux de performance actuels. À l'aide d'un outil tel que le tableau de bord supply chain de PMG, définissez une liste d'indicateurs en veillant à leur cohérence. Regroupez ces indicateurs selon leur contribution à la stratégie de votre entreprise.

À l'aide des définitions standard, déterminez le niveau de performance de départ et appuyez-vous sur un benchmarking interne et/ou externe afin de définir des cibles de long et court terme. Comme indiqué plus haut, choisissez des cibles ambitieuses mais réalisables.

Commencez avec un petit nombre d'indicateurs, en veillant à généraliser leur utilisation avant d'en ajouter de nouveaux. Choisissez dans un premier temps les indicateurs du niveau 1 du modèle SCOR® (jours de stock, performance des livraisons, délais de livraison, cycle de rotation des liquidités, etc.).

Définissez des projets d'amélioration

Examinez tout d'abord tous les projets existants, l'impact attendu, et s'ils correspondent à votre stratégie de supply chain. Éliminez tous les projets redondants ou non conformes à votre stratégie, identifiez les sujets non traités qui peuvent vous empêcher d'atteindre vos objectifs et élaborez des programmes permettant de combler ces vides. Ensuite, mettez à jour les objectifs annoncés, en reliant les améliorations visées à des activités spécifiques.

Mettez en œuvre les projets

Quasiment tous les programmes d'amélioration de la performance font appel à des systèmes d'information. Vous pouvez les concevoir et les développer en interne ou acquérir une technologie de base de données gérant de gros volumes d'informations (data warehouse), un ERP (Enterprise Resource Planning) ou bien une solution qui extrait les données de votre système ERP. Pour choisir le bon système, il est essentiel de connaître les sources de données. Vous devez également savoir comment votre gestion de la performance sera reliée aux indicateurs et aux efforts d'amélioration des autres grandes fonctions. Ne développez jamais un système de gestion de la performance de manière isolée.

Lorsque vous introduisez de nouvelles règles de mesure, essayez de bien comprendre les compétences de votre organisation. Définissez ce qui est et n'est pas capital pour l'entreprise avant d'introduire de nouveaux indicateurs. Leur déploiement peut se faire progressivement dans les différentes régions, divisions et lignes de produit. En effet, il n'est pas toujours nécessaire de déployer vos indicateurs dans toutes les régions, dans tous les canaux de distribution et pour tous les produits en même temps.

En déterminant d'emblée la fréquence des mesures, vous éviterez de coûteuses refontes de structures de données. Vous pouvez par exemple réduire la fréquence des reportings, une tactique qui peut se révéler utile si l'entreprise n'est pas prête à exploiter des informations en temps réel. Concentrez-vous au quotidien uniquement sur les indicateurs liés aux activités très dynamiques. Déterminez également le niveau de visibilité qui convient. Vous devez avoir pour objectif une visibilité totale tout au long de la supply chain, avec suffisamment de possibilités de recherche pour analyser les écarts de performance par usine ou par entrepôt d'origine, par exemple.

Identifiez toutes les sources de données requises et faites en sorte qu'elles soient accessibles. Si vous décidez par exemple de surveiller le pourcentage de commandes livrées à la date demandée, vous devez avoir saisi les dates demandées par les clients. Certains systèmes transactionnels ne contiennent pas de champ pour ces informations et beaucoup, même s'ils sont capables de suivre ces données, ne sont pas programmés pour le faire.

Une analyse des données manquantes représente une première étape capitale permettant de garantir que les décideurs ont accès aux données voulues. Dans beaucoup d'entreprises, d'importants volumes de données sont stockés dans de multiples systèmes disparates. Si c'est le cas, vous devrez définir l'architecture de vos systèmes d'information afin de formaliser l'extraction des données des différentes sources et prendre des décisions à partir de ces données. Dans ce travail d'urbanisation, appuyez-vous autant que possible sur des définitions standard d'indicateurs et de données : cela simplifiera à la fois le reporting et la collecte des informations.

Étudiez soigneusement le marché des logiciels de gestion de la performance. Vous trouverez de nombreux composants et outils indépendants, suites applicatives et applications à paramétrer, y compris des catégories concernant le reporting, les applications d'aide à la décision (business intelligence), les systèmes APS (Advanced Planning and Scheduling), la gestion des événements de supply chain et la gestion de la performance de supply chain. En étudiant tous les systèmes disponibles, ne cédez pas à la tentation de créer d'office une base de données globale (data warehouse) permettant la manipulation multidimensionnelle pour l'analyse des causes et la résolution des problèmes. Ce n'est pas indispensable pour réussir la mise en place d'un système de gestion de la performance. Si vous intégrez trop d'indicateurs des plus bas niveaux du modèle, vous risquez de créer un système trop complexe.

Quels indicateurs ?

En ce qui concerne les indicateurs, les entreprises ont toujours tendance à en utiliser trop. Cela est particulièrement vrai lorsque l'on met en place pour la première fois un ou deux types d'indicateurs pour mesurer les capacités opérationnelles et les résultats. Pour une entreprise habituée à utiliser des indicateurs historiques ou à piloter « de façon réactive », les informations sur les causes et les effets des processus de supply chain sont extrêmement importantes. Elle aura donc naturellement tendance à vouloir ce type d'information pour tous les processus.

Observons par exemple les délais de livraison. La plupart des entreprises utilisent un indicateur mesurant le temps qui s'écoule entre la saisie de la commande client et l'expédition du produit commandé. Les commandes suivent tout un circuit (réception, vérification, saisie, calcul du prix, contrôle de solvabilité, lancement, préparation, conditionnement et expédition) et il est possible de mesurer la durée de chaque étape de ce circuit. Du point de vue du client, en revanche, le chronomètre se déclenche dès l'émission de la commande et s'arrête à la réception du produit : la durée des étapes intermédiaires ne l'intéresse pas particulièrement. Par conséquent, ne mesurez pas chacune de ces étapes mais plutôt des étapes plus longues, allant par exemple de la réception de la commande à son lancement. Et si les résultats révèlent un problème, affinez alors votre découpage sur l'étape en question.

D'autre part, évitez d'utiliser une série d'indicateurs prédéfinie et censée correspondre à votre activité. Il n'existe malheureusement pas d'ensemble prédéfini pouvant s'appliquer à n'importe quel type d'activité. Nous avons déjà vu dans ce chapitre qu'il fallait aligner les indicateurs sur les objectifs stratégiques. Étant donné que la stratégie de

Étant donné que la stratégie de supply chain s'appuie sur l'orientation stratégique globale de l'entreprise et ses compétences-clés, vous devez choisir des indicateurs permettant de mesurer votre performance par rapport à vos objectifs.

supply chain s'appuie sur l'orientation stratégique globale de l'entreprise et ses compétences-clés, vous devez choisir des indicateurs permettant de mesurer votre performance par rapport à vos objectifs.

Les indicateurs que vous choisissez évolueront avec vos processus de supply chain et varieront selon la maturité de votre structure organisationnelle. Autrement dit, il est inutile de fixer des cibles ambitieuses de collaboration interentreprises si votre propre entreprise n'est toujours pas parvenue à dépasser le stade d'une organisation fonctionnelle (voir Figure 5-5).

Même si votre entreprise n'utilise que des processus fonctionnels, les indicateurs uniquement basés sur la performance fonctionnelle ne conviennent pas. Outre le fait de renforcer les silos fonctionnels, mesurer uniquement la performance fonctionnelle encourage l'excellence purement fonctionnelle aux dépens de l'excellence de la supply chain dans son ensemble. Prenons l'exemple d'une grande société télécom dont les clients réclamaient une baisse des prix. L'entreprise poussa son département approvisionnement à réduire les coûts des matières en négociant de meilleurs tarifs avec les fournisseurs. Pour certaines matières, les responsables achats négocièrent des remises substantielles en s'engageant à commander des volumes plus importants. Pour d'autres, ils trouvèrent des fournisseurs meilleur marché. Chaque mois, le département approvisionnement présentait les résultats de ses efforts : le coût matières par unité baissait.

Cependant, après quelques mois, il devint évident que la réduction des coûts des matières avait un impact négatif dans d'autres domaines : les achats en grands volumes augmentaient les niveaux de stock et les rendements de fabrication étaient en baisse (problème lié à la mauvaise qualité des matières achetées auprès de fournisseurs à bas prix).

Figure 5.5 Objet des indicateurs
pour résoudre les problèmes de performance

Caractéristiques de la supply chain	Objet des indicateurs
Axée sur les fonctions Des failles dans les processus fonctionnels et dans la gestion des opérations conduisent à une disponibilité produit et des niveaux de qualité fluctuants	Performance de fonctions/ départements spécifiques
Axée sur les processus Malgré la présence de processus, systèmes et approches pour optimiser la qualité, les coûts et les temps de cycle d'un domaine fonctionnel, la performance interdivision est sous-optimisée	Performance de processus spécifiques, à l'intérieur ou au-delà d'un domaine fonctionnel
Axée sur l'entreprise Les processus de supply chain sont intégrés, alignés à travers tous les sous-processus et niveaux de management ; ils permettent une performance hors pair et l'amélioration continue	Performance des processus transversaux
Axée sur l'entreprise et ses partenaires L'intégration des processus internes et externes permet aux partenaires de l'entreprise de se concentrer sur leurs clients, leurs partenaires de supply chain, leurs compétences-clés et la création de valeur	Performance des processus interentreprises et de certains processus externes

La morale de l'histoire est évidente : l'utilisation exclusive d'indicateurs fonctionnels peut engendrer des comportements indésirables et nuire à l'exécution de la stratégie globale. Les indicateurs fonctionnels ne sont pas intrinsèquement mauvais mais ils peuvent pénaliser la performance globale s'ils ne sont pas associés à des mesures transversales contribuant à l'amélioration de l'ensemble de la supply chain.

Choisissez des indicateurs soutenant votre stratégie

Dans la discipline n° 2, nous avons vu combien il était important d'utiliser des processus transversaux et d'éliminer les silos fonctionnels pour soutenir la supply chain dans son ensemble. Il en va de même pour les indicateurs : éliminez les frontières et les points de passage entre fonctions, en utilisant des mesures de performance transversales et basées sur des processus qui viennent s'ajouter aux indicateurs purement fonctionnels. Ces derniers deviennent alors de précieux outils permettant de découvrir les causes des problèmes de performance.

Lorsque vous choisissez vos indicateurs, la première étape consiste à évaluer la maturité de la supply chain de votre entreprise. Étudiez ensuite vos objectifs stratégiques globaux et tous les projets visant à passer au niveau de maturité supérieur. Après quoi, vous pouvez commencer à structurer un ensemble d'indicateurs équilibré, y compris des indicateurs de premier niveau permettant de vérifier si votre supply chain soutient ou non la stratégie globale de l'entreprise.

Nos travaux sur le modèle SCOR® ont été fortement influencés par les missions que nous avons accomplies chez des centaines de clients pour définir la meilleure méthode de gestion de la performance de supply chain, dans le cadre de définitions de stratégies opérationnelles et de programmes d'amélioration de la performance. Ce travail nous a permis de créer l'une des bases de données les plus complètes en matière d'indicateurs de supply chain et de meilleures pratiques, sur laquelle repose la base de données de gestion de la supply chain de PMG. Ces indicateurs et ces pratiques sont intégrés dans le modèle SCOR® et sont aujourd'hui utilisés dans tous les secteurs.

La Supply Chain Performance Indicator de PMG, une étude permanente de la performance et des pratiques de supply chain, s'appuie sur le même travail qui a conduit à l'élaboration du modèle SCOR®. Elle utilise également la même construction hiérarchique. Au plus haut niveau, le modèle SCOR® propose des mesures de performance quantitatives pour 5 attributs-clés et 13 mesures spécifiques [5]. Les indicateurs de niveau 1 du modèle SCOR® sont généralement associés aux préoccupations de la direction générale (voir Figure 5.6).

Notez que les indicateurs de niveau 1 du modèle SCOR® sont à la fois des indicateurs internes (coût total de gestion de la supply chain, cycle de rotation des liquidités, jours de stock et rotation des actifs) et des indicateurs concernant les clients (performance de livraison, taux de satisfaction des commandes, exécution parfaite des commandes, délais de livraison, réactivité de la supply chain et flexibilité de la production).

Ces indicateurs de niveau 1 offrent une vue globale de l'efficacité de la supply chain. Explication de Michelle Roloff : « Il est quasiment impossible qu'une entreprise puisse obtenir une performance optimale

Figure 5.6 Attributs de performance et indicateurs de niveau 1 associés (modèle SCOR®, version 6.0)

Attribut de performance	Définition de l'attribut de performance	Indicateur de niveau 1 du modèle SCOR®
Fiabilité des livraisons	Performance de la supply chain pour livrer : • Le bon produit • Au bon endroit et au bon client • Au bon moment • En parfait état • Dans les bonnes quantités • Avec la documentation adaptée	• Performance de la livraison • Taux de satisfaction des commandes • Exécution parfaite des commandes
Réactivité	La vitesse à laquelle la supply chain livre les produits et/ou services aux clients	• Délais de livraison
Flexibilité	La vitesse à laquelle la supply chain réagit aux évolutions du marché ; l'agilité avec laquelle elle arrive à générer et à maintenir un avantage concurrentiel	• Réactivité de la supply chain • Flexibilité de production
Coûts	Coûts associés au fonctionnement de la supply chain	• Coût des produits vendus • Coût total de gestion de supply chain • Productivité des activités à valeur ajoutée • Coût de traitement de la garantie/retours
Gestion des actifs	Efficacité de la gestion des actifs (immobilisations et fonds de roulement)	• Cycle de rotation des liquidités • Jours de stock • Rotation des actifs

(Best-in-Class) pour la totalité des indicateurs de niveau 1, mais de solides performances dans des domaines prioritaires sont signes d'une bonne santé générale de sa supply chain et une très bonne indication du retour sur investissement dans ce domaine. »

Les indicateurs de niveau 1 permettent de surveiller la performance à un niveau macroscopique mais sont moins utiles pour identifier les causes des problèmes de performance. Pour ce faire, il est préférable d'utiliser des mesures de performance plus détaillées donnant des informations sur l'exécution tactique. Dans la structure hiérarchique du modèle SCOR®, chaque indicateur de niveau 1 est associé à un groupe d'indicateurs de niveau 2 et de niveau 3. Ce sont ces derniers qui permettent d'analyser les causes des problèmes de performance qui apparaissent au niveau 1. Avant de commencer, définissez l'architecture globale de votre programme de gestion de la performance (déterminez quels indicateurs de niveaux 1, 2 et 3 vous utiliserez – voir la liste complète de ces indicateurs en annexe C).

Mesurez-vous comme vos clients vous mesurent

Les indicateurs du modèle SCOR® sont définis conformément au principe d'une supply chain considérée comme un processus transversal. Chaque indicateur est donc considéré du point de vue des fournisseurs ou des clients (et pas seulement du point de vue interne). Le tableau de bord de la supply chain définit chaque indicateur de manière détaillée et propose des recommandations spécifiques quant à la collecte des informations requises.

> *Les indicateurs du modèle SCOR® sont définis conformément au principe d'une supply chain considérée comme un processus transversal.*

Les entreprises s'écartent fréquemment des définitions standard, soit pour faciliter la collecte des données, soit pour influencer le comportement d'un acteur interne ou externe, soit pour afficher (consciemment ou non) une performance supérieure à ce qu'elle est réellement. Ces écarts sont parfois justifiés mais assurez-vous toujours que vos indicateurs correspondent à ce que vos clients et fournisseurs utilisent.

Nous avons notamment travaillé avec un fournisseur de pièces automobiles qui a passé plus de deux ans à vérifier si toutes ses entités mesuraient de la même manière la performance de livraison auprès de ses principaux clients (entrepôts et points de vente). Avec des livraisons quotidiennes et une politique officielle indiquant que tous les produits devaient être disponibles dans les 24 heures suivant la commande,

© Éditions d'Organisation

l'indicateur de « livraisons à la date promise » correspondait au pourcentage de produits livrés au client dans les 24 heures. Pourtant, malgré les bons résultats annoncés par les différentes entités, les clients se plaignaient de la lenteur des livraisons et une enquête de satisfaction révéla que l'entreprise était encore moins performante que ses concurrents.

Une étude plus approfondie montra que le service de gestion des commandes appliquait par défaut une livraison le jour suivant, sauf pour les produits en rupture de stock. Les produits étaient considérés comme disponibles s'ils se trouvaient déjà dans un centre de distribution local ou si leur arrivée au centre était prévue le jour suivant. Les clients qui commandaient des produits en rupture recevaient une date de livraison prévisionnelle.

Bien entendu, les clients attendaient une livraison le jour suivant ou à la date qui leur était communiquée. Ils mesuraient la performance de livraison à la date promise en fonction de ces dates, de même que l'association qui avait publié l'enquête de satisfaction clients. De son côté, l'entreprise calculait sa performance d'après les produits en stock quand le client passait sa commande. Les livraisons qui n'étaient pas faites « le jour suivant » et les livraisons après la date promise n'étaient donc pas prises en compte. D'autre part, chaque entité calculait sa performance par article, alors que les clients considéraient qu'une commande était livrée uniquement quand ils avaient reçu la totalité des articles.

Suite à cette analyse, la direction créa deux nouveaux indicateurs de performance de livraison. Le premier concernait les livraisons à la date promise : le pourcentage de commandes complètes livrées au client à la date promise. Lorsque le client demandait à être livré à une date ultérieure, la date promise était mise à jour en conséquence. Le deuxième indicateur concernait les délais de livraison : le temps écoulé de la réception d'une commande à la livraison des produits à l'adresse indiquée par le client.

En analysant les écarts entre la performance enregistrée pas ses différentes entités et celle enregistrée par ses clients, l'entreprise a fait une découverte intéressante : les clients préfèrent que leurs commandes soient livrées en totalité à une date précise et ne tiennent pas absolument à des livraisons sous 24 heures. Cette information a conduit l'entreprise à revoir toute sa stratégie de service client.

Démonstration : la gestion de la performance chez 3Com

En 2003, 3Com Corporation, l'un des plus importants fabricants d'équipements pour réseaux de télécommunication, chercha à utiliser la gestion de la performance pour appuyer sa stratégie. Les opérations liées aux ventes, au marketing, à la gestion des produits, à la R&D et à la supply chain étaient centralisées et couvraient toutes les lignes de produits. 3Com espérait développer une infrastructure permettant aux responsables de chaque fonction :

● d'aligner les activités et les priorités de leur organisation sur les objectifs de l'entreprise,

● de suivre les principaux indicateurs de performance,

● de fournir des informations pertinentes pour améliorer les prises de décision et la réactivité.

3Com mit en place une équipe et un comité de pilotage transversal chargés de surveiller le projet. Avant de commencer, l'entreprise lança un important programme de planification stratégique. Ari Bose, CIO (Chief Information Officer) et président du comité de pilotage, explique : « Nous voulions être sûrs d'avoir une stratégie clairement définie, à la fois audacieuse et tournée vers l'avenir. Et, pour bien l'appliquer, les responsables des fonctions devaient parfaitement la comprendre. »

Après avoir défini sa stratégie, 3Com passa à l'alignement des fonctions. À l'aide du tableau de bord prospectif, chacune d'entre elles définit les actions et les indicateurs correspondants dans quatre domaines-clés : client, finance, interne (les « opérations »), et innovation et apprentissage (les « personnes »). Les actions et les objectifs de chaque fonction étaient conçus pour appuyer la stratégie de l'entreprise et les projets-clés étaient déterminés à partir des objectifs de l'entreprise. Le département service lança par exemple un projet de renforcement de ses capacités afin de soutenir le retour de 3Com sur un marché spécifique, tandis que le département opération mettait en place un autre projet de transfert de la fabrication à un partenaire. Le tableau de bord de chaque fonction s'inscrivait dans le cadre d'un tableau de bord prospectif global couvrant toutes les opérations à travers le monde (voir Figures 5.7 à 5.11).

Le département supply chain choisit une série d'indicateurs mesurant les aspects critiques de la performance et soutenant les objectifs de l'entreprise. Il définit également des indicateurs plus détaillés afin de mieux observer la santé de la fonction. Les indicateurs de performance portent sur le respect des dates de livraison annoncées, le taux de rupture de stock, le temps de cycle de traitement des commandes et les coûts de supply chain. Ces coûts peuvent être répartis en coûts de matières, frais généraux et coûts en fin de période, et peuvent être encore détaillés à un niveau inférieur.

La Figure 5.9 montre le schéma utilisé par 3Com pour formaliser les cibles-clés des différents niveaux du tableau de bord prospectif. Pour identifier les causes des problèmes, l'entreprise analyse les indicateurs du niveau inférieur du tableau de bord prospectif de supply chain (voir Figure 5.10).

Aujourd'hui, le tableau de bord des opérations mondiales de 3Com est immédiatement accessible par tous les responsables. Ils l'utilisent quotidiennement pour surveiller la performance au niveau des fonctions et de l'entreprise. Lors de réunions hebdomadaires, une fonction présente un tableau de bord synthétique et les actions-clés pour atteindre les objectifs de l'entreprise. « Ce processus a réellement aidé notre organisation de supply chain à se concentrer sur ce qui est important, déclare Jim Ticknor, responsable des opérations de supply chain de 3Com. Mais surtout, il montre à tous les départements comment leurs activités et leurs décisions se répercutent sur les autres domaines de l'entreprise [6]. »

Gestion de la performance de prochaine génération

À l'image de 3Com, beaucoup d'entreprises abandonnent une approche fragmentée en faveur de la gestion de la performance et d'une approche globale. Cela signifie que la gestion de la performance de la supply chain deviendra un élément à part entière de la stratégie globale de gestion de la performance – ce que Gartner appelle la CPM (Corporate Performance Management).

Figure 5.7 La gestion de la performance chez 3Com

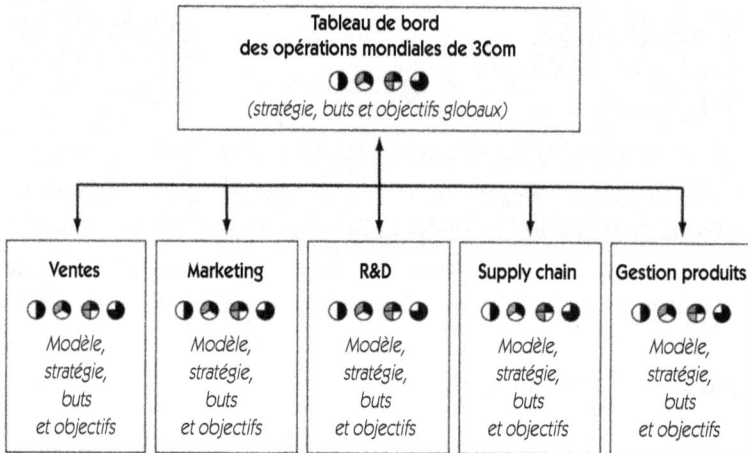

Figure 5.8 Élaboration d'un tableau de bord chez 3Com

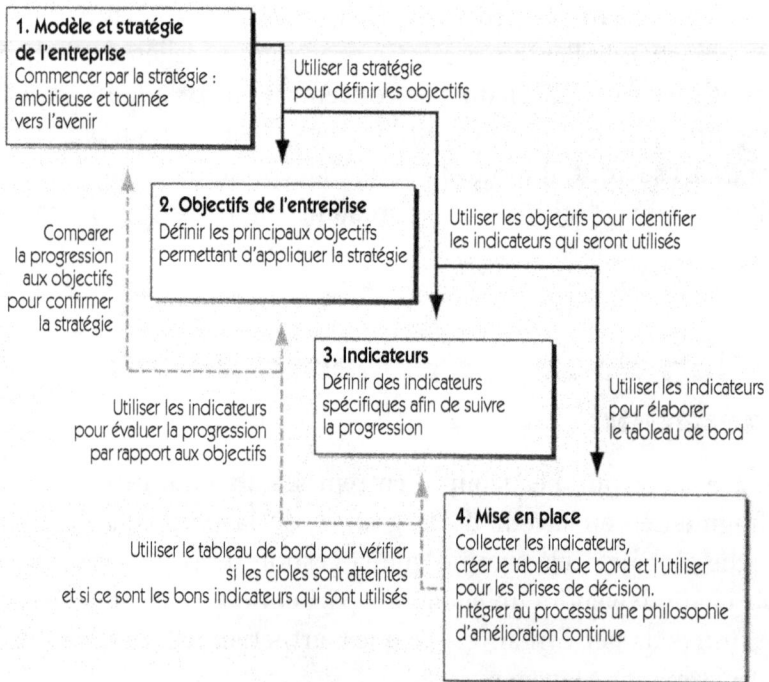

Figure 5.9 Tableau de bord de la supply chain de 3Com

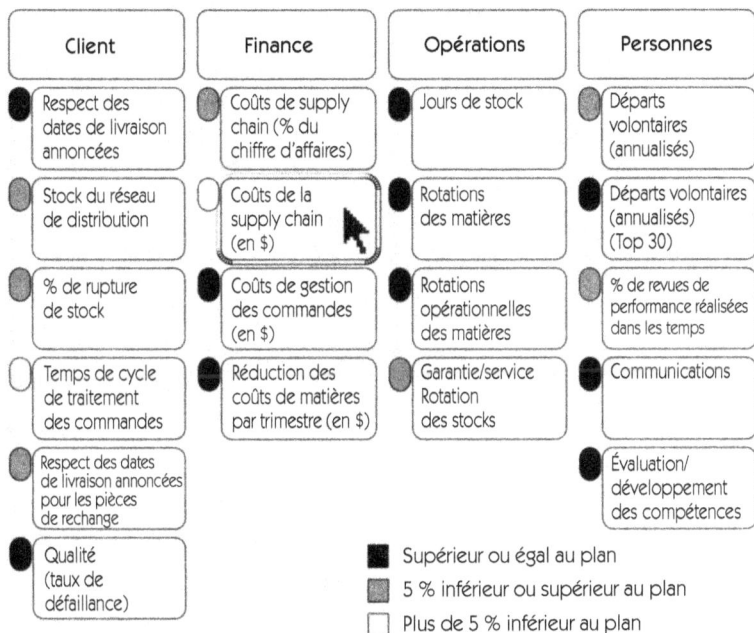

Client	Finance	Opérations	Personnes
● Respect des dates de livraison annoncées	◐ Coûts de supply chain (% du chiffre d'affaires)	◐ Jours de stock	◐ Départs volontaires (annualisés)
◐ Stock du réseau de distribution	Coûts de la supply chain (en $) ⬉	● Rotations des matières	● Départs volontaires (annualisés) (Top 30)
◐ % de rupture de stock	● Coûts de gestion des commandes (en $)	● Rotations opérationnelles des matières	◐ % de revues de performance réalisées dans les temps
○ Temps de cycle de traitement des commandes	● Réduction des coûts de matières par trimestre (en $)	● Garantie/service Rotation des stocks	● Communications
◐ Respect des dates de livraison annoncées pour les pièces de rechange			● Évaluation/ développement des compétences
● Qualité (taux de défaillance)			

■ Supérieur ou égal au plan

◐ 5 % inférieur ou supérieur au plan

□ Plus de 5 % inférieur au plan

La CPM décrit les méthodologies, les indicateurs, les processus et les systèmes utilisés pour surveiller et gérer la performance globale d'une organisation [7]. Cela va au-delà du logiciel car la CPM inclut les processus de gestion de la performance de l'entreprise, la méthodologie utilisée pour choisir les bons indicateurs de processus et la gestion de ces indicateurs. Il consolide également les données émanant des systèmes ERP, de gestion des relations clients (CRM – Customer Relationship Management), de gestion du cycle de vie des produits, de gestion des ressources humaines et des applications de « business intelligence ». Il crée ainsi les liens nécessaires entre des points disparates d'opérations internes.

La gestion de la performance de la supply chain représente un élément-clé de la stratégie de gestion de la performance de toute l'entreprise, qui doit également inclure les outils et processus permettant d'établir des liens entre les partenaires de la supply chain.

Les solutions de CPM évoluent rapidement mais il n'existe pas de solution miracle ou de système présentant toutes les caractéristiques

Figure 5.10 Sous-indicateurs du tableau de bord de la supply chain de 3Com

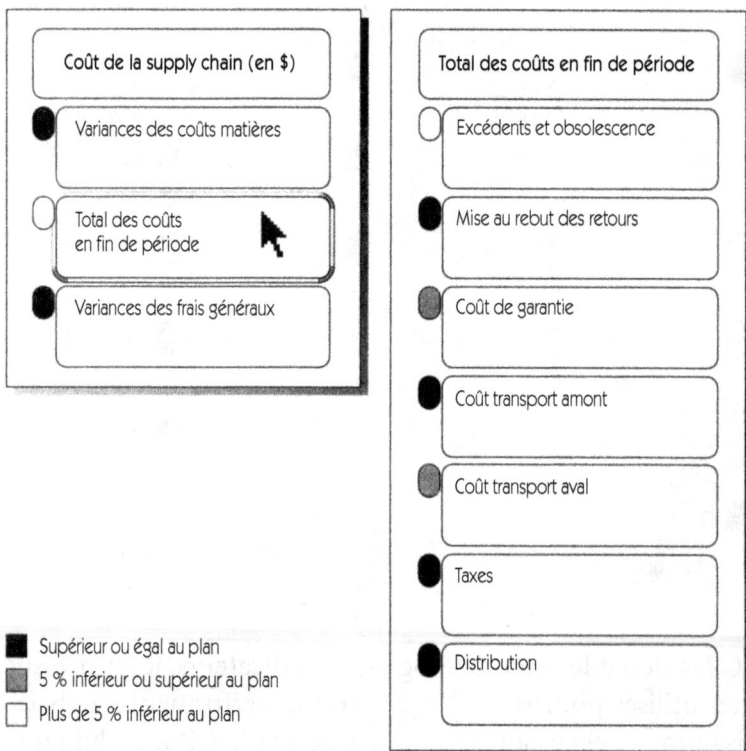

Coût de la supply chain (en $)
- Variances des coûts matières
- Total des coûts en fin de période
- Variances des frais généraux

Total des coûts en fin de période
- Excédents et obsolescence
- Mise au rebut des retours
- Coût de garantie
- Coût transport amont
- Coût transport aval
- Taxes
- Distribution

■ Supérieur ou égal au plan
▨ 5 % inférieur ou supérieur au plan
☐ Plus de 5 % inférieur au plan

nécessaires. Ce qui veut dire que votre entreprise doit soigneusement analyser ses besoins immédiats en matière de gestion de la performance, tout en prévoyant une solution intégrée. Vous devez à tout prix éviter les projets isolés gérés par des fonctions spécifiques. Cette approche intégrée de la CPM correspond parfaitement à la notion d'intégration étroite entre la supply chain transversale et l'activité de l'entreprise.

Les évolutions de la CPM devraient entraîner les changements suivants :

- Les entreprises utiliseront des définitions et des indicateurs de supply chain homogènes, basés sur des standards industriels tels que le tableau de bord supply chain de PMG.

© Éditions d'Organisation

Figure 5.11 Tableau de bord des groupes régionaux et produits de 3Com

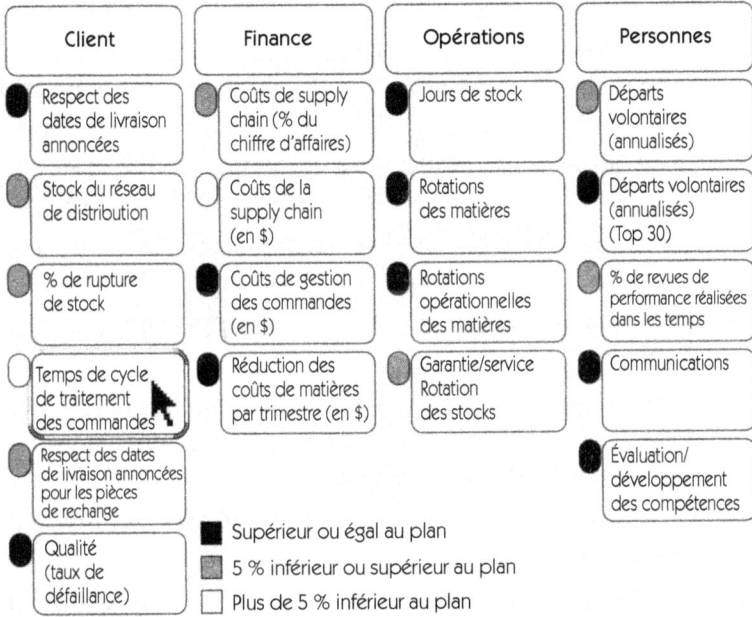

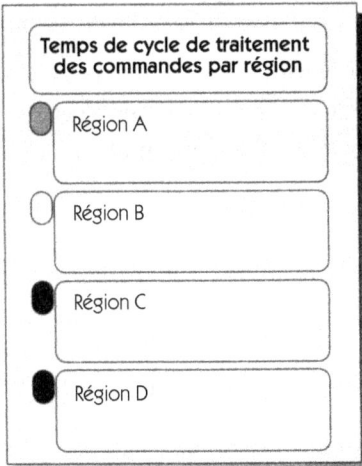

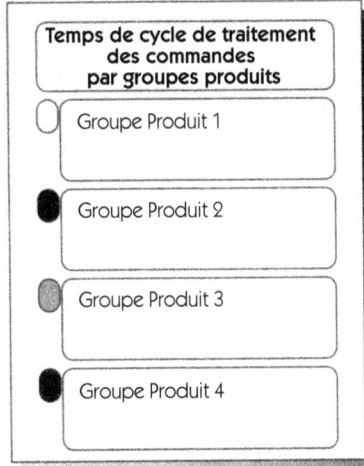

Client	Finance	Opérations	Personnes
Respect des dates de livraison annoncées	Coûts de supply chain (% du chiffre d'affaires)	Jours de stock	Départs volontaires (annualisés)
Stock du réseau de distribution	Coûts de la supply chain (en $)	Rotations des matières	Départs volontaires (annualisés) (Top 30)
% de rupture de stock	Coûts de gestion des commandes (en $)	Rotations opérationnelles des matières	% de revues de performance réalisées dans les temps
Temps de cycle de traitement des commandes	Réduction des coûts de matières par trimestre (en $)	Garantie/service Rotation des stocks	Communications
Respect des dates de livraison annoncées pour les pièces de rechange			Évaluation/ développement des compétences
Qualité (taux de défaillance)			

■ Supérieur ou égal au plan

▨ 5 % inférieur ou supérieur au plan

□ Plus de 5 % inférieur au plan

Temps de cycle de traitement des commandes par région	Temps de cycle de traitement des commandes par groupes produits
Région A	Groupe Produit 1
Région B	Groupe Produit 2
Région C	Groupe Produit 3
Région D	Groupe Produit 4

● Au fur et à mesure que ces standards seront adoptés, les fournis-seurs de systèmes ERP livreront *de facto* les fonctionnalités de surveillance de la performance et de reporting dans leurs solu-tions.

● Les entreprises développeront des systèmes de gestion de la per-formance intégrés et couvrant l'ensemble de leur organisation. La supply chain, la CRM, la gestion du cycle de vie des produits et autres stratégies de gestion de la performance fonctionnelle seront définies dans le contexte de cet ensemble intégré.

● L'architecture des solutions de business intelligence s'appuiera sur une gestion globale de la performance de l'entreprise, dans laquelle la gestion de performance de la supply chain représentera un élément-clé.

● Les systèmes de gestion des événements, qui surveillent l'activité en temps réel et envoient des messages aux utilisateurs en cas d'anomalies ou d'alertes, deviendront de plus en plus importants. Ils permettront aux entreprises de réagir plus rapidement aux évolutions du marché.

● Les entreprises observeront un consensus croissant quant à la fré-quence des mesures. Le reporting en temps réel sera réservé aux processus gérés en temps réel.

● Les « tableaux de bord » seront remplacés par des outils offrant une plus grande fonctionnalité. Ces outils permettront de pren-dre des décisions sur la base des dernières informations conjonc-turelles.

GM

Étude de cas General Motors

Priorité
à la satisfaction client

Confronté à la perte de parts de marché et à la mutation de l'industrie, General Motors (GM) a lancé un ambitieux projet pour transformer sa supply chain et donner la priorité à la satisfaction de ses clients.

À la fin des années 1990, Internet semblait être en mesure de bouleverser le marché automobile. La disponibilité des informations permettait aux clients de mieux s'informer avant de faire leur choix : en comparant les prix, les options, la qualité et le service. Cette nouvelle technologie offrait de nouveaux modèles commerciaux qui menaçaient également de réduire les marges et de perturber des relations de longue date entre fournisseurs d'équipements (OEM – Original Equipment Manufacturer) et revendeurs. General Motors observait ces changements avec la plus grande circonspection.

GM est le plus important constructeur de véhicules au monde. Il réalise un chiffre d'affaires de 185,5 milliards de dollars. L'entreprise possède des centres de production dans 32 pays et emploie environ 325 000 personnes. En 2003, elle a vendu plus de 8,6 millions de véhicules (soit 15 % du marché automobile mondial). Mais, malgré sa taille et sa réputation, GM a vu sa part de marché passer de 17,7 % au début des années 1990 à 15 % en 2002, principalement en raison de la baisse du niveau de satisfaction client et de la concurrence des importations étrangères. Le marché avait évolué.

Dans les années 1970 et 1980, GM décidait seul quels produits fabriquer – sans demander l'avis de ses revendeurs ni de ses clients. Harold Kutner, à cette époque vice-président du groupe responsable des achats, du contrôle de la production et de la logistique au niveau mondial, explique : « Nous étions devenus très arrogants et nous pensions que quoi que nous proposerions sur le marché, les clients l'achèteraient. » C'était alors une caractéristique des trois géants américains de la construction automobile. Il fallait faire tourner les usines à leur capacité maximum – que les véhicules correspondent ou non aux attentes du marché.

L'impulsion du changement

À la fin des années 1990, le besoin de changement est devenu évident. Les consommateurs étaient désormais mieux informés, plus puissants et plus exigeants. Pourtant, GM manquait de réactivité par rapport à ses concurrents. Quant aux revendeurs, ils étaient de plus en plus mécontents des stocks qu'on leur envoyait. Certains cumulaient jusqu'à 100 jours de stock. Pour se débarrasser de produits qui ne partaient pas assez vite, GM devait proposer des promotions et autres incitations à la vente qui diminuaient d'autant ses bénéfices.

Les revendeurs n'obtenaient pas les véhicules qu'ils désiraient, c'est-à-dire ceux demandés par leurs *clients*. Les options en vogue à l'époque telles que les roues en aluminium, les intérieurs cuir ou les moteurs V8 étaient rarement disponibles dans les quantités nécessaires. Les options non disponibles, ou *contraintes*, étaient plus nombreuses chez les revendeurs GM que sur le reste du marché : des dizaines de milliers de commandes en subissaient à tout moment les conséquences, pour toute la gamme de produits. Les clients ne recevaient donc que rarement le véhicule qu'ils avaient choisi au départ, ce qui les poussait souvent à se tourner vers des modèles plus standard et, en fin de compte, moins rentables pour GM.

En cas de commande spéciale, ils devaient parfois patienter de 70 à 80 jours avant d'être livrés. D'ailleurs, GM était incapable de garantir une livraison à la date promise puisque les dates promises ne faisaient l'objet d'aucun suivi. Ni les revendeurs ni les clients ne pouvaient vérifier l'état de leurs commandes : il n'y avait aucune visibilité sur le processus d'exécution des commandes de GM.

Parallèlement, les coûts de supply chain augmentaient. Stocks de matières premières et d'encours très élevés, processus inefficaces, systèmes d'information obsolètes, frais de structure démesurés… Tous ces facteurs engendraient une organisation lourde et coûteuse, alors que l'optimisation des opérations devenait de plus en plus stratégique. Ses pertes de parts de marché et les changements associés à l'arrivée d'Internet firent comprendre à GM qu'il ne pouvait plus fonctionner de la même manière s'il voulait rester un leader du marché.

La transformation d'un géant est une entreprise extraordinairement complexe. Après tout, GM fabrique plus de 30 000 véhicules par jour, en utilisant plus de 160 000 pièces livrées par son immense réseau de fournisseurs. Brad Ross, responsable de l'organisation OTD mondiale (Order-To-Delivery, « de la commande à la livraison »), décrit l'opération comme « une série d'événements savamment orchestrés qui font circuler les commandes entre les ventes, la fabrication et la logistique et qui aboutissent à ce que nous appelons le "miracle quotidien de la production". »

Le processus OTD reprend quatre des processus-clés du modèle SCOR® : *planifier, approvisionner, fabriquer* et *livrer*. Étant donné sa complexité, la transformation complète d'OTD représentait un défi titanesque. C'est pourtant ce que GM a décidé de faire. Dans quel objectif ? Livrer plus rapidement ses clients, en réduisant les stocks et les coûts – et atteindre un niveau de satisfaction client supérieur à celui de tous ses concurrents.

La nouvelle mission : anticiper et répondre

L'ambitieux projet de GM consistait à remplacer l'approche « fabriquer-et-vendre » par une approche « anticiper-et-répondre ». L'entreprise devait commencer par se plier aux souhaits des clients en étudiant davantage le marché. GM ne fabriquait pas les produits qu'il fallait, ce que prouvaient ses pertes de parts de marché et l'accumulation des stocks chez les revendeurs. Remarque de Brad Ross : « Dans ce secteur, le produit fait tout. Les processus de support sont importants, mais, sans le bon produit au bon endroit, vous n'avez aucune chance. »

Deuxièmement, GM devait mettre en place une organisation permettant de répondre plus rapidement et plus efficacement à la demande client – et fournir un service de meilleure qualité. L'entreprise devait donc repenser ses processus-clés et remplacer une mentalité fonctionnelle par une approche plus transversale et collaborative.

Internet est devenu un outil essentiel pour anticiper les préférences des clients et les tendances du marché. En collaboration avec les revendeurs, GM a développé BuyPower, un portail en ligne permettant aux clients potentiels d'obtenir des informations détaillées sur les produits et les revendeurs. En étudiant le comportement des internautes effectuant des recherches sur des véhicules, GM collecte désormais une mine d'informations exploitées dans le développement produit, la planification de la fabrication et les prévisions de vente. L'entreprise organise également des forums revendeurs, lieux de rencontre avec les revendeurs pour recueillir des informations sur les tendances des consommateurs et les meilleurs moyens de vendre.

Afin de synchroniser les plans de production avec la demande réelle – et offrir une visibilité suffisante sur le processus OTD –, GM a modernisé son système de gestion des commandes de véhicules (VOM – Vehicule Order Management) en permettant aux revendeurs d'y accéder par Internet. Auparavant, une commande customisée pour un client était traitée en dernier par la fabrication, ce qui expliquait la lenteur des livraisons. Les revendeurs étaient incapables d'indiquer quel stock et quels produits ils voulaient puisque c'était GM qui leur « envoyait » d'office tel ou tel stock. Avec le nouveau système VOM, les revendeurs commandent chaque jour ou chaque semaine les véhicules dont ils ont besoin, et peuvent ensuite suivre l'avancement de ces commandes tout au long du processus d'exécution.

Le nouveau système compare automatiquement les commandes des revendeurs avec les plans de production en cours. Avant sa mise en place, GM construisait souvent les « bons » véhicules mais ne les envoyait pas aux « bons » revendeurs car il n'existait pas de mécanisme permettant de synchroniser la production avec la demande par revendeur. Mais aujourd'hui, GM veille à envoyer aux revendeurs les véhicules qu'ils veulent. Pour accélérer la livraison des commandes, le nouveau processus recherche le moyen le plus rapide pour les exécuter. Le véhicule demandé est-il déjà en cours de fabrication ? Programmé au montage ? Disponible chez un autre revendeur ? Suffisamment proche d'un véhicule en cours de production auquel il suffira d'apporter quelques modifications ? Les commandes sont quotidiennement passées en revue et les plans de montage modifiés en conséquence.

Les éventuelles contraintes en matière de disponibilité des pièces sont signalées, analysées et réduites au minimum à l'aide d'un nouveau processus. La création d'un stock tampon pour les pièces stratégiques a permis de diminuer les ruptures de stock (et les contraintes sur les commandes). GM a mis en place un nouvel outil pour stocker certaines pièces et certaines matières susceptibles de bloquer la production. Il est essentiel de pouvoir apporter au moment voulu les bonnes pièces au bon opérateur à l'intérieur de l'usine. Avec une meilleure visibilité de sa supply chain et la création d'un stock tampon pour les pièces stratégiques, GM a réussi à améliorer globalement la disponibilité des pièces, à renforcer la qualité de ses produits et services et à réduire les coûts.

Bien que les prévisions commerciales déterminent encore la fabrication (approche la plus pratique quand les délais de livraison de certaines matières sont très longs), GM compense son modèle classique de fabrication sur stock en fabriquant davantage à la commande, ce qui lui permet de réduire les stocks dans l'ensemble de la chaîne de distribution et de répondre plus efficacement à la demande client. L'entreprise accepte maintenant les nouvelles commandes chaque jour, les planifie au montage le jour même, fabrique et expédie les véhicules correspondants depuis l'usine dans la semaine.

Suite à tous ces changements, les délais de livraison des commandes spéciales et commandes de réapprovisionnement des revendeurs se sont améliorés de 60 %. Des enquêtes clients révèlent que GM livre ses clients huit jours plus vite que ses concurrents. La fiabilité des livraisons a elle aussi progressé de manière spectaculaire. Aujourd'hui, GM livre à la date promise dans 90 % des cas. Désormais reconnu comme l'un des fournisseurs de véhicules commerciaux les plus fiables du marché, GM a remporté pour la deuxième année consécutive le prix Best Order to Delivery Fleet Company de la publication spécialisée *Fleet Magazine*.

Étant donné que la production correspond mieux à la demande, les clients ont plus de chances de recevoir un véhicule correspondant à leurs attentes. Le nombre de commandes soumises à des contraintes a baissé de plus de 90 %. Les éléments de distribution/OTD pour le système d'affectation, la disponibilité des produits et la ponctualité des livraisons ont affiché les meilleurs résultats jamais obtenus par GM dans l'enquête de la NADA (National Automobile Dealers Association – Association nationale des revendeurs automobiles). Et GM réalise davantage de bénéfices sur les véhicules fabriqués à la commande.

Une nouvelle organisation

Les « silos » fonctionnels représentaient l'un des plus grands obstacles à la transformation d'OTD en une organisation tournée vers les clients. Les différents groupes ne travaillaient pas de manière coordonnée et ne collaboraient pas. Cela ajoutait à la complexité, ce qui perturbait l'ordonnancement des commandes, provoquait des ruptures de stock sur certaines pièces ou des stocks trop importants sur d'autres. En bref, cela générait des coûts supplémentaires.

GM a créé une organisation OTD transversale et mondiale qui permet de synchroniser les objectifs opérationnels et d'éliminer la concurrence interne en matière de ressources. Cette organisation s'articule autour des trois principaux processus de supply chain de GM : approvisionnements, exécution des commandes et logistique. L'exécution des commandes regroupe les activités de planification et celles concernant les relations avec les revendeurs. Les opérations d'approvisionnement consistent à gérer les matières, l'activité interne des usines et les relations avec les fournisseurs. La logistique coordonne les mouvements de pièces entrantes, depuis les fournisseurs jusqu'aux usines de montage, ainsi que la livraison des véhicules aux revendeurs. Chacun de ces sous-processus relève d'un responsable mondial. Ensemble, ces trois responsables forment une équipe de décision centrale qui supervise la transformation de l'organisation OTD au niveau mondial.

La nouvelle organisation colocalise des gens qui s'entraident et dépendent les uns des autres au plan des informations. Les opérations d'approvisionnement sont par exemple synchronisées avec la fabrication. De la même manière, l'exécution des commandes est intégrée avec les ventes et le marketing. La logistique des flux sortants est regroupée avec l'exécution des commandes, tandis que la logistique des flux entrants est regroupée avec les opérations d'approvisionnement.

Dans l'ancienne organisation, les commandes étaient gérées par deux groupes. La gestion des commandes de véhicules dépendait des ventes et du marketing, tandis que la gestion des ordres de fabrication dépendait du contrôle de production et de la logistique. L'équipe OTD s'est rendu compte qu'il lui fallait utiliser un unique processus de gestion des commandes. Les deux processus ont donc été réunis dans l'organisation OTD, au sein des ventes et du marketing (pour plus de détails sur la réorganisation autour des processus, reportez-vous à la discipline n° 3).

Une fois cette nouvelle organisation stabilisée, GM a pu réduire de près de 30 % le personnel nécessaire pour faire fonctionner l'organisation OTD, obtenant ainsi une plus grande efficacité et une réduction considérable des coûts.

Repenser la logistique

En cherchant des solutions pour poursuivre l'optimisation de l'organisation OTD et réduire les coûts, GM a constaté que la logistique était un maillon faible. Depuis longtemps, l'entreprise confiait ses activités de logistique entrante et sortante à un réseau de prestataires de services relativement chers. Or, le manque de communication et de coordination entre les différents prestataires entraînait des performances très fluctuantes et de très longs délais de livraison.

Afin de réduire les coûts et d'améliorer l'efficacité, GM s'est associé à une société de services logistiques mondiale pour créer la joint-venture Vector SCM. Aujourd'hui, Vector a centralisé la gestion du réseau logistique très complexe de GM dans plusieurs centres de commande dotés de technologies permettant à GM d'assurer le suivi de ses actifs et des activités de ses transporteurs. Afin de renforcer la performance et la visibilité, Vector a créé un système d'information intégré pour les prestataires de services. En améliorant sa logistique, GM visait à réduire ses coûts de 20 % en cinq ans. Au bout de la troisième année, ces coûts avaient déjà baissé de 17 %.

L'équipe logistique chercha à réduire encore davantage les coûts en diminuant le nombre de dommages causés pendant les transports. Sur le marché automobile, les véhicules sont soignés comme de véritables « bijoux » et les clients veulent qu'ils leur parviennent en parfait état. En simplifiant le circuit du véhicule de l'usine au revendeur et en limitant le nombre de traitements, GM a réduit de 35 % les dommages causés aux véhicules pendant leur transport.

Se focaliser sur les résultats

Tout au long de la transformation d'OTD, GM a rigoureusement surveillé ses résultats. Le programme était tellement ambitieux (et offrait une telle multitude de possibilités d'amélioration) que l'entreprise risquait de perdre de vue l'essentiel en s'engageant dans des projets à faible valeur ajoutée. GM a donc choisi quatre indicateurs-clés pour guider sa transformation : la qualité, le résultat net, la trésorerie et la part de marché. Chaque projet et décision devait contribuer à l'amélioration d'un ou de plusieurs de ces quatre indicateurs.

Les principaux facteurs de qualité sont la diminution du nombre de dommages causés aux véhicules et la ponctualité de la livraison des pièces aux lignes de montage, afin de respecter le plan de production. La réduction des coûts et des contraintes contribue à l'augmentation du résultat net. La baisse des niveaux de stock permet de préserver la trésorerie. Le projet OTD portait sur chacun de ces indicateurs.

Le dernier indicateur (la part de marché) a été choisi pour montrer l'impact de l'amélioration du niveau de satisfaction client sur les performances de l'entreprise. Pour améliorer la satisfaction client, OTD peut jouer sur les facteurs suivants : les délais de livraison, la fiabilité des livraisons à la date promise et la disponibilité du véhicule choisi par le client. L'amélioration de ces facteurs est importante car les clients satisfaits achètent davantage de produits.

Ces quatre indicateurs commerciaux ont joué un rôle essentiel dans le projet de transformation car ils ont permis d'opérer le changement en maintenant l'organisation sur la bonne voie. « Nous étions toujours en mesure de relier les projets d'amélioration à ces objectifs », remarque Brad Ross.

Le défi des systèmes d'information

Bien que GM ait dans un premier temps concentré ses efforts de transformation sur la redéfinition des processus-clés et sur l'organisation, l'entreprise n'aurait pas pu faire aboutir son projet sans s'occuper des systèmes d'information. Comme toute grande organisation complexe, GM utilisait toute une panoplie de systèmes « historiques » et souvent redondants – et souffrait du manque d'intégration entre les fonctions, les divisions et les régions. Étant donné que la plupart des logiciels commerciaux standard exigeaient une configuration considérable, beaucoup des systèmes et applications en place étaient développés par ou pour GM et spécialement conçus pour gérer la très grande complexité de ses produits et processus. À l'heure actuelle GM fait migrer ses anciens systèmes vers des solutions basées sur des technologies Internet mais il s'écoulera de nombreuses années avant que l'entreprise dispose de l'environnement informatique intégré qu'elle souhaite atteindre.

Pour l'heure, GM travaille avec ce qu'elle a. Compte tenu de l'ampleur du projet de transformation, l'équipe OTD a dû définir les besoins prioritaires et trouver ensuite des solutions technologiques peu coûteuses et pouvant être rapidement mises en place. Elle a décidé d'améliorer ses principaux anciens systèmes à l'aide d'outils Web et d'intégration, en n'introduisant de nouveaux outils que de manière sélective.

Selon Bill Kala, directeur des opérations d'approvisionnement de la fabrication en Amérique du Nord et membre de la première équipe de direction OTD, une grande partie des économies réalisées au niveau des opérations d'approvisionnement sont dues au système mondial d'ordonnancement des matières – système datant des années 1980. Bill Kala a très vite compris qu'il fallait maîtriser les coûts de maintenance et d'évolution : « Les demandes de modification étaient très fréquentes et représentaient 70 millions de dollars par an. » Pour mieux contrôler ces dépenses, il fut décidé que chaque demande devrait être clairement expliquée et justifiée et profiter de surcroît au moins à deux régions. Chaque proposition de nouveau système autonome était soigneusement analysée. Résultat ? Bill Kala a réduit de près de 30 % le coût annuel du système informatique.

Dans certains domaines, GM a dû changer ses systèmes plus vite que prévu afin d'améliorer la collaboration avec ses partenaires. L'Information Systems Group de GM a notamment soutenu un projet visant à améliorer l'intégration des processus et systèmes de l'entreprise avec ceux des revendeurs et des points de vente. Jusque-là, l'intégration s'était limitée à des fonctions élémentaires (commandes de pièces, demandes relatives aux garanties et rapports financiers). GM a mis en œuvre un programme pilote consistant à déployer un ordinateur personnel pour deux emplacements de service chez chacun de ses revendeurs, afin de permettre l'intégration entre le service, les pièces et GM. Les premiers tests sur les revendeurs de sa marque Saturn ont montré que ce système permettait à GM de centraliser la gestion des stocks de pièces des magasins, ce qui accélère les rotations de stock, augmente les taux de satisfaction des commandes à la première demande et réduit les niveaux de stock de produits dans le réseau de distribution.

La stratégie informatique de GM fonctionne. Depuis le début du projet OTD, l'entreprise a réduit d'un milliard de dollars supplémentaires ses dépenses informatiques concernant la supply chain. La méthode consistant à traiter d'abord les processus puis la technologie a eu des effets bénéfiques. C'est ce qu'explique John Whitcomb, directeur vente, service et marketing de GM : « Une fois que les gens ont une compréhension commune des processus de l'entreprise, la discussion sur l'utilisation des systèmes "historiques" devient beaucoup plus factuelle. Vous éliminez les arguments émotionnels, qui pousseraient les gens à conserver ces systèmes auxquels ils sont habitués depuis longtemps. »

La prochaine étape

Quelle sera la prochaine étape de la transformation d'OTD ? La réduction des temps de cycle et des délais de livraison, des véhicules plus personnalisés et dotés de caractéristiques et d'accessoires spéciaux, une meilleure intégration avec les revendeurs qui ont déjà adopté le système VOM et plusieurs autres outils Web installés dans une « plate-forme » intégrée. GM envisage également de fabriquer davantage à la commande *via* le réseau des revendeurs, ce qui est très intéressant pour le développement de ses capacités technologiques, et de développer une base fournisseurs plus flexible. L'entreprise cherche à standardiser davantage ses processus et ses systèmes mondiaux. « En réalité, c'est un projet sans fin, déclare Brad Ross. Nous poursuivrons ces efforts d'amélioration pendant plusieurs années et GM pourra ainsi bénéficier d'un avantage concurrentiel plus important – et devenir la référence en satisfaction client. »

Service après-vente et pièces détachées – une transformation exemplaire

L'histoire de la transformation de la supply chain de GM serait incomplète sans l'évocation d'un autre projet réalisé en parallèle pour transformer la supply chain des opérations de service et pièces détachées (SPO – Service and Parts Operations), un autre facteur déterminant en termes de satisfaction client.
La supply chain de SPO est très complexe : 400 000 lignes de commande par jour qui génèrent des demandes pour quelque 600 000 références auprès de 4 100 fournisseurs. Au milieu des années 1990, SPO accusait dans plusieurs domaines un très net retard sur ses concurrents OEM : les

coûts, les niveaux de stock et les temps de réponse. De plus, cela pénalisait l'activité service et pièces des revendeurs de GM. Confrontés à la concurrence de chaînes de services rapides, les revendeurs qui n'étaient pas capables de répondre assez vite avaient le plus grand mal à conserver leurs clients au-delà de la période de garantie. Mais aujourd'hui, SPO s'efforce de rattraper son retard et vise même le meilleur niveau de performance du marché.

En se concentrant sur cinq objectifs communs, SPO a réussi à rassembler tout son personnel et toute son énergie autour d'une stratégie commune. Selon Dennis Mishler, directeur logistique et gestion de la supply chain : « Nous demandons à chacun de mieux servir le client en améliorant *les temps d'exécution des commandes, la disponibilité des matières, la gestion des stocks, la création de valeur sur la logistique* et *le support au lancement des nouveaux produits*. Nous avons rapidement compris qu'il ne fallait pas se disperser. Nous avons pour cela une devise : "L'essentiel est que l'essentiel reste l'essentiel." »

Priorité au client

Pour SPO, l'« essentiel » est le client. Le groupe sait que sa supply chain a été définie en fonction des besoins de ses clients. C'est pourquoi le principe directeur de notre transformation doit être de « permettre aux clients de SPO de servir plus facilement le client final ». En fait, SPO a compris qu'il servait de multiples supply chains aux besoins différents. Il existe en effet trois marques distinctes et plusieurs lignes d'activités (collision, motorisation, maintenance, réparation et accessoires).

Améliorer les temps d'exécution des commandes

Afin d'offrir un meilleur service à ses revendeurs et détaillants, SPO a dû accélérer l'exécution des commandes et fiabiliser ses livraisons. L'organisation a ainsi mis en place un système de livraison en 24 heures pour la plupart de ses clients, en leur livrant leurs commandes le lendemain de leur réception, voire, dans certains cas, le jour même. Pour mettre en œuvre cette nouvelle politique tout en continuant à réduire les coûts, SPO a dû modifier la stratégie de déploiement de stocks. Il a par exemple redéfini quels produits devaient être stockés sur le terrain ou dans des entrepôts centraux, ce qui s'est traduit par une plus grande centralisation.

Améliorer la disponibilité des matières grâce aux prévisions

Dans le domaine des pièces et du service, la demande suit une distribution aléatoire pour de très nombreux produits et clients. D'après Dennis Mishler, 10 000 des 600 000 pièces peuvent être considérées « à forte rotation » et ne demandent que peu d'efforts en termes de planification avancée et de prévision. Les 590 000 autres pièces, en revanche, s'écoulent plus lentement et exigent donc des prévisions et une planification des stocks plus sophistiquées. Dans ce domaine, SPO a revu toutes ses méthodes. Les pièces ont été regroupées par activités (collision, maintenance, réparation, etc.) présentant des courbes de demande identiques pour tout le cycle de vie. Les prévisionnistes de SPO ont été formés pour comprendre les caractéristiques, les tendances et les événements relatifs à la demande tout au long du cycle de vie. SPO a également mis en place des outils de prévision très avancés permettant aux spécialistes de tester facilement différents modèles de prévision et leurs implications. Ils peuvent par exemple sélectionner et insérer dans leurs modèles des courbes concernant des phénomènes saisonniers, des pics de demande ou des événements ayant une incidence sur la supply chain, afin d'en tester l'impact global sur les prévisions. Il reste certes des améliorations à faire mais les résultats obtenus à ce jour sont déjà surprenants : l'amélioration de ses capacités de prévision a permis à SPO de réduire son stock de plus de 25 %.

Améliorer la gestion du stock et la visibilité

Pour améliorer la gestion de son stock, GM a dû également apporter des améliorations considérables à la visibilité et à la gestion de la demande, des approvisionnements et des données de stock. En effectuant des prévisions et une planification pour chaque centre de distribution de produits, SPO a pu créer un environnement plus déterministe et davantage basé sur les données, ce qui lui permet de réduire son stock de manière significative. SPO a également installé un système permettant de connaître les stocks disponibles dans tout son réseau – un système qui sera prochainement étendu aux départements pièces des revendeurs.

Créer de la valeur en logistique

Les opérations logistiques et d'entreposage de SPO présentaient un décalage considérable en termes de compétitivité. Pour résoudre le problème, l'équipe de direction s'est associée à un prestataire de services logistiques en mettant systématiquement en œuvre des principes de fabrication au plus juste (lean manufacturing). Au fil du temps, cette approche cohérente a permis au personnel de SPO d'« optimiser » les flux de matières l'un après l'autre et de mettre en place des processus de travail standardisés. « Nous avons amélioré la productivité [des centres de distribution] de plus de 50 % », remarque Dennis Mishler.

Créer un partenariat équilibré avec les fournisseurs

SPO reconnaît qu'une grande partie de l'amélioration de la performance de sa supply chain est due à l'amélioration des relations avec ses fournisseurs, y compris avec ses prestataires de services logistiques. En conjonction avec les autres organisations de GM, il a défini un processus très rigoureux de collaboration avec les fournisseurs qui permet de surveiller leur performance et d'échanger chaque trimestre des idées pour réduire le niveau d'inefficacité.

Les employés, véritables « piliers »

Les employés jouent également un rôle primordial. Dennis Mishler explique qu'ils sont les « piliers » sur lesquels repose toute l'organisation. Le SPO est maintenant organisé en lignes d'activité, ce qui permet à chaque activité d'être plus à l'écoute de ses clients. Chaque ligne d'activité est supportée par une équipe transversale responsable de la performance de la supply chain. Ces équipes sont constituées de représentants des fonctions-clés : des personnes qui connaissent les processus, qui jouissent d'une expérience de plusieurs années dans leur spécialité et qui suivent constamment de nouvelles formations pour acquérir les compétences qui les aideront à optimiser chacune de leurs supply chains.

En ce qui concerne les plans futurs, SPO prévoit un projet très ambitieux de « supply chain numérique » comprenant l'entreposage virtuel, une collaboration améliorée avec les fournisseurs, la gestion des événements, l'optimisation/planification avancée et d'autres capacités nouvelles. « C'est un vrai voyage, déclare Dennis Mishler. Une fois que toute l'organisation se concentre sur ce qui est réellement important, vous pouvez vraiment progresser. »

Faites évoluer et optimisez votre supply chain

Même si les cinq disciplines décrites dans les précédents chapitres permettent d'optimiser la supply chain, aucune ne se suffit à elle-même. La performance de la supply chain est une question d'intégration : l'intégration de la stratégie, des processus, de l'organisation et des systèmes d'information. Or, pour que cette intégration soit effective (compte tenu de la complexité de la supply chain, de l'existence de centaines de pratiques potentielles et des priorités concurrentes), vous avez besoin d'un plan multidimensionnel. C'est ce que nous appelons la *feuille de route de la supply chain.*

Une feuille de route n'est efficace qui si elle est revue régulièrement en fonction de l'évolution des objectifs et moyens de l'entreprise. À la différence d'un plan portant sur un sujet unique, une feuille de route décrit plusieurs projets-clés qui doivent être réalisés sur une période donnée (généralement, un à trois cycles budgétaires). Elle indique les liens entre les différents projets ainsi que les améliorations de performance escomptées. La progression vers les objectifs est surveillée dans le cadre de revues régulières.

Une feuille de route (voir Figure 6.1) doit être créée et gérée par les différentes fonctions et suppose une collaboration permanente entre la supply chain, l'informatique et d'autres départements tels que le marketing, les ventes, la finance et la R&D. Ensemble, les responsables de toutes ces fonctions et organisations veillent à ce que chaque projet soit clairement défini, hiérarchisé, lancé et exécuté de manière cohérente avec la stratégie de l'entreprise.

Le développement et l'exécution d'une feuille de route demandent beaucoup de temps et l'implication de nombreuses ressources, mais permettent à la supply chain d'évoluer vers un niveau de maturité supérieur. Une supply chain arrive à maturité lorsqu'elle atteint un niveau avancé dans chacune des principales disciplines (voir Figure 6.2).

Figure 6.1 Création d'une feuille de route pour adapter la supply chain

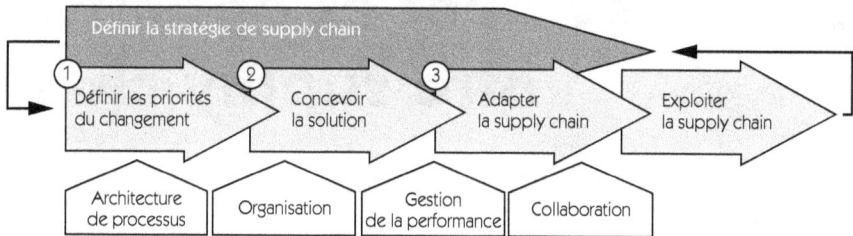

D'après les études réalisées par la filiale benchmarking de PRTM, The Performance Measurement Group, LLC (PMG), la performance d'une entreprise est étroitement liée au niveau de maturité de sa supply chain. Les entreprises disposant d'une supply chain mature bénéficient d'avantages tangibles par rapport aux autres :

- une rentabilité de 40 % en pourcentage du chiffre d'affaires (bénéfices avant impôts, EBIT – Earnings Before Interests and Tax),

- un coût total de supply chain dépassant à peine les 8 % du chiffre d'affaires (contre 10 % dans les entreprises où la supply chain est moins mature),

- un niveau de service client supérieur, avec 25 % de stock en moins.

Les systèmes d'information avancés ne suffisent pas

La performance est étroitement liée à la maturité de la supply chain.

Pour améliorer la performance de la supply chain de votre entreprise, vous devez partir du point où vous êtes aujourd'hui pour atteindre un état futur incluant les processus, les infrastructures et les systèmes d'information de prochaine génération. Mais soyez vigilant. La technologie ne représente

Figure 6.2 Maturité des processus de supply chain

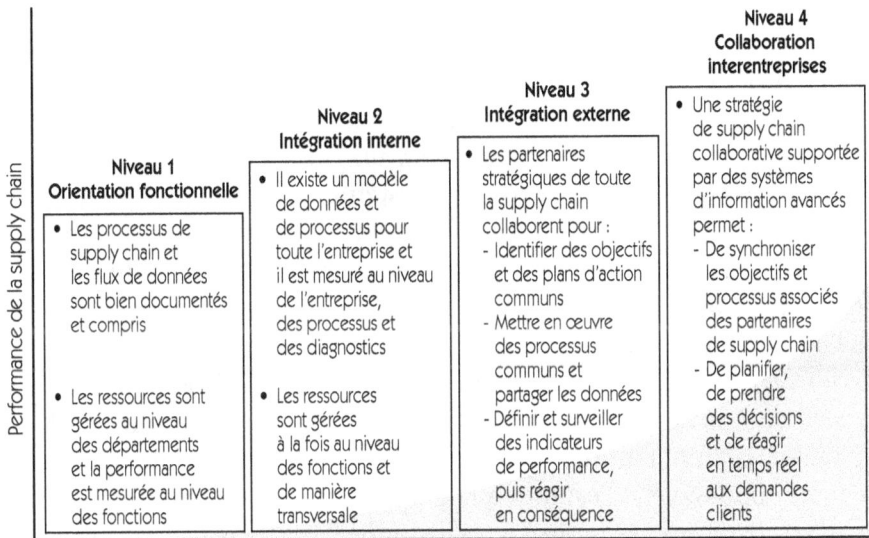

	Niveau 1 Orientation fonctionnelle	Niveau 2 Intégration interne	Niveau 3 Intégration externe	Niveau 4 Collaboration interentreprises
Performance de la supply chain	• Les processus de supply chain et les flux de données sont bien documentés et compris • Les ressources sont gérées au niveau des départements et la performance est mesurée au niveau des fonctions	• Il existe un modèle de données et de processus pour toute l'entreprise et il est mesuré au niveau de l'entreprise, des processus et des diagnostics • Les ressources sont gérées à la fois au niveau des fonctions et de manière transversale	• Les partenaires stratégiques de toute la supply chain collaborent pour : - Identifier des objectifs et des plans d'action communs - Mettre en œuvre des processus communs et partager les données - Définir et surveiller des indicateurs de performance, puis réagir en conséquence	• Une stratégie de supply chain collaborative supportée par des systèmes d'information avancés permet : - De synchroniser les objectifs et processus associés des partenaires de supply chain - De planifier, de prendre des décisions et de réagir en temps réel aux demandes clients

qu'un aspect des choses et ce n'est certainement pas par là qu'il vous faut commencer. Au cours des précédents chapitres, nous avons vu où les disciplines à appliquer peuvent et doivent être supportées par des systèmes d'information efficaces mais nous avons délibérément évité de les structurer autour de ces systèmes. Pourquoi ? Parce que la performance de la supply chain dépend de l'intégration de processus et de données à l'intérieur de l'entreprise et avec ses partenaires. Encore aujourd'hui, beaucoup d'entreprises ne sont pas prêtes à tirer parti de toute la puissance des outils d'intégration car leur stratégie n'est pas claire, leurs processus sont peu performants, leur organisation manque des compétences requises ou les partenaires avec lesquels elles souhaitent collaborer ne sont pas prêts. Pour pouvoir passer à un nouveau stade plus performant de supply chain, l'entreprise doit d'abord relever ces défis.

D'autre part, bien que la technologie disponible aujourd'hui existe depuis plusieurs années, elle n'a pas suffisamment évolué pour convenir au fonctionnement réel de la supply chain. Beaucoup des systèmes d'information apparus au moment de la bulle Internet ressemblaient à des solutions en quête de problèmes à résoudre. Ceux qui étaient trop limités à un besoin spécifique ou essayaient de créer un marché là où il n'y en avait pas ont disparu avec la crise. Aujourd'hui, les « survivants » ont adapté leur offre pour mieux correspondre au fonctionnement réel de l'entreprise – à l'opposé de l'approche précédente où la technologie voulait dicter aux entreprises de nouvelles façons de travailler [1]. En ce qui concerne la prochaine génération, nous pensons que les applications proposées correspondront beaucoup mieux aux besoins réels des entreprises.

Pour bien comprendre le rôle des systèmes d'information dans l'élaboration de votre feuille de route, imaginez une échelle vous permettant de progresser du point où vous vous trouvez aujourd'hui vers la prochaine génération. Les cinq disciplines correspondent aux montants de l'échelle tandis que les systèmes d'information sont représentés par les barreaux. Vous pourriez éventuellement vous hisser à un niveau supérieur sans l'aide des barreaux mais au prix d'efforts considérables. Imaginez maintenant des barreaux sans montant : toute ascension devient impossible ! C'est tout à fait ce qui se produit lorsqu'une entreprise essaie de mettre en place une supply chain sans suivre préalablement les cinq disciplines. La conclusion la plus intéressante de nos études est peut-être celle concernant la synergie obtenue par l'intégration des meilleures pratiques *et* des systèmes d'information efficaces. Il n'est pas étonnant que l'utilisation de processus bien au point et de technologies avancées contribue à l'amélioration de la performance. Il est plus surprenant, en revanche, que les entreprises qui déploient des technologies sophistiquées (un système de planification avancé, par exemple) sans accorder autant d'attention à l'amélioration des processus ou de leur organisation soient moins performantes que celles qui n'utilisent aucune de ces technologies [2].

Les caractéristiques de la prochaine génération de supply chain

À quoi ressemblera la prochaine génération de supply chain et en quoi sera-t-elle différente de la génération actuelle ? Rares sont ceux qui contestent les avantages d'une gestion étendue de la supply chain et l'idée qu'il faut regarder au-delà de sa propre organisation et de ses clients et fournisseurs les plus proches pour générer de la valeur.

En pratique, cela induit les caractéristiques suivantes :

- *Connectivité de l'entreprise.* Des systèmes d'information connectés, ce qui permet de voir les données et de les transmettre aux différentes entités de la supply chain.

- *Prises de décision distribuées.* Des flux d'information bidirectionnels et des règles définies pour la gestion des fluctuations constantes de la demande et des ressources.

- *Gestion de la performance en temps réel.* Disponibilité d'informations exactes et en temps réel pour permettre des prises de décision rapides.

Beaucoup d'entreprises ont pour objectif de réagir rapidement aux différents événements survenant au sein de la supply chain étendue et de mettre en place des processus collaboratifs, mais, en réalité, elles sont rarement efficaces dans ces domaines. Cela s'explique par le fait que les processus, les standards de données et les architectures informatiques d'aujourd'hui peuvent constituer un frein pour les différentes approches collaboratives présentées dans la discipline n° 4. Les systèmes actuels utilisent souvent des architectures « point-à-point » ou « en étoile ». Ils ont pour principal intérêt de déplacer les informations avec davantage d'efficacité et de rapidité. Les stratégies et processus de supply chain d'aujourd'hui révèlent les limites de ces outils.

Dans les outils de la prochaine génération de supply chain, la collaboration et la disponibilité des informations auront plus d'importance que la vitesse et l'efficacité. Ils présenteront trois caractéristiques fondamentales : *transparence*, *flexibilité* et *simultanéité*. Tandis que ces technologies continueront d'évoluer et que les professionnels de la supply chain s'habitueront à leur efficacité, les stratégies, les processus et les capacités organisationnelles continueront elles aussi d'évoluer en parallèle. La Figure 6.3 présente quelques types d'applications à prendre en compte dans l'élaboration et la gestion de votre feuille de route.

Transparence

La transparence détermine la visibilité dans votre supply chain transversale. Les entreprises qui peuvent voir l'état de leurs ressources et transactions de supply chain (internes et externes) sont plus rapides à prendre des décisions. La transparence peut générer de la valeur de plusieurs manières différentes. Si vous connaissez l'état de vos ressources-clés, vous pouvez mieux les exploiter et équilibrer plus efficacement la demande et les ressources, ce qui renforce l'efficacité et la productivité, tout en réduisant les coûts. La visibilité transversale permet également de détecter plus rapidement les problèmes potentiels.

Flexibilité

La flexibilité est la meilleure arme face à l'incertitude. Compte tenu de la flexibilité accrue des supply chains, les entreprises remettent en question et étudient soigneusement les stocks de sécurité et autres ressources constitués pour répondre à des demandes imprévues ou pallier des défauts d'approvisionnements. Elles trouveront ainsi de nouveaux moyens pour rester flexibles sans avoir à entretenir ces très coûteuses ressources. Elles combineront la flexibilité interne (par exemple : produits hautement configurables et utilisation efficace des stratégies de différenciation retardée) avec la flexibilité des fournisseurs et seront capables de diminuer leur niveau de stock en s'appuyant sur des informations extrêmement fiables.

Figure 6.3 Exemples de systèmes d'information appuyant les caractéristiques de la prochaine génération

Caractéristiques de prochaine génération	Exemples de systèmes d'information	Description
Transparence	Progiciels de gestion intégrés (ERP – Enterprise Resource Planning)	Fournit les fondations nécessaires à la visibilité des informations (niveaux de stock par sites, par exemple)
	Systèmes d'analyse de la performance de supply chain	Permet d'extraire, de traiter et d'envoyer des données aux décisionnaires
	Systèmes SCEM (Supply Chain Event Management)	Signale aux personnes désignées les anomalies, afin de permettre les actions correctives
	Identification radiofréquence (RFID, Radio Frequency IDentification)	Permet aux entreprises, grâce à une étiquette intégrant une technologie radio sans fil, de suivre les produits sans scanning ni contact physique

Flexibilité	Portails	Permet de partager les informations concernant les commandes, prévisions, niveaux des stocks et ruptures de stock
	Réseaux privés	Permet de partager les informations concernant les commandes, prévisions, niveaux des stocks et ruptures de stock
	Systèmes APS (Advanced Planning and Scheduling)	Optimise l'utilisation des ressources de la supply chain (capacité, matières et main-d'œuvre), tout en permettant une exécution en accord avec les priorités définies par l'entreprise
	Outils de planification collaborative	Permet aux entreprises et à leurs clients et fournisseurs-clés d'intégrer les besoins et les contraintes de chaque partenaire dans le développement conjoint des plans de ressources
Simultanéité	Systèmes EAI (Entreprise Application Integration)	Offre une plate-forme technique intégrant les flux d'information nécessaires entre les différentes applications de supply chain pour permettre la simultanéité
	Systèmes BPA (Business Process Automation)	Définit les règles de l'activité et les associe aux processus de l'entreprise pour que celle-ci puisse créer des systèmes experts qui surveille la supply chain

Simultanéité

La simultanéité signifie que des activités de supply chain sont exécutées en parallèle et non les unes après les autres. Ces transactions sont ainsi effectuées rapidement, sans saisie d'informations supplémentaires, ce qui permet de répondre plus vite au client et d'abaisser les coûts de transaction. Cela veut dire que chaque intervenant dispose de toutes les informations requises pour prendre des décisions quand survient un événement (nouvelle commande clients ou signal de réapprovisionnement, par exemple). Dans la supply chain étendue, ces informations sont à la disposition à la fois de l'entreprise et de ses partenaires, pour leurs activités collaboratives.

Une supply chain transparente, flexible et simultanée peut remplacer les fréquentes planifications et replanifications qui caractérisent les supply chains d'aujourd'hui par une exécution basée sur des besoins en temps réel. Cela permet d'accroître la réactivité de la production, ainsi que la hiérarchisation et le traitement automatiques des demandes clients.

Pourquoi est-ce si important ? D'une part, parce que la supply chain est de plus en plus génératrice de valeur et facteur de différenciation. Au cours des prochaines années, les pressions exercées par la concurrence mondiale vont s'accentuer et vont donc obliger les entreprises à se concentrer sur la productivité et la baisse constante des coûts. D'autre part, parce que les entreprises seront plus expérimentées dans l'adaptation de leurs stratégies et capacités de supply chain : la performance de la supply chain va devenir un facteur de différenciation de plus en plus important. Et pour ce faire, des processus solides ne seront qu'un « ticket d'entrée ». Ce sont les entreprises qui disposeront des *meilleurs* processus qui pourront réellement se démarquer.

Nous avons remarqué que la prochaine génération de supply chain est axée sur l'intégration – et que l'innovation engendre une supply chain hautement intégrée qui peut avoir un impact à la fois sur les revenus et la rentabilité. Ce qui veut dire que vous devez élaborer votre feuille de route en gardant en tête une vision de l'avenir : ce sont les pratiques et les outils d'innovation qui permettront de concrétiser cette vision. Même si toutes les industries sont différentes, nous avons relevé plusieurs tendances communes à prendre en compte dans le développement de la vision de votre supply chain de prochaine génération.

Dans la mesure où la supply chain contribue autant à l'augmentation des revenus qu'à la réduction des coûts, les activités qui interviennent avant et après l'expédition d'un produit vont, elles aussi, gagner en importance. La supply chain sera utilisée pour accroître les opportunités commerciales et améliorer les relations clients avant, pendant et après la vente. Par conséquent, vous devrez surveiller de très près la partie de la supply chain en contact avec le client (les activités liées à la création de demande), ainsi que l'impact grandissant d'Internet, des marchés en ligne et des relations collaboratives. Et, étant donné que les clients veillent de plus en plus au coût total de possession, ils rechercheront des fournisseurs capables d'étendre leurs compétences en exécution de supply chain à leurs offres de service. Votre feuille de route doit donc également tenir compte de la supply chain de service.

© Éditions d'Organisation

Nous pensons que le phénomène d'externalisation continuera de se développer et que les entreprises externaliseront encore davantage de leurs activités, afin de convertir le plus possible de coûts fixes en coûts variables. Cela veut dire que la réussite dépendra de plus en plus d'une collaboration efficace. Les entreprises devront être capables d'évaluer correctement leurs partenaires potentiels et de choisir ceux permettant la collaboration la plus rentable possible pour les deux parties. Les prestataires logistiques et les sous-traitants élargiront leurs compétences, en aidant leurs clients à accroître leur efficacité tout en réduisant leurs propres besoins en main-d'œuvre.

En même temps que les technologies telles que les outils d'optimisation et de planification Web continueront d'évoluer, davantage de données seront disponibles et l'intégration avec les clients et les fournisseurs se simplifiera. Parallèlement, les fonctionnalités générées par ces technologies deviendront plus modulaires, « banalisées » et plus largement disponibles. Cela signifie que ces systèmes d'information « banalisés », tout en étant incontournables, n'offriront probablement plus l'avantage concurrentiel qu'ils offraient auparavant, à l'image des processus solides cités auparavant.

L'élaboration d'une feuille de route supply chain

Afin de bien comprendre comment élaborer une feuille de route pour mettre en œuvre une supply chain étendue intégrée, revoyons chacune des étapes indiquées dans la Figure 6-1.

Étape 1 : Définir les priorités du changement

Du fait de la complexité de la supply chain (qui recouvre de nombreuses fonctions – telles que la conception produit, les approvisionnements, la fabrication, la distribution et le service après-vente – ainsi que divers canaux de vente et partenaires externes souvent d'envergure internationale), il est souvent difficile de bien cibler les efforts d'amélioration. Commencez par la stratégie de supply chain.

C'est votre stratégie de supply chain qui doit guider votre feuille de route et non le contraire.

Notez que les tâches consistant à développer et exécuter votre feuille de route et appliquer les cinq disciplines peuvent paraître répétitives. Un projet identifié dans la feuille de route peut par exemple prévoir des changements d'organisation ou la redéfinition des objectifs de performance. Néanmoins, retenez que c'est votre stratégie de supply chain qui doit guider votre feuille de route et non le contraire.

La discipline n° 1 décrit dans le détail le développement de votre stratégie de supply chain. Utilisez la stratégie pour évaluer vos capacités actuelles et déterminer les changements nécessaires au niveau de l'organisation de la supply chain. Bien entendu, vous devez d'abord résoudre les problèmes de base. Peut-être avez-vous des problèmes de performance évidents. Ou peut-être avez-vous récemment acheté ou vendu une activité, auquel cas il vous faut modifier votre supply chain en conséquence.

Pour définir les priorités des changements, appliquez les principes suivants :

- utilisez une approche guidée par les objectifs de l'entreprise,
- déterminez le type de changements requis,
- étudiez les relations entre les différents projets d'amélioration,
- prenez en compte votre culture et votre environnement.

Utilisez une approche guidée par les objectifs de l'entreprise

Assurez-vous que chaque projet d'amélioration représente une valeur réelle pour votre entreprise. Il arrive souvent que les avis divergent sur ce qui doit être fait en priorité et que les projets potentiels exigent plus de ressources que celles réellement disponibles.

Pour surmonter ces obstacles, définissez les objectifs de performance des principaux indicateurs de supply chain (livraison à la date promise, jours de stock ou coût total de gestion de la supply chain). Comme indiqué dans la discipline n° 5, ces indicateurs sont interdépendants et supposent souvent des compensations entre eux. Déterminez ces compensations en fonction de votre axe stratégique principal, qui représente la base de votre stratégie (innovation, coûts, service ou qualité). Déterminez ensuite les cibles qui conviennent et les priorités en matière de performance.

Ensuite, évaluez ce que cela apportera à l'entreprise si vous atteignez ces cibles : par exemple, une réduction des coûts ou une amélioration du service client qui se traduira par un accroissement des revenus. Ensuite, après avoir déterminé les ressources nécessaires pour procéder aux changements, vous serez prêt à calculer le rendement global d'un ensemble de projets donné. Vous pouvez ainsi définir objectivement les compensations nécessaires pour obtenir le résultat le plus avantageux pour l'ensemble de l'entreprise.

Prenons l'exemple de l'entreprise X, un fabricant de produits électroniques de grande consommation, qui a choisi la qualité du service client comme principal axe stratégique. Cette entreprise donne la priorité aux livraisons à la date promise et à la rapidité du traitement des commandes. Pour ce faire, l'équipe de direction doit définir des cibles quantitatives échelonnées dans le temps pour améliorer la performance de manière continue (« améliorer l'indicateur des livraisons à la date promise de x % tous les six mois »). Elle doit ensuite associer ces objectifs à des projets particuliers visant à améliorer la performance. Elle doit également relier ces cibles à une création de valeur pour l'entreprise et comparer cette valeur aux investissements nécessaires pour atteindre ces objectifs.

Déterminez le type de changement requis

Avant même d'envisager les projets spécifiques de votre feuille de route, il est important de visualiser l'ampleur des changements requis pour atteindre les objectifs de performance. Bien que des investissements conséquents en nouveaux processus, en nouvelles compétences ou en systèmes d'information semblent inévitables pour obtenir une amélioration de performance substantielle, ce n'est pas toujours par là qu'il faut commencer.

Avant de vous engager dans des projets visant la performance offerte par la prochaine génération, réglez les problèmes de base. Par exemple, beaucoup d'entreprises possèdent un progiciel de gestion intégré (ERP – Enterprise Resource Planning) offrant une fonctionnalité standard de planification des ressources (MRP – Material Requirements Planning), mais elles gèrent leurs approvisionnements dans un autre système d'information. Or, ces mêmes entreprises recherchent parfois des applications sophistiquées, par exemple un système APS (Advanced Planning and Scheduling), pour résoudre les problèmes liés au fait que les données de planification ne sont pas centralisées. Un système MRP n'est certes pas indispensable pour réussir le déploiement d'une application

> Avant de vous engager dans des projets visant la performance offerte par la prochaine génération, réglez les problèmes de base.

APS, mais la discipline, la maîtrise et l'intégrité des données nécessaires à un processus de planification stable le sont. Ce qui veut dire que ces entreprises doivent tout d'abord résoudre les problèmes de qualité des données et de non-conformité aux processus. Si elles ajoutent un système d'information sophistiqué à un processus médiocre, cela n'améliorera pas la situation et risque au contraire de l'aggraver.

Comme indiqué plus haut, pour les organisations telles que l'entreprise X qui axent leur stratégie sur la qualité du service clients, les livraisons à la date promise ou la rapidité de traitement des commandes sont essentielles. Ces entreprises peuvent se tourner vers des solutions technologiques conçues pour améliorer la performance dans ces deux domaines, comme des portails de saisie de commandes Web ou l'identification radiofréquence (RFID – Radio Frequency IDentification) pour suivre les produits en transit à destination du client. En revanche, si les clients refusent d'utiliser le portail ou que les commandes sont continuellement ralenties par des inefficacités internes ou des ruptures de stock, ces solutions n'amélioreront pas la performance à court terme. Il faut tout d'abord régler les problèmes de fonctionnement, en intégrant la solution technologique dans la feuille de route de plus long terme.

Pour atteindre un niveau de performance supérieur, les entreprises qui ont atteint une certaine maturité doivent parfois envisager des investissements plus importants en processus, en organisation et en systèmes d'information.

La Figure 6.4 présente les différentes catégories de changements : résoudre les problèmes de base, extraire de la valeur ajoutée des

© Éditions d'Organisation

processus et systèmes d'information existants, puis investir en processus et technologies entièrement nouveaux.

Étudiez les relations entre les différents projets d'amélioration

L'étude de cas General Motors (GM) met en évidence l'importance de
l'évaluation des projets de supply chain potentiels en tant que démarche intégrée. Au lieu de se concentrer sur le retour sur investissement
des projets de supply chain au niveau individuel, GM étudie soigneusement comment conjuguer différents projets pour qu'ils appuient les
objectifs globaux de supply chain, puis détermine quels projets doivent
passer en priorité. Ce type d'approche est indispensable pour atteindre
le niveau de performance de la prochaine génération.

Relevez par exemple ce qui peut relier des projets de simplification de
l'organisation et des projets de modification des processus. Faut-il simplifier le réseau de distribution physique avant de changer les pratiques
de gestion de stock ? Faut-il résoudre le problème de multiplication des
références avant de mettre en place un nouveau système de planification
de supply chain ? Cette analyse révèle parfois des liens entre des projets
jusque-là considérés comme complètement indépendants. Elle peut également révéler qu'un projet proposé risque d'avoir des répercussions sur
le résultat d'autres projets déjà en place, ce qui vous oblige parfois à
redéfinir les priorités, voire à annuler un travail en cours.

Figure 6.4 Catégories de changements

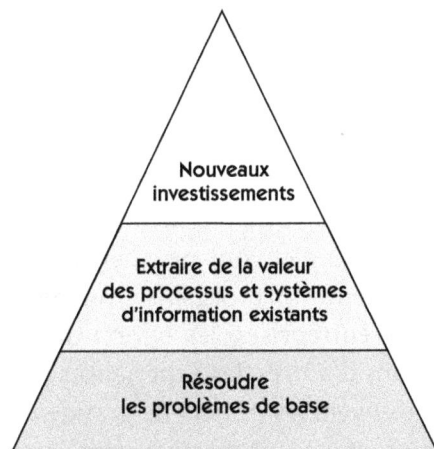

Nouveaux
investissements

Extraire de la valeur
des processus et systèmes
d'information existants

Résoudre
les problèmes de base

Pour reprendre notre exemple de l'entreprise X, l'équipe de direction doit examiner un certain nombre de facteurs qui ont une incidence sur la performance de livraison :

- les problèmes concernant le processus de planification, qui peuvent engendrer un déséquilibre constant entre la demande et les ressources ;

- les règles internes, qui peuvent bloquer les commandes dans de longs processus de contrôle de solvabilité ;

- les objectifs de réduction de stock trop ambitieux, qui poussent les divisions de l'entreprise à conserver des niveaux de stock trop faibles ;

- l'absence de certaines compétences au sein de l'organisation, qui peut pénaliser l'efficacité globale ;

- les objectifs de performance contradictoires, qui engendrent des comportements ne contribuant pas à l'optimisation globale ;

- les performances disparates de partenaires-clés (fournisseurs de matières ou prestataires logistiques, par exemple).

Pour résoudre ces problèmes, l'entreprise doit parfaitement comprendre les interdépendances entre les activités concernées. La redéfinition du processus de planification aura-t-elle l'impact voulu si la performance de livraison des fournisseurs reste au-dessous du niveau acceptable ? Les personnes responsables disposent-elles de l'expérience et des compétences requises pour définir et exécuter les changements de processus nécessaires ? Les nouveaux processus dépendent-ils des fonctionnalités des nouveaux systèmes ? Autant de questions qui doivent être posées lors de l'élaboration de la feuille de route.

Prenez en compte votre culture et votre environnement

Pour inclure un projet dans votre feuille de route, vous devez voir au-delà des solutions techniques et vous pencher sur votre culture et votre environnement. Comment votre organisation perçoit-elle le changement ? Dans certaines entreprises, les efforts de transformation sont acceptés d'emblée. Dans d'autres, les expériences passées ont fait naître une grande méfiance envers les projets de grande envergure et seul un changement par petites étapes progressives sera accepté.

Examinez également le reste de l'activité de l'entreprise. Quelle est l'importance de l'amélioration de la performance de supply chain par rapport aux autres priorités ? Les ressources nécessaires seront-elles disponibles ? Même si la performance actuelle est très inférieure à celle dictée par votre stratégie de supply chain, votre

> *Allez voir au-delà des solutions techniques et penchez-vous sur votre culture et votre environnement.*

entreprise peut avoir d'autres priorités à faire passer avant ce que vous considérez comme un projet essentiel et ces autres impératifs peuvent également monopoliser les ressources préalablement identifiées. Dans ce cas, vous devez revoir vos objectifs en conséquence.

Enfin, tenez compte de la stabilité de l'équipe de direction de votre organisation, en particulier au niveau de la direction générale. Les pratiques issues de la prochaine génération de supply chain ont une incidence considérable sur les prises de décision. C'est pourquoi les nouveaux projets doivent être conformes à la vision de la direction dans ce domaine. Tout changement au niveau de la direction générale, notamment pendant les délicates premières phases de mise en œuvre, peut anéantir la dynamique d'un projet. Si c'est une de vos préoccupations, il est préférable de retarder l'exécution de la feuille de route jusqu'au moment où vous serez certain d'avoir le soutien nécessaire.

Pour savoir si vous êtes prêt à définir et gérer les priorités des changements, vérifiez si vous répondez aux questions suivantes :

- Quels sont vos priorités et vos objectifs de création de valeur ?
- De quels types de changements avez-vous besoin pour créer de la valeur ?
- Les projets de supply chain en cours sont-ils encore adaptés aux besoins de l'entreprise ou devez-vous les interrompre ou les réorienter ?
- Compte tenu de votre environnement (ressources, autres priorités, changements possibles au niveau de l'équipe de direction), quel type de changement est effectivement réalisable ?
- Compte tenu de votre culture, quelle est l'approche la mieux adaptée (changement radical, étapes progressives, etc.) ?

Étape 2 : Concevoir la solution

Une fois que la direction a donné son accord sur les priorités, vous pouvez passer à l'étape suivante, c'est-à-dire identifier les changements nécessaires pour atteindre vos objectifs de valeur. Pour être efficace, vous devez connaître chacune des autres disciplines, et savoir quelle approche vous allez adopter pour créer l'architecture de processus de supply chain, la structure de votre organisation, le plan de collaboration avec les partenaires de supply chain sélectionnés et les indicateurs qui conviennent.

Simplifier les processus de l'entreprise et accélérer les flux de produits et d'information doivent être des éléments-clés pris en compte pour définir votre solution. L'objectif global étant d'atteindre le niveau de valeur ajoutée que vous avez identifié et utilisé pour définir vos priorités.

Bien comprendre ce qui est déjà en place

En quelques mots, la conception de la solution indique comment le travail sera exécuté dans le futur. Pour ce faire, vous devez bien comprendre le fonctionnement actuel de votre organisation. Commencez par analyser les principaux processus de supply chain dont dépendent les indicateurs critiques, ainsi que les séquences de processus et d'événements. Le cas échéant, décomposez ces processus en activités plus petites : recherchez les causes d'erreurs, les activités non rentables, les redondances, les points d'attente et tout autre facteur ayant une incidence sur l'efficacité.

Revenons à l'entreprise X où l'équipe de direction souhaite améliorer tout le processus de traitement des commandes. Comme nous l'avons vu dans la discipline n° 5, du point de vue du client, ce processus démarre avec l'émission de la commande et se termine avec la réception des produits. L'analyse du processus déjà en place doit être cohérente avec le point de vue du client.

L'entreprise doit commencer par analyser sa performance actuelle, les indicateurs utilisés, leur définition et les sources de données. Quel est le temps de cycle moyen pour le traitement des commandes ? Comment les informations sont-elles distribuées ? Certaines commandes demandent-elles beaucoup plus de temps que d'autres ? Comment l'entreprise détermine-t-elle ses engagements et dans quelle proportion les respecte-t-elle ? Connaît-on l'origine des retards ou non-respects des engagements ? Les cibles et responsabilités sont-elles clairement définies ?

L'entreprise X doit ensuite documenter le circuit des commandes dès lors qu'elles sont émises par le client puis savoir exactement comment elles sont traitées. Elle doit notamment se poser les questions suivantes : dans quel ordre les différentes activités sont-elles exécutées ? À quel endroit et pourquoi une commande reste-t-elle bloquée ? Combien de personnes interviennent dans le traitement d'une commande ? Qui peut modifier les commandes ? Qui est chargé d'ordonnancer la livraison et de communiquer avec le client ? Y a-t-il des domaines où le travail doit être repris ou refait ? Y a-t-il des activités redondantes ? Combien de temps dure chaque activité ? Où est la valeur ajoutée ? Extrêmement important : pour chacune de ces questions, l'entreprise doit savoir *pourquoi* l'activité est exécutée de telle ou telle manière.

Ce travail est susceptible de révéler des problèmes jusque-là considérés comme liés indirectement à la performance de livraison. Si le manque de disponibilité des produits est à l'origine d'une part importante des problèmes, étudiez le processus de planification. À quoi sont dues les ruptures de stock ? Le processus de prévision ou de gestion de la demande pose-t-il problème ? Les livraisons des fournisseurs sont-elles en retard ? L'usine a-t-elle des problèmes de rendement ? Les systèmes utilisés pour équilibrer la demande et les ressources fonctionnent-ils correctement ? Les données fournies en fin de processus sont-elles interprétées correctement et les actions qui en découlent sont-elles les bonnes ?

En examinant le processus, l'entreprise doit également étudier l'organisation correspondante et les rôles et responsabilités définis au sein de cette organisation. Où sont les relais entre fonctions ? Chacun comprend-il ce qu'il doit faire ? Les ressources sont-elles bien formées ? Sont-elles en mesure d'analyser le processus et de proposer des améliorations ?

L'entreprise doit enfin examiner les systèmes supportant le processus et relever tous les éventuels problèmes de fonctionnalité. Prenez garde : d'après ce que nous avons pu observer, les entreprises ont souvent tendance à penser que les systèmes sont à l'origine de beaucoup de problèmes de processus. Mais, très souvent, le vrai problème vient de l'utilisation des systèmes – voire de leur mauvaise utilisation – et non de la fonctionnalité existante. Il arrive aussi que les fonctionnalités correspondent bien aux besoins de l'entreprise mais que des problèmes d'intégrité des données incitent les utilisateurs à se méfier des recommandations du système.

Développer une vision de votre cible

Votre conception de supply chain doit intégrer les trois principales caractéristiques de la prochaine génération : transparence, flexibilité et simultanéité. Selon votre point de départ, cela peut nécessiter de grands changements ou des modifications mineures dans ce qui est déjà en place. Votre feuille de route n'est cependant pas systématiquement associée à une transformation massive.

> Votre conception de supply chain doit intégrer les trois principales caractéristiques de la prochaine génération : transparence, flexibilité et simultanéité.

En concevant votre future supply chain, veillez à ce qu'elle réponde aux quatre critères d'architecture de supply chain décrits dans la discipline n° 2 : pertinence stratégique, vision transversale, simplicité et intégrité. Lorsque vous avez terminé la conception du processus, définissez l'organisation nécessaire pour l'exécuter efficacement. Vous pouvez également identifier les systèmes d'information qui supporteront le processus et permettront d'accéder aux données nécessaires.

Testez la solidité de votre solution en répondant aux questions suivantes :

- Le processus futur est-il clairement défini ?

- À quel point le nouveau processus affecte-t-il l'existant en matière d'architecture de processus, d'organisation, d'infrastructure physique et d'informatique ?

- Les responsables de l'entreprise (responsables des activités et des systèmes d'information, par exemple) sont-ils d'accord sur la nature et la portée des changements requis ?

- Le projet répond-il à tous les critères d'évaluation (retour sur investissement, synchronisation avec la stratégie, risque commercial et règles d'architecture de supply chain) ?
- Les changements proposés sont-ils à la fois ambitieux et réalisables ?
- Comment mesurerez-vous la réussite du projet ?

Étape 3 : Adapter la supply chain

La dernière étape d'élaboration d'une feuille de route consiste à mettre en œuvre la solution, et à veiller à ce que cette dernière permette d'atteindre vos objectifs de création de valeur. L'adaptation de la supply chain dépend des types de projets figurant dans la feuille de route et les cinq disciplines vous guideront dans votre travail.

Les mises en œuvre de feuille de route les plus efficaces utilisent une approche progressive qui minimise les risques et augmente les chances de succès : une conception détaillée, un prototype ou un « proof of concept » (POC), un pilote contrôlé, des ajustements déterminés à l'issue du pilote et le déploiement. Ces différentes étapes s'accompagnent d'un certain nombre d'activités, telles que la gestion du programme, la gestion du changement et la gestion de la valeur. Une mise en œuvre réussie implique une bonne connaissance et une bonne maîtrise de ces trois domaines. Bien que notre livre n'ait pas pour objet de présenter les méthodologies de gestion de programme les plus efficaces, les paragraphes qui suivent les décrivent brièvement en s'attardant en particulier aux difficultés qui surviennent lorsque l'entreprise accorde davantage d'importance à la collaboration et à la disponibilité des informations.

Gestion de la valeur

La prochaine génération de supply chain met l'accent sur la valeur de l'information et la capacité à prendre des décisions en temps réel. Cela signifie que beaucoup des changements que vous mettrez en place seront moins axés sur les actifs physiques tangibles, ce qui rendra plus difficiles l'évaluation et la gestion de la valeur de vos efforts. Si vous réduisez par exemple les jours de stock de 150 à 100, il est relativement facile de mesurer la valeur liée à cette réduction. En revanche, si vous augmentez le pourcentage de commandes livrées à la date promise de 70 % à 90 %, il est beaucoup plus difficile de mesurer la valeur créée par cette augmentation.

Étant donné que vous devrez mesurer les améliorations de performance à certaines étapes déterminantes, assurez-vous d'emblée que tout le monde est d'accord sur les définitions des indicateurs spécifiques et sur la valeur générée lorsque telle ou telle cible est atteinte. Pour chaque amélioration d'un point de la performance de livraison, peut-être pouvez-vous espérer une augmentation de 5 % des revenus clients sur toute la durée de vie du produit. Ou pour chaque jour en moins dans le temps de cycle moyen de traitement des commandes, vous libérerez des fonds équivalant à une journée de revenu, que vous pourrez réinvestir ailleurs. Étant donné que la valeur apportée par des améliorations de performance varie d'une organisation à l'autre, il n'existe pas de formule universelle, alors veillez à avoir dès le départ un accord de vos collaborateurs.

À l'aide des indicateurs opérationnels choisis lors de la conception de la solution, mesurez la progression vers les objectifs de l'entreprise. Auditez systématiquement les résultats obtenus en matière de création de valeur chaque fois que vous atteignez un jalon important, afin de vérifier si la solution a besoin d'être ajustée ou non.

Gestion du programme

Bien que tous les éléments-clés de la gestion de programme (gestion des problèmes, gestion des ressources, gestion du périmètre, gestion des risques, gestion des actions, état d'avancement, budgétisation et planification) soient très importants pour la mise en œuvre de la feuille de route, notre expérience nous a montré que le plus difficile était de gérer le périmètre global du projet.

Il est relativement facile de « voir » les changements qui touchent les actifs physiques et les ressources humaines mais la complexité inhérente à la prochaine génération de supply chain et l'importance des informations et des prises de décision étendent le périmètre du projet bien au-delà des changements concernant les actifs tangibles. Et étant donné que les technologies supportant les caractéristiques de la prochaine génération de supply chain sont encore assez peu utilisées, peu d'entreprises réalisent combien il est difficile de manipuler et de maintenir à jour les informations de toute la supply chain. Cette ignorance peut conduire à des projets aux objectifs irréalistes et donc, pour la plupart, voués à l'échec.

Vous pouvez limiter le problème d'instabilité de périmètre en impliquant dans la mise en œuvre vos architectes de supply chain (les experts en informatique et en processus métier qui sont les mieux placés pour comprendre les détails de votre architecture de processus et d'applications) [3]. Organisez également des revues de programme régulières qui vous aideront à maintenir le cap sur la gestion du périmètre et confirmeront que la direction approuve tous les changements majeurs dans ce domaine.

Gestion du changement

Étant donné que votre supply chain doit constamment évoluer, assurez-vous que la culture de votre entreprise accepte de fréquents changements. Pour ce faire, vous devez connaître et appliquer certains principes de gestion élémentaires : gérer les attentes, communiquer fréquemment, impliquer les principaux acteurs concernés, identifier et gérer les résistances au changement, mesurer l'avancement et assurer le reporting. Vous devez également veiller à ce que cette culture s'étende à vos partenaires de supply chain. Impliquez-les fréquemment et de manière précoce en les associant aux exercices de « team building » (développement de l'esprit d'équipe), aux programmes de formation et au suivi de l'avancement.

Les projets qui n'avancent pas comme prévu souffrent souvent d'une communication médiocre. De fait, la prochaine génération de supply chain exige également de nouvelles compétences. Comme indiqué dans la discipline n° 3, les nouvelles pratiques ont un impact majeur sur l'organisation, en créant notamment de nouveaux rôles et de nouvelles responsabilités. Il faut entre autres gérer des relations collaboratives et la

> Les projets qui n'avancent pas comme prévu souffrent souvent d'une communication médiocre.

performance de supply chain et assurer une intégration plus étroite entre la supply chain et les autres grands processus de l'entreprise (ex. : développement des technologies, des produits et des services).

Ces nouvelles aptitudes sont indispensables et l'avancement doit être régulièrement mesuré. Nous recommandons de mettre en place les nouveaux responsables avant le déploiement de la nouvelle supply chain. Voire, dans la mesure du possible, de les impliquer en amont, de sorte qu'ils participent à la définition des éléments de la solution relatifs à leurs nouveaux rôles (voir l'étude de cas Owens-Corning).

Conclusion

Dans le développement et la gestion de votre feuille de route supply chain, la performance doit être une priorité. Comme nous l'avons vu en début de chapitre, les entreprises dont la supply chain a atteint un certain niveau de maturité sont déjà en avance en matière de performance. Comme ces entreprises continuent à adopter de nouvelles pratiques, elles creuseront encore l'écart, tandis que les entreprises dont la supply chain est moins efficace verront probablement baisser leur rentabilité.

Les cinq disciplines sont les piliers de l'excellence de la supply chain. Elles constituent aussi les leviers qui lui permettent de contribuer davantage et directement à l'accroissement des revenus et des bénéfices. De nombreuses entreprises les mettent en place et récoltent déjà les fruits de leurs efforts.

Notre expérience en conseil et les nombreux entretiens que nous avons eus avec les entreprises présentées dans cet ouvrage montrent clairement que le travail concernant les processus doit précéder le déploiement des technologies. Les deux peuvent ensuite fonctionner de concert pour améliorer la performance. En vous concentrant sur l'application des cinq approches de la gestion stratégique de la supply chain, vous bénéficierez de la compétitivité, de la vitesse et de l'agilité que peut apporter la supply chain de prochaine génération.

Étude de cas Seagate Technology

Répondre à la demande en temps réel

Afin de bénéficier d'une visibilité sur tous les niveaux de la supply chain et de pouvoir répondre à la demande en temps réel, Seagate Technology réalise des investissements conséquents pour améliorer ses processus et ses systèmes d'information et ainsi créer une supply chain transversale connectée.

Fondé en 1979, Seagate a contribué à l'avènement de l'informatique personnelle en fabriquant des disques durs pour PC capables de stocker de très gros volumes de données. Aujourd'hui, cette technologie dépasse largement le cadre des ordinateurs personnels. Tout comme les besoins de stockage de données générés par Internet, l'électronique grand public et la nécessité d'accéder aux informations partout et à tout moment, les besoins en disques durs de plus en plus élaborés sont en constante augmentation.

Les utilisateurs sont rarement conscients de la complexité de ces produits. Sur son site Internet, Seagate explique que la fabrication de disques durs est considérée comme le « sport extrême » de l'industrie high-tech. En effet, elle fait appel à des connaissances en physique, en aérodynamique, en mécanique des fluides, en théorie de l'information, en magnétisme, en technologie de traitement et bien d'autres disciplines. L'entreprise s'efforce constamment d'accroître les capacités de stockage et la performance de ses disques durs. Outre le souci de conserver sa place d'avant-gardiste, Seagate est confronté à un certain nombre de challenges commerciaux uniques qui déterminent sa stratégie de supply chain.

Défis commerciaux-clés

La fabrication des composants des produits Seagate est si compliquée que les délais de livraison peuvent aller d'un mois à un trimestre. À cela s'ajoutent d'autres difficultés d'ordre géographique. En effet, les usines qui fabriquent les composants sont souvent très éloignées des usines où sont produits les disques et les sous-ensembles. Karl Chicca, vice-président senior matières monde, explique : « Chaque disque contient plusieurs centaines de pièces extrêmement complexes. Chacune utilise des technologies de traitement à la pointe du marché. Ces pièces proviennent des quatre coins du monde et sont livrées en très grandes quantités. Nous produisons 15 à 20 millions de disques durs par trimestre. » Cela correspond à environ 65 millions de composants (achetés pour la plupart auprès de fournisseurs externes) installés chaque jour dans des disques durs configurés selon les besoins spécifiques du client. Ces disques sont par exemple utilisés dans les applications grand public de Sony et Microsoft, ou dans les systèmes de stockage haut de gamme tels que ceux d'EMC.

> Seagate produit 15 à 20 millions de disques durs par trimestre, ce qui correspond à environ 65 millions de composants utilisés *par jour.*

Pour chaque client, Seagate dispose d'une ou de plusieurs plates-formes logistiques « juste-à-temps » (JIT – Just-In-Time) gérées par un prestataire externe. Cette gestion partagée des approvisionnements (GPA) est chose courante dans ce secteur.

Chaque plate-forme traite de un à plusieurs dizaines de types de disques durs différents, selon la gamme de produits vendus par les clients. Certains des clients de Seagate disposent parfois de 15 à 20 établissements (et d'autant de plates-formes JIT), mais ils ne paient les produits stockés que lorsqu'ils les utilisent.

À cela s'ajoute la complexité d'une demande très difficile à prévoir. Dans ce secteur, la demande client est très dynamique et Seagate a l'ambition de répondre aux variations de celle-ci en temps réel (et non en fonction de plans ou prévisions). L'entreprise doit donc surveiller l'économie, l'industrie high-tech et plus particulièrement le segment informatique afin d'anticiper les tendances de la demande.

> Seagate a l'ambition de répondre aux changements de la demande en temps réel (et non en fonction de plans ou prévisions).

Au début, les plans étaient valables pour six mois. Plus aujourd'hui. Richard Becks, vice-président e-business et supply chain, remarque : « Durant nos vingt-cinq années d'activité dans ce secteur, le changement le plus important a sans doute été la dynamique de la demande. Il est désormais impossible de la prévoir. Nous avons dû remplacer l'utilisation de plans stables par un modèle d'une flexibilité illimitée et exclusivement basé sur la fabrication à la demande. »

L'extrême complexité des produits, les délais de livraison des composants, les opérations mondiales, le volume, la demande dynamique et les produits customisés sont autant de facteurs auxquels Seagate devait faire face pour conserver et renforcer sa position de leader face à la concurrence. À cet égard, la supply chain de l'entreprise joue un rôle stratégique essentiel.

Réponse à la demande en temps réel

À ses débuts, Seagate donnait la priorité à une fabrication à moindre coût et basée sur un plan de production ferme. Mais l'entreprise a évolué. Aujourd'hui, elle met tout en œuvre pour être un leader technologique, commercialiser plus vite des produits plus innovants et renforcer la réactivité et la flexibilité de son organisation afin de gagner en agilité – tout cela en veillant à la satisfaction de ses clients. Karl Chicca remarque : « Tout ce que nous faisons doit profiter au client. »

La supply chain de Seagate a évolué en conséquence. Un des points les plus importants de sa stratégie vise à répondre à la demande en temps réel, ce qui se traduit littéralement par l'exécution immédiate des commandes clients. Pour y arriver sans que ses coûts s'envolent, Seagate a dû accroître la flexibilité de ses usines et réduire globalement les niveaux de stock. Mais le point-clé a été la gestion des flux d'information : cela a représenté une priorité pour les efforts d'amélioration de la supply chain.

Au fil des années et des acquisitions, Seagate a accumulé toute une variété de processus et systèmes d'information disparates. Au cours des cinq dernières années, l'homogénéisation de tous ses processus, systèmes, applications et bases de données a été une des priorités de l'entreprise. Elle avait par exemple plusieurs outils de gestion des données techniques. Aujourd'hui, elle dispose d'un système unique, Metaphase d'EDS, utilisé dans le monde entier. Elle a également réuni neuf systèmes ERP (Enterprise Resource Planning) d'Oracle dans deux systèmes qui, à terme, ne feront plus qu'un. Ces travaux de consolidation et de standardisation commencent à payer. Les informations circulent mieux à travers la supply chain car elles ne doivent plus être retraitées ou ressaisies manuellement. Les systèmes intégrés permettent de voir clairement tous les aspects des opérations – chose indispensable pour répondre à la demande en temps réel.

> Alors qu'il fallait auparavant plusieurs semaines pour répondre aux nouvelles demandes clients, Seagate peut maintenant leur annoncer dans la journée s'ils recevront leurs produits et quand ils les recevront.

« La connectivité électronique nous donne une visibilité d'un bout à l'autre de la supply chain. Nous n'avons donc pas besoin de générer de nouvelles capacités chaque fois que nous recevons une demande pour davantage de produits, déclare Karl Chicca. Nous avons une vue exacte de notre niveau de flexibilité et nous pouvons très vite promettre une livraison au client. » Alors qu'il fallait auparavant plusieurs semaines pour répondre aux nouvelles demandes des clients, Seagate peut maintenant leur annoncer dans la journée s'ils recevront leurs produits et quand ils les recevront. L'objectif de Seagate est de pouvoir s'engager en temps réel à livrer à telle ou telle date.

Connectivité transversale

Les clients et les fournisseurs de Seagate ont accès à son système d'information. Chaque fois qu'un client approvisionne un disque dur depuis la plate-forme JIT, un signal est automatiquement envoyé à l'usine où il déclenche deux actions : une demande de livraison pour remplacer le ou les disques durs sortis du stock, ainsi qu'une commande automatique envoyée à la ligne de production pour fabriquer des disques supplémentaires. En répondant automatiquement à la demande réelle, Seagate peut maintenir des niveaux de stock plus faibles, alors que ses concurrents doivent supporter des coûts de stock plus élevés dans leurs plates-formes JIT. Ainsi, le taux de rotation de stock de Seagate a quasiment doublé, passant de 8 à 15 par an.

Mais ce système va encore plus loin. Les signaux émis lors de la sortie de disques durs sont également communiqués par Seagate en amont, à ses usines de fabrication de sous-ensembles et de composants, ainsi qu'aux fournisseurs externes. Les usines internes utilisent les mêmes processus de plate-forme JIT que les fournisseurs externes : elles positionnent un stock en amont des usines qui l'utilisent. La taille de ces plates-formes internes est constamment réadaptée à la demande client réelle.

En intégrant électroniquement ses usines et ses fournisseurs, Seagate élimine les multiples points de contact qui ralentissent les choses et sont sources d'erreurs. Plus de 160 fournisseurs sont connectés et peuvent accéder directement aux chiffres de consommation quotidienne. Ils peuvent aussi suivre l'évolution de la demande au fur et à mesure, analyser les taux de consommation et utiliser de manière plus efficace leur propre capacité. Pour mettre ce système en place, Seagate s'est associé à la société e2open afin de créer une plate-forme de supply chain B2B (Business-to-Business), communiquer les demandes en temps réel et recevoir immédiatement la confirmation du fournisseur. E2open a travaillé avec les fournisseurs qui utilisaient déjà l'EDI (échange de données informatisées) pour convertir leurs réponses au format RosettaNet (protocole d'échange d'informations pour l'industrie électronique). Lors de cette transition, Seagate est devenu l'un des plus importants utilisateurs de RosettaNet au monde, ce qui lui permet d'envoyer des informations sur les approvisionnements et la demande à tous ses fournisseurs de matières de premier rang.

Auparavant, le niveau de connectivité offert par l'EDI était hors de portée de beaucoup de fournisseurs. Mais grâce à Internet, tous ont maintenant accès au World Wide Web et e2open a pu fournir une application Internet que les fournisseurs peuvent utiliser à l'aide d'un simple navigateur Web. Les petits fournisseurs ne disposant que de capacités informatiques limitées ont ainsi la même visibilité que les fournisseurs de plus grande taille et mieux équipés.

Les fournisseurs qui ont adopté le système Web se disent très satisfaits des résultats. Ils envisagent désormais le niveau d'intégration suivant, où la demande non filtrée parvient directement à leurs systèmes de planification pour qu'ils puissent répondre encore plus vite aux besoins de Seagate. À cet effet, e2open développe un serveur B2B peu coûteux avec un logiciel d'intégration préconfiguré et compatible avec la plupart des systèmes ERP d'aujourd'hui. Ce serveur sera installé derrière le filtre de sécurité (pare-feu ou firewall) du réseau du fournisseur. Seagate voit en lui un excellent moyen de réduire les coûts internes et externes, tout en augmentant la vitesse et la précision des informations circulant dans la supply chain.

Ainsi relié à ses fournisseurs, Seagate a une plus grande visibilité sur le traitement de ses commandes. Cette information est particulièrement importante lorsque les délais de livraison sont très longs, comme c'est le cas chez les constructeurs de semi-conducteurs, par exemple. Seagate bénéficie donc d'une meilleure visibilité sur leurs processus et l'état de ses commandes.

En quête de visibilité

La visibilité sur plusieurs niveaux de la supply chain (en amont et en aval) est un élément primordial de la stratégie de supply chain de Seagate. Elle représente le but ultime pour de nombreux clients de Seagate qui ont externalisé la fabrication à des sous-traitants. Maîtrisant moins leur supply chain, ils craignent que les composants en pénurie ne leur échappent et soient alloués à la concurrence.

Seagate étend le concept de visibilité sur plusieurs niveaux au-delà de ses fournisseurs immédiats, comme le montrent ses relations avec les fournisseurs de semi-conducteurs ASIC (Application-Specific Integrated Circuit). Auparavant intégrés verticalement, ces derniers ne pouvaient plus se permettre de maintenir leurs centres de fabrication en interne. Ces entreprises ont externalisé la production à des sous-traitants. Seagate est aujourd'hui en mesure de commander et de prévoir la demande pour des fournisseurs qui ne fabriquent plus leurs pièces eux-mêmes, mais à travers plusieurs niveaux de sous-traitants. Des puces peuvent être fabriquées à Taïwan, par exemple, puis testées en Corée, envoyées à Singapour pour y être montées et subir un test final, avant d'être expédiées au fournisseur qui les livre enfin à Seagate.

Pour simplifier tout cela, Seagate élabore un processus qui lui donnera une meilleure visibilité sur ces sous-traitants. L'entreprise teste actuellement un projet pilote qui entre en profondeur dans la supply chain des fournisseurs. Le processus est ensuite relié à l'un des clients finals de Seagate, afin d'obtenir une visibilité transversale sur tous les niveaux de la supply chain. Cette visibilité en amont et en aval se traduit par une meilleure utilisation de la capacité de production tout au long de la supply chain.

L'intégration verticale

Une bonne visibilité sur ses sous-traitants permet à Seagate de limiter les risques propres à une supply chain étendue. Mais l'entreprise emploie également l'intégration verticale : une approche en opposition à ce qui se fait dans cette industrie.

Alors que la tendance est à la désagrégation, à l'externalisation et au fonctionnement « au plus juste » (principe *lean*), Seagate a adopté un modèle intégré verticalement, un choix jugé peu judicieux par beaucoup d'observateurs. Or, les avantages en termes d'échelle, de contrôle et de flexibilité semblent profiter à l'entreprise. Ses concurrents ne peuvent pas toujours être sûrs d'obtenir les pièces indispensables quand ils en ont besoin. Le moindre changement déclenche un processus de négociation et une série de demandes qui doivent descendre à travers de nombreuses couches. Seagate peut au contraire réagir plus rapidement aux demandes de ses clients. Compte tenu de la complexité des produits, l'entreprise pense que le développement en interne de certaines technologies de composants lui donne un avantage. Elle peut développer et concevoir chaque composant et les technologies de traitement correspondantes en collaboration avec un partenaire, au lieu de les acheter à différents fournisseurs pour ensuite les assembler. Aujourd'hui, Seagate fabrique en interne une grande partie de ses composants les plus complexes et les plus onéreux.

Cependant, l'intégration verticale a un prix. Elle exige notamment un important capital pour le développement de technologies puis la production des composants et des disques. Seagate dépense près de 700 millions de dollars par an en recherche et développement, et investit 600 millions de dollars de capital, c'est-à-dire beaucoup plus que ses concurrents qui n'ont pas choisi l'intégration verticale.

Les défis de la gestion du changement

Bien que les efforts de Seagate en matière de supply chain aient généré des avantages importants, la gestion du changement a été difficile, tant en interne qu'en externe. Transformer des habitudes vieilles de plusieurs dizaines d'années demande du temps et beaucoup d'énergie. Les clients et les fournisseurs n'ont pas adopté d'emblée les changements introduits par Seagate. Les clients s'étaient habitués au (faux) sentiment de sécurité que suscitaient les stocks des plates-formes JIT. Mais les disques en stock ne correspondaient pas nécessairement à ceux dont ils avaient besoin et ces stocks de sécurité pesaient sur les coûts de la supply chain.

La proposition de Seagate à ses clients était extrêmement intéressante : « Laissez-nous diminuer les niveaux de stock des plates-formes

JIT car nous avons en réserve la capacité pour répondre à vos besoins. »
Pour appuyer cet effort, l'entreprise a lourdement investi dans une
alliance autour du concept d'« usine de demain » (factory of the
future) : des lignes de montage entièrement automatisées tellement
flexibles qu'il est possible de monter à tout moment n'importe quel
disque sur n'importe quelle ligne.

La campagne de formation est en cours. Certains clients l'acceptent,
d'autres ne veulent pas en entendre parler, en particulier ceux dont les
systèmes d'intéressement sont en contradiction avec cette approche.
Par exemple, si le service achats d'un client n'est pas mesuré par rapport aux surstocks ou au coût total de possession (y compris dans un
modèle gestion partagée des approvisionnements/Just-In-Time), il
aura tendance à accumuler tout le stock qu'il pourra obtenir.
Aujourd'hui, les plus critiques reconnaissent que les niveaux de service
actuels n'ont plus rien à voir avec ceux d'il y a cinq ans. « Ils préfèrent
être servis par la supply chain d'aujourd'hui plutôt que par celle
d'hier », remarque Richard Becks.

Les fournisseurs ont également hésité à modifier leurs vieilles habitudes de fonctionnement. Avant de suivre Seagate dans son approche,
ils ont soupçonné ce dernier de vouloir transférer certains coûts chez
eux. À la fin des années 1990, la GPA a commencé à se répandre sur
l'ensemble du marché et les fournisseurs subissaient des pressions de
toute part. Ils ont tout d'abord pensé que cela ne serait pas bon pour
leur activité. Mais s'ils acceptaient d'être reliés électroniquement et de
partager les informations concernant l'état des commandes avec Seagate, ce dernier était prêt à leur communiquer ses données de consommation. Or, ces données sont essentielles pour les fournisseurs,
notamment en période de contraintes où beaucoup d'acheteurs prati-
quent le surbooking (pratique consistant à passer des commandes pour
des quantités plus importantes que celles réellement nécessaires, afin de
sécuriser une partie des approvisionnements). Richard Becks explique :
« Je peux regarder ces fournisseurs droit dans les yeux et leur dire :
"Écoutez. Je ne peux pas gaspiller votre capacité en faisant du surbooking. Vous pouvez voir en ligne et en temps réel ce que nous consom-
mons véritablement." Ils apprécient. »

Les observateurs du marché ont fait de nombreux commentaires sur
la « nouvelle » discipline du marché de l'électronique, ajoute-t-il, mais

il ne s'agit pas vraiment d'avoir davantage de discipline. Plutôt davantage de visibilité. « Quand tout le monde a adopté la GPA, les fournisseurs ont eu une meilleure idée de la consommation et de ce qu'utilisait le client. Auparavant, ils se contentaient de livrer des palettes de pièces, et se laissaient surprendre par des demandes inattendues quand toutes les palettes étaient écoulées. »

Un nouveau système d'incitation

Il a été tout aussi difficile de modifier les attitudes et les comportements en interne. Seagate déploie actuellement de nouveaux mécanismes de rémunération mieux adaptés à ses nouvelles méthodes de travail. L'ancien système de motivation « fabrication sur prévisions » récompensait les directeurs qui exploitaient toute la capacité de leurs usines. Aujourd'hui, Seagate a compris que faire tourner ses équipements ou ses usines au maximum de leur capacité était du gaspillage si le produit fabriqué ne correspondait pas aux besoins du client et que cela engendrait des accumulations de stock très importantes. L'entreprise est pénalisée de deux manières : premièrement, l'accumulation de stock de produits finis peut rapidement faire baisser les prix du marché ; deuxièmement, si un client passe une commande quand aucune capacité n'est disponible, cela se traduit par un coût d'opportunité lié à une vente perdue.

Aujourd'hui, chez Seagate, la réussite consiste à modifier plus souvent la ligne de fabrication et à accepter de voir baisser le taux d'utilisation de la capacité, pour atteindre un meilleur taux de satisfaction client et réduire les niveaux de stock. L'essentiel est de trouver l'équilibre entre la demande client immédiate et la demande prévue, validée par une promesse commerciale, mais qui n'est pas encore confirmée. C'est un compromis. Il est parfois plus judicieux de se préparer à de brusques augmentations de la demande ; comme il est préférable, dans d'autres cas, d'attendre que la demande soit réelle.

Seagate sait qu'il ne peut pas véritablement anticiper les fluctuations de la demande ou fabriquer sur planification. Au contraire, en étant électroniquement reliée à ses clients et fournisseurs, l'entreprise peut pressentir et répondre à la demande réelle sur la base de ce qui sort de ses stocks, et pousser les fournisseurs à se réapprovisionner en fonction de cette consommation réelle. Seagate dispose ainsi d'une supply chain très opportuniste et agile.

Une supply chain qui évolue

Afin de s'assurer que la stratégie de supply chain est en adéquation avec la stratégie de l'entreprise, l'équipe de Richard Becks préside une réunion mensuelle avec les sponsors de la supply chain (membre de la direction générale) et des membres des équipes de projets. Ces réunions permettent d'examiner l'avancement de tous les projets de supply chain et de réajuster les travaux suivant les changements d'orientation de l'entreprise ou de nouvelles demandes clients. Seagate a déjà investi près de 5 millions de dollars pour améliorer sa supply chain, ce qui témoigne de sa volonté d'atteindre l'excellence dans ce domaine.

En règle générale, l'entreprise suit en permanence une trentaine de projets de supply chain. Parmi eux, un nouveau projet majeur de planification d'entreprise qui améliorera l'exactitude des données et l'intégration entre fonctions et processus, en éliminant les silos de données et les plans fonctionnels séparés. L'objectif est le suivant : lorsqu'un client demande à doubler sa commande pour un modèle de disque donné et réduire de moitié une autre commande, le groupe de gestion des commandes devra être capable non seulement d'accepter immédiatement, mais aussi de calculer l'impact sur le chiffre d'affaires, la marge et l'utilisation de la capacité à travers l'entreprise.

Seagate procède souvent en posant d'abord un élément de construction dans son architecture de supply chain, puis en vérifiant si celui-ci fonctionne bien. S'il apparaît entre-temps une meilleure solution permettant davantage de flexibilité, de réactivité ou générant plus de valeur, l'entreprise n'hésite pas à revoir son approche et à déployer la nouvelle solution.

Comme sa propre activité, la supply chain de Seagate est flexible, agile et en constante évolution Ce qui ne change pas, en revanche, c'est sa vision de la supply chain : un avantage concurrentiel – ce qui justifie largement tous les investissements en cours.

Source et méthodologie des données de benchmarking

Les données de benchmarking présentées dans cet ouvrage ont été fournies par The Performance Measurement Group, LLC (PMG), une filiale de PRTM.

PMG actualise en permanence une base de données de supply chain propriétaire qui a été créée en 1995. Les entreprises qui accèdent à cette base doivent au préalable effectuer une étude de la performance quantitative de leur supply chain, de leurs pratiques et de leurs systèmes d'information. Elles peuvent ensuite comparer leur performance à celle d'autres entreprises enregistrées dans la base de données. Cette comparaison leur permet de s'évaluer et de déterminer comment améliorer leur performance à partir d'une base factuelle.

Les indicateurs décrits dans cet ouvrage ont été choisis parce qu'ils montrent le niveau de performance que de meilleures pratiques et des systèmes d'information mieux adaptés permettent d'atteindre. Ces indicateurs permettent également de comparer les niveaux de performance entre eux. Pour ce faire, PMG a étudié le rapport existant entre les pratiques de supply chain et la performance financière, a développé une approche de mesure de la supply chain et évalué différents segments industriels.

La population d'analyse

Une partie de la base de données globale de PMG a été sélectionnée principalement sur la base d'études effectuées en 2001 et 2002. Dans la plupart des cas, les données représentent le niveau de performance (entreprises d'une industrie, par exemple) d'une sous-population présentant des caractéristiques démographiques et commerciales simi-laires (même segment de marché, même taille, etc.), ce qui garantit la fiabilité des analyses.

Pour ce livre, PMG s'est concentré sur les résultats macroscopiques (ex. : éléments de pratiques ou indicateurs du niveau 1 du modèle SCOR®), ainsi que sur une analyse agrégée, évitant ainsi les mailles d'analyses plus fines qui présentent un certain intérêt mais risqueraient de diluer les messages du présent ouvrage.

La définition du Best-In-Class (BIC) – indicateur de la performance supérieure

Le BIC correspond à un niveau de performance supérieure dans un domaine donné. PMG le calcule à partir des meilleurs 20 % d'une population donnée. Par exemple, pour 20 réponses concernant les *niveaux de stock*, le niveau BIC correspond à la moyenne des quatre chiffres *les moins élevés* ; quand il s'agit d'analyser les *rotations de stock*, en revanche, le niveau BIC correspond à la moyenne des quatre chiffres *les plus élevés*. Dans le cas d'une répartition dite « normale », environ deux tiers de la population ont une performance en dessous de l'écart type par rapport à la moyenne et plus de 90 % des réponses sont au-dessous du niveau BIC.

Cette définition s'applique à la plupart des questions d'évaluation des pratiques quantitatives et à bon nombre des questions d'évaluation des pratiques qualitatives, où certaines pratiques sont jugées supérieu-res aux autres. En dehors de l'exemple simple présenté plus haut, l'ana-lyse BIC s'utilise également pour identifier les niveaux de performance opérationnelle associés à une stratégie, des pratiques ou des résultats financiers spécifiques. Dans une population d'entreprises ayant une *performance de livraison* optimale (BIC), par exemple, il est possible de voir quelle stratégie de fabrication et quelles pratiques de livraison sont les plus utilisées. Dans les entreprises qui atteignent une performance BIC pour une série d'indicateurs, il est possible de voir quel niveau de *marge bénéficiaire* elles obtiennent par rapport aux autres entreprises du même secteur.

Mais il existe de nombreux points auxquels la définition du BIC ne s'applique pas. C'est notamment le cas des questions d'ordre démographique (ex. : nombre de sites) ou de caractéristiques commerciales (ex. : pourcentage de ventes par région) qui ne peuvent faire l'objet de comparaison ou de classement en termes de performance.

Bien que le niveau BIC donne une mesure utile de la performance optimale pour un indicateur donné, les niveaux BIC d'un seul indicateur ne correspondent pas à la performance d'une même série d'entreprises. Par exemple, dans une population de 20 entreprises chimiques fabriquant principalement sur stock, les quatre entreprises affichant la meilleure performance de livraison ne sont pas nécessairement celles qui affichent la meilleure performance de stock. Étant donné qu'une entreprise ne peut quasiment jamais être la meilleure pour tous les indicateurs, PMG a créé un indice composé de plusieurs indicateurs de supply chain. Cet indice BICC (Best-In-Class Company) offre une méthode permettant d'identifier les entreprises « les plus performantes », « les moins performantes » et « moyennement performantes », et de comparer différentes sous-populations.

Garantir la qualité d'un benchmarking

Pour être efficace, un benchmarking doit utiliser des définitions précises qui peuvent être appliquées de manière homogène par toutes les entreprises comparées. En ce qui concerne les indicateurs quantitatifs, cela veut dire une description claire de la formule de calcul et des sources de données. En ce qui concerne les indicateurs qualitatifs, cela veut dire une description détaillée des pratiques, y compris des pratiques automatisées, ainsi que des règles qui permettent d'identifier le niveau d'utilisation de cette pratique à travers l'organisation.

En matière de qualité de benchmarking, le dicton « on ne compare pas des chiens avec des chats » prend tout son sens. PMG apporte aux participants un support et des techniques d'estimation pendant la collecte des données, puis valide toutes les données avant de procéder à la comparaison. La qualité est assurée par un filtrage statistique des données, en exigeant un niveau de réponse minimum par rapport au questionnaire et en mettant régulièrement à jour la base de données à partir des études les plus récentes.

PMG assure la confidentialité des données fournies par les entreprises abonnées au service en ne divulguant que les données de benchmarking (et non les données d'entreprises individuelles). La majorité des entreprises estiment que les mesures de performance de leurs opérations internes et les résultats financiers de leurs divisions sont des informations confidentielles. Les accords contractuels entre les entreprises participantes et PMG interdisent la divulgation des valeurs spécifiques à une entreprise.

Démographie et périmètre des études

La base de données de supply chain de PMG réunit plusieurs études portant sur les différentes activités de supply chain d'une organisation : des études concernant la logistique des retours et les opérations de réparation, par exemple, ou bien la performance et les pratiques de planification de supply chain. Qu'il s'agisse de l'analyse BICC ou de l'analyse de maturité de la supply chain (voir les étapes de maturité de la supply chain décrites dans l'annexe B), nous avons sélectionné des entreprises qui ont rempli dans son intégralité l'étude de la performance globale de supply chain de PMG.

Cette étude évalue la performance quantitative de 2001, ainsi que les pratiques de supply chain dominantes (2001) et émergentes (projections pour 2003). La population de comparaison est constituée de 89 organisations de 65 entreprises. Leur répartition par secteurs reflète celle de la base de données PMG : forte proportion high-tech (44 %), suivie par les biens de grande consommation (30 %) et le reste dans les industries à processus continu telles que la chimie et les produits pharmaceutiques (voir Figure A.1). Ces organisations appliquent différentes stratégies de fabrication, dont les plus utilisées (voir Figure A.2) sont la *fabrication sur stock* (dans plus de la moitié des cas) et la *fabrication à la commande* (dans plus d'un quart des cas).

La performance quantitative est évaluée à l'aide d'un questionnaire détaillé concernant une série d'indicateurs du modèle SCOR®, ainsi que d'autres questions permettant d'évaluer la performance de supply

Figure A.1 Répartition par secteurs

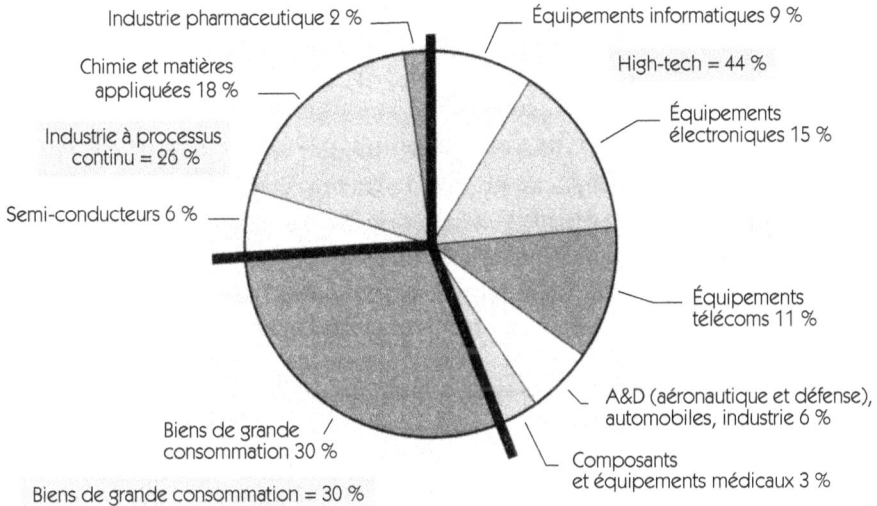

Industrie pharmaceutique 2 %
Équipements informatiques 9 %
Chimie et matières appliquées 18 %
High-tech = 44 %
Industrie à processus continu = 26 %
Équipements électroniques 15 %
Semi-conducteurs 6 %
Équipements télécoms 11 %
A&D (aéronautique et défense), automobiles, industrie 6 %
Biens de grande consommation 30 %
Composants et équipements médicaux 3 %
Biens de grande consommation = 30 %

Nombre d'entreprises/séries de données = 89

© 2004 – The Performance Measurement Group, LLC.

Figure A.2 Stratégie de fabrication dominante

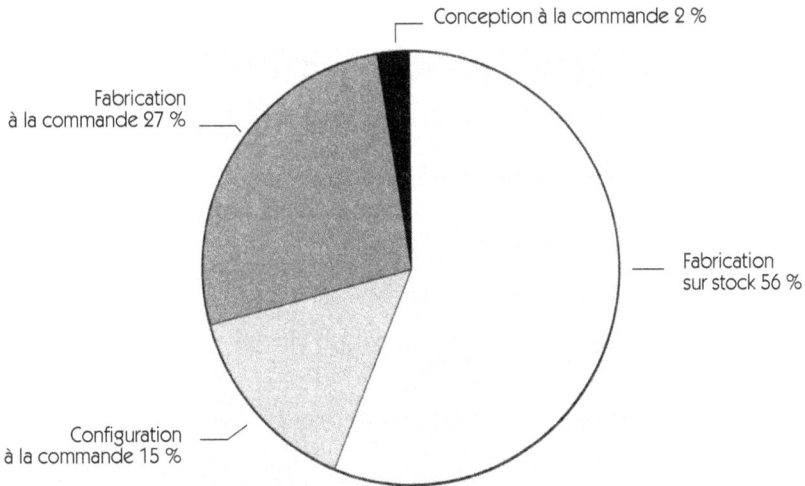

Conception à la commande 2 %
Fabrication à la commande 27 %
Fabrication sur stock 56 %
Configuration à la commande 15 %

Nombre d'entreprises/séries de données = 89

© 2004 – The Performance Measurement Group, LLC.

chain. Les indicateurs macroscopiques tels que la *performance de livraison* et le *cycle de rotation des liquidités* (niveau 1 du modèle SCOR®) sont calculés à l'aide de questions plus détaillées. La *performance de livraison à la date promise*, par exemple, est calculée en divisant le nombre de commandes livrées à la date promise par le nombre total de commandes. Les indicateurs plus détaillés tels que les *coûts d'achat de matières* sont déterminés à l'aide de définitions détaillées répertoriant tous les différents composants (ex. : coût du transport amont et taxes, un indicateur de niveau 3 du modèle SCOR®).

La partie quantitative de l'étude inclut également des questions permettant d'obtenir d'autres informations sur les opérations de supply chain, concernant par exemple le nombre de semaines de prévisions fermes requises ou le traitement des retours et réparations.

La performance qualitative est évaluée à l'aide de plus de 270 questions sur les pratiques de supply chain dans quatre domaines (*planifier*, *approvisionner*, *fabriquer* et *livrer*), ainsi que d'un certain nombre de questions sur les pratiques de la supply chain dans son ensemble. Les entreprises participantes déterminent leurs pratiques dominantes et émergentes. Ces questions permettent de classer les entreprises selon leur degré de maturité.

Critères de sélection du BICC

L'indice BICC a été mis au point en sélectionnant une série de quatre indicateurs de niveau 1 du modèle SCOR® (voir l'annexe C et la discipline n° 2). Ces indicateurs ont été sélectionnés pour représenter à la fois la performance interne et celle visible aux clients.

- *Flexibilité de la production.* Indicateur sélectionné parce que les entreprises jouissant d'une capacité de fabrication plus flexible sont supposées répondre plus rapidement aux changements de conjoncture et profiter davantage de ces derniers.
- *Performance de livraison à la date promise.* Indicateur sélectionné parce que les entreprises ont davantage d'influence sur les dates qu'elles annoncent que sur les dates qui leur sont demandées (performance de livraison à la date demandée) ; cette perfor-

© Éditions d'Organisation

mance varie considérablement en fonction de la demande, de la stabilité des approvisionnements, de la stratégie de fabrication et de la nature de la demande.

- *Cycle de rotation des liquidités.* Indicateur sélectionné parce qu'il permet d'avoir une vue complète sur les encours payables, les créances en cours et les niveaux de stock.

- *Jours de stock.* Bien qu'il s'agisse d'un composant de l'indicateur cycle de rotation des liquidités, l'indicateur de *jours de stock* a également été sélectionné parce qu'il s'agit d'un indicateur de supply chain très fréquemment utilisé.

Ces choix ne veulent pas dire qu'il s'agit des seuls indicateurs permettant de mesurer la performance de supply chain globale. Le traditionnel indicateur de *taux de rotation des actifs* est encore très utilisé mais il n'a pas été retenu car il est influencé par la structure de capital choisie par l'entreprise (*rapport dettes/actifs* à long et court terme). De même, l'indicateur de *délai de livraison* a été évité car sa variation dépend en grande partie de la stratégie de fabrication principale. Le *coût total de gestion de la supply chain* n'a pas été retenu car les entreprises dépensant le moins en supply chain ne sont pas nécessairement les plus performantes dans ce domaine (la faiblesse des coûts d'achat de matières, de gestion des commandes et de gestion des stocks est souvent due à des dépenses en systèmes de supply chain ou à une stratégie d'externalisation). D'autres indicateurs n'ont pas été retenus car ils dépendent d'autres indicateurs.

Afin d'éliminer toute influence liée à l'industrie, les quatre composants de l'indice ont été normalisés pour chaque organisation à l'aide de la moyenne de l'industrie. Si la performance de livraison d'un fournisseur de biens de grande consommation est de 99 %, par exemple, et que la moyenne sur son marché est de 90 %, alors sa *performance de livraison normalisée* est de 99/90 ou 1,1. La somme des quatre valeurs normalisées correspond à l'indice BICC.

L'indice BICC permet de répartir les entreprises en trois groupes :

- *Entreprises les plus performantes (BICC – Best-In-Class Companies).* Les premiers 25 % des entreprises les plus performantes, soit 22 entreprises dans le cas présent.

- *Entreprises moyennement performantes.* Le groupe intermédiaire de la population (les 26 % à 75 % suivantes), soit 45 entreprises (le terme « moyennement performantes » ne se réfère pas à la moyenne statistique).

- *Entreprises les moins performantes (WICC – Worst-In-Class Companies).* Les entreprises correspondant aux derniers 25 %, soit 22 entreprises.

Dans ces trois groupes, nous avons évalué les indicateurs financiers du succès global de l'entreprise (tels que la rentabilité), la maturité des pratiques de supply chain et diverses mesures de la performance de supply chain. Notre hypothèse était la suivante : les entreprises présentant une supply chain plus performante devaient utiliser des pratiques plus évoluées et obtenir de meilleurs résultats financiers. La corrélation entre ces différents chiffres ne nous a pas étonnés (elle ressortait déjà d'analyses partielles de la base de données réalisées au fil des années) mais nous avons été surpris par l'ampleur des écarts entre les trois populations.

Conclusion ? Les BICC obtiennent de meilleurs résultats financiers que leurs pairs (voir la répartition des BICC par secteurs industriels – Figure A.3). Grâce à des pratiques de supply chain plus évoluées et à un coût de la gestion de la supply chain plus faible, ces entreprises affichent

Figure A.3 Population BICC par secteurs industriels

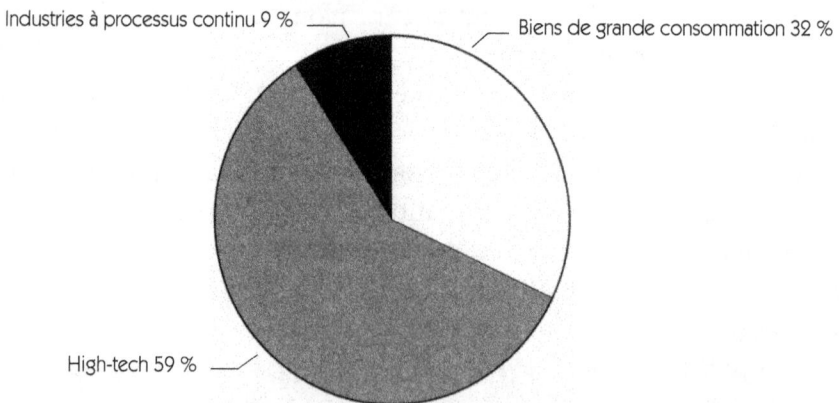

Industries à processus continu 9 %

Biens de grande consommation 32 %

High-tech 59 %

Nombre d'entreprises/séries de données = 22

© Éditions d'Organisation

des marges bénéficiaires plus importantes. Les BICC enregistrent des bénéfices de 40 % plus élevés que les entreprises moyennement performantes du même marché. Quant aux WICC (les entreprises les moins performantes), leurs bénéfices sont inférieurs de 60 % à ceux des entreprises moyennement performantes. Sur un marché où les marges bénéficiaires sont élevées, on peut imaginer un bénéfice de 14 % pour les BICC et de 4 % pour les WICC. Sur un marché où les marges sont relativement faibles, en revanche, les BICC enregistreraient de bons bénéfices tandis que les WICC afficheraient des pertes.

Résultats pour la maturité des pratiques de supply chain

L'évaluation des pratiques de supply chain et des systèmes d'information révèle que les BICC sont mieux intégrées avec leurs clients et leurs fournisseurs. La plupart de ces entreprises (19 des 22 entreprises) avaient atteint l'étape de maturité 2, voire plus, alors que 40 % de la population restante cherchait encore comment transformer ses processus plus traditionnels et fonctionnels. Tandis que les BICC utilisent globalement des pratiques plus évoluées, les différences les plus mar-

Figure A.4 Niveaux d'intégration externe plus élevés des entreprises BICC

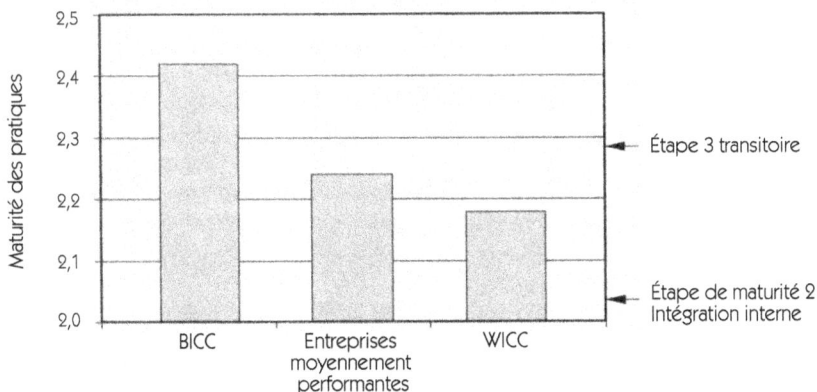

© 2004 – The Performance Measurement Group, LLC.

quées apparaissent au niveau des processus *planifier* et *approvisionner*, ainsi que dans les pratiques en matière de stratégie (stratégie de supply chain globale, stratégie de planification, stratégie d'approvisionnement, stratégie de fabrication – voir Figure A.4).

Résultats pour la performance de supply chain

Pour la plupart des indicateurs, les BICC étaient de 10 % à 20 % plus performantes et les WICC de 15 % à 50 % moins performantes que le groupe des entreprises « moyennement performantes » (voir Figure A.5).
  Les BICC arrivent à programmer davantage de livraisons à la date demandée par le client et ont plus de chances de livrer à la date promise. Leurs prévisions sont légèrement plus exactes en ce qui concerne le nombre et le prix des unités vendues (voir figure A.6). Dans la

Figure A.5 Performance des BICC pour les indicateurs concernant les clients

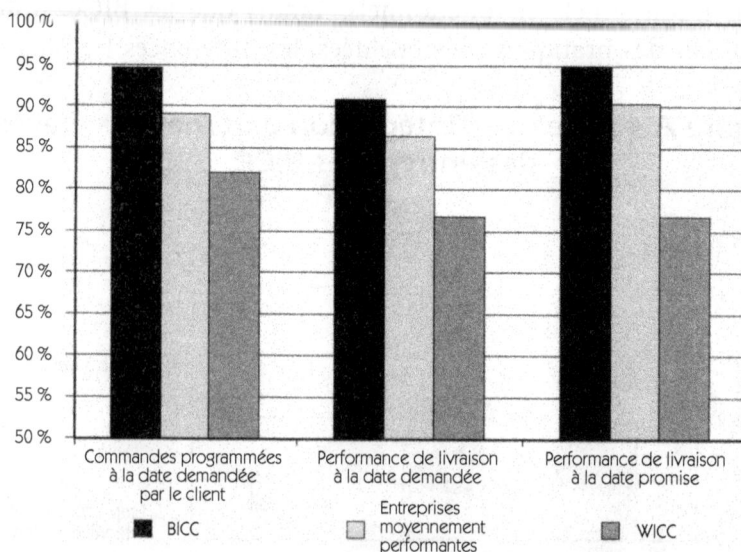

Remarque : La performance de livraison à la date promise faisait partie des quatre indicateurs utilisés pour déterminer la population des BICC.

© 2004 – The Performance Measurement Group, LLC.

© Éditions d'Organisation

mesure où nos critères de sélection des BICC incluaient les *jours de stock*, il n'est pas étonnant que ces entreprises présentent des niveaux de stock moins élevés. En revanche, on remarquera que leur stock est en majorité constitué de produits finis, tandis qu'une plus petite partie concerne les matières premières et les encours de production (WIP – Work In Progress). Les BICC fonctionnent avec un mois de stock, contre deux à trois mois pour les autres entreprises (voir Figure A.7).

Les BICC sont également capables de réagir en cas d'accroissement de la demande : elles peuvent obtenir la main-d'œuvre, les matières ou la capacité nécessaires pour répondre en 3 semaines à une augmentation imprévue de 20 % de la demande, contre 8 à 10 semaines pour les autres entreprises (voir Figure A.8).

Par définition, un indicateur de jours de stock très faible a un effet favorable sur le cycle de rotation des liquidités (jours de stock plus les jours de créances en cours moins les jours d'encours payables). Des cycles de recouvrement et de paiement aux fournisseurs légèrement plus courts se traduisent par des cycles de rotation des liquidités d'environ 3 semaines pour les BICC, contre 9 semaines pour les entreprises moyennement performantes et plus de 16 semaines pour les WICC (voir Figure A.9).

Figure A.6 Niveau d'exactitude des prévisions des BICC

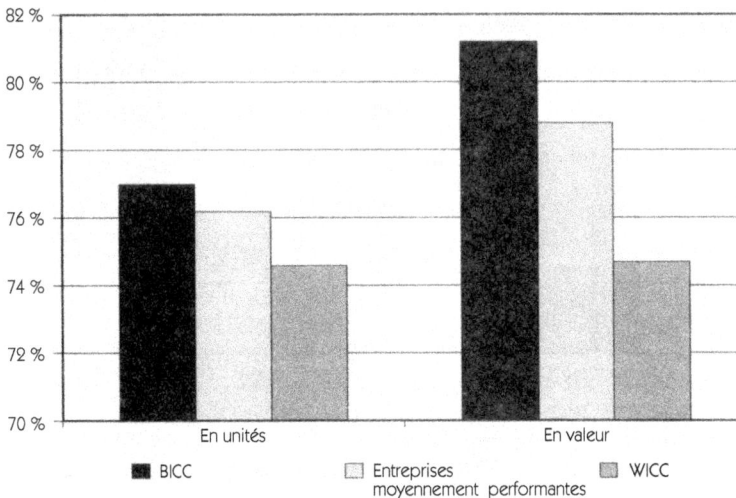

© 2004 – The Performance Measurement Group, LLC.

Figure A.7 Jours de stock dans les BICC

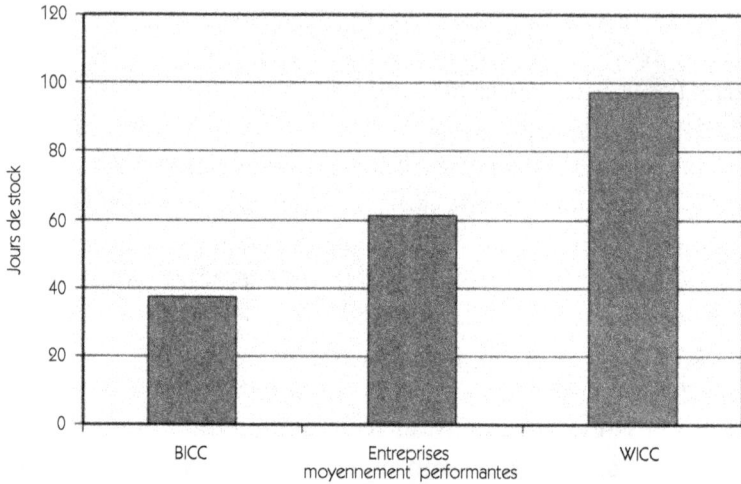

Figure A.8 Flexibilité de la production dans les BICC

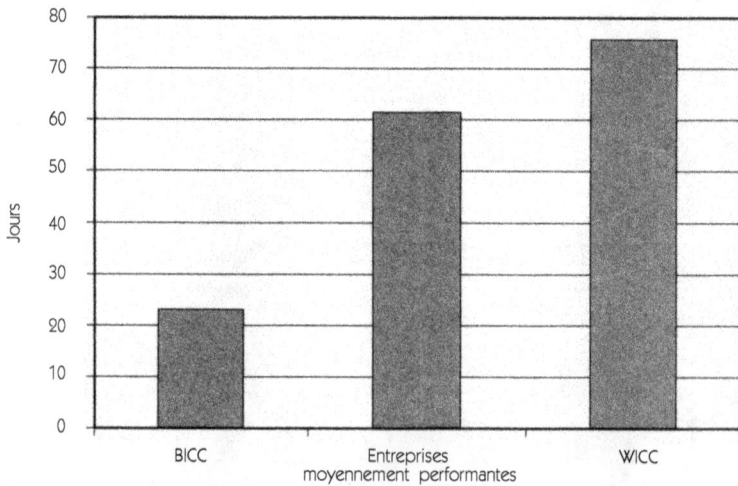

De même que les coûts de financement des stocks, le coût de gestion de la supply chain des BICC est moins élevé. Alors que le pourcentage de revenu que les BICC consacrent à l'évaluation des systèmes d'information, à la planification et au financement de la supply chain n'est que légèrement inférieur à celui relevé dans les autres entreprises, les dépenses liées à la gestion des commandes, aux achats de matières et à la gestion des stocks sont beaucoup plus faibles.

Le coût de gestion de la supply chain représente 9 % à 11 % du chiffre d'affaires dans la plupart des entreprises, mais il est de 8 % à 10 % dans les BICC (voir Figure A.10). Ces dernières affichent le meilleur taux de rotation des actifs : plus de 4 rotations dans les BICC contre 3 dans les entreprises moyennement performantes et moins de 2,5 dans les WICC. Bien qu'il existe des facteurs spécifiques aux marchés ou des raisons plus systématiques (ex. : les niveaux de stock font partie des actifs), il faut noter que les BICC présentant une bonne performance de livraison et une bonne flexibilité de la production ont également généré davantage de ventes sur les actifs nets (voir Figure A.11).

Figure A.9 Cycle de rotation des liquidités dans les BICC

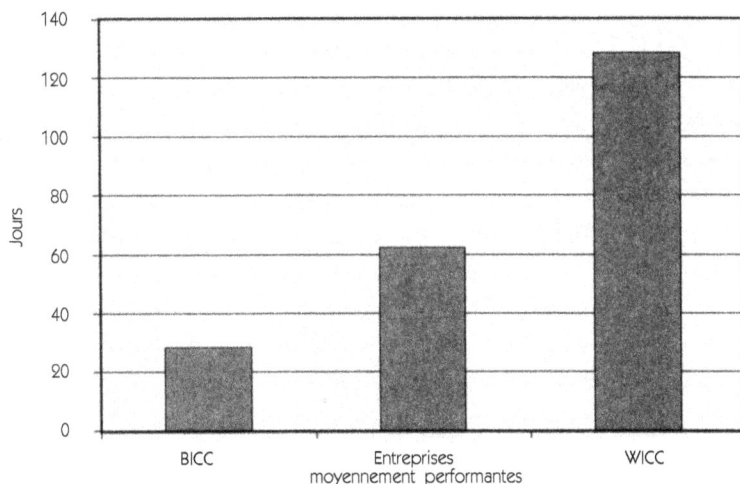

Remarque : Le cycle de rotation des liquidités faisait partie des quatre indicateurs utilisés pour déterminer la population des BICC.

Figure A.10
Coûts de la gestion de la supply chain dans les BICC

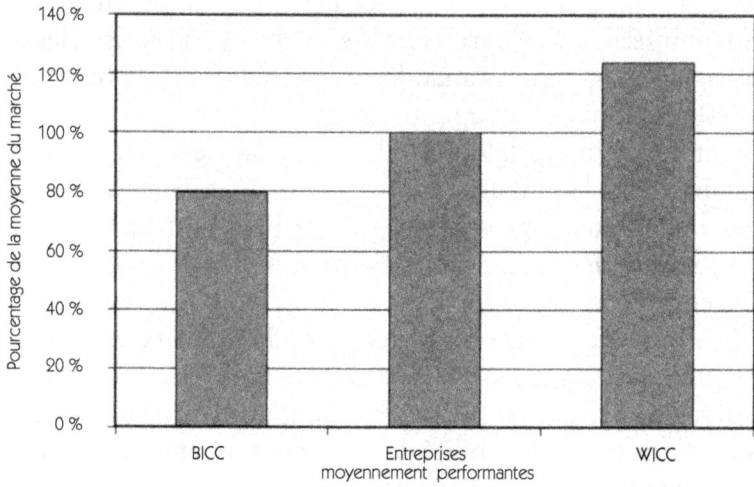

© 2004 – The Performance Measurement Group, LLC.

Figure A.11 Rotation des actifs dans les BICC

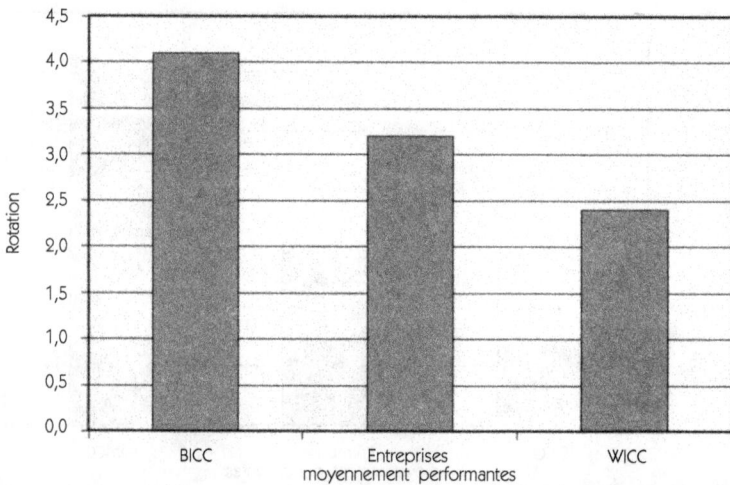

© 2004 – The Performance Measurement Group, LLC.

© Éditions d'Organisation

Le modèle de maturité de la supply chain

Grâce aux connaissances acquises pendant plus de dix années d'études de benchmarking sur la supply chain et aux données de terrain concernant les pratiques actuelles et émergentes utilisées dans les industries à processus discrets et continus, The Performance Measurement Group (PMG) et PRTM ont conjointement évalué les systèmes d'information et les pratiques de supply chain. C'est sur cette évaluation que repose le Supply-Chain Maturity Model (Modèle de maturité de la supply chain), dont la première version date de 2000. Ce modèle permet d'évaluer le niveau de maturité de chacun des quatre processus (*planifier, approvisionner, fabriquer* et *livrer*) définis par le modèle SCOR®, ainsi que la gestion « globale » de la supply chain. Il évalue également dans quelle mesure les systèmes d'information peuvent permettre la mise en œuvre de pratiques plus efficaces et de la collaboration interentreprises.

Chaque année, PMG actualise l'analyse de la corrélation entre les pratiques et la performance. Les résultats de la première analyse réalisée en 2001 ont révélé que la maturité des processus était étroitement liée à la performance de la supply chain, la rentabilité et l'accroissement des ventes. En 2002 et en 2004, le questionnaire d'évaluation a été affiné et élargi.

Le présent ouvrage s'appuie sur les résultats obtenus au cours des trois dernières années. Les résultats mentionnés dans la feuille de route sont calculés à partir de la même population d'entreprises que celle citée dans l'étude BICC (Best-In-Class Companies, entreprises les plus performantes) de l'annexe A.

Définition du modèle

Le niveau de maturité est calculé à partir d'une évaluation des pratiques qualitatives comprenant plus de 270 questions sur les pratiques de supply chain dans quatre domaines (*planifier, approvisionner, fabriquer et livrer*), ainsi qu'un certain nombre de questions sur les pratiques utilisées pour gérer la supply chain dans son ensemble. À cela s'ajoutent des questions spécifiques et à choix multiple sur les points suivants : la stratégie de planification, la planification de la demande, la planification des ressources, l'équilibrage demande/ressources et les prises de décision, la stratégie d'approvisionnement, les processus d'approvisionnement, la gestion et le développement de fournisseurs, l'organisation et l'infrastructure des approvisionnements, la stratégie de fabrication, l'ordonnancement de la production, les mouvements et suivis des matières, le contrôle des processus de fabrication, la mise en œuvre des livraisons, la saisie et la programmation des commandes, les moyens de livraison, le transport et l'entreposage, la livraison, la facturation et le recouvrement, la stratégie de supply chain globale, la gestion globale de la performance de supply chain, les processus de supply chain globale et enfin l'organisation de supply chain globale.

Chaque choix de réponse associe la pratique à un niveau de maturité spécifique. Les entreprises participantes définissent leurs pratiques *dominantes* et *émergentes*, les premières étant celles qui sont bien établies et utilisées par au moins 75 % de l'organisation et les deuxièmes (également appelées *pratiques futures*) celles qui sont définies mais pas encore complètement déployées en 2001 – et censées faire partie des pratiques dominantes en 2003.

À partir des réponses de l'entreprise dans chacun des vingt domaines répertoriés plus haut, PMG calcule le niveau de *maturité des processus*. L'entreprise atteint un niveau de maturité donné lorsqu'elle utilise la majorité des pratiques correspondant à ce niveau. Par exemple, lorsque le score de maturité moyen des processus est compris entre 1,5 et 1,9, l'entreprise est classée au niveau 2 transitoire car elle conjugue des pratiques des niveaux 1 et 2 : elle utilise majoritairement des pratiques de niveau 1, mais a également mis en place des pratiques liées à l'intégration interne, c'est-à-dire au niveau 2.

Niveau 1 : Orientation fonctionnelle

Les départements fonctionnels d'une organisation concentrent leurs efforts sur l'amélioration de leurs propres processus et l'utilisation des ressources. En règle générale, les responsables des fonctions veillent à la performance fonctionnelle et aux coûts de leurs fonctions. Les processus transversaux, qui couvrent plusieurs fonctions ou divisions, ne sont pas bien compris, ce qui nuit à l'efficacité des processus de supply chain.

Niveau 2 : Intégration interne

Les processus qui englobent l'entreprise ou plusieurs divisions sont désormais définis, ce qui permet aux fonctions individuelles de comprendre leur rôle dans les processus de supply chain. Les indicateurs de performance transversale sont clairement déterminés et les fonctions individuelles sont responsables de leur contribution à la performance opérationnelle globale. La gestion des ressources comprend les besoins et les ressources de toute l'organisation. Ce niveau met en évidence un processus d'équilibrage demande/ressources clairement défini qui associe les prévisions et la planification avec les approvisionnements et la fabrication.

Niveau 3 : Intégration externe

Les pratiques de niveau 2 sont maintenant étendues aux points d'interface avec les clients et les fournisseurs. L'entreprise a identifié ses clients et fournisseurs stratégiques, ainsi que les informations-clés dont elle a besoin de leur part pour soutenir ses processus. Elle utilise des accords de service conjoint (JSA – Joint Service Agreements) et des pratiques de tableau de bord partagés et met en place des actions correctives en cas de besoin.

Niveau 4 : Collaboration interentreprises

Les clients et les fournisseurs définissent ensemble une stratégie partagée et déterminent des objectifs de performance en temps réel. Les systèmes d'information automatisent l'intégration des processus à travers ces entreprises et supportent la stratégie de supply chain définie.

Voir la Figure B-1 qui présente la liste des pratiques *planifier, approvisionner, fabriquer* et *livrer* pour chacun des quatre niveaux de maturité.

Figure B.1 Extraits des pratiques par sous-processus du modèle de maturité de la supply chain

	Niveau 1 : Orientation fonctionnelle	Niveau 2 : Intégration interne	Niveau 3 : Intégration externe	Niveau 4 : Collaboration interentreprises
Planifier	L'équilibrage besoins/ressources est réalisé en interne, sans processus intégrés ni outils communs aux différents sites	L'équilibrage besoins/ressources global est consolidé de manière homogène à travers toute l'entreprise, orienté vers la responsabilisation des fonctions et amélioré en permanence par comparaison avec la performance historique	Les partenariats stratégiques avec des clients et des fournisseurs sont facilités par un échange des données direct et collaboratif et régis par des accords formels sur la performance de supply chain	Les mécanismes de décisions concernant les besoins et les ressources sont alimentés à la fois par des prévisions globales et dynamiques de la demande et par des calculs d'utilisation de la capacité. Des groupes décisionnels conjoints pour les besoins et les ressources exploitent et partagent les données de manière globale
Approvisionner	Les partenariats avec les fournisseurs sont mal définis. Les processus sont informels. Il n'existe pas d'outils permettant un accès commun aux données d'approvisionnement	Des équipes transversales de gestion des achats et des partenariats fournisseurs sont en place. Des systèmes ERP communs sont efficacement utilisés	Des partenaires stratégiques participent au développement produit collaboratif, à des programmes d'amélioration des processus et du coût total de possession (TCO), à des achats groupés, et ont accès aux données en ligne	Un réseau d'approvisionnement intégré utilise les systèmes d'information pour automatiser/optimiser toutes les transactions d'achat et d'approvisionnement des matières/produits standard

Fabriquer	Les activités de contrôle manuel des approvisionnements et de la production sont assurées à l'aide d'outils de planification (MRP – Material Requirements Planning, et MPS – Master Production Scheduling) rudimentaires	Les données de contrôle des approvisionnements et de la production sont suivies électroniquement afin d'optimiser l'ordonnancement interne et la gestion du stock	Les pratiques dominantes sont les suivantes : systèmes APS (Advanced Planning and Scheduling) exploitant les informations clients et reliés aux fournisseurs, production au plus juste (technique *kanban*), contrôle du stock en temps réel, gestion des données du produit pendant tout son cycle de vie	Des pratiques telles que la spécification des configurations produits, des techniques de production au plus juste, le réapprovisionnement automatique des stocks, la connaissance de l'historique des produits et les systèmes de contrôle qualité permettent de modifier instantanément ce qui est produit et d'apporter en permanence de nouvelles améliorations.
Livrer	Aucun processus ou outil formel ou standardisé n'est en place pour gérer les commandes, définir les règles de distribution, livrer les produits ou facturer	Il existe des processus formels pour la logistique en aval, des systèmes de gestion automatique des commandes, des règles de distribution spécifiques (termes et conditions), des normes de qualité pour la livraison et des systèmes de facturation automatique. Il subsiste certaines différences en matière de saisie des commandes et d'ordonnancement entre les divisions produit	Les systèmes de maintenance des données de livraison et de produits fonctionnent simultanément dans toute la supply chain. Les données sont exactes et accessibles par tous les partenaires de supply chain, grâce à des systèmes d'e-commerce. Des accords différenciés de niveau de service et de performance sont formalisés	La supply chain est dotée de liaisons d'e-commerce complètes qui optimisent l'entreposage (externalisé mais intégré), le suivi, le transport et les livraisons, ainsi que la facturation automatique. L'entreprise a mis en place des règles de distribution et des niveaux de commande/service différenciés (y compris des engagements sur date en temps réel)

Analyse de maturité de la supply chain : extrait des résultats

L'analyse de PMG révèle que la population étudiée (voir annexe A) se répartit largement sur les niveaux 2 et 3. Dans un tiers des entreprises (36,6 %), les pratiques dominantes relèvent du niveau 2 (intégration interne), avec une maturité moyenne de 2,3. Un autre tiers (34,1 %) est sur le point de passer au niveau 3 ou au-delà. Comme le montre la Figure B-2, la plupart des entreprises de cette population espèrent faire progresser leurs pratiques et monter d'un demi-niveau pour passer au niveau 3 transitoire (maturité moyenne de 2,9).

Les entreprises les plus mûres espèrent atteindre la pleine maturité du niveau 3 (32,1 %) et commencer à évoluer vers le niveau 4, c'est-à-dire la collaboration interentreprises. La maturité varie selon le secteur d'activité. Ainsi, les entreprises utilisent en général des pratiques plus évoluées dans les secteurs des biens de grande consommation, des semi-conducteurs et de la haute technologie.

Le lien entre pratiques et performance a été évalué en divisant la population en deux groupes par rapport à la moyenne globale de la maturité *dominante* : 2,3. Les entreprises utilisant des pratiques plus mûres (>2,3) représentent 44 % de la population, tandis que les 56 % restants correspondent à celles utilisant des pratiques moins mûres (<2,3). Nous avons analysé la performance relative des deux groupes à travers une série complète d'indicateurs de niveau 1 du modèle SCOR®, ainsi que des composants supportant les niveaux 2 et 3. Notre hypothèse était que les pratiques les plus évoluées généraient une meilleure performance quantitative, ce qui s'est révélé exact pour la majorité des indicateurs. Les résultats sont présentés dans la Figure B-3, de même que les extraits de résultats mentionnés dans les discipline n° 2 et 3.

Figure B.2 Maturité moyenne
des pratiques dominantes et émergentes

Maturité des pratiques

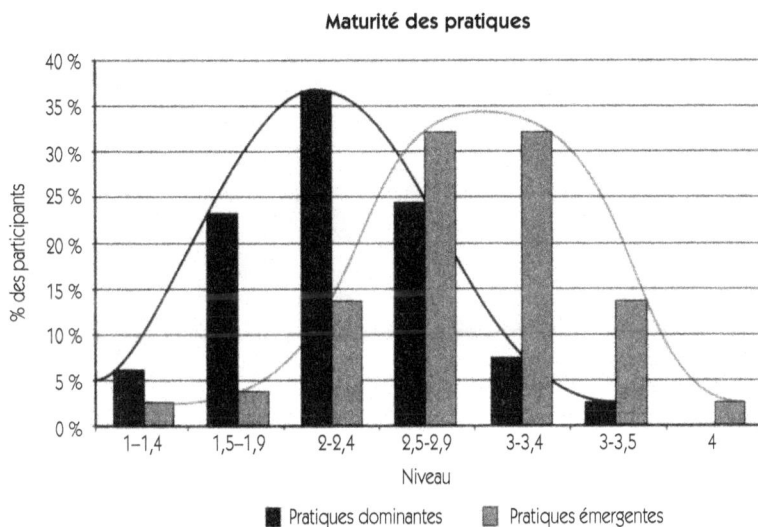

Pratiques dominantes   Pratiques émergentes

© 2004 – The Performance Measurement Group, LLC.

Figure B.3 Résumé des résultats des comparaisons de population

Indicateur	Caractéristique de la population		
	Maturité de supply chain plus élevée	Pratiques de planification plus évoluées	Entreprises BICC (les plus performantes)
Performance de livraison à la date demandée	↑	↑	↑
Performance de livraison à la date promise	↑	↑	↑
Commande programmée à la date demandée par le client	↑	—	↑
Taux de satisfaction (%) par commande (fabrication sur stock uniquement)	—	↑	—
Délais d'exécution des commandes	↑	↑	✗
Précision des prévisions – Unités	↑	—	↑
Précision des prévisions – Valeur	↑	—	↑
Flexibilité de la production (augmentation)	✗	—	↑
Coût total de gestion de la supply chain	↑	—	↑
Coût intrinsèque du stock	↑	↑	↑
Jours de stock	↑	↑	↑
Cycle de rotation des liquidités	↑	↑	↑
Rotation des actifs	✗	✗	↑
Croissance du chiffre d'affaires	Résultat non concluant	—	Résultat non concluant
Rentabilité	↑	↑	↑

Légende

↑ Indique que les entreprises dotées d'une supply chain plus mûre, utilisant des pratiques de planification plus évoluées ou atteignant une performance BIC sont plus performantes pour l'indicateur affiché dans la première colonne.

— Indique que les données ne sont pas disponibles car la question n'a pas été posée dans l'étude.

✗ Indique que les entreprises dotées d'une supply chain plus mûre, utilisant des pratiques de planification plus évoluées ou atteignant une performance BIC ne sont pas plus performantes pour l'indicateur affiché dans la première colonne.

Comparaison des indicateurs du modèle SCOR®

Les indicateurs du modèle SCOR® (Supply-Chain Operations Reference-model) sont organisés de façon hiérarchique, de même que les éléments de processus. Les indicateurs de niveau 1 sont des mesures macroscopiques qui peuvent recouvrir plusieurs processus SCOR®. Ils ne se rapportent pas nécessairement à un processus de niveau 1 particulier (*planifier, approvisionner, fabriquer, livrer* et *gérer les retours*). Chacun des treize indicateurs de niveau 1 est associé à l'un des cinq attributs de performance pour la supply chain : fiabilité des livraisons, réactivité, flexibilité, coûts et gestion des actifs. Les attributs de performance sont des caractéristiques qui permettent de comparer une supply chain avec d'autres utilisant des stratégies différentes. Sans ces attributs, il serait par exemple très difficile de comparer une entreprise appliquant une stratégie de faible coût avec une autre axant sa stratégie sur la qualité et la performance (voir Figure C-1).

Les indicateurs de niveau 1 sont généralement « associés » à la catégorie de processus Planifier Supply Chain puis décomposés en indicateurs aux niveaux inférieurs. Au niveau 2, les indicateurs sont associés à une série de processus plus restreinte. Au niveau 3, les indicateurs (également appelés indicateurs diagnostics) sont utilisés pour relever les écarts de performance par rapport à un objectif. Chaque indicateur des niveaux 2 et 3 est également associé à l'un des cinq attributs de performance.

Figure C.1 Attributs de performance
des indicateurs de niveau 1 du modèle SCOR®

Attribut de performance	Définition de l'attribut de performance	Indicateur de niveau 1 du modèle SCOR®
Fiabilité des livraisons	Performance de la supply chain pour livrer : - Le bon produit - Au bon endroit et au bon client - Au bon moment - En parfait état - Dans les bonnes quantités - Avec la documentation adaptée	▪ Performance de la livraison ▪ Taux de satisfaction des commandes ▪ Taux d'exécution parfaite des commandes
Réactivité	La vitesse à laquelle la supply chain livre les produits et/ou services aux clients	▪ Délais de livraison
Flexibilité	La vitesse à laquelle la supply chain réagit aux évolutions du marché ; l'agilité avec laquelle elle arrive à générer et à maintenir un avantage concurrentiel	▪ Réactivité de la supply chain ▪ Flexibilité de production
Coûts	Coûts associés au fonctionnement de la supply chain	▪ Coût des produits vendus ▪ Coût total de gestion de la supply chain ▪ Productivité des activités à valeur ajoutée ▪ Coût de traitement de la garantie/ retours
Gestion des actifs	Efficacité de la gestion des actifs (immobilisations et fonds de roulement)	▪ Cycle de rotation des liquidités ▪ Jours de stock ▪ Rotation des actifs

Comme indiqué dans la discipline n° 5, chaque organisation doit sélectionner et utiliser une série d'indicateurs supportant sa stratégie globale et favorisant les comportements voulus. Afin de donner au lecteur un point de départ, cette annexe contient la liste complète des indicateurs de niveaux 2 et 3 du modèle SCOR® (voir Figures C.2 à C.14). Pour rendre l'utilisation de cette liste plus facile, il est indiqué pour chaque indicateur de niveau 3 une catégorie de processus de niveau 2. Pour plus de détails, y compris sur les définitions standard de chaque indicateur et les relations entre indicateurs et attributs de performance, se reporter au texte du modèle SCOR®, disponible sur le site Web du Supply-Chain Council (*www.supply-chain.org*).

© Éditions d'Organisation

Figure C.2 Indicateurs SCOR® – *Planifier Niveau 2*

Planifier Niveau 2	Supply chain	Approvisionner	Fabriquer	Livrer	Gérer les retours
Aptitude à augmenter rapidement la capacité de gestion des retours (Ability to Augment Return Capacity Rapidly)					X
Taux d'utilisation (Capacity Utilization)	X				
Cycle de rotation des liquidités (Cash-to-Cash Cycle Time)	X				
Temps de cycle de fabrication (Make Cycle Time)			X		
Temps de cycle d'approvisionnement (Source Cycle Time)		X			
Temps de cycle approvisionnements/fabrication cumulé (Cumulative Source/Make Cycle Time)	X				
Performance de livraison à la date demandée par le client (Delivery Performance to Customer Request Date)	X			X	
Coûts liés à la planification demande/ressources (Demand/Supply Planning Costs)	X				
Taux de satisfaction des commandes (Fill Rate)	X			X	
Jours de stock de produits finis (Finished Goods Inventory Days of Supply)				X	
Précision des prévisions (Forecast Accuracy)	X			X	
Jours de stock (Inventory Days of Supply)	X				
Temps de cycle de traitement des commandes (Order Management Cycle Time)				X	

Planifier Niveau 2	Supply chain	Approvisionner	Fabriquer	Livrer	Gérer les retours
Respect du plan de production (Production Plan Adherence)			X		
Temps de cycle de replanification (Re-Plan Cycle Time)	X				
Taux d'utilisation des actifs liés à la gestion des retours (Return Assets Utilization)					X
Retour d'investissement sur actifs (Return on Assets)	X				
Temps de cycle pour le retour des produits (Return Product Velocity)					X
Ventes par employé (Sales per Employee)	X				
Flexibilité des approvisionnements (Source Flexibility)		X			
Performance des fournisseurs sur livraison à la date promise (Supplier On-Time Delivery Performance)		X			
Taux de satisfaction des commandes aux fournisseurs (Supplier Fill Rate)		X			
Coût total de la livraison (Total Deliver Costs)					
Coût total de la supply chain (Total Supply Chain Cost)				X	
Jours de stock des encours de production (WIP Inventory Days of Supply)			X		

Figure C.3 Indicateurs SCOR® – *Planifier* Niveau 3

Planifier Niveau 3	Supply chain	Approvisionner	Fabriquer	Livrer	Gérer les retours
Rotations des actifs (Asset Turns)	X				
Cycle de rotation des liquidités (Cash-to-Cash Cycle Time)	X				
Temps de cycle de fabrication cumulé (Cumulative Make Cycle Time)			X		
Temps de cycle approvisionnements/fabrication cumulé (Cumulative Source/Make Cycle Time)	X				
Performance de livraison à la date demandée par le client (Delivery Performance to Customer Request Date)	X			X	
Taux de satisfaction des commandes (Fill Rate)	X			X	
Jours de stock de produits finis (Finished Goods Inventory Days of Supply)				X	
Précision des prévisions (Forecast Accuracy)	X	X	X	X	
Coûts des SI gérant la planification de la demande (Forecasting and Demand MIS Costs)	X				
Taux de couverture de la demande par produits en stock (In-Stock Position (Inventory))				X	
Temps de cycle de replanification intra-sites (Intra-Manufacturing Replan Cycle Time)	X				
Coût intrinsèque du stock (Inventory Carrying Costs)	X				
Jours de stock (Inventory Days of Supply)	X				

Planifier Niveau 3	Supply chain	Approvisionner	Fabriquer	Livrer	Gérer les retours
Rotations du stock (Inventory Turns)	X				
Coûts de planification des matériaux (Material Planning Costs)		X			
Performance de livraison à la date promise (On-Time Delivery)	X				
Délai d'exécution des commandes (Order Fulfillment Lead Time)	X				
Temps de cycle de traitement des commandes (Order Management Cycle Time)				X	
% d'heures supplémentaires (% Overtime Labor)				X	
Exécution parfaite des commandes (Perfect Order Fulfillment)	X				
Coûts liés à la planification en % du coût total de la supply chain (Planning Costs as a % of Total Supply Chain Costs)	X				
Coûts de gestion des données dans les SI (Product Data (MIS) Management Costs)	X				
Flexibilité de production (Production Flexibility)	X				
Respect du plan de production (Production Plan Adherence)			X		
Retour d'investissement sur actifs (Return on Assets)	X				
Taux d'erreur sur les emplacements rayons (Sales Floor Error Rates on Shelf Locations)				X	
Exactitude des références en rayon (Shelf SKU Accuracy)				X	

Planifier Niveau 3	Supply chain	Approvisionner	Fabriquer	Livrer	Gérer les retours
Taux de satisfaction des commandes aux fournisseurs (Supplier Fill Rate)		X			
Performance des fournisseurs sur livraison à la date promise (Supplier On Time Delivery Performance)		X			
Coût financier de la supply chain ([Supply Chain Finance Costs)	X				
Temps de réponse de la supply chain (Supply Chain Response Time)	X				
Coût total de la supply chain (Total Supply Chain Cost)	X				
Jours de stock des encours de production (WIP Inventory Days of Supply)		X			
Productivité des activités à valeur ajoutée (Value-Added Productivity)	X				

Figure C.4 Indicateurs SCOR® – Approvisionner Niveau 2

Approvisionner Niveau 2	Produit stocké	Produit fabriqué à la commande	Produit conçu à la commande
Ratio commandes sur lignes entièrement traitées (% Orders/Lines Processed Complete)	X	X	X
Jours de stock (Inventory Days of Supply)	X	X	X
Coûts d'approvisionnement des produits (Product Acquisition Costs)	X	X	X
Temps et coût liés au traitement des urgences (Time and Cost Related to Expediting)	X	X	X
Temps de cycle total pour les approvisionnements (Total Source Cycle Time)	X	X	X
Valeur des actifs fournis par des prestataires de services (en économie de coûts) (Value of Assets Provided by Service Provider (Cost Avoidance))			X

Figure C.5 Indicateurs SCOR® – *Approvisionner Niveau 3*

Approvisionner Niveau 3	Produit stocké	Produit fabriqué à la commande	Produit conçu à la commande
% de réceptions et paiements de factures générés par EDI (% Invoice Receipts and Payments Generated via EDI)	X	X	X
% de factures traitées sans problème ni erreur (% Invoices Processed Without Issues and/or Errors)	X	X	X
% de commandes/lignes réceptionnées sans défaut (% Orders/Lines Received Defect-Free)	X	X	X
% de commandes/lignes réceptionnées complètes (% Orders/Lines Received Complete)	X	X	X
% de commandes/lignes réceptionnées sans dommage (% Orders/Lines Received Damage-Free)	X	X	X
% de commandes/lignes réceptionnées à temps par rapport à la demande initiale (% Orders/Lines Received On-Time to Demand Requirement)	X	X	X
% de commandes/lignes réceptionnées avec documents d'expédition corrects (% Orders/Lines Received with Correct Shipping Documents)	X	X	X
% de fournisseurs potentiels qui obtiennent leur qualification (% Potential Suppliers Which Become Qualified)			X
% de produits transférés réceptionnés complets (% Product Transferred Complete)	X	X	X
% de produits transférés réceptionnés sans dommage (% Product Transferred Damage-Free)	X	X	X
% de produits transférés réceptionnés à temps par rapport à la demande initiale (% Product Transferred On Time to Demand Requirement)	X	X	X
% de produits transférés sans erreur de transaction (% Product Transferred Without Transaction Errors)	X	X	X
% de fournisseurs qualifiés répondant aux besoins définis (% Qualified Suppliers Which Meet Defined Requirements)			X

Approvisionner Niveau 3	Produit stocké	Produit fabriqué à la commande	Produit conçu à la commande
% de réceptions sans vérification des articles et des quantités (% Receipts Received Without Item and Quantity Verification)	X	X	X
% de réceptions sans vérification de la qualité (% Receipts Received Without Quality Verification)	X	X	X
% dates de livraison modifiées dans les délais fournisseurs standard (% Schedules Changed Within Supplier's Lead Time)	X	X	X
% dates de livraison générés dans les délais fournisseurs standard (% Schedules Generated Within Supplier's Lead Time)	X	X	X
% de sources d'approvisionnement unique (% Single and/or Sole Source Selections)			X
% de contrats fournisseurs répondant aux objectifs de termes et conditions (% Supplier Contracts Meeting Target Terms and Conditions)	X	X	X
Durée moyenne (jours) par changement de conception (Average Days per Engineering Change)	X	X	X
Durée moyenne (jours) par changement d'ordonnancement (Average Days per Schedule Change)	X	X	X
Cycle moyen de lancement des changements (Average Release Cycle of Changes)	X	X	X
Coûts par facture (Cost per Invoice)	X	X	X
Jours de stock (Inventory Days of Supply)	X	X	X
Temps de cycle de paiement (Payment Cycle Time)		X	
Coûts de planification et de gestion des produits en % du coût d'approvisionnement des produits (Product Management and Planning Costs as a % of Product Acquisition Costs)	X	X	X

Approvisionner Niveau 3	Produit stocké	Produit fabriqué à la commande	Produit conçu à la commande
Coûts de conception de produits en % du coût d'approvisionnement des produits (Product Process Engineering as a % of Product Acquisition Costs)			X
Coûts de réception en % du coût d'approvisionnement des produits (Receiving Costs as a % of Product Acquisition Costs)	X	X	X
Temps de cycle de réception (Receiving Cycle Time)	X	X	X
Temps de cycle d'identification des sources d'approvisionnements (Source Identification Cycle Time)			X
Temps de cycle de qualification des sources d'approvisionnements (Source Qualification Cycle Time)			X
Temps de cycle de sélection des sources d'approvisionnements (Source Selection Cycle Time)			X
Coûts d'approvisionnement en % du coût d'approvisionnement des produits (Sourcing Costs as a % of Product Acquisition Costs)			X
Réduction du temps et/ou des coûts liée au traitement en urgence du processus de transfert (Time and/or Cost Reduction Related to Expediting the Transfer Process)	X	X	X
Réduction du temps et/ou des coûts liée à l'identification des sources d'approvisionnements (Time and/or Cost Reduction Related to Source Identification)			X
Coûts de transfert et de stockage des produits en % du coût d'approvisionnement des produits (Transfer & Product storage Costs as a % of Product Acquisition Costs)	X	X	X
Temps de cycle de transfert (Transfer Cycle Time)	X	X	X
Valeur des actifs fournis par un prestataire de services (économie de coûts) (Value of Assets Provided by Service Provider (Cost Avoidance))			X
Coûts de la vérification en % du coût d'approvisionnement des produits (Verification Costs as a % of Product Acquisition Costs)	X	X	X
Temps de cycle de vérification (Verification Cycle Time)	X	X	X

Figure C.6 Indicateurs SCOR® – Mise en œuvre du processus *Approvisionner*

Approvisionner	
% d'accords négociés sans erreur/demande de modification (% Agreements Negotiated Without Error/Change Requirement)	Tendances sur les efforts d'amélioration continue (Continuous Improvement Trends or Patterns)
% d'actifs physiques obsolètes ou inactifs (% Obsolete or Inactive Capital Assets)	Coûts de conformité (Cost of Compliance)
% de commandes passées sans erreur (% Orders Placed Without Error)	Coûts des actifs physiques endommagés (Cost of Damaged Capital Asset)
Coûts réel de maintenance des actifs en % de la valeur de remplacement (Actual Asset Life Maintenance Cost as % of Replacement Value)	Coûts de maintenance des données en % des dépenses/chiffre d'affaires (Cost of Maintaining Data as a % of Spend/Revenue)
Temps de cycle d'approbation (Approval Cycle Time)	Coûts de gestion de tous les contrats en % des dépenses/chiffre d'affaires (Cost of Managing All Contracts as a % of Spend/Revenue)
Actifs en % du coût d'administration des règles de l'entreprise (Assets as a % of Cost to Administer Business Rules)	Coûts de gestion des accords à long terme en % des dépenses/chiffre d'affaires (Cost of Managing Long-Term Agreements as a % of Spend/Revenue)
Actifs en % du coût de maintenance de la base de données (Assets as a % of Cost to Maintain Data Repository)	Coûts de non-conformité aux règles de l'entreprise (Cost of Non-Compliance to Business Rules)
Actifs en % des coûts de non-conformité (Assets as a % of Non-Conformance Costs)	Coûts des actifs physiques obsolètes (Cost of Obsolete Capital Asset)
Disponibilité et exactitude des données fournisseurs/approvisionnements (Availability & Accuracy of Supplier/Source Data)	Coûts de documentation, de surveillance et d'audit des règles de l'entreprise (Cost of Process Documentation, Monitoring and Auditing Business Rules)
Durée moyenne des contrats (Average Length of Contracts)	Coûts concernant des types spécifiques de non-conformité (Costs Related to Specific Types of Non-Conformance)
Tendances des performances de l'entreprise (Business Performance Trends or Patterns)	Temps de cycle des opérations de dédouanement (Customs Clearance Cycle Time)
Coût intrinsèque des actifs physiques (Capital Asset Carrying Cost)	Temps nécessaire pour amener un produit au lieu d'utilisation (Cycle Time Required to Move Product to Point of Use)
Conformité avec les réglementations gouvernementales (Compliance with Multi-Country Government Regulations)	

Approvisionner

Coûts de maintenance des données (Data Maintenance Costs)	Taux de satisfaction des commandes (Fill Rate)
Nombre de pièces défectueuses par million (Defective Product Parts per Million)	Fréquence de mise à jour des paramètres (Frequency of Parameter Updates)
Degré et fréquence auxquels des commandes fournisseurs/contrats peuvent être modifiées (Degree and Frequency that Purchase Orders/Contract Can Be Altered)	Fréquence des modifications personnelles et impacts (Frequency of Personal Changes and Related Impacts)
Degré et fréquence de mesure de conformité avec les règles de l'entreprise (Degree & Frequency of Conformance to Business Rules)	Fréquence de mise à jour des données fournisseurs/approvisionnements (Frequency of Supplier/Source Data Update Feeds)
Degré de flexibilité démontrée (Degree of Demonstrated Flexibility)	Coût intrinsèque du stock (Inventory Carrying Cost)
Degré de flexibilité pour accéder aux données d'approvisionnement et les analyser (Degree of Flexibility to Access and Analyze Source Data)	Jours de stock (Inventory Days of Supply)
Temps de quai à quai (de chargement) (Dock-to-Dock Times (Lane Specific))	Valeur du stock (Inventory Value)
Contrôle des taxes douanières (Duty Tax Control)	Temps moyen de réparation des actifs (outillage et équipements) (Mean Time to Repair Asset (Tooling & Equipment))
Indice de retour à vide des camions (Empty-to-Loaded Back-Haul Mile Index)	Retards dus à l'intervention des douanes minimisés sur les produits en transit (Minimized Delays In-Transit Caused by Customs)
Temps de cycle complet des processus de l'entreprise (End-to-End Cycle Time for Business Processes)	Nombre de sources de données pour la collecte de données (Number of Data Sources for Data Collection)
Taux d'utilisation des équipements (heures) (Equipment Utilization Rates (Hours))	Performance de livraison (quantités demandées, dates demandées) (On-Time Delivery Performance (Required Quantities, to Dates Required))
Taux d'utilisation des équipements (marge de contribution des produits) (Equipment Utilization Rates (Product Contribution Margin))	Performance par rapport aux exigences définies dans les contrats ou les accords de service (Performance to Requirements Stated in Contracts or Service Agreements)
Temps de traitement des expéditions à l'étranger (Export Shipment Processing Time)	Temps de cycle d'approbation et de documentation de la politique de l'entreprise (Policy Documentation & Approval Cycle Time)

Approvisionner

Amélioration de la productivité (Productivity Improvement)	Coût total de non-conformité en % du chiffre d'affaires (Total Cost of Non-conformance as a % of Revenue)
Temps de cycle de la demande d'achat à la commande fournisseur (RP-PO Cycle Time)	Coût total pour mesurer la performance de la base fournisseurs en % du chiffre d'affaires (Total Cost to Measure Supply Base Performance as a % of Revenue)
Amélioration de la qualité (Quality Improvement)	Coût total de livraison (Total Delivery Costs)
Temps de cycle de renégociation avec les fournisseurs (Re-negotiation Cycle Time)	Temps total de livraison (Total Delivery Time)
Vitesse de mise à jour des paramètres (ex. : taux) (Speed at Which Parameters (e.g., Rates) Are Updated)	Coût total de traitement (Total Handling Costs)
Performance de livraison des fournisseurs en % (Supplier Delivery Performance Percentage)	Coût total des produits (Total Product Costs)
Évaluation de la performance des fournisseurs (Supplier Performance Rating)	Délai total d'approvisionnement (Total Source Lead Time)
Performance des fournisseurs en termes de prix (en %) (Supplier Price Performance Percentage)	Interruption pour maintenance imprévue en % du temps total de production (Unplanned Maintenance Downtime % of Total Production Time)
Performance des fournisseurs en termes de qualité (en %) (Supplier Quality Performance Percentage)	Valeur des actifs fournis par un prestataire de services (économie de coûts) (Value of Assets Provided by Service Provider (Cost Avoidance))
Termes et conditions (Terms and Conditions)	Coûts de maintenance des véhicules (Vehicle Maintenance Costs)
Temps d'accès aux données fournisseurs/approvisionnement à temps pour répondre aux besoins (Time to Access Supplier/Source Data as Required to Respond to Need)	Volume des amendements par rapport à la totalité des contrats (Volume of Amendment Compared to Total Contracts)

© Éditions d'Organisation

Figure C.7 Indicateurs SCOR® – Fabriquer Niveau 2

Fabriquer Niveau 2	Produit stocké	Produit fabriqué à la commande	Produit conçu à la commande
Rotations des actifs (Asset Turns)	X	X	X
Salaire moyen au niveau de l'usine (Average Plant-Wide Salary)		X	X
Taux d'utilisation (Capacity Utilization)	X	X	X
Coût par unité (Cost per Unit)	X		
Coûts ECO (Engineering Change Order) (ECO Cost)			X
Temps de cycle ECO (ECO Cycle Time)			X
Rapport entre effectifs directs et indirects (Indirect to Direct Headcount Ratio)	X	X	
Vieillissement du stock (Inventory Aging)	X	X	X
Temps de changement de série d'article/produit (Item/Product/Grade Changeover Time)	X	X	
Coûts indirects (Overhead Cost)	X	X	X
Performance de livraison à la date promise au client (Performance to Customer Commit Date)		X	X
Performance de livraison à la date demandée par le client (Performance to Customer Request Date)	X	X	X
Coûts d'exploitation de l'usine par heure (Plant Operating Cost per Hour)	X	X	

Fabriquer Niveau 2	Produit stocké	Produit fabriqué à la commande	Produit conçu à la commande
Pertes de produits (achetés/encours/finis) (Product Losses (Sourced/In-Process/Finished))	X	X	X
Temps de cycle de replanification (Re-Plan Cycle Time)	X	X	
Temps total de fabrication d'un article/produit (Total Item/Product Manufacture Time)	X	X	X
Coût unitaire (Unit Cost)		X	X
Productivité des activités à valeur ajoutée (Value-Added Productivity)	X	X	X
Coûts de garantie (Warranty Costs)	X	X	X
Rendement (Yield)	X	X	
Jours de stock d'encours (WIP Days of Supply)	X		

© Éditions d'Organisation

Figure C.8 Indicateurs SCOR® – *Fabriquer* Niveau 3

Fabriquer Niveau 3	Produit stocké	Produit fabriqué à la commande	Produit conçu à la commande
% de commandes ordonnancées à la date demandée par le client (% Orders Scheduled to Customer Request Date)		X	X
% de pièces réceptionnées sur le lieu d'utilisation (% Parts Received at Point of Use)		X	
% d'erreurs de lancement (% Release Errors)	X	X	X
Rotations des actifs (Asset Turns)	X	X	X
Taux d'utilisation (Capacity Utilization)	X	X	X
Cycle de rotation des liquidités (Cash-to-Cash Cycle Time)	X	X	X
Écart de dates sur livraison à la date promise (Deliver to Commit Date Variance)			X
Flexibilité de baisse de production (Downside Production Flexibility)	X	X	X
Coûts ECO (ECO Cost)			X
Taux de satisfaction des commandes (Fill Rates)	X		
Taux d'échec sur les encours (In-Process Failure Rates)	X	X	X
Temps de cycle de replanification pour la fabrication (Intra-Manufacturing Re-Plan Cycle)		X	X
Exactitude des données de stock (Inventory Accuracy)	X	X	X
Coût intrinsèque du stock (Inventory Carrying Cost)	X	X	

Fabriquer Niveau 3	Produit stocké	Produit fabriqué à la commande	Produit conçu à la commande
Jours de stock (Inventory Days of Supply)	X	X	X
Jours de stock de produits finis à l'usine (Plant Finished Good Inventory Days of Supply)	X	X	
Obsolescence du stock (Inventory Obsolescence)	X	X	X
Nombre d'ECO (Number of ECOs)			X
Nombre de ruptures de stock (Out of Stock Occurrences)	X		
Temps de cycle de conditionnement (Package Cycle Time)	X	X	
Coûts de conditionnement (Packaging Cost)	X	X	
Coûts de gestion des commandes au niveau de l'usine (Plant Level Order Management Costs)			X
Temps de changement de série (Product/Grade Changeover Time)		X	
Temps de cycle d'industrialisation (Production Engineering Cycle time)			X
Temps de quarantaine ou mise en attente (Quarantine or Hold time)	X	X	
Rapport temps de cycle réel/théorique (Ratio of Actual to Theoretical Cycle Time)	X	X	X
Coûts de lancement par unité (Release Cost per Unit)	X	X	
Temps de cycle de lancement (Release Process Cycle Time)	X	X	
Respect de l'ordonnancement (Schedule Achievement)	X	X	X

Fabriquer Niveau 3	Produit stocké	Produit fabriqué à la commande	Produit conçu à la commande
Fréquence d'ordonnancement (Schedule Interval)	X	X	X
Coûts de ressources ordonnancés (Scheduled Resource Costs)	X	X	
Dépenses associées aux rebuts (Scrap Expense)	X	X	X
Dépenses associées au conditionnement des rebuts (Scrap Packaging Expense)	X	X	
Temps de cycle de demande de produits achetés/encours (Sourced/In-Process Product Requisition Cycle Time)	X	X	X
Temps de mise à disposition depuis le stock (Staging Time)	X	X	
Temps de cycle total de fabrication (Total Build Cycle Time)	X	X	X
Emplois totaux pour la production (Total Production Employment)			X
Flexibilité d'augmentation de la production (Upside Production Flexibility)	X	X	X
Productivité des activités à valeur ajoutée (Value Added Productivity)	X		X
Coût de garantie (Warranty Costs)	X	X	X
Jours de stock d'encours de production (WIP Inventory Days of Supply)	X	X	
Variabilité du rendement (Yield Variability)			X
Rendements (Yields)			

Figure C.9 Indicateurs SCOR® – Mise en œuvre du processus *Fabriquer*

	Fabriquer
% du coût des actifs utilisés pour la conformité/Coût total des actifs de fabrication (% Cost of Assets Used for Compliance/Total MAKE Asset Cost)	Coûts de non-conformité (Cost of Noncompliance)
% du temps d'arrêt de production dû au manque d'encours de production (% Downtime Due to Non-Availability of WIP)	Coûts de l'espace de stockage (Cost of Storage Space)
% du temps d'arrêt de production dû à la non-livraison d'encours de production (% Downtime Due to Non-Delivery of WIP)	Coûts des encours de production endommagés durant leur traitement/stockage en % du coût total de matériaux (Cost of WIP Damaged from Handling/Storage as a % of Total Material Cost)
% d'utilisation des équipements pour le traitement/stockage des encours de production (% Equipment Utilization for Handling/Storage of WIP)	Coûts associés à la gestion de la performance de production (Costs Associated with Managing Production Performance)
% d'utilisation des équipements pour le traitement en transit et les mouvements d'encours de production (% Equipment Utilization for In-Transit Handling and Movement of WIP)	Temps de prise de décision (Decision Timeframe Ratio)
% d'exactitude des données (% of Data Accuracy)	Coûts de maintenance des équipements/installations en % du coût de fabrication contrôlable (Equipment/Facility Maintenance Cost as % of Manufacturing Controllable Cost)
% d'actifs de gestion des informations utilisés/actifs de production (% of Information Management Assets Used/Production Assets)	Temps moyen entre pannes (Mean Time Between Failure)
% d'installations et équipements nouveaux ou modifiés disponibles où et quand nécessaire (% of New or Modified Equipment & Facilities Available when and where needed)	Temps moyen de réparation des actifs (Mean Time to Repair Asset)
% du temps où les données sont disponibles quand elles sont nécessaires (% of time data is available when needed)	Coûts de gestion des commandes au niveau de l'usine (Plant Level Order Management Costs)
% en temps voulu (% On Time)	Interruption de production due à des problèmes de conformité (Production Downtime Due to Compliance Issues)
	Fréquence de validation des processus de production (Production Process Validation Frequency)

Fabriquer

% rejets (% Rejects)	Temps de cycle de préparation des règles de production (Production Rules Preparation Cycle Time (PRPCT))
% réglementations respectées à la date demandée (% Regulations Met by Required Date)	Temps de cycle de documentation réglementaire (Regulatory Documentation Cycle Time)
% d'utilisation d'espace pour le stockage des encours de production (% Space Utilization for WIP Storage)	Retour d'investissement sur actifs (Return on Assets)
% standards atteints en temps voulu (% Standards Completed On Time)	Gravité des non-conformités par temps d'unité (Severity of Instances of Non-Conformance per Unit Time)
% de préparation des règles d'utilisation pour la production (% Utilization of Production Rules Preparation)	Temps de reconception du réseau (Time for Network Re-Design)
% des commandes de maintenance préventive complétées (% Completed PM Work Orders)	Temps écoulé entre un événement et la diffusion des informations correspondantes (Time from Occurrence of an Event to Dissemination of the Information)
% d'actions correctives efficaces d'emblée (% of Right First-Time" Corrective Actions)	Temps écoulé entre une demande de standard de performance et sa disponibilité (Time Interval Between a Performance Standard request and Availability)
Coûts réels de maintenance des actifs en % de la valeur de remplacement (Actual Asset Life Maintenance Cost as % of Replacement Value)	Temps nécessaire pour déplacer des matériaux d'encours de production (Time Required to Move WIP Material)
Coûts administratifs associés au traitement/stockage des encours de production (Administrative Costs Associated with Handling/Storage of WIP)	Temps nécessaire pour se conformer à des changements de réglementation (Time to Comply with Regulatory Changes)
Coûts administratifs associés aux mouvements des encours (Administrative Costs Associated with Movement of In-Process Product)	Coût total généré par des détails inexacts de règle de production (Total Costs Resulting from Inaccurate Production Rule Details)
Coûts de conformité, y compris les coûts administratifs (Cost of Compliance Including Administrative Costs)	Temps de fabrication total (Total Manufacture Time)
Coûts de traitement des encours de production (Cost of Handling of WIP)	Interruption pour maintenance non planifiée en % du temps total de production (Unplanned Maintenance Downtime % of total Production Time)
Coûts de l'espace de stockage en transit (Cost of In-Transit Storage space)	Exactitude des calculs de cycle du stock d'encours de production (WIP Inventory cycle counting accuracy)

Figure C.10 Indicateurs SCOR® – *Livrer Niveau 2*

Livrer Niveau 2	Produit stocké	Produit fabriqué à la commande	Produit conçu à la commande	Produit vendu au détail
Jours de stock dans la grande distribution (Days of Stock in Retail)				X
Temps de cycle de livraison (Deliver Cycle Time)	X	X	X	
Performance de livraison à la date promise au client (Delivery Performance to Customer Commit Date)		X	X	
Performance de livraison à la date demandée par le client (Delivery Performance to Customer Request Date)		X	X	
Flexibilité de baisse sur les livraisons (Downside Delivery Flexibility)	X	X	X	
Taux de satisfaction des commandes (Fill Rate)	X	X		
Jours de stock de produits finis (Finished Goods Inventory Days of Supply)	X	X	X	
Obsolescence du stock en % du stock total (Inventory Obsolescence as a % of Total Inventory)		X		
Coûts de gestion des commandes (Order Management Costs)	X	X	X	
Exécution parfaite des commandes (Perfect Order Fulfillment)		X	X	
Temps de cycle de livraison publié (Published Delivery Cycle Time)	X	X	X	
Exactitude des réapprovisionnements (Replenishment Accuracy)				X
Délais de réapprovisionnement (Replenishment Lead Times)				X

Livrer Niveau 2	Produit stocké	Produit fabriqué à la commande	Produit conçu à la commande	Produit vendu au détail
Ponctualité des réapprovisionnements (Replenishment Timeliness)				X
Coûts des points de vente (Retail Store Cost)				X
Niveaux de service/exactitude (Service Levels/Accuracy)				X
Rapport espace en magasin/part de marché (Shelf Space To Market Share Ratio)				X
% de rupture en rayon (Shelf Stock Out %)				X
Flexibilité à la hausse sur les livraisons (Upside Delivery Flexibility)	X	X	X	

Figure C.11 Indicateurs SCOR® – *Livrer Niveau 3*

Livrer Niveau 3	Produit stocké	Produit fabriqué à la commande	Produit conçu à la commande	Produit vendu au détail
Nombre de rappels en % du nombre total de demandes clients (# Call Backs As % of Total Inquiries)	X	X		
% d'exactitude ou taux d'échec (% Accuracy or Failure Rates)				X
% d'installations sans erreur (% Faultless Installations)	X	X	X	
% de factures sans erreur (% Faultless Invoices)	X	X	X	
% d'exactitude d'adresses d'emplacement articles (% Item Location Accuracy)				X
% de vols et pertes de stock (% Shrinkage)				X
Exactitude de la mise en stock (Accuracy of Stocking)				X
Taux d'adoption (Adoption Rates)				X
Taux d'utilisation (Capacity Utilization)		X		
Temps d'obtention des devis du transporteur (Carrier Quote Response Time)	X			
Main-d'œuvre aux caisses en % du chiffre d'affaires (Checkout Labor as a % of Revenue)				X
Temps de cycle fabrication – prêt à l'expédition (Complete Manufacture to Order Ready for Shipment Time)		X		
Coûts d'efficacité/élasticité des plans d'expédition (Cost Efficiency/Elasticity of Shipping Schedules)				X

Livrer Niveau 3	Produit stocké	Produit fabriqué à la commande	Produit conçu à la commande	Produit vendu au détail
Coûts de création des commandes clients (Create Customer Order Costs)	X	X	X	
Coûts de facturation/comptabilité clients (Customer Invoicing/Accounting Costs)	X	X	X	
De la réception de la commande par le client à la fin de l'installation (Customer Receipt of Order to Installation Complete)		X	X	
Temps entre la signature/autorisation du client et la réception de la commande (Customer Signature/Authorization to Order Receipt Time)	X	X	X	
Jours de créances en cours (Days Sales Outstanding)	X	X	X	
Temps de cycle de livraison (Deliver Cycle Time)		X		
Performance de livraison à la date promise au client (Delivery Performance to Customer Commit Date)	X	X	X	
Performance de livraison à la date demandée par le client (Delivery Performance to Customer Request Date)	X	X	X	
Coûts de distribution (Distribution Costs)	X	X	X	
Temps de cycle du quai à la mise en stock (Dock to Stock Cycle Time)	X			X
Documentation (Documentation)		X		
Flexibilité de livraison à la baisse (Downside Delivery Flexibility)	X	X	X	
Flexibilité d'installation à la baisse (Downside Installation Flexibility)	X	X	X	
Flexibilité de commande à la baisse (Downside Order Flexibility)	X	X	X	

Livrer Niveau 3	Produit stocké	Produit fabriqué à la commande	Produit conçu à la commande	Produit vendu au détail
Flexibilité d'expédition à la baisse (Downside Shipment Flexibility)	X	X	X	
Stock de produits en fin de vie (End-of-Life Inventor)				
Jours de stock de produits finis dans le réseau et chez les clients (Field Finished Goods Inventory Days of Supply)	X	X	X	
Taux de satisfaction des commandes (Fill Rates)	X			
Coût intrinsèque du stock de produits finis (Finished Goods Inventory Carry Cost)	X			
Jours de stock de produits finis (Finished Goods Inventory Days of Supply)	X		X	
Exactitude du stock en magasin (In Store Inventory Accuracy)				X
Coûts des matériaux à la réception (Incoming Material Costs)	X			
Qualité des matériaux à la réception (Incoming Material Quality)	X			
Coûts d'installation (Installation Costs)		X	X	
Temps de cycle d'installation (en jours) (Installation Cycle Time (Measured in Days))	X			
% en stock (In-stock %)				X
Erreurs de stock pendant la préparation des commandes (Inventory inaccuracies during pick-process)				X
Obsolescence du stock en % du stock total (Inventory Obsolescence as a % of Total Inventory)	X			

Livrer Niveau 3	Produit stocké	Produit fabriqué à la commande	Produit conçu à la commande	Produit vendu au détail
Articles stockés par Équivalent Temps Plein (ETP) (Items Stocked per FTE)				X
Coût de main-d'œuvre par coût produit direct (Labor $ per Direct Product Cost (DPC))				X
Niveaux de stock minimums (Minimum Stock Levels)				X
Nombre d'opérations de réapprovisionnement par jour (Number of Restocking Events per Day)				X
Livraisons complètes et à temps (On Time In Full)		X		
Profil de consolidation des commandes (Order Consolidation Profile)	X			
Coûts de maintenance et de saisie des commandes (Order Entry and Maintenance Costs)	X	X		
Temps entre la saisie des commandes et le moment où elles sont prêtes à être expédiées (Order Entry Complete Time to Order Ready for Shipment)			X	
Temps entre la fin de saisie des commandes et le moment où elles sont prêtes à être expédiées (Order Entry Complete to Order Ready for Shipment Time)	X			
Temps entre la fin de saisie des commandes et le démarrage de la fabrication (Order Entry Complete to Start Manufacture Time)		X	X	
Coûts d'exécution des commandes (Order Fulfillment Costs)	X	X	X	
Coûts de gestion des commandes (Order Management Costs)	X	X	X	
Temps écoulé du moment où la commande est prête à expédier à sa réception par le client (Order Ready for Shipment to Customer Receipt of Order)	X	X	X	
Temps écoulé de la réception de la commande à sa saisie (Order Receipt to Order Entry Complete Time)	X	X	X	

Livrer Niveau 3	Produit stocké	Produit fabriqué à la commande	Produit conçu à la commande	Produit vendu au détail
Exécution parfaite des commandes (Perfect Order Fulfillment)	X	X	X	
Besoin de vérification de prix par caisse (Price Checks per Cashier Shift)				X
Coûts d'acquisition des produits (Product Acquisition Costs)	X			
Coûts de main-d'œuvre pour la réception produits (Putaway Labor Cost)				X
% de ruptures sur promotions (Rain Check %)				X
% de satisfaction des besoins (Requirements fill %)				X
Niveaux de service (Service levels)				X
Temps de cycle de stockage (Stocking Cycle Time)				X
Temps d'enlèvement (Time to Pick)				X
Coûts de transport (Transportation Costs)	X	X	X	
Flexibilité de livraison à la hausse (Upside Delivery Flexibility)	X	X	X	
Flexibilité d'installation à la hausse (Upside Installation Flexibility)	X	X	X	
Flexibilité des commandes à la hausse (Upside Order Flexibility)	X	X	X	
Flexibilité d'expédition à la hausse (Upside Shipment Flexibility)	X	X	X	

Figure C.12 Indicateurs SCOR® – Mise en œuvre du processus *Livrer*

Livrer	
Nombre de commandes exigeant une intervention due à un non-respect des règles (# Orders requiring intervention due to rule violation)	Coûts de conformité (Cost of Compliance)
Valeur du stock (Inventory Value)	Coûts du stock endommagé (Cost of Damaged Inventory)
% de capacité utilisée (% Capacity Utilization)	Coûts de non-conformité (Cost of Non-Conformance)
% de réceptions de produits endommagés et % d'expéditions clients endommagées (% Damaged Products Receipts and % Damaged Customer Shipments)	Coûts du stock obsolète (Cost of Obsolete Inventory)
% de stock obsolète ou inactif (% Obsolete or Inactive Inventory)	Coûts de maintenance des actifs du réseau de distribution (Cost to Maintain the Fixed Assets for the Distribution Network)
% de livraisons de commandes clients parfaites (% Perfect Customer Order Delivery)	Temps de cycle de dédouanement (Customs Clearance Cycle Time)
Coûts d'acquisition des systèmes opérationnels (Acquisition Cost for Operational Systems)	Coûts de maintenance des données (Data Maintenance Costs)
Coûts d'administration (Administration Cost)	Coûts du capital de distribution (Distribution Capital Cost)
Âge des données (Age of Data)	Temps quai à quai (Dock-to-Dock times (lane specific))
Conformité avec les réglementations gouvernementales (Compliance with Multi-Country Government Regulations)	Contrôle des taxes douanières (Duty Tax Control)
Coûts d'acquisition des matériaux en % du coût de distribution (Cost of Acquisition % of Distribution Cost)	Index de retour à vide des camions (Empty-to-Loaded Backhaul mile index)
Coûts des systèmes immobilisés ou des services fournis par des tiers (Cost of Capital Systems or 3rd Party Services)	Taux d'utilisation des équipements (heures) (Equipment Utilization Rates (hours))

Livrer	
Taux d'utilisation des équipements (contribution des produits à la marge de l'entreprise) (Equipment Utilization Rates (product contribution margin))	Nombre de sources de données pour la collecte des données (Number of Data Sources for Data Collection)
Temps de traitement des expéditions à l'étranger (Export Shipment Processing Time)	Exécutions de commande parfaites par le prestataire (Perfect Order Fulfillment for the Provider)
Taux de satisfaction des commandes (Fill Rate)	Rapport données clients actives/inactives (Ratio of Active Customer Data/Inactive Customer Data)
Fréquence des analyses (Frequency of Analysis)	Temps de mise en œuvre des règles (Rule Implementation Time)
Fréquence de mise à jour des paramètres (Frequency of Parameter Updates)	Coûts de gestion des règles (Rule Management Cost)
Exactitude des stocks par site (Inventory Accuracy by Location)	Vitesse de mise à jour des paramètres (ex. : taux) (Speed at Which Parameters (e.g., Rates) are Updated)
Coût intrinsèque du stock (Inventory Carrying Cost)	Temps de mise à jour des états et enregistrements clients (Time to Update Customer Records and Status)
Jours de stock (Inventory Days of Supply)	Coût total de la distribution en % du chiffre d'affaires (Total Distribution Cost as a % of Revenue)
Rotations du stock par an (Inventory Turns per Year)	Actifs de transport (Transportation Assets)
Retards minimisés en transit dus à l'intervention des douanes (Minimized Delays In-Transit Caused by Customs Intervention)	Coûts de maintenance des véhicules (Vehicle Maintenance Costs)
	Coûts de distribution pour les entrepôts (Warehouse Distribution Cost)

Figure C.13 Indicateurs SCOR® – *Gérer les retours Niveau 2*

Gérer les retours Niveau 2	Produits défectueux	Approvisionner Retours produits MRO *	Livrer Retours produits MRO *	Produits invendus
% de retours produits MRO * traités correctement (% of MRO Deliver Returns Processed Correct)		X	X	
Temps de cycle et coût de mise en place des critères d'autorisation de retour (Cycle Time and Cost to Implement Return Authorization Criteria)		X	X	
Jours de stock obsolète (Days of Obsolete Supply)				X
Valeur du stock MRO * (MRO Inventory Value)		X	X	
Jours de stock de retours (Return Inventory Days of Supply)	X			
Coûts des retours (Return Costs)				X
Coût total des activités de gestion des retours (Total cost associated with Deliver Return activities)			X	
Temps de cycle total des retours de livraisons (Total Deliver Return Cycle Time)			X	
Coût total d'approvisionnement pour les retours (Total Source Return Costs)		X		
Temps de cycle total des retours (Total Source Return Cycle Time)		X		
Valeur du stock MRO * irréparable en % du coût total de garantie (Value of Unserviceable MRO Inventory as a % of Total Warranty Cost)	X			

* MRO : Maintenance, Réparation et Révision.

Figure C.14 Indicateurs SCOR® – *Gérer les retours Niveau 3*

Gérer les retours Niveau 3	Produits défectueux	Approvisionner Retours produits MRO*	Livrer Retours produits MRO*	Produits invendus
% de demandes d'autorisation transmises sans erreur/nombre total de demandes d'autorisation (% Authorization Requests Transmitted Error-Free/Total Authorizations Requested)		X		
% de retours expédiés sans erreur (% Error-Free Returns Shipped)		X		
% de produits MRO identifiés retournés au service (% Identified MRO Products Returned To Service)		X		
Coûts d'ordonnancement liés aux produits MRO perdus ou endommagés pendant leur transfert en % du coût total d'approvisionnement des retours (% Lost or Damaged During Transfer MRO Scheduling Cost as a % of Total Source Return Cost)		X	X	
% de programmes de retours générés dans les délais standard fournisseurs (% of Return Schedules that Are Generated Within Suppliers' Lead Time)			X	
% de commandes/lignes réceptionnées complètes (% Orders/Lines Received Complete)			X	
% de commandes/lignes réceptionnées sans dommage (% Orders/Lines Received Damage Free)			X	
% de commandes/lignes réceptionnées avec documents d'expédition corrects (% Orders/Lines Received with Correct Shipping Documents)			X	
% de commandes/lignes réceptionnées avec réceptions programmées en temps voulu (% Orders/Lines Received with On-Time Scheduled Receipts)			X	
% de transferts de produits sans erreur de transaction (% Product Transfer Without Transaction Errors)			X	
% de réceptions sans vérification des articles et des quantités (% Receipts Received without Item and Quantity Verification)			X	
% de programmes d'expédition tenant compte de la date de livraison des retours demandée par le client (% Shipping Schedules that Support Customer Required Return by Date)		X		

* MRO : Maintenance, Réparation et Révision.

© Éditions d'Organisation

Gérer les retours Niveau 3	Produits défectueux	Approvisionner Retours produits MRO*	Livrer Retours produits MRO*	Produits invendus
Taux d'utilisation (Capacity Utilization)	X			
Produits confirmés MRO en % du nombre total de demandes de service MRO (Confirmed MRO Conditions as a % of Total MRO Service Requests Initiated)		X		
Coûts d'identification des produits MRO en % du coût total d'approvisionnement des retours (Cost of Identifying the MRO Condition as a % of Total Source Return Cost)		X		
Coûts par demande d'autorisation (Cost per Request Authorization)		X	X	X
Coûts de création des autorisations de retours (Create Return Product Authorization Costs)	X			X
Temps de cycle du processus de transfert (Cycle Time for the Transfer Process)			X	
Temps de cycle du conditionnement à la réception par le prestataire de services (Cycle Time from Packaging to Receipt at the Service Provider)		X		
Temps de cycle de l'identification du problème à la confirmation de l'état du produit (Cycle Time from Problem Identification to Condition Confirmation)		X		
Temps de cycle de l'autorisation de retour à l'enlèvement réel (Cycle Time from Return Authorization to Actual Shipment Pickup)		X		
Temps de cycle de l'autorisation de retour à l'enlèvement programmé (Cycle Time from Return Authorization to Scheduled Shipment Pickup)		X		
Temps de cycle du moment où le client constate qu'il doit demander une autorisation de retour au moment où il reçoit cette autorisation (Cycle Time from Customer Identifying Return Authorization Need to Receipt of Authorization)		X		
Temps de cycle de modification des critères (Cycle Time to Change Condition Criteria)		X		
Temps de cycle d'intégration des modifications dans le traitement des autorisations de retours (Cycle Time to Incorporate Changes in Return Authorization Processing)		X		

* MRO : Maintenance, Réparation et Révision.

Gérer les retours Niveau 3	Produits défectueux	Approvisionner Retours produits MRO*	Livrer Retours produits MRO*	Produits invendus
Temps cycle de mise à jour du plan d'expédition (Cycle Time to Update Changes to Shipment Schedule)		X	X	
Temps de cycle d'obtention d'autorisation de retour, de retour au service ou de décision de mise au rebut (Cycle Time to Reach Return Authorization, Return to Service or Discard Decision)		X		
Coûts de traitement (mise au rebut, recyclage, etc.) (Disposal Costs)	X			
Jours de stock d'excédents (Excess Inventory Days of Supply)				X
Coûts des retours de livraisons MRO (MRO Deliver Return Costs)			X	
Coûts de traitement des produits MRO (destruction, recyclage, etc.) en % du coût total d'approvisionnement des retours (MRO Disposition Costs as % Total Source Return Cost)		X		
Jours de stock obsolète (Obsolete DOS)				X
Coûts de gestion des commandes pour retourner un produit dans la supply chain (Order Management Costs to Return Product into the Supply Chain)	X			X
Rapport coûts des autorisations/coût total de livraison des retours (Ratio of Authorization Cost to Total Deliver Return Cost)			X	
Rapport coût des autorisations/coût total d'approvisionnement des retours (Ratio of Authorization Cost To Total Source Return Cost)		X		
Coûts de réception et de stockage des produits en % des coûts des retours produits (Receiving & Product storage cost as a % of Product Return Costs)	X			
Coûts de réception en % des coûts MRO (Receiving Costs as a % of MRO Costs)			X	
Coûts de réception en % des coûts de retours produits (Receiving Costs as a % of Product Return Costs)				X

* MRO : Maintenance, Réparation et Révision.

Gérer les retours Niveau 3	Produits défectueux	Approvisionner Retours produits MRO*	Livrer Retours produits MRO*	Produits invendus
Temps de cycle de réception (Receiving Cycle Time)			X	
Temps de cycle de réponse (Response Cycle Time)			X	
Temps de cycle de création de programme d'autorisation de retour (Return Authorization Schedule Creation Cycle Time)			X	
Jours de stock de retours (Return Product Days of Supply)				X
Coûts de saisie et de maintenance des commandes de retours (Return Order Entry and Maintenance Costs)			X	
Jours de stock de retours produits (Return Inventory Days of Supply)	X		X	
Coûts de gestion du plan produit et de la planification des retours en % des coûts associés aux retours (Return Product Management and Planning Costs as a % of Product Return Costs)	X		X	
Retours expédiés en temps voulu (Return Shipments Shipped On Time)		X		
Coûts de transport des retours (Return Transportation Costs)		X		
Coûts des MRA (autorisations de retour de matériaux) (Returned Materials Authorization (RMA) Costs)			X	
Temps et coût associés aux traitements en urgence (Time and Cost Related To Expediting The Disposition)		X		
Temps et coût engendrés pour répondre à une augmentation du volume de demandes de mise au rebut (Time and Cost Related To Responding To An Increase In Disposition Demand)		X		
Temps et coût de transfert (Time and Cost To Exercise The Transfer)			X	

* MRO : Maintenance, Réparation et Révision.

Gérer les retours Niveau 3	Produits défectueux	Approvisionner Retours produits MRO*	Livrer Retours produits MRO*	Produits invendus
Effectif total en production (Total production employment)	X			
Coûts de transfert et de stockage des produits (Transfer and Product Storage Costs)			X	
Productivité des activités à valeur ajoutée (Value added productivity)	X			
Valeur des retours produits (Value of Return Product)	X			X
Valeur du stock MRO irréparable en attente de traitement, en % du stock MRO total (Value of Unserviceable MRO Inventory Awaiting Disposition as a % of Total MRO Inventory)		X		
Valeur du stock MRO irréparable en phase de retour physique, en % du stock MRO total (Value of Unserviceable MRO Inventory in Physical Return Stage as a % of Total MRO Inventory)		X		
Valeur du stock MRO irréparable en phase de réception, en % du stock MRO total (Value of Unserviceable MRO Inventory in Receiving Stage as a % of Total MRO Inventory)			X	
Valeur du stock MRO irréparable en phase de demande d'autorisation de retour, en % du stock MRO total (Value of Unserviceable MRO Inventory in Request Return Authorization Stage as a % of Total MRO Inventory)		X		
Valeur du stock MRO irréparable en phase de programmation, en % du stock MRO total (Value of Unserviceable MRO Inventory in Scheduling Stage as a % of Total MRO Inventory)		X		
Valeur du stock MRO irréparable en phase de transfert dans le stock, en % du stock MRO total (Value of Unserviceable MRO Inventory in Transfer to Storage Stage as a % of Total MRO Inventory)			X	
Coûts de vérification, en % des coûts de retours produits (Verification Costs as a % of Product Return Costs)	X			X
Coûts de garantie (Warranty Costs)	X			

* MRO : Maintenance, Réparation et Révision.

Notes

Discipline n° 1

1. Bob Pethick et Torsten Becker, « Dell on Wheels », *Supply Chain Management Review* (décembre 2000).
2. « Green Granite and Smoked Glass at Les Champs-de-Boujean », *Swiss Watch News* (22 octobre 2003).
3. David Rogers, « Value-Based Customer Care », *PRTM Insight* (printemps 1998).
4. Noshua Watson, « What's Wrong with Hewlett-Packard's Deskjet Printers? », *Fortune* (5 février 2003).
5. Miguel Helft, « Fashion Fast Forward », Business 2.0 (mai 2002).
6. The Performance Measurement Group, LLC, « Better Project Management Practices Drop Time-To-Market 20-30 percent », *Signals of Performance: Product Development 2* (11).
7. Stephen Todd, « How to Support New Product Introductions », *Supply Chain Management Review* (juillet-août 2001).
8. Inditex, présentation des résultats de l'exercice fiscal 2002 (20 mars 2003).
9. June Avignone, « Pressing for Change », *Fortune Small Businesses* (31 juillet 2002).
10. The Performance Measurement Group, LLC, « Achieving Delivery Performance: Linking Strategy, Capabilities and Results », *Signals of Performance: Product Development 3* (4).
11. Kay Burns, « Supplier Manages Inventory Sweeps through Shell Chemical », *APICS* (décembre 1997) ; John H. Sheridan, « Managing the Value Chain », *Industryweek.com* (6 septembre 1999) ; « Supply on Demand », *Shell Chemicals Magazine* (troisième-quatrième trimestre 2000) ; « Adding Value in a New Economy », *Shell Chemicals Magazine* (été 2003) ; « Supplier Inventory Management », *Shell Chemicals, http://www.shellchemicals.com/products.*
12. Christina Hepner Brodie and Gary Burchill, *Voice into Choices: Acting on the Voice of the Customer* (Joiner Editions, 1997).
13. « Going, Boeing... », *The Economist* (17 avril 2003).
14. Martii Haikio, *Nokia: The Inside Story* (Helsinki: Edita, 2001).
15. Paul Kailha, « Inside Cisco's $2 Billion Blunder », *Business 2.0* (mars 2002).
16. Jennifer Baljko Shah, « Cisco Faces Pitfalls as It Builds Hub », *EBN* (7 juin 2002).
17. Michael Porter, « What is Strategy? », *Harvard Business Review* (novembre-décembre 1996).

Discipline n° 2

1. Fred Vogelstein, « Mighty Amazon », *Fortune* (26 mai 2003), pages 22-28.
2. D'après une interview de Mark Mastandrea, directeur fulfillment d'Amazon, par Shoshanah Cohen, directrice associée PRTM.
3. « Amazon Trims Fulfillment and Marketing Expenses and Loss in First Quarter », *Direct Newsline* (PRIMEDIA, 27 avril 2003).
4. Laurent Schwartz, « Alcatel Enterprise délègue le pilotage de sa supply chain », *Logistiques Magazine* (janvier-février 2002), pages 52-56.
5. « UPS Logistics Group Provides Fourth-Party Logistics Support for Alcatel Enterprise's Supply Chain », United Postal Service of America, Inc., Case Study, (2002).

© Éditions d'Organisation

6. Voir note 4.

7. Roberta J. Duffy, rédactrice d'*Inside Supply Management*, reprise d'une allocution de Theresa Metty, vice-présidente senior et directrice générale supply chain mondiale de la division Personal Communications de Motorola, à la 88e édition de l'Annual International Supply Management Conference and Educational Exhibit de Nashville (TN) de l'Institute for Supply Management, 18 mai 2003.

8. « Get Started with a Data Quality Initiative », *Supply Chain Advisor* (17 avril 2002).

9. « Supply Chain Technology Briefing », *Supply Chain Technology Review* 1(9), (18 septembre 2003).

10. Malcolm McDonald, « A Tool for Supply Chain Optimization », *PRTM Insight* (1er août 1995).

11. Michael E. McGrath (ed.), *Setting the PACE in Product Development: A Guide to Product and Cycle-Time Excellence*, rev. ed. (Boston: Butterworth Heinemann, 1996).

12. Communiqué de presse PRTM et AMR, « 69 Manufacturers Launch First Cross-Industry Framework for Improved Supply Chain Management » (21 novembre 1996).

13. CPFR.org (*http://www.cpfr.org*), page d'introduction, Voluntary Interindustry Commerce Standards (VICS) Association (1998).

14. Communiqué de presse RosettaNet, « RosettaNet Global e-Business Standard Reaches Critical Mass in High-Technology Sector » (12 mai 2003).

Discipline n° 3

1. D'après une interview de Robert Schlaefli, vice-président des opérations mondiales de Stratex, par Shoshanah Cohen, directrice associée PRTM.

2. L'APICS – Educational Society for Resource Management (*www.apics.org*) – est une organisation de formation internationale à but non lucratif reconnue dans le monde entier comme source de connaissances et d'expertise pour les industries du service et de la production dans des domaines tels que la gestion des matières, les services d'information, les achats et la qualité.

3. D'après une interview de Mike Pearce, vice-président de Smith Bits, et d'autres dirigeants de Smith Bits, réalisée par Kate Fickle, directrice associée PRTM.

4. D'après une interview de Peter Kelly, directeur exécutif du groupe opérations mondial d'Agere, réalisée par Brad Householder, consultant PRTM.

5. Jennifer S. Kuhel, « Big Blue Supply Chain: Robert Moffat Discusses IBM's Plan to Link Procurement, Distribution, Manufacturing and Logistics », *Supplychaintech.com*, 13 septembre 2002.

6. David Drickhamer, « Looking for Value: Reducing Internal Costs and Enhancing Customer Value Draw Attention », *Industryweek.com*, 1er décembre 2002.

7. Site Web Flextronics, Corporate Background Information, *http://www.flextronics.com/corporate/backgrounder/asp*.

8. D'après une interview de Mike McNamara, directeur des opérations de Flextronics, réalisée par Bob Moncrieff, directeur associé PRTM.

9. Christopher Reilly, « Central Sourcing Strategy Saves Dial $100 Million », *Purchasing.com* (17 janvier 2002).

10. D'après des analyses comparatives de PMG réalisées à partir de la performance de supply chain enregistrée dans des entreprises fabriquant des produits de grande distribution (2003).

11. D'après une interview d'Angel Mendez, directeur général des opérations mondiales de palmOne, réalisée par Shoshanah Cohen, directrice associée PRTM.
12. W.L. (Skip) Grenoble, « How Will We Staff Our Supply Chains? », *Global Supply Chain* (février-mars 2000).
13. Site Web de Procter & Gamble, *http://www.pg.com*.
14. D'après une interview de Jeff Rosen, directeur des opérations et informatique d'AFC, par Shoshanah Cohen, directrice associée PRTM.

Discipline n° 4

1. « A Global Study of Supply Chain Leadership and Its Impact on Business Performance », étude Accenture/Stanford/INSEAD (2003).
2. Mike Uhl et Kevin Keegan, « Choosing the Right Model(s) for Managing Supply Networks », livre blanc PRTM utilisé pour la rédaction d'un article PRTM dans *EBN* (2 novembre 2000).
3. David A. Mechanof et Byung-Gak Son, « The Truth about Collaboration », *http://www.totalsupplychain.com* (février 2002).
4. D'après les interviews de Nolan Perry, directeur des services de gestion de projet de Logitech et de Gray Williams, vice-président Worldwide Supply Chain de Logitech, réalisées par Shoshanah Cohen, directrice associée PRTM.
5. Allison Bacon, Larry Lapide et Janet Suleski, « Supply Chain Collaboration Today: It's a Tactic, Not a Strategy », rapport d'étude AMR (septembre 2002).
6. *http://www.alcatel.com*.
7. D'après une interview de Burt Rabinowitz, vice-président achats et approvisionnements d'Alcatel, réalisée par Steve Palagyi, directeur associé PRTM.
8. *http://www.dowcorning.com/main.asp*.
9. *http://w1.cabot-corp.com/index.jsp*.
10. *http://www.jambajuice.com/what/jambadifference.htm*.
11. *http://www.calstrawberry.com/facts/industry.asp*.
12. D'après une interview d'Anne Kimball, directrice Supply Chain Management de Jamba Juice, réalisée par Shoshanah Cohen, directrice associée PRTM.
13. George V. Hulme, « In Lockstep on Security », *Information Week* (18 mars 2002).

Discipline n° 5

1. Dennis Callaghan, avec la participation de John S. McCright et Lisa Vaas, « Sarbanes-Oxley Balancing Act », *eWeek* (2 juin 2003).
2. Robert S. Kaplan et David P. Norton, *The Balanced Scorecard: Translating Strategy into Action* (Cambridge, MA: Harvard Business School Press, 1996).
3. D'après les interviews de Dave McGregor, vice-président senior Logistics de BASF, et de Mary Scheibner, directrice supply chain consulting NAFTA de BASF, réalisées par Robert Chwalik, consultant PRTM.
4. Bob Moncrieff, Hannah McClellan et Julie Cesati, « Performance Measurement: Less Pain, More Gain », dans *PMG Scorecard User's Guide* (The Performance Measurement Group, 2003).
5. Supply-Chain Operations Reference-model (SCOR®), version 6.0. Copyright © 2003, par le Supply-Chain Council, Inc., Pittsburgh.

6. D'après des interviews d'Ari Bose, CIO (Chief Information Officer) et président de 3Com, et de Jim Ticknor, responsable des opérations de supply chain de 3Com, réalisées par Gary Galensky, consultant PRTM.
7. Lee Geishecker et Brian Zrimsek, « Use CPM to Integrate the Enterprise View », Gartner.com, lettre de l'éditeur (18 juillet 2002, LE-17-4266).

Feuille de route

1. Pour un aperçu sur la maturité des systèmes d'information des supply chains, voir l'analyse annuelle « Hype Cycle for Supply Chain Management » de Gartner.
2. Jakub Wawszczak, Mark Hermans et Julie Cesati, « Supply Chain Planning: How to Achieve a Competitive Advantage », webcast réalisé par PRTM, PMG et SAP (19 juin 2003).
3. Pour plus de détails sur le rôle d'architecte d'entreprise, voir Marco Iansiti, « Integration the RIGHT way, the WRONG way », *CIO* (15 mai 2003).

Index

www.ingramcontent.com/pod-product-compliance
Lightning Source LLC
Chambersburg PA
CBHW080657220326
41598CB00033B/5236